기후 전환 사회

기후 전환 사회

Climate

Society

권희중 신승철 지음

추락하는 지구, 비상착륙 시나리오를 가동하라!

도서출판 모시는사람들

기후 전환 사회는 탈성장 전환사회이다

생태적지혜연구소협동조합에서 운영하는 생태적지혜 미디어 (ecsosophilab.com)에서는 호주기후복원센터에서 발간된 2022년 보고서 『기후 도미노: 중대한 기후 시스템들이 임계점에 도달했음을 알리는 위험 신호』(이하 '2022 호주보고서')를 발간했다. 그 핵심 메시지는 기후의 '양의 피드백'(Positive Climate Feedback)으로 인해 임계점(Tipping Point)을 넘어선 부분이 이미 위기의 신호를 보내고 있으며, 그 임계점이 7년 후나 10년 후 라는 선형적인 미래의 시간대가 아니라 이미 넘어섰을 수도 있다는 메시 지였다. 특히 2022 호주보고서에서는 탈탈소화의 기술적 해법으로는 이 문제에 대응할 수 없으며 물질발자국 자체를 획기적으로 줄여야 기후위기 에 제대로 된 대응을 할 수 있음을 적시했다.

이러한 위기신호에 대한 응답으로 생태적지혜연구소협동조합은 2022 년 8월 25일에 《탈성장 전략 수립을 위한 대토론회》를 개최하였다. 여기 서는 탈성장이라는 어젠다(agend, 의제)를 중심으로 사회적 경제와 협동 조합이 결집할 수 있도록 연속적인 토론회를 개최하자는 전격적인 제안이 이루어졌다. 특히 이 자리는 2050년 탄소중립을 달성하기 위해서는 매년 IMF 사태 때의 두 배(-14%)에 달하는 GDP 감축이 이루어져야 하며, 물질발자국 감축규모가 현재의 1/10 수준이어야 한다는 엄중한 현실인식을 바탕으로 하였다. 탈성장 전략에 부응하기 위해서는 협동조합의 순환회계와 활동가 모델을 중심으로 한 지속가능성을 약속해야 한다는 메시지가 모아졌다.

이러한 탈성장 노력의 한 걸음, 한 걸음에도 불구하고, 한국사회는 여전히 성장주의 세력이 정치, 경제, 문화, 사회를 장악하고 있다. 얀 물리에 부탕이 쓴 『꽃가루받이 경제학』(2021, 돌베개)에 따르면 성장주의 세력은 시기별로 4분할된 경로를 따라 산업자본주의, 금융자본주의, 인지자본주의, 정동자본주의(=플랫폼자본주의)로 이행하면서 나타났다. 이러한 네 가지 세력이 중층화되면서 최후의 성장의 파티를 즐기겠다는 것이 현재의 한국사회의 모습이다. 제1세계로서 OECD 내에서도 7위의 경제력을 차지하고 있는 한국이 더 이상 위로 성장할 여지가 없음에도 불구하고, 여전히 사회구성원들은 한국의 불평등과 차별 등의 문제가 '아직 성장하지 않아서 생긴 문제들'이라고 착각하고 있다. 전 세계 인구의 1/3만이 수도, 가스, 전기 등의 라이프라인의 혜택을 얻고 있는 현실에서, 한국 상황을 여전히 낙후와 저발전으로 규정하는 것은 '웃픈(우습고도 슬픈)'일이다. 사실 한국사회는 어딘가 고장 나서 문제가 아니라, 너무도 잘 돌아가고 있기 때문에 문제다. 거의 절대다수가 일체가 되어 성장을 향해서 줄달음질 치고 있는 것이다. 이렇게 해서는 지구의 기후생태위기가 보내는 위험신호는 더욱 드세질 수밖에 없다.

기후위기 시대의 도래에 대한 시민들의 반응은 ① 거대한 위협으로 받아들이는 태도, 즉 종말론이나 메시아주의의 발호 양상, ② 모두에게 책임이 있으므로 스스로를 유죄화하는 태도, 즉 죄책감을 통해서 인간중심주의의 오만을 반성하는 양상, ③ 책임져야 할 부위의 책임을 분명히 하는 기후정의(Climate Justice), 즉 불평등과 차별을 해소하기 위한 체제전환의 목소리를 내는 기후행동 양상, ④ 결과를 바라지 않고 행동하는 태도, 즉 도덕주의/영성주의적 양상 등을 망라한다. 이러한 반응들의 최종 결론은 탈성장(De-growth)이다. 그러나 이러한 능동적인 전환으로서의 탈성장은 인플레이션이나 경제위기로부터 유발되는 수동적 전환으로서의 저성장의 태도와는 구분된다. 저성장은 경제위기에 직면하여 의기소침, 위축, 부족, 결핍 등의 부정적이고 수동적인 태도를 보인다. 반면 탈성장은 활력과 정동(affect)를 발휘하여 돌봄 모듈과 커먼즈 경제 등을 활성화하는 활동가적인 측면으로 삶의 양식을 이행시킨다.

이 책 『기후 전환 사회』는 2019년 여름에 구상되었는데, 감속주의로서 탈성장과 가속주의로서 그린뉴딜이 길항작용을 일으킬 것이라는 기본 발상에서부터 시작했다. 이는 당시 녹색당 등에서 보였던 태도와도 공명하는 것이었다. 그리고 가속주의로서의 파리협약, 그린뉴딜, 기후금융, 탄소경제 등과 함께 감속주의로서의 문명의 전환, 탈성장과 생태민주주의, 순환경제, 정동정치 등의 항목들이 추가되어 제법 형태를 갖추었다. 이러한 감속과 가속의 투트랙 전략의 핵심은 하나의 모델에 따라 문제가 해결되는 것이 아니라, 여러 모델이 교차 적용되어 탄력성을 갖추었을 때 기후위기에 대한 대응을 본격적으로 생각할 수 있게 된다는 인식이다. 그러나 이러한 기본적인 구상에도 불구하고 시간부족을 핑계로 기획서의 구체화와 실질적인 연구 진행은 지체되어 2년이 흘렀으며, 2021년 말에서야 겨우 집필에 착수할 수 있었다.

2022년 여름 이 책이 거의 완성단계에 이르렀을 때 새로운 복병을 만나게 된다. 환경단체와 시민사회단체가 주관한 발표장에서 기조발제를 맡아서 했는데, 막 출범한 윤석열정부의 환경정책을 묻는다는 민감한 주제의 자리였다. 그 발표를 앞두고 조사를 통해 알게 된 것은 현 윤석열정부의 기후정책이나 환경정책은 보잘 것이 없다는 것, 아예 함구하거나 심각하게 축소되어 있었다는 점이다. 기존 정부처럼 말이라도 기후문제를 다루면서 행동을 회피하는 정도가 아니라, 침묵으로 일관하거나 핵발전에 대한 맹신에 기울어 노골적으로 이 부문에서의 과거회귀 의지를 드러내는 가운데, 심각해져 가는 기후문제를 핵발전 문제로 치환할 것이 불 보듯 뻔한 것이었다. 그 어느 분야보다 중장기적인 안목과 정책의 일관성이 요구되는 기후문제와 관련된 중요 정책을 두고 이러한 롤러코스트 타기가 계속되는 것은 거대 양당의 극심한 대립이라는 구조도 중요한 요인으로 작용하고 있었다. 이러한 거대 양당질서의 배경에는 '87년 체제'라는 성장주의에 기반한 제헌적인 권력이 위치하고 있다. 고도성장을 거친 한국사회에서 성장 이외에는 다른 가치가 들어올 여지가 없는 헌법적 질서는 이제 극복되어야 한다. 그런 점에서 탈성장 제헌의회의 소집을 요청하는 기후시민의회와 기후전선체의 구성권력이 필요한 상황이 드디어 찾아온 것이다.

이 책의 글들은 권희중, 신승철 두 사람이 함께 집필하였다. 두 사람은 2002년 〈노동자기업경영연구소〉라는 곳에서 전임 연구원과 후임 연구원으로 우연히 만났다. 그러다가 2008년 들뢰즈와 가타리의 『천개의 고원』

강독회에서 다시 만났으며, 그 이후로 공동연구 작업을 꾸준히 해 왔다. 둘 다 생태적지혜연구소협동조합의 창립 멤버로서 희로애락과 질병과 가난 등의 일련의 사건도 비슷한 시기에 겪었으며, 이 책이 만들어지기까지 여러 가지 우여곡절도 비슷하게 겪었다.

이 책이 만들어지기까지 생태적지혜연구소협동조합의 여러 사람들이 보이게 혹은 보이지 않게 큰 도움을 주었다. 깊이 감사드린다. 이러한 협동조합의 판은 우리를 가장 거리가 먼 존재와도 함께할 수 있는 연대와 협동의 장으로 이끈다는 점에서 눈부신 영감에 가득 차 있고, 고무적이기까지 하다. 특히 도서출판 모시는사람들의 박길수 대표님과 소경희 편집장님이 원고가 지체되는 과정에서도 오래 기다려주시는 따뜻한 배려에 커다란 도움을 입었다.

이 책의 메시지는 비교적 단순하다. '전환은 빠르게, 일상은 느리게!' 우리가 가속과 감속의 페달을 적절하고 지혜롭게 밟을 때 전환사회는 가시화될 것이라는 메시지이다. 두 사람이 감속과 가속의 길항작용을 일으키며 함께 쓴 이 책이 말하는 기후전환사회에 여러분을 초대한다. 판도라 속의 희망이 속삭이고 있는 한 우리는 힘껏 달려가야 한다. 동시에 느릿느릿 걸어가야 한다.

2022년 10월 20일
저자 권희중, 신승철

기후 전환 사회

1부

기후위기의 실태

I.
떨어지는 비행기,
우리는 어떻게 해야 할까?*

* 이 글은 2019년 가을의 〈모심과 살림〉에 실린 글을 일부 수정한 것이다.

1. 생명위기의 경고음, 헬게이트는 열리는가?

"승객 여러분, 좌석에 앉아 안전벨트를 매 주십시오!"

비행기에서 경고등이 요란하게 번쩍이며, 안내방송이 다급하게 메아리 친다. 새들이 양쪽 엔진에 부딪혀 고장 나는 바람에 절체절명의 위기를 맞 이한 여객기. 155명의 탑승객의 운명은 단 한 번의 선택에 달려 있다. 관 제탑은 가까운 공항으로 회항할 것을 지시한다. 하지만 기장은 자신의 경 험과 직관을 믿고 허드슨 강에 비상 착륙할 것을 선택하고, 비행기는 강을 향해 하강한다. 클린트 이스트우드가 메가폰을 잡고 톰 행크스가 주연을 맡은 영화 〈설리 : 허드슨강의 기적(SULLY, 2016)〉을 본 사람들은 단 208초 의 짧은 시간에 응집되어 나타난 주인공의 고뇌와 지혜, 판단과 선택에 찬 사를 보내게 된다.

여기 또 하나의 비행기가 추락하고 있다. 78억 명의 인류를 싣고 우주 를 운행하던 지구라는 여객기가 파국을 향해 곤두박질치고 있는 전대미문 의 비상 상황이다. 2021년 북미와 호주 등에서의 기록적인 폭염에 따른 거 대한 산불과 독일에서의 폭우로 인한 홍수, 올해 들어 전 세계적인 폭염으 로 인한 사망자 속출 등 가히 살인적인 기후위기 상황이 지구 여객기 추락 이 현재진행형의 현실이라는 점을 웅변하고 있다. 최근 중남미에서 미국으로 향하는 수천 만 명의 캐러밴 난민의 발생은, 지구라고 하는 여객기가 추락하고 있다는 또 하나의 증후이기도 하다. 그중에서도 더욱 우려되는 것은 기후위기가 물 순환의 이상과 기상재해, 생물 종 대량멸종, 해양생태계의 절멸, 절기살이의 붕괴 등을 유발함으로써 결과적으로 '식량 위기'로 수렴되고 있다는 점이다. 올 들어 전 세계적으로 전개되는 식료품 가격의 폭등은 일시적인 현상으로만 그치지는 않을 것이다. 돈을 주고도 먹을 것을 구할 수 없는 시절이 돌아오고 있다.

기후위기는 그 전조증상일 뿐이다. 근본적인 문제는 지금 비행기가 추락하여 지면과의 충돌을 예고하고 있다는 사실이다. 여기서 비행기의 추락, 지구 종말에는 세 가지 시나리오가 있다.[1] 첫 번째는 지구의 종말이다. 그러나 인류가 없어지더라도 지구는 결국 다시 회복되리라는 전망도 가능하기 때문에 여기서는 논외로 해도 될 것이다. 만약 지구가 종말에 이른다면 그 다음은 기획할 수 없는 것이니 이 가능성은 기후비상사태에 따라 인류종말을 막고자 하는 우리들의 글에서는 고려사항이 될 필요가 없다. 두 번째는 인류의 종말이다. 실현 가능성이 높을뿐더러, 우리가 가장 우려하는 시나리오이다. 인류의 실질적인 종말 이후에 인간 종이 다시 살아남을 수 있는 가능성은 거의 없다. 화성으로의 이주나 거대우주선으로의 탈출 같은 SF영화형 기획은 사실상 불가능한 환상이자 망상이다. 세 번째는 문명의 종말 시나리오이다. 화석연료를 기반으로 한 현존 문명의 종말은 인류 종말의 부분집합이면서 이제 바로 눈앞에 다가온 현실이다.

---

1   팟캐스트 〈과학하고 앉아있네〉의 파토가 제공한 아이디어처럼 종말에는 세 가지 시나리오를 상정할 수 있다.

여기서 세 가지 종말의 시나리오를 유심히 들여다보면, 우리는 '문명의 종말'을 '인류의 종말'로 향하게 하지 않는 선택이 가능하다는 점을 발견하게 된다. 그 경우 화석연료문명, 육식문명, 자동차문명, 핵문명 등은 끝장나더라도, 인류는 어렵사리 살아남을 수 있지만, 그 반대의 경우, 즉 인류가 멸망한다면 문명이란 의미도 존속 가능성도 없기 때문이다. 즉, 비행기는 떨어지는 것은 이제 피할 수 없는 현실지만, 그것이 연착륙이 되어 인류가 살아남는 형태가 될지, 경착륙이 되어 인류까지도 모두 절멸할지는 지금 여기에서의 우리의 선택과 조종에 달려 있는 것이다. 다시 말해 문명의 종말을 인류의 종말로 향하게 하지 않으면서, 문명의 전환의 계기를 마련하는 생태적 지혜가 간절하고 절실해진 상황이다.

우리는 인류 절멸이 눈앞에 닥친 상황에서 인류 종 보존을 위해 지금-당장, 전환(transformation)의 특이점을 마련해야 한다. 그것이 오늘 우리의 시대적인 사명이다. 한마디로 하늘의 현명한 명령이며, 전 인류가 공존동생(共存同生)할 최후의 방책이며 그 누구도 거부해서는 안 되는 지상 명령이다.[2] 이 명령을 슬기롭게 수행하기 위해서 우리는 비행기가 떨어지고 있다는 것을 절규하며 외치기만 하거나 우울감에 빠지거나 좌절하는 현재로부터 도약을 감행하고 넘어설 필요가 있다. 오히려 우리는 우리 가까이에서 서식하는 연결망의 지혜, 생태적 지혜에 주목해야 한다. 즉, 지구(Local, 地區)라는 '지금—여기—가까이'에서부터 출발하여 행성 지구(Global, 地球)로 향하는 지혜가 필요하며, 살림과 돌봄, 정동(情動)의 '관계망의 영역'과 정

---

2 是 | 天의 明命이며 時代의 大勢 | 며 全人類共存同生權의 正當한 發動이라 天下何物이던지 此를 沮止抑制치못할지니라.

책, 거대 프로그램, 거대 계획, 시스템, 구조 등의 '제도의 영역'을 공진화시키는 지혜도 필요하다. 때에 따라 예술, 혁명, 과학의 모습으로 우리의 지혜를 구현하는 것도 필요하다.

그러기 이전에 먼저 기후위기라는 막대한 생명위기 상황에 압도된 현재, 우리를 둘러싼 우울, 불안, 좌절, 비탄으로부터 어떻게 우리는 벗어날 수 있을까?

2. 판짜기: 기후위기 상황에서의 마음생태학

2021년 여름, 그리스에서는 엄청난 산불이 종말론적 스펙터클을 연출했고, 남극에서는 사상 초유의 눈이 아닌 비가 관측되었다. 2020년 여름, 중국과 한국에 몰아닥친 스콜성 호우와 장마는 57일간이나 지속되었고, 태풍이 연달아 찾아오면서 기후위기가 심각한 상황이라는 것을 온몸으로 체감하였다. 이 모든 것은 지구평균기온이 1℃ 올라가면서 포화수증기압이 7%가 상승한 데 따른 것이다. 여기서 끝이 아니다 포화수증기압이 상승했다는 것은 온도가 높아짐으로써 대기가 머금은 수증기 량이 늘어난다는 얘기이고, 이에 따라 공기는 습도가 높아지는 대신에 땅은 건조해져서 수확량이 격감하거나 농업이 불가능해진다는 것을 의미한다. 공기는 습하고 대지는 건조해짐에 따라, 봄과 가을의 저녁은 무척 춥고, 여름 폭염 때는 더욱 습한 날씨로 인해 견디기 어렵게 된다. 더욱이 습한 공기는 더 많은 에너지를 집적함으로써 태풍이나 허리케인, 돌풍 등의 규모가 이전에 비해 커지고 세지고 그 영향 범위가 확대된다. 그 연장선상에서 2020년 여름 러시아 영구동토층과 북극권이 6월에 37℃까지 오르는 초유의 사태가 벌어진다. 2021년에는 또 어떤가? 북미 남서부에서는 50℃ 넘는 폭염이 엄습했으며, 유럽에는 전무후무한 물난리로 재앙적 상황이 연출됐다. 올해 2022년에는 폭염으로 인한 사망 속출이 그 바턴을 이어받아 진행중이다. 이러한 상황은 향후에 전개될 1.5℃ 기온상승 이후의 파국적인 상황에 대한 아주 작은 단서와 파편에 불과하다. 여기서 1.5℃는 산업혁명 이전을 기준으로 지구평균 기온이 상승한 정도로써, 지구의 기후 체계가 인류 생존이 가능한 수준으로 유지될 수 있는 최대치의 온도 상승 수치이다. 그 이후부터는 걷잡을 수 없는 양성 피드백의 악순환이 끝이지 않고 심화되고, 강화되고, 일상화될 것이기 때문이다.

기후위기에 대한 정보와 지식을 접한 사람들은 '올 것이 왔구나!'라는 생각이 먼저 들 것이다. 이대로 간다면, 2030년 전후에 직면할 1.5℃라는 티핑 포인트(Tipping point) 이후에는 양성 피드백에 의해서 자동적으로 기후위기가 가속화되는 초유의 사태가 예측불가능하게 전개될 것이며 이는 기후위기가 최종적으로 인류의 통제권에서 벗어나게 되는 것을 의미한다. 1.5℃ 이후의 양성 피드백에 대해서 윌리엄 노드 하우스(William Nordhaus) 등이 제시한 항목은 다음과 같다. ① 그린란드 등 거대한 빙상의 붕괴와 해수면의 급격한 변화, ② 해양순환의 거대한 변화와 탄소흡수량의 변화(포화상태), ③ 빙하의 용융으로 인한 반사도[알베도] 변화(흰색에서 검정색이 많아지면 흡수량 많아짐), ④ 영구동토층이 녹아 메탄가스 배출, ⑤ 가뭄으로 인한 브라질 열대림 고사, ⑥ 거대한 산불, 에어로졸 효과 등으로 인한 기후위기 증폭 경향 등이 그것이다. 결국 기후위기가 더 큰 기후위기를 초래하는 악순환의 고리가 작동하게 되는 것이다. 이와 관련하여 IPCC(기후변동에 관한 정부간 패널) 등은 6차 보고서를 2021년 8월에 발간했는데, 양성피드백의 가능성에 대해서는 긍정하지만 1.5℃라는 시점을 급변점으로 보지 않는다는 점에서 보수적인 결론으로 향했다는 한계가 있다. 세계 곳곳에서 지금 이 순간에도 벌어지고 있는 재난 소식을 직시한다면 그러한 인식이 얼마나 안일하고 무책임한지를 알 수 있다.

데이빗 스프렛과 이안 던롭이 이끄는 호주 내셔널 기후복원센터는 2019년 3월 정책보고서를 발간하는데, 그것이 바로 「실존적인(existential) 기후 관련 안보 위기-시나리오적 접근」이다. 여기서는 1.5℃ 이후의 양성피드백이 비선형적일 것으로 예상하며 이를 비선형적인 통계치인 팻테일 곡선으로 표현한다. 이 통계의 꼬리 부분이 두터워지는 이유는 양성 피드백 자체가 인과론적이고 선형적인 것이 아니라, 예상치를 늘 초과하는 방식으로 나타날 것이기 때문이다. 호주 내셔널 기후복원센터 보고서는 최후의 마지노선 1.5℃를 지키려면 10년밖에 시간이 남지 않았다고 경고한다. 이 보고서에서 다루는 실존에 대한 논의는 삶과 죽음의 경계가 여기에 달려 있다는 점을 잘 보여준다. 실존은 삶, 생명활동, 생애 자체, 생명력 자체로 불린다. 샤르트르는 "실존은 본질에 앞선다"라고 하면서 삶이 미리 주어진 전제조건으로서 문명에 선행한다는 점을 적시하였다. 즉 직분, 역할, 기능에 앞서 삶과 실존은 미리 주어진 상태로 우리의 시각, 관점, 행동양식, 언표행위 자체를 만들어낸다는 것이다. 그런데 그 전제조건으로서의 실존의 위기의 상황은 무엇을 의미하는가? 누구도 삶을 보장할 수 없는 상태로서의 기후위기는 우리가 전제하고 있는 삶과 실존 자체를 흔드는 핵심 변수가 되었다. 기후위기 시대의 삶은 내일도 지속된다고, 그 누구도 장담할 수 없으며, 자연스럽고 당연한 것으로 전제될 수 없다. 삶과 실존은 위기에 떨리고 흔들리고 절규하고 말하기 시작한다.

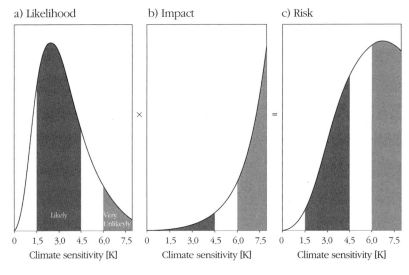

그림1. 기후 관련 위기 도식. (a) 사건의 개연성(likehood), (b) 영향력 산출, (c) 위험도. 확률 분포의 최대치에서는 더 낮은 개연적 사건들이 최고도의 위험도를 띤다.(Credit: RT Sutton/E Hawkins)(출처: 호주내셔널기후복원센터, 「실존적인(existential) 기후 관련 안보 위기-시나리오적 접근」, 2019)

기후위기 앞에서 좌절, '멘붕'(mental 붕괴), 우울 등의 밑바닥 경험을 하는 사람들이 있다. 조지 마셜의 『기후변화의 심리학』(2018, 갈마바람)에서는 문명이 기후위기의 문제제기를 외면하는 과정을 이렇게 얘기한다.

이런 의문을 제기하는 과정에서 나는 기후변화를 완전히 새로운 시각으로 보게 되었다. 즉 과학 대 이권, 혹은 진실 대 허구의 미디어 싸움이 아닌 세상을 이해하는 우리의 능력에 대한 궁극적인 도전으로 인식하게 됐다. 다른 무엇보다도, 기후변화는 우리 내면의 심리를 드러내고, 우리가 보고 싶은 것만 보고 딱히 알고 싶지 않은 것은 무시해 버리는 비범한 재능을 타고

났음을 보여준다.[3]

그것은 방안의 코끼리와 같이 차마 입에 담을 수 없는 난처한 상황을 직면할 때, 사실상 코끼리 자체가 되는 것을 선택하는 잘못된 선택으로 향할 수도 있다. "될 대로 되라", "남은 것은 즐기는 것이다", "미래까지 걱정해야겠냐?"는 반응이 사방에서 터져 나오는 것도 그러한 모습 중 일부일 것이다. 현재의 자본조차도 이자(interest)라는 장기투자전망을 상실하고 지대(rent)라는 단기투기성 자본으로 변모하지 않았는가? "인생은 한번뿐이다, 즐겨라"라는 욜로(You Only Live Once, YOLO)들의 발언이 마치 미래세대에게 쓰레기만 남기는 일회용품처럼 사방에서 터져 나오는 시점이다. 심지어 심리치료, 정신분석, 선(禪)수련, 명상 등에 종사하고 참여하는 많은 사람들의 불문율이 "기후위기만은 우리 프로그램에서는 얘기하지 않는 걸로 하자"가 된 냉소적 체념의 시절이 도래한 것이다.

기후위기 상황에 대면하는 것은 상당히 고통스럽고 두려운 일이다. 문제는 대면(face to face, 對面)하면 할수록 기후우울증이나 포기, 좌절에 가까운 심리상태가 된다는 점이다. 그렇다고 대면 대신 탈주(Flight, 脫走)를 선택할 수도 없다. 일론 머스크처럼 탈주를 통해서 화성으로 간다는 망상에 가까운 발상에 동의하는 것이 아니라면, 지구는 우리의 집이며, 우리와 생명, 자연이 공유하고 공존하며 공생할 집이기 때문에 그 외부는 없다는 점을 긍정할 수밖에 없다. 그러나 기후위기 상황을 대면하고 직면하는 일은 한 사람의 실존을 흔드는 사건이 될 수밖에 없다. 실존은 침묵하고 떨리고

---

3 조지마셜, 『기후변화의 심리학』(2018, 갈마바람) p. 14.

울먹이고 절규한다. 또 다른 선택의 여지는 없을까? 노아의 방주, 전쟁벙커, 요새화된 집, 에너지 자립마을 등에 대한 상상력도 발동한다. 어떤 이는 개인적 생존주의를 추구하는 방향으로 향한다. 이를테면 '요행히도 생존할 방법이 있을 것이며, 기후위기 재앙이 나와 나의 가족에 대해서는 해당사항이 없도록 만드는 상황을 찾아낼 수 있지 않을까' 하는 생각이다.

그러나 기후위기는 인간이 직면하는 그 어떤 사태보다 편재성(遍在性)을 띠기 때문에 해당되지 않는 사람은 있을 수 없다. 문제는 그러한 예외적이며 개인주의적인 상황의 추구가, 자신의 생존을 위해서 성공과 부, 자원에 집착하는 길로 향한다는 점이다. 물, 가스, 전기, 위생시설 등 라이프라인이 전혀 없는 제3세계 민중이나 탄소빈곤층보다는 잘 살 수 있는 문명 내부에서의 삶을 추구하는 방식이 그것이다. 물론 비행기가 떨어질 때 정면에 앉아 있는 것보다 뒤쪽에 앉아 있는 것이 생존율이 높다고 생각할 수도 있다. 또한 기후정의에 대한 질문은 언제나 유효하다. 기후위기를 초래한 사람들과 기후위기의 최대피해자가 불일치한다는 점은 개인적인 생존주의의 맥락이 감춘 민낯이라고 할 수 있다. 그런 점에서 기후위기에도 상대적인 '위치재'[4]가 있기는 하다. 그러나 그마저도 그저 잠시 동안일 뿐이며, 찰나의 마음의 위안과 위로를 추구하는 미봉책에 불과하다.

기후위기라는 초유의 상황에서 인류가 탄 지구라는 비행기는 분명히 가속도로 떨어지고 있다. 떨어지는 동안 각양각색의 사람들의 모습, 천태만

---

4 위치재의 논의는 원래는 자본주의 하에서의 기득권층이나 부유층이 되는 방법이 고급주택, 고급자동차, 값 비싼 음식물, 높은 교육수준 등을 누리는 것에서 상층과 하층의 위치를 얘기하였지만, 여기서의 위치재는 기후위기에 살아남을 수 있는 라이프라인으로서의 물, 전기, 가스 등이 설비된 1세계 사람들에 진입하는 것이나, 1%의 부유층 내에 들어가 생존확률을 높이는 것을 의미한다. 다시 말해 위치재는 기후정의와 완전히 반대편에 있는 개념이다.

상의 인간군상의 행태, 수많은 에피소드가 집약적으로 나타날 것이다. 선잠을 자고 있는데 기내방송에서 "비행기의 엔진이 고장 나서 5분 후면 비행기는 떨어질 것입니다. 행운을 빕니다!"라는 떨리는 기장의 목소리가 나온다면 당신은 어떻게 할 것인가? 어떤 사람들은 숭고하게 기도를 할 수도 있다. 자신만의 살 길을 찾겠다며 난동을 피우는 사람도 있을 것이다. 이때 필요한 것은 무엇인가? 영화 〈설리 : 허드슨 강의 기적〉에서 기장의 냉철한 판단과 끝까지 포기하지 않고 최선을 다하는 장면은 결국 리더십의 중요성을 말하고 있다.

지금 우리에게 필요한 것은 먼저 비행기가 추락하고 있다는 것을 현실 그대로 인지하는 것이다. 다음으로 우리는 경착륙에 의한 인류의 멸망의 길이 아니라 문명 멸망(=문명의 전환)을 자락으로 깔고 연착륙을 시도해야 한다. 이때 가장 결정적인 것은 이것을 질서 있게 추진해 나갈 리더십이다. 이와 관련하여 2018년 IPCC 회의 이후부터 기후위기와 관련된 대부분의 국제회의에 심리학자를 배석하게 하는 조치를 주목할 필요가 있다. 즉, 각국의 지도자와 기업의 대표들조차도 심각한 기후위기 상황이 초래하는 실존적인 위기에 직면할 때 돌발하는 밑바닥 경험의 예외가 될 수 없기 때문이다. 결국 조종간을 누가 잡느냐가 관건이다. 한 개인에게 조종관을 맡기는 것은 더 이상 유효하지 않은 대처법이다. 인류 전체의 밑바닥 감정과 실존의 위기의 무게를 모두 감당할 수 있는 초인(Übermensch, 超人)은 없을 것이기 때문이다. 이는 집합적 리더십, 집단지성의 발휘가 어느 때보다 중요해졌다는 점을 잘 알 수 있다. 여기서는 지구호를 지금 여기까지 몰고 온 전문가주의 집단이 아니라 오래전부터 이 문제의 출구를 모색해 온 대안적인 공동체, 네트워크, 협동조합 등 사회적 경제의 근간을 이룬 연결망이 집합적 리더십의 주역이 되어야 할 것이다.

지금-여기 기후위기 시대는 이미 현실로 도래해 있다. 그것을 인지한 사람들이 느끼는 실존적인 위기감, 밑바닥 심리를 어떤 방식으로 반영해야 할까? 실존주의는 전락성, 유한성, 무상성, 무위성 등의 테제에 따라 설명되어 왔다. 기후우울증이나 밑바닥심리는 이 중에서 전락성(顚落性)으로 판단할 수 있다. 가장 밑바닥에 도달한 사람들에게서 위로 갑자기 솟아오르는 놀랄 만한 에너지가 발휘된다고 말하는 사람도 있다. 그러나 그러한 사태는 우발적이며 우연적이다. 오히려 밑바닥 자체에서 헤어 나오지 못하는 사람들이 대다수인 것도 사실이다. 다만 그 가능성에 대해서 포기해서는 안 된다. 그러한 실존의 놀랄 만한 역동성에 대해서 프랑스 철학자 펠릭스 가타리는 분자혁명(Révolution moléculaire)[5]이라는 개념으로 설명하고 있다.

> 분자혁명은 상대적으로 알려지지 않은 영역에서 발전합니다. 질 들뢰즈는 이해하려고 애쓸 것이 많지 않다고 우리에게 막 말하고 있었습니다. 우리는 학생들이 바리케이드에서 반항하고 움직이고 있는 것을 봅니다. 우리는 십대들이 고등학교 생활을 바꾸는 것을 봅니다. 우리는 죄수들이 프랑스 감옥의 절반에 불 지르는 것을 봅니다. 우리는 프랑스 공화국 대통령이 죄수들과 악수하고 있는 것을 봅니다. 여성들의 반란이 여러 수준에서 온

---

5 분자혁명은 모든 비관과 절망의 순간에 피어나는 작은 변화의 새싹의 발아와 같은 그 일을 해낼 사람이 만들어지는 것 다시 말해 주체성 생산이 가능해지는 혁명이다. 이러한 작은 변화는 서로 연결된 생태계, 네트워크, 공동체에서 사회화학적인 변화를 초래함으로써 거대한 전환의 파고의 시작이 된다는 것이 분자혁명의 설명방식이다.

갖 방향으로 일어나고 있습니다. 즉 유산문제, 매춘문제에 관한 물려받은 정책들에 반대하는 방향으로 말이죠. 우리는 이민자들이나 인종적 소수자들의 투쟁, 동성애자, 약물복용자, 정신병환자의 투쟁을 봅니다.[6]

그러한 분자혁명의 가능성은 밑바닥 심리로부터 출발하지만, 죽음, 끝, 유한성에 직면한 사람들이 벌이는 놀라운 변화를 의미한다. 자신의 한계를 아는 순간, 사람들은 그 자체를 자신이 투사할 우울과 좌절의 요소가 아니라, 놀랄 만한 변곡점(inflection point, 變曲點)의 시작점으로 삼기도 한다. 이에 따라 삶과 실존은 자신의 존립 근거인 정체성(Identity)을 밝히는 것이 아니라, 자신의 삶 자체인 특이성(singularity)을 통해서 표현되는 양상으로 전개된다. 다시 말해서 기능, 역할, 직분, 직업 등이 중요한 것이 아니라, 삶, 사랑, 욕망, 정동(affect) 등이 스스로 나서 발언하기 시작하는 것을 의미한다. "이러한 분자혁명이 왜 기후위기 상황에서는 벌어질 수 없는가?"라는 질문을 던질 수도 있다. 그러나 분자혁명의 순간은 도처에서 발아한다. 금요일에 학교를 가지 말자고 학생들에게 호소했던 청소년 기후활동가 그레타 툰베리(Greta Thunberg)와, 자연사박물관에서 이미 멸종한 공룡 화석 아래에서 드러누웠던 수많은 사람들의 결사체 영국의 멸종저항(Extinction Rebellion), 그리고 2019년 9월 24일 35,000명의 시위대로 힘을 보여주었던 한국의 〈기후위기 비상행동〉은 그것을 반증하고 있다.

그것은 아래로부터 들끓는 마그마 상태의 실존과 삶의 도전이다. 그것은 삶과 실존의 소중함과 유일무이함을 밝히는 특이성 생산의 순간이다.

---

6 펠릭스 가타리, 『가타리가 실천하는 욕망과 혁명』(2004, 문화과학사), p. 342.

실존에 대한 다른 접근이기는 하지만, 빅터 프랭클(Vicktor Frankl)의 『죽음의 수용소에서』(2005, 청아출판사)에서의 논의는 실존의 높이의 철학을 보여준다. 프랭클은 의미요법(Logotheraphy)의 창시자로서 인간의 실존의 높이가 왜 중요하며, 자신의 숭고하고 위대한 의미와 가치를 논의하는 것이 왜 중요한지를 말한다. 그는 죽음의 수용소 아우슈비츠에서의 생존자 중 한 사람이며, 그곳에서의 경험을 통해서 인간이 아무리 열악한 상황에 있다 하더라도 자신의 의미와 가치를 포기하지 않는 한 어려움을 이겨낼 수 있다는 점에 주목했다.

> 인간의 정신상태-용기와 희망 혹은 그것의 상실-와 육체의 면역력이 얼마나 밀접한 연관을 가지고 있는지 아는 사람은 희망과 용기의 갑작스런 상실이 얼마나 치명적인 결과를 초래하는지 이해할 것이다. … 내가 이 경우를 통해 관찰하고 도출해낸 결론은 후에 수용소 주치의로부터 들었던 말과도 일치했다. 그의 말에 의하면 1944년 성탄절부터 1945년 새해에 이르기까지 일주일간의 사망률이 일찍이 볼 수 없었던 추세로 급격히 증가했다는 것이다. 주치의는 이 기간 동안 사망률이 증가한 원인은 보다 가혹해진 노동조건이나 식량사정의 악화, 기후의 변화, 새로운 전염병 때문이 아니라고 했다. 그것은 대부분의 수감자들이 성탄절에는 집에 갈 수 있을 것이라는 막연한 희망을 품고 있었기 때문이라는 것이다.[7]

프랭클은 "왜 살아야 하는지 아는 사람은 그 어떤 상황도 견딜 수 있다"

---

7 빅터 플랭클, 『죽음의 수용소에서』 (2005, 청아출판사) pp. 135~136.

라는 말을 통해서, 삶의 의미와 가치에 대한 신념이 바로 삶의 희망의 끈임을 적시한다. 그것은 들뢰즈와 가타리의 방식처럼 삶의 잠재성의 '깊이'로부터 끌어올려진 놀라운 주체성 생산의 방법과는 달리, 의미와 가치라는 '높이'를 통해 실존의 지지대를 만드는 작업이었다. 결국 삶과 실존은 전면적인 기후위기 상황에서 높이와 깊이를 동시에 요구받을 것이다. 자기 주변에 있는 사람들의 깊이와 잠재성에 주목하면서 이를 새롭게 재발견해 내는 작업처럼, 스스로를 포기하지 않고 실존의 잠재성과 깊이 속에서 색다른 특이성을 만들어내는 작업이 깊이의 철학이자 분자혁명의 비밀이다. 동시에 자기 자신의 의미와 가치, 용기, 희망 등의 높이를 통해서 전 지구적인 기후위기에 대면하기를 주저하지 않는 실존적인 태도도 필요하다. 깊이와 높이가 만날 때 밑바닥에서 되튀어 오르는 놀라운 주체성 생산이 이루어질 수 있다.

끝, 한계와 같은 유한성은 모든 생명과 자연에게는 필연적인 것이다. 그러나 그렇기 때문에 특이성으로 발생하는 생명활동이 너무도 소중하고 유일무이하다. 지구의 한계는 생명의 한계, 자연의 한계이다. 1972년 로마클럽의 『성장의 한계』라는 보고서는 성장 자체의 한계에만 착목했다면, 이제 기후위기는 생명의 근간을 이루는 지구의 한계, 실존의 한계상황까지 도달해 있다. 유한성을 느낀 사람이 먼저 나서는 것은 삶의 매순간이 단한번 뿐이라는 깨달음이 있기 때문이다. 그러나 그것은 영성주의, 종교주의, 근본주의에 기반한 판에 박힌 레퍼토리가 아니다. 이미 완성된 실존이란 존재할 수 없기 때문이다. 실존은 늘 과정형이자 진행형이다. 기후위기에 대한 대면 역시 온갖 우여곡절과 주름, 요철, 굴곡을 맞이할 준비가 되어 있어야 한다. 그렇기 때문에 온갖 군상의 인간들을 만날 수 있다. 이를테면 파리협약에서 탈퇴했던 트럼프와 같은 성장주의자들이 다시 득세해서 인류를 급격한 위협에 빠뜨릴 수도 있다. 그렇게 되면 파국을 향한 시계 초침은 더 빨라질 것이다. 그런 점에서 우리는 각자의 삶의 양식을 바꾸는 미시세계에 머무르지 않고 거시정치, 제도, 거대 프로그램, 거대 계획에 밀접히 관련을 맺고 있는 기후위기 시대를 직면하는 삶을 살아야 한다. 따라서 기후위기를 자각한 사람들은 더 유능해져야 한다. 정치, 경제, 학술, 문화, 삶의 미시정치가이자 거시정치가로서 전면에 나서야 하며, 민중적인 로비 활동을 펼칠 수 있어야 한다. 민중적 로비 활동이란 예를 들자면, 초등학교 학생들이 유명인에게 기후위기에 대해서 발언해 달라고 편지를 보내는 것과 같은 것이다.

다시 비행기 이야기로 돌아가 보자. 비행기가 떨어지는 상황을 체감하지 못한 채 잠자는 사람들이 비행기 안에는 있을 수도 있다. 이들을 흔들어서 깨우는 것도 중요한 일이지만, 그것이 전부가 아니다. 비행기의 조종간을 함께 잡아당기거나 내 물건을 비행기 밖으로 내던져서라도 추락 속도와 각도를 늦출 수 있다면, 있는 힘을 다하여 일을 수행해야 한다. 그 실천이 밑바닥 경험으로부터 나온 것이든, 삶의 위대성에 기반한 높이에서 나온 것이든 그것은 중요치 않다. 물론 실존의 매순간을 치열하고 뾰족한 찰나의 순간으로 사는 것은 쉽지 않지만, 하나의 도도한 흐름을 함께 만들어가는 것은 비교적 손쉬운 기호나 주의와 관심으로부터 시작될 수도 있다. 어떤 흐름이든 모방, 창조, 생산의 순간에 비교적 작은 일로부터 시작되어 거대한 흐름의 역사를 만들어낸다. 그래서 흐름이 시작되는 특이성 생산의 순간은 우리가 직면하는 삶의 모든 장면과 과정일 수 있다. 그래서 기후위기에 용기 있게 대면한 순간, 우리는 이미 미래, 희망, 열정, 의지 등을 맞이할 충분한 자격을 갖추었다고 말할 수 있다. 우리 비행기-지구호의 운명, 우리의 인류 문명, 희망의 향방을 좌우하는 조종간은 우리 자신에게 내재해 있다.

3. 구성주의 _ 대답인가, 문제제기인가?

기후위기 전문가의 강연 자리에서

2020년 9월 태풍이 할퀴고 가면서 수많은 유리창 파편이 길거리를 뒤덮은 시기, 사람들은 질문을 던지기 시작했다. "우리는 무엇과 대면하고 있는가? 자연의 거대한 힘, 그 괴물을 만들어낸 건 누구인가?" 하나의 문제설정은 곧 하나의 대답으로 이어지는 것이 아니라, 또 다른 문제설정을 잉태한다. 그것이 문제설정의 힘이다. 기후위기가 제시하는 난해한 문제설정 앞에서 사람들은 쪼그라들고 왜소해지고 우울해진다. 그래서 그 문제에 대신 대면해 줄 전문가들을 찾는다. 전문가들은 곧 성우와 같은 부드럽고 안정된 음색으로 말한다. "인류 앞에는 지구평균기온 1.5℃ 상승이라는 티핑 포인트가 있습니다. 그 이후에는 해안선이 잠기고, 감당할 수 없이 강력해진 태풍, 폭염, 기상재난에 시달리게 될 것입니다." 그런 말을 듣고 있노라면 놀라고 섬뜩하지만 다른 한편으로 왠지 상황에 대해서 거리를 두고 논평하듯 대할 수 있다는 일종의 안도감이 든다. 그래서 기후위기 강연이나 기후위기 관련 콘텐츠를 접할 때면, 자신이 기후위기라는 거대한 문제와 정직하게 대면하지 못하고 있다는 점을 감추어줄 새로운 소비와 향유라는 느낌도 받는다. 그리고 대답해 주는 전문가로부터 받은 안도감 때문인지, 다시 곧 원래의 일상, 통속적인 삶으로 돌아가는 것이다. 전문가들은 온갖 환경교육에서 개인에게 죄책감을 유발하는 발언을 한다. 안도감과 죄책감은 범벅이 되어, 결국 할 수 있는 것이 아무것도 없다는 자괴감으로 귀결된다.

'대답의 자본주의'는 모든 문제설정에는 일정한 대답이 있다는 필연의 법칙을 제시한다. 그래서 어떤 문제 상황이 왔을 때, 대답을 갖고 있는 전문가들을 등장시키며, 이들이 제시한 솔루션을 듣고 이내 안도하게 된다. 자신이 굳이 문제설정과 대면하지 않아도 다 해결해주는 사람이 있으니 마음이 편하고 속이 편하다. 참 낭만적이고 세련된 차도남/녀의 태도이다. 죄책감이야 눈 한 번 질끈 감으면 그만이고, 체제와 시스템과 대면해서 행동에 나설 필요가 없으니 아직 시간은 많다는 느낌도 든다. 그러나 이러한 대답의 자본주의는 기후위기의 해결책이 아니라, 오히려 문제를 일으키고 악화시키는 장본인이다. 먼저 그 대답이 이루어지게 된 과정이 무엇인지 생각해 볼 필요가 있다. 즉, 대답은 생명과 자연, 신체에 대한 도구화의 산물이다. 그렇기 때문에 가시적인 성과로서의 대답을 하는 과정에는 반드시 도구적 이성이 달라붙게 된다.

펠릭스 가타리의 지적에 따르면 과정형이자 진행형으로서의 도표(diagram)[8]는 완성형으로서의 기표(signifiant)라는 대답의 자본주의 하에서 무력화되고 소외된다. 여기서 도표는 '지도화'[9]라면 기표는 '의미화'이다.

---

8 도표는 지도제작을 의미하며, 어떤 의미의 고정점에 사태를 두는 것이 아니라, 과정적인 흐름에 사태를 둠으로써 그것이 갖고 있는 다의미적이고 다성화음적인 면모를 발견하는 것이다. 도표에는 1) 정의(defintion)와 근거(ground)의 분열 속에서의 지도제작, 2) 냄새, 색채, 음향, 몸짓 등의 비기표적 기호계의 작용, 3) 수학의 미적분, 로봇의 통사법, 미술의 채색법 등의 고도로 조직된 기호작용, 4) 돌발흔적으로서의 입구의 개방 등의 네가지 의미좌표를 갖고 있다.
9 지도화는 근거와 정의를 일치시키는 인과론적인 작동으로 보는 의미화가 아닌 근거와 정의의 분열

전문가들이 의미화를 통해서 '~은 ~이다'라고 단정하는 순간, 모든 실천과 정과 노력, 의지와 욕망의 발휘 등은 무력화된다. 그러한 의미화의 논법은 결국 성장주의를 가동시켰던 성과주의, 가시화의 논법, 상품사회 등의 기초가 된다. 또한 대답의 배치 역시 문제가 된다. 대답을 하는 사람들은 전문가/대중, 무대/관객, 주체/객체 등의 이분법을 통해 대답하기 위해서 능동적인 자와 수동적인 자를 끊임없이 나눈다. 그렇기 때문에 대답의 자본주의는 자연과 생명, 심지어 인간에 대해서도 능동적인 역할을 하는 주체의 상을 그려낸다. 그런데 그 주체의 능동적인 힘은 다름 아닌 화석에너지와 핵에너지로부터 유래한다. 이처럼 대답의 자본주의는 성장주의를 과신하고 과용함으로써 기후위기를 초래한 주범이다. 그럼에도 불구하고 현재의 기후위기 상황을 개인 책임으로 내몰면서 체제 전환의 씨앗을, 즉 저항의 씨앗을 잠재우려고 획책하는 자들이 대답의 자본주의의 화신인 전문가들이 아닌가?

그런데 어찌 된 일인지 가공할 기후위기 상황에서 우리는 다시 대답의 자본주의로부터 해법을 찾고자 한다. 우리가 해법을 내놓기를 기대하는 대답의 자본주의에서의 전문가라는 인간 군상은 대부분 기후위기의 심각한 파급력을 중화하고 살균하고 완화하는 역할을 할 뿐이다. "심각합니다. 우리 다 죽어요!"라고 눈물을 흘리며 강의를 한다 하더라도, 결국 대답의 자본주의에 포획된 전문가들은 중화-살균-완화의 역할에 할당된 배우들일 뿐이다. 그러한 강연 자리에서 수많은 사람들의 죽음과 생명의 소멸,

---

속에서 복잡계 현실을 설명할 다양한 경로를 개척하는 것이다. 그런 점에서 의미화는 모델화라면, 지도화는 여러 모델을 넘나드는 메타모델화라고 할 수 있다.

자연의 파괴에 관한 이야기를 듣는다 하더라도, 우리는 마치 공연장에서 펼쳐지는 한편의 쇼나 퍼포먼스와 같이 반응할 것이다. 기후위기 상황에서 그 대안을 모색하고 실천을 할 사람을 만들기 위해서는 그러한 전문가주의로부터 벗어날 필요가 있다. 특히 기후위기라는 현재의 인류 문명 자체에 대해서 질문을 던지는 거대한 문제설정의 경우에는 대답의 자본주의, 즉 전문가주의가 실질적인 역할을 할 여지는 전혀 없다. 물론 듣고 있는 동안에는 무슨 예언자를 만난 사람처럼 한편으로 위기감을 체감하지만, 다른 한편으로 안도감과 안전함이 느껴지는 것도 사실이다. 더불어 그들이 던져주는 죄책감에 부끄러워하는 것은 왠지 유아적인 발상처럼 느껴지기까지 한다. 그 콘텐츠가 아무리 극단적인 위기 상황이라 하더라도 말이다. 그래서 편안한 의자 위에서 기후위기의 현실과 미래에 관한 경고 방송을 듣고 있는 상황에서는 졸음이 밀려들고, 지구와 인류가 직면한 위기가 마치 먼 나라 이야기처럼 느껴져 현재의 상황을 바꾸기 위해 획기적인 전환을 하려면 아직까지 조금은 시간이 남아 있다는 생각도 들게 마련이다. 그러나 과연 시간이 남아 있을까?

기후위기라는 거대한 문제설정

기후위기에 대해서 전문가들은 대답은 나와 있다는 점을 명백히 하면서, 그 정보와 지식을 정교하고 세련되게 밝히는 경우가 많다. 온갖 그래프와 수식, 사진, 영상 등이 동원된다. 그러나 여기서 주목해야 할 것은 일종의 착시현상이다. 대답을 하는 사람이 있다면, 당연히 해결책이 있을 것이라는 착시현상이 그것이다. 물론 해결책이 없다는 얘기가 아니라, 우리가 이미 그것을 알고 있기 때문에, 나를 제외하더라도 개선될 여지가 있고, '뭐 그런 얘기군 곧 해결되겠군!'이라고 생각한다 하더라도 이상하지 않는 설정 때문에, 실질적인 실천적인 요소를 놓치게 되는 것이다.

특히 지식과 정보는 상당히 매력적인 것이어서, 앎이 바로 지식권력이 되는 경우가 많다. 이에 따라 안다는 것이 마치 예언자가 모든 미래를 파악하고 있는 것처럼, 그 일이 어떻게 진행될 것인지가 지식과 정보, 즉 대답 속에 들어 있다는 생각을 하게 된다. 그러나 우리가 분명히 알아두어야 할 핵심 쟁점은, 지식과 정보는 "우리가 무엇을 어떻게 해야 하는지?"라는 물음을 끊임없이 누락한다는 점이다. 핵심을 건너뛴 채 제도와 정책상의 문제를 한참 듣다가 "한국정부도 잘 하고 있다"는 식의 '기후악당국가'[10]에 대한 완전한 환상 속에서 마무리될 소지조차도 있다.

더 큰 문제는 대답의 자본주의가 파견한 전문가의 필터링을 거치면 이러한 기후위기라는 거대한 문제설정을 직접 대면할 용기와 자신감을 갖기가 점점 어려워진다는 점에 있다. 기후위기는 실존으로서의 한 개인이 감내하기에는 너무도 큰 문제설정이다. 그래서 기후위기 상황은 실존의 쪼그라듦, 소외, 우울, 좌절감을 불러일으킨다. 밑바닥 감정, 즉 실존의 전락에서 놀라운 분자혁명이 일어나 그것에 대한 기후행동으로 나설 가능성이 아예 없는 것은 아니다. 일을 어렵게 만드는 것은 더 큰 문제설정에 직면할 때, 사람들의 태도와 자세는 상당히 굴절된다는 사실이다. 결국 "해도 안 되겠네." "내가 했던 행동 모두가 부끄럽네."라는 생각으로 자포자기하

---

10 기후악당국가로서의 한국에 대한 국제사회의 눈빛은 따갑다. 1인당 이산화탄소배출량이 세계 6위이고, 총 탄소배출량이 7위인 한국의 기후위기 대응이 매우 초라하고 그린워싱 등을 통해서 홍보하거나 말이나 선언만 늘어놓을 뿐 사실상 탄소감축의 노력이 거의 없기 때문이다. 심지어 독일에서 한국의 기후위기 대응을 촉구하는 시위가 벌어질 정도였다.

고 마는 경우가 대부분이다. 이처럼 기후위기라는 거대한 문제설정에 대면한다는 것이 한 실존을 지치고 힘들고 우울하게 만든다는 점 때문에, 대면을 회피하면서, 문제를 일으켰던 장본인인 대답의 자본주의로 회귀하는 것은 불가항력의 일인 것만 같다. 일종의 회피마저도 필요하다는 자괴감에서 수많은 지식과 정보를 늘어놓고 그것으로 실천을 가장한 가장무도회는 끝난다.

해법의 출발점은 "그 일을 해낼 사람을 만들기"에 있다. 이를 펠릭스 가타리는 주체성 생산(the production of subjectivity)이라고 개념화했다. 여기서 우리는 기후위기 상황에서 사람들은 굉장히 많이 변할 것이라는 점을 직감할 수 있다. 전환사회는 바로 자본주의문명과 인간성 자체에 대한 혁명적인 전환(transformation)의 여지로부터 시작될 것이다. 잡민(雜民)들이라고 할 수 있는 다중(multitude, 多衆) 속에서 놀라운 주체성 생산도 가능하며, 이전에 본 적 없는 색다른 체제 전환의 목소리가 출현할 것이 예고된 상황이다. 놀랄 만한 강건함을 가진 실존의 출현으로 기후위기라는 거대한 문제설정에 대해서 전환사회의 비전을 얘기하는 것도 가능하다. 그런데 그 전환사회의 가능성은 우리의 생각과 말과 행동 전반의 변화, 생활양식의 변화뿐만 아니라, 시스템과 제도, 정책의 변화를 포괄하는 전환의 전개를 의미한다.

어쩌면 대답이 명백하다는 것은 오히려 전문가주의에 기반하여 문제제기와의 대면을 회피하는 수단이 될 수도 있다. 문제설정에 대한 대답이라는 일대일 대응의 한 쌍이 아니라, 문제설정에 대한 또 다른 문제설정들의 결합 양상이 바로 실존의 전환적인 응답이다. 물론 제도나 정책, 거대 프로그램, 거대 계획에서의 대답은 분명히 있다. 그것은 대답되어야 하며 당장 조치되어야 하며 당연히 수행되어야 할 과제이다. 관건은 개인, 즉 실존이 문제설정과 마주치는 양상이 어떠한가 하는 점이다. 우리가 혁명적 상황이라고 느끼는 영역은 오히려 문제제기를 끊임없이 응시하고 대면하면서 민감도를 높이고 있는 상황이라고 할 수 있다.

> 문제는 지표 요소들, 징후나 제도적 착오(스스로 옆으로 밀려나거나 주변화되는 대신, 자신이 전에 가지지 못한 표현의 장, 가능성의 폭을 제시한다고 봅니다) 같은 경험된 무의미 추이를 확인하는 것에 있습니다. 그것으로부터 다양한 관련 질문들과 함께, 주체성의 이러한 장이 지닌 무의식 구성체에 대한 또 다른 과정적 지도제작이 아마 가능해질 것입니다. 단성적인[분명한] 표현이 존재하는 곳에서 언표 행위의 다성 음악이 긍정될 것입니다. 저에게 그것은 '무의식을 작동시키는' 것입니다. 그것은 무의식을 발견하는 것일 뿐만 아니라 우선 그리고 무엇보다도 무의식으로 하여금 자신의 고유한 특이성 선, 사실상 자신의 고유한 지도제작, 자신의 고유한 실존을 생산하도록 이끄는 것입니다.[11]

실존은 우울해하고 좌절하고 나락에 떨어진 상황에 머무는 것이 아니라, 혁명적으로 행동하고 나서고 실천하는 새로운 대면 양식을 개발할 수 있다. 이에 따라 색다른 대면 양식이 혁명적 상황이라고 하는 것은 바로 거대한 문제설정이 발신하는, 삶과 사회, 지구를 변혁하라는 지상명령에 대해서 뚜벅뚜벅 실천하는 실존적 양상들이 출현할 것이라는 점에 있다.

---

11 펠릭스 가타리, 「'제도' 혁명을 향하여」 (다음카페 《소수자》 가타리 아카이브 중에서) p. 20.

그것은 놀라운 가속으로 나타날 수도 있고, 놀라운 감속으로 나타날 수도 있다. 그러나 그저 속도조절의 문제가 아니라, 거대한 문제설정에 맞선 실존양상의 거대한, 색다른 또 하나의 문제설정일 것이라는 점은 분명하다.

거대한 문제설정은 무엇을 함의하는가?

기후위기라는 거대한 문제설정은 하나의 대답으로 해결할 문제가 아니다. 이는 여러 개의 대답이 있을 수도 있고, 정확한 대답이 없을 수도 있다. 그러나 우리는 해결해 보겠다는 의지를 갖고 이 문제에 정면으로 대면할 수밖에 없다. 그러한 대면 자체가 바로 혁명적 상황이기 때문이다. 거대한 문제설정으로서의 기후위기는 그린뉴딜과 같은 하나의 모델에 의해서 해결될 수 있는 성격의 문제가 아니라, 기후금융, 탄소경제, 에너지전환, 녹색기술, 기본소득 등이 각기 하나하나의 경우의 수가 되어 회복탄력성(resilience)을 발휘할 때 비로소 변화의 조짐이 나타날 수 있다. 물론 미세한 변화의 자취에 불과할 수도 있지만, 근사치에 도달한 다양한 대답들이 계속 방향성과 일관성을 갖고 제안되고 추진될 때 전환은 점점 가속될 수 있을 것이다.

하나의 대답에 집중해야 한다는 사람들은 대부분 문제설정 하나가 대답 하나로 이어진다는 환상에 사로잡혀 있다. 그래서 지구를 구할 유일한 열쇠를 자신이 말하고 있다고 착각하는 경우가 많다. 그러나 기후위기와 같은 거대한 문제설정은 명확한 인과관계와 같은 하나의 모델을 제시하고 관철시키면 아귀가 딱 맞아떨어져 열쇠 개념처럼 딸깍 하고 열리는 일은 거의 없다. 자연생태계는 복잡계이기 때문에 다양하고 다중적인 인과관계와 상관관계가 어우러져 있다. 그래서 일관된 방향성을 가지고 지극함을 발휘하여 계속적으로 다양한 대답을 작동시킬 때, 겨우 전환의 방향으로 물꼬를 틀 수 있을 뿐이다. 일대일의 인과관계에 대한 환상은 환경관리주의자들에게 널리 확산되어 있는 사유 양식이다. 즉, 그들은 자연생태계가 계측 가능하며 양적으로 환산 가능하기 때문에, 제도적 모델 하나가 그것을 바꿀 수 있다고 착각한다. 물론 제도주의는 점진주의, 현실주의라는 점에서 장점도 있지만, 현실이 복잡계이기 때문에 이러한 제도적 모형으로는 문제 해결이 되지 않는다. 특히 기후위기의 경우에는 문명과 삶의 양식 전반과 관련되어 있기 때문에, 하나의 열쇠 개념으로서의 제도 모형이 그것을 완벽히 해결하는 어벤져스가 될 수 없는 것이다. 특히 그린뉴딜이나 탄소시장 등을 주장하는 환경관리주의자들이 앵무새처럼 자신의 제도적 모형에 살짝 변형을 가하면서 그것이 큰 변화라고 강변하는 것은 지극히 위태로운 진실 호도이다.

여기서, 하나의 모델에 수렴되고 집중되는 몰적(molar)인 방식[12]이 아니라, 여러 모델을 넘나들고 횡단하며 이행하는 분자적(molecular)인 방식[13]의 실천 활동이 조명될 수밖에 없다. 이것을 메타모델화(Meta-modelization)라고도 부른다. 즉, 하나의 모델이 모든 것을 해결하는 만능키가 아니며, 생활 전반부터 기업, 공공영역, 전 지구적 계획 자체에 대한 대대적인 수

---

12 몰적인 방식은 하나의 의미나 모델에 수렴되고 집중하는 방식이며, 다시 말해서 일을 수행할 때 모델의 바깥을 제거한 채 효율적으로 기능분화해서 일에 집중하는 양상을 의미한다. 몰적인 방식은 '의미화=모델화=코드화'와 동일선상에 놓여 있다.
13 분자적인 방식은 여러 모델을 넘나드는 이행, 횡단, 변이의 움직임이다. 여러 모델을 교차적이고 횡단적으로 넘나들기 때문에 몰적인 방식의 효율성과 달리 탄력성을 추구할 수 있는 것이 분자적인 방식이다. 몰적인 것을 의미와 일모델이라고 한다면, 분자적인 것은 재미이와 놀이모델이라고 할 수 있다.

정이 요구되기 때문이다. 그런 점에서 하나의 모델을 제시하고 그것이 만능키와 같이 여기는 전문가주의가 기후위기의 국면에서 유의미한 역할을 할 여지는 거의 없다. 모든 실천 활동과 제도적 모형들, 삶의 양식들은 모두 경우의 수로서 평면에 놓이게 된다. 획기적인 전환이 이루어지기 위해서는 각각의 경우의 수로서의 특이점 하나하나가 제대로 작동하여 회복탄력성을 갖고, 시너지효과를 발휘할 수 있어야 한다.

다양한 경우의 수가 동시에 작동하는 순간은 다성음악적이고 다성화음적인 순간일 것이다. 그런 점에서 기능 분화된 하나의 모델에 대해서는 치열하게 특이점[14]으로 작동하게 만들어야겠지만, 더 중요한 것은 각각의 특이점들이 어우러져 다기능성을 갖게 되는 일관된 방향성을 견지하는 것이다. 모든 수준에서, 모든 심급에서의 혁명이 이루어져야 한다. 그리고 그 기후위기에 대응하는 혁명은 다성음악을 연주하는 예술가의 협연이 되어야 하며, 다기능적인 정동을 운영하는 살림꾼의 향연이 되어야 한다. 획일적인 모델에 대해서 기능분화를 통해서 복잡하게 만들어 놓은 모델화를 구사하던 전문가주의는 더 이상 유효하지 않다. 다양한 모델을 제시하고 이를 일관된 방향성으로 이끌 다기능적인 정동의 지휘자, 지혜의 살림꾼이 필요하다. 그런 점에서 기후위기에 관련해서는 우리는 아직까지 기초적인 단계, 즉 특이점 하나하나를 설립하는 단계에 있을 뿐이다. 이를 어떻게 다양한 모델로서 작동시킬 것이며, 어떻게 합주곡과 같은 거대한 교

---

14 특이점은 양자역학에서는 확률론적인 양자가 선택할 수 있는 경우의 수이며 선택지이다. 그런 점에서 에너지가 물질이 되는 지점으로서의 특이점이 모이면 회복탄력성을 구성하여 다성화음적이고 다양한 선택지가 되는 것이다. 특이점의 형성은 우발적 지점에 에너지로서의 사랑, 욕망, 정동을 반복적으로 가할 때 발생한다.

향악으로 만들 것인가는 우리 앞에 놓인 실천적인 과제인 상황이다.

"왜?"라는 질문이 아닌 "어떻게?"라는 질문

우리는 본질과 이유를 묻는 "왜(Why)?"라는 질문만 대답한다면 모든 일이 잘 풀릴 것이라고 믿고 있다. 그러나 본질과 이유에 대한 질문은 실천 과제에 대해서 침묵하는 경향이 있다. 왜냐하면 궁극의 본질을 묻는 질문은 대답할 수 없거나 모든 대답을 무의미한 것으로 만드는 공(空)와 무(無)의 상태로 이끄는, 문제설정에 대한 지극히 형이상학화된 대응으로 흐르기 때문이다. 이 질문에 기능적인 대답을 통해서 이를 해결한다는 것은 앞서 말한 대답의 자본주의에 걸려든다. 그렇기 때문에 본질과 이유에 대한 지식과 정보가 대답을 내놓을 것이라고 생각하는 것과는 달리, 실천적인 과정은 늘 "어떻게(How)?"라는 질문을 수반할 수밖에 없다. '어떻게?'라는 질문은 작동과 양상의 질문이자, 본질과 이유에 대한 대답을 내놓고 출발하는 것이 아니라, 지금의 작동과 양상의 수준에서 해야 할 일과 해서는 안 될 일에 대해서 논의를 시작할 수 있는 여지를 충분히 제공한 상태에서 시작한다. 그레타 툰베리가 "기후위기가 모두에게 책임이 있다는 것은, 책임져야 할 사람이 책임을 회피하는 것에 불과하다"라고 한 말이 정확히 그것을 적시한다. "어떻게 기후위기 상황에 대응할 것인가?"라는 본질과 이유를 묻는 질문에 모든 사람이 기후위기에 대한 책임을 일정 정도 갖는다고 대답하는 것은 제1세계 사람들과 다국적 기업, 석탄화력발전소 등의 책임을 회피하기 위한 본질주의적인 논법에 불과하다.

그렇기 때문에 "어떻게?"라는 지금-당장-여기의 해법을 요구하는 질문으로부터 우리는 시작해야 한다. 이유와 본질에 대한 질문은 '모든 사람이

유죄'라고 함으로써 '아무도 유죄 아님'을 도출하고, 실질적인 해결 방안을 위한 실천을 뒤로 미루게 한다. "어떻게?"를 묻는 것은 본질과 이유에 대한 질문에 현혹되지 않고, 현재의 작동과 양상을 전제로 한 다양한 실천으로 직행한다는 것을 의미한다. 거대한 문제설정으로서의 기후위기는 하나의 대답이 아닌 다양한 질문들을 연결하는 "어떻게?"를 통해서 실천적인 과제를 부상시킬 수 있을 것이다. 이 속에서 다양한 주체성들이 등장할 것이며, 이를 해결하기 위한 실천적인 기후행동의 가속화를 이룰 것이다. 그것은 실존 자체가 보유한, 본질주의적이지 않은 방향성에 입각한 색다른 실험과 실천 양상의 백화만발을 의미할 것이다. 민중, 어중이떠중이, 잡민, 다중, 투명인간 등이 지상에서 발언할 날이 올 것이다. 그들이야말로 실천 과제로서의 "어떻게?"를 해결하기 위한 실존의 거대한 문제설정들을 품고 나선 사람들일 것이다. 그것은 이미 시작된 거대한 문제설정에 대한 색다른 실천 양식이자 삶의 양식이라고 할 수 있다.

우리는 산업사회, 즉 자본주의와 사회주의가 성장주의의 주범이며, 현재의 막대한 기후위기를 일으킨 주범이라는 점을 파악하고 있다. 그러나 탈성장 전환사회를 말할 때, 매우 군색해지는 경향이 있다. 왜냐하면 탈성장 전환사회는 공산주의처럼 이념형이자 완결형이 아니라, 과정형이자 진행형이기 때문이다. 기후위기는 탈성장 전환사회를 촉구함에도 불구하고, 이에 대한 이행 전략과 이야기 구조의 빈약함에 따른 위기는 동시에 찾아온다. 우리는 '어떻게?'라는 이야기 구조의 위기에 대해서 우리의 삶의 양식과 제도적 상상력을 동원해서 필사적으로 응답해야 한다. 삶에서의 하나하나의 단서와 징후도 놓칠 수 없다. 관계망 자체는 제도화의 기반이기 때문에 더욱 면밀해지고 예민해져야 한다. 우리는 이야기꾼이나 만담꾼이 되어야 한다. '어떻게?'를 끊임없이 상상하고 이야기 구조를 설립함으로써 전환 사회의 마중물이 되어야 하는 것이다.

4. 접촉경계면 _ 정보인가? 정동인가?

그 수많은 정보를 통해서 우리는 얼마나 변했나?

〈2050 탄소중립 시나리오〉

1안, 기존 체계 · 구조 최대한 활용해 원 · 연료의 전환

2안, 1안에 화석연료를 줄이고 온실가스 추가로 감축

3안, 화석연료 과감히 줄이고 수소공급을 그린수소로 전환

- 1안 2,540만톤, 2안 1,870만톤, 3안 0(net-zero) 전망

2021년 8월 탄소중립위원회에서는 탄소중립의 시나리오적 접근법이라는 세 가지 시나리오를 제출했다. 그 일련의 과정에서 드러난 것은 기술관료 집단이 전혀 탄소중립의 의지가 없었고, 사실상 2050탄소중립 기획 자체가 그린워싱(Green Washing)[15]에 불과했다는 점에 있다. 거기서 제출된 1안과 2안은 화력발전소를 그대로 유지하거나 가스 발전으로 대체하는 안이라는 점에서, 탄소중립과는 해당사항이 없다. 3안은 기술적으로 입증되

---

15 그린워싱은 '녹색분칠'의 뜻으로, 기업, 정부, 공공기관 등이 실지로는 전환의 행동을 하지 않음에도 불구하고, 에코, 녹색, 친환경, 기후위기 선언 등을 일삼는 것을 의미한다. 이러한 가짜녹색은 말이나 선언의 수준에서 그럴 듯하게 보이기를 원하지만, 실지로 생산현장이나 사회현실에서의 변화는 극도로 회피한다. 일종의 사기꾼들의 모습인 것이다.

지 않은 수소발전과 탄소격리술에 대한 환상을 기반으로 한다. 이러한 어처구니없는 작업이 58회 가량의 모임에서 논의되고 있었다는 사실은 그 집단의 기후위기에 대한 생각이 얼마나 탁상공론과 미봉책으로 일관하고 있는지 알 수 있게 한다. 동시에 당시 문재인 정부는 제조업 중심의 한국사회를 녹색전환하고, 에너지전환과 탈성장을 통해 기후위기 대응을 할 생각이 애초부터 없었다는 점이 드러난다. 이러한 리더십은 완벽히 무기력했으며, 쓸모도 없고, 가치도 없는 것이었다. 말만 잘 하는 정부, 선언만 일삼는 정부는 사실상 실천에 나설 의지도 없고, 최소한의 선의도 없었고, 능력도 없었다. 더욱이 그다음에 출범한 윤석열정부는 탄소중립에 대한 기본적인 의지와 해결책도 없을뿐더러, 핵발전에 대한 맹신으로 향하고 있다. 사실상 핵발전의 경우에는 기온 상승으로 바닷물 온도가 10℃ 보다 높아질 경우 냉각수로 쓸 수 없기 때문에 핵발전소가 정지할 수밖에 없다는 기본적인 상식조차도 이해되지 못한 상황에서 유일한 대안으로 제시되고 있는데, 이는 너무도 기술만능주의적인 안일한 생각이라고 할 수 있다. 특히 광범위한 거버넌스를 통해서 기후위기에 대응하는 것이 아니라, 전문가들의 결정에 따라 기후위기 대응을 하겠다는 발상은 비행기의 조종간을 몇몇 사람에게 맡기면서 위험에 대한 전면적인 감수성을 감소시키는 결과를 낳게 될 것이다.

그러한 동안에도 한반도 내에서 식물과 작물의 남방한계선은 해마다 북상한다거나, 주변 바다의 사막화는 날로 가속화한다는 소식, 그리고 세계 곳곳에서 매일 업데이트되는 기후위기 상황에 대한 정보는 사람들의 공포심을 자극하는 가십거리나 최신뉴스로서의 향유물이 되고 있었다. 정보는 사실상 행동과 실천의 출발점이 되지 않는다. 기후위기는 과학의 영역이라고 선전되고 있지만, 사실상 인문학적이고 사회학적 요소가 많다. 어느 누가 성장을 멈추고 가동되던 공장을 멈추고 탈성장을 얘기하고 전환사회를 얘기하겠는가? 성찰적인 기반 없이는 기후행동은 즉각적으로 발생되지 않는다. '나만 아니면 되지!'와 같은 생각을 버리지 못하는 기회주의자가 기후위기를 대하는 기업과 국가의 모습이다. 아무도 책임지지 않는 바람에 책임 부위조차도 아래로부터 구성해내야 하는 상황이 되었다. 거짓말, 헛소리, 기만, 위선과 같은 말이 선언이나 국제회의에서 유통되고 그럴수록 사람들은 기후위기의 막대한 상황에 즉각적인 생태감수성과 기후행동을 투입하는 대신 누군가 책임지고 행동하고 있지 않느냐, 하는 착각에 빠질 것이다. 그러나 특히 한국의 상황은 누구도 책임성 있게 기후위기를 대하고 있지 않은 것이 실상이다. 그런 상황에서 정치는 완벽히 리더십을 상실한 관료집단으로 전락해 버렸고, 현실적인 과제와 멀어져 버렸다.

정보주의는 많은 착각을 남긴다. 정보는 지금 당장 행동하거나 실천하지 않아도 어딘가에 해결책이 있을 것이라는 환상을 심어준다. 즉, 자신의 신체변용이나 되기(becoming)를 통해 적극적으로 행위하지 않아도 모든 사람들이 이미 알고 있기 때문에, 곧 해결책이 생길 것이라는 환상에 빠지게 한다. 그러나 정보주의가 내놓는 수많은 정보를 접하며 '나는 이미 알고 있다'고 생각하는 환상은 진실과 거리가 멀다. 실제로 몸으로 체득하고 현실에서 습득한 것만이 작동할 뿐 정보에만 기반한 것들은 금세 기능 정지에 빠지게 되기 때문이다. 기후위기에 대한 걱정과 우려는 피할 곳을 찾는 한 마리 짐승과 같은 심정을 만들어낸다. 그래서 행동하지 않는 정부, 위선적인 정부, 그린워싱의 재미에 빠진 기술 관료들뿐이라 하더라도 결국 책임은 그들에게 있다고 회피하게 된다. 정보가 공유되고 있는데 그들이 모를 리가 없으며, 안다면 곧 행동을 시작할 것이라는 착각이 그것이다. 그러나 기후악당국가인 한국사회에서, '정치권이나 기술 관료는 책임지지 않는다'는 신자유주의 나쁜 관행은 철저히 지켜지고 있다. 사실상 그들이 할 일이 없기 때문에, 그들의 존립 이유조차도 사라진 지 오래다. 그렇기 때문에 한국사회는 리더십의 부재, 정치의 부재, 책임의 부재라는 불모의 사막이 되고 있다. 윤석열정부의 기후위기에 대하여 전문가주의 맹신으로 일관하는 것은 사실상 리더십 자체를 상실한 채 표류하는 배와 그선장의 형상이다. 이 중차대한 기후위기 국면에서 리더십은 몇몇 사람들이 지도자나 전문가로 등장하는 근대적인 리더십의 형상이 아니라 집단적인 리더십과 전면적인 거버넌스를 통해서 교섭점을 전면적으로 형성하는 방향으로 나아가야 할 것이다.

물론 정보가 모여 지식 생태계에 긍정적인 역할을 하고, '2차적 차이를 낳는 1차적 차이의 생태계'로서 작동할 수도 있다. 그러나 정보가 어디에 모이냐가 중요하다. 오늘날 정보는 플랫폼에서 모이고 유통되고 순환한다. 구글, 유튜브, 넷플릭스, 네이버, 다음 등의 뉴스 클리핑 기능과 인공지능을 장착한 플랫폼 등은 소비자에 유착하여, 정보를 투명하고 공평하게 전달하는 것이 아니라, 자신이 원하는 정보만을 보게끔 사람들을 몰아간다. 이에 따라 정보의 생태계의 장점이 발휘되는 것이 아니라, 오히려 진실에 접근하기 어려워진 것이 현재의 상황이다. 플랫폼자본주의[16] 하에

---

16 플랫폼자본주의는 플랫폼 내에서 웃고 울고 떠들고 정동을 발휘하면 그 이득은 모두 플랫폼 소유 기업이 가져간다는 점에서 정동자본주의라고 일컬어진다. 플랫폼은 하나의 마당에 계속 머물도록 독점기업이 강제한다면, 네트워크는 비스듬한 횡단을 하고 흐르게 만든다는 점에 차이가 있다. 결국 플랫폼자본주의는 네트워크에 대한 독점을 통해서 그 외부를 바라보지 못하게 만드는 새로운 성장주의의 변형이다. 이에 대한 설명으로는 신승철, 『정동의 재발견』(2022, 모시는사람들) 있다.

서 기후위기의 심각성을 모든 분야, 모든 기업, 모든 예술과 문화가 함께 소리 높여 얘기해도 시원치 않을 판인데도 불구하고, 딴 세상을 사는 듯한 사람들의 이야기들로 플랫폼에서의 일상이 구성된다. 주식과 코인, 부동산 등의 치솟아 오르는 가격처럼 성장주의자들이 장악한 플랫폼에서 기후위기는 국제뉴스 귀퉁이를 장식하는 가십거리일 뿐이다. 이러한 왜곡된 현실은 기후위기를 온몸으로 체감하는 제3세계 민중의 삶과는 철저히 유리되어 있다. 기후난민이 9,000만 명에 육박하고 나날이 늘어가는 비상 상황이어도 남의 일처럼 관조하며 가끔 혀만 차는 것은 성장주의자들에게 장악된 플랫폼이 철저히 실상을 필터링하고 있기 때문이다.

이는 정보 자체의 속성인, 위생적이고 탈색되고 나의 일과 멀리 떨어져 있는 남의 일처럼 느끼게 만드는 특징으로 인해 더욱 증폭되어, 기후위기 상황을 자신의 삶과 실존의 문제로 느끼지 못하게 만든다. 정보 자체는 관계 맺음과 교류에 기반하는 것이 아니라, 관계의 두절과 단절에 기반하고 있다. 자신이 세계와 연결되어 있다는 것을 느끼는 것이 아니라, 세계를 관조하고 소비하고 향유하는 사람으로 배치를 잡게 만드는 것이 정보이며 그 실행의 든든한 기반이 플랫폼이다. 그래서 정보의 코드가 비스듬하게 연결되어 횡단코드화[17]가 이루어지려면 네트워크에서의 독특한 실천이 요구된다. 그렇지 않는다면, 코드 자체가 그저 그 코드의 장(場), 즉 문제설

---

17 횡단코드화는 코드와 코드를 매끄럽게 그리고 비스듬히 횡단하게 만드는 작동 방식이다. 규칙으로서의 코드화와 위반으로서의 탈코드화, 처벌로서의 초코드화 등은 자율성을 잃는다면, 횡단코드화는 비스듬 연결을 통해서 자율성을 강화한다. 횡단코드화의 정반대에는 코드의 잉여가치가 있다. 왜냐하면 횡단코드화가 공동체의 자율성의 명제라면, 코드의 잉여가치는 공동체에 대해서 외부의 자본이 수행하는 약탈, 추출, 채굴이기 때문이다. 이에 대해 설명한 책은 펠릭스 가타리, 『분자혁명』(1998, 푸른숲)이 있다.

정 안에서만 유효한 것이고 그것을 벗어나면 모든 것은 아예 없던 일처럼 되는 것이다. 사실 인간의 삶에서 관계는 그렇게 차단될 수 있는 사안이 아니다. 그러나 자신과 관계없는 사람의 소식과 정보를 접하고, 자신과 관계없는 사람과 거래를 하고, 자신과 관계없는 사람과 벽을 맞대고 사는 사람들이 위생적이고 탈색된 소비나 향유를 통해서 기후위기의 정보를 접하는 오늘날의 상황은 경우가 다르다. 그것은 내 삶에 영향을 주지 않는 정보일 뿐이며, 그것에 접속하면 왠지 불편해지고 힘들어지기 때문에 외면하거나 잊고 사는 것을 선택하게 되는 것이다. 그런 점에서 플랫폼자본주의 하에서의 기후위기에 대한 정보는 완전히 차원을 달리하는 사안이 되었다. 아무런 감응도 영향도 변화도 없다. 그저 정보일 뿐인 것이다. 불편하면 차단하면 그만이다. 그리고 그런 불편한 이야기를 하는 플랫폼과는 거래하고 싶지 않은 것도 사실이다.

지난 2020년 말 대통령의 탄소중립 선언 이후 대통령 직속 탄소중립위원회가 구성되었습니다. 정부 위원회에서 민간 위원의 참여 연령이 낮아지고, 저희에겐 청소년 당사자로서 이 논의에 참여할 수 있는 기회가 생겼습니다. 실질적인 정책 논의 테이블에서 우리의 목소리를 전할 기회 자체가 애초에 없었기에 '기회의 공정'에 매달릴 수밖에 없었습니다. 단지 미래세대로 존재하는 것이 아니라 의사결정의 주체로서, 실질적인 기후위기 대응을 요구할 수 있는 자리로 탄소중립위원회에 참여를 결심하게 되었습니다. 하지만 탄소중립위원회에 위원으로 참여하며 이러한 기회의 공정조차도 기후위기 대응의 제대로 된 논의를 보장할 수 없다는 것을 알았습니다. 당사자들은 여전히 배제된 채로 정부와 산업계의 이익을 대변하기 위해 작동되는 거버넌스는 여전했습니다.

    - 〈청소년 기후행동 탄소중립위원회 사퇴선언문〉중에서

    청소년 기후행동이 2050 탄소중립위원회에서 피맺힌 사퇴선언문을 발표하면서, 사람들은 더욱 탄소중립위원회의 위선적인 조치에 분노하였다. 그러면서도 어떤 대안이 있을까를 부심할 수밖에 없었다. 청소년들의 선언문조차도 하나의 정보로만 간주되는 인터넷 세상에서 우리는 어떤 희망을 만들어내야 할까?

정보에서 정동(affect)로

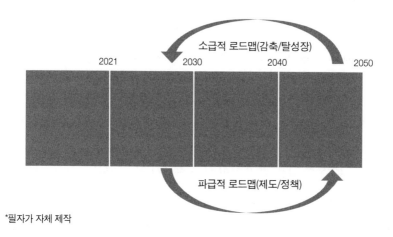

*필자가 자체 제작

    기후위기에 대해서 파급적 로드맵을 그리는 것이 시나리오적 접근법의 모두가 아니다. 2050년 온실가스 제로라는 탄소중립의 도착점에 비추어 역으로 계산할 때, 우리의 삶과 기업 활동, 상업 활동이 어떠해야 하는지에 대한 구도도 생길 수 있다. 그때 우리는 어떠한 현실과 마주치게 되는 가? 그것은 IMF 당시 경제가 급전직하할 때(-7%)의 두 배에 달하는 연 14%씩 경기 후퇴를 하고, 그다음 해에는 전해에 비해서 다시 14%씩 감축하는 등의 강력한 탈성장 사회이다. 물질발자국은 1970년대 수준으로 돌아가는 1/10의 감축이 2050년까지 이루어져야 한다. 그러한 급격한 탈성장 접근법에 동의할 사람은 아무도 없을 것이다. 엄청난 감축으로 인해 경제가 제대로 작동하지 않는 상황을 악몽이나 절망의 상황이라고 여기기 때문이다. 그러나 그것은 진정한 시나리오적 접근법이 진지하게 제시하는 구체적인 미래의 로드맵이다. 이를 부정한다면 뭐라고 변명하든 결국 탄소 중립의 의지가 없음을 의미할 뿐이다. 그러나 빛깔 좋은 '녹색성장' 카드만 만지작거리는 현 정부의 상황에서 이러한 로드맵이 달가울 리 없다.

그것은 움직이지 않는 사람, 정부, 관료들의 경우에는 불 보듯 뻔한 일이다. 정보는 꼼짝 안 할 때의 마음, 아무 일 없을 때의 마음에 기반하고 있다. 다시 말해 정보는 표면을 매끄럽게 움직이지만 몸과 마음은 정지된 채 소비하고 향유할 뿐이다. 우리는 "꼼짝 안 할 때 생각이 많은가? 움직일 때 생각이 많은가?"라는 화두에 주목할 필요가 있다. 꼼짝 안 할 때의 마음은 신열에 들떠 누워 있을 때 우리의 두뇌 속에서 공회전되는 잡념이라고 할 수 있다. 그러한 마음의 속성을 정보가 갖고 있다는 사실은 적극적인 신체 변용이나 되기(becoming)를 통하지 않는 정보라는 점에서 특히 도드라게 드러난다. 그러나 움직이는 마음은 정동(affect, 情動)이라고 불리는, 자기원인을 가지고 배열하고 정돈하고 배치하고 돌보는 마음이다. 정보의 측면에서는 '포크는 날카로우므로 주의해야 한다', '나이프는 뾰족하므로 위험하다'라고 말한다 하더라도, 포크와 나이프를 식탁에 가지런히 배열하고 배치하는 정동이 발휘되면 전혀 다른 결론에 도달할 수 있다. 다시 말해 기후위기에 대한 적극적인 대응을 위한 정동의 발휘가 있다면, 우리는 탄소중립의 완수를 위하여 경제성장의 규모와 속도를 엄청나게 감축해야 한다는 사실과 관련한 완전히 다른 세상을 구성할 수 있다.

정동은 돌봄, 모심, 살림, 보살핌 등과 동의어로 쓰인다. 정동은 생명에너지이자 활력이다. 각 개인들의 생각에 빠져드는 것이 아니라, 사람들 사이에서 유통되는 전(前)개체적인 흐름인 것이다. 그래서 개인주의, 자유주의에 따라 회피하거나 외면할 수 없는 문제로 만드는 것이 정동이다. 정동은 대지와 미래세대, 자연과 생명을 보살피고 섬기고 모심으로써 우리의 행동방식을 완전히 다른 것으로 전환하게 한다. 정보가 한 개인에게 이르렀을 때 개인은 아주 쿨한 사람처럼 그것을 활용하여 성공주의, 승리주의, 자기계발의 소재로 삼는다. 다시 말해 성장주의는 정보주의와 일맥상통하는 측면이 있다. 그러나 정보가 정동으로 이행했을 때는 사회와 공동체, 네트워크 전반 유통되는 흐름을 주목하게 된다. 기후위기의 문제를 삶의 차원으로 받아들이기 위해서는 정동과 같은 움직이는 마음이 필요하다. 우리는 상상력과 활력, 생명에너지를 통해서 탈성장 전환사회를 맞이해야 하며, 성공을 위해서 길길이 날뛰는 개개의 인간군상이 아니라, 사회와 미래세대를 응시하는 마음으로, 돌봄과 모심의 태도를 취해야 할 것이다.

정동은 대개는 가장 미묘하게 오가는 강도들 속에서 그리고 그것들을 가로질러 발생한다고 하는 편이 더 맞을 것이다. 즉 알아챌 수 없는 것들의 극히 미세하고 분자적인 사건들, 소소한 것과 그보다 더 소소한−정동은 사이에서 태어나고, 누적되는 곁(beside-ness)으로 머문다. 그래서 정동은 다양한 마주침의 리듬과 양태를 따라 일어나고 사라질 뿐 아니라 감각과 감성의 골과 체를 빠져나가며 일어나는 일종의 신체적인 능력(capacity)의 기울기, 언제나 조정되는 힘-관계들의 유연한 점진주의로 이해할 수 있다.[18]

우리 사이를 감싸고도는 정동이 향하는 바는 관계의 풍요에 기반한 탈성장이다. 감축의 경우에 결핍, 부족, 관계의 결여, 소외에 기반한 빈곤이 아니라, 관계에서 유통되는 정동과 활력의 극대화를 통한 탈성장의 방향성이 그것이다. 그래서 정동은 기후위기 시대를 맞이하기 위해서 그 어떤 위력적인 정보보다 더 현실적인 방안이다. 물론 모두의 책임으로 받아들여 생활양식을 바꿈으로써 기후위기에 대응하는 것은 한계가 분명히 있다. 한국 기업지배구조원의 2019년 보고서에 따르면 한국의 상위 10%에 해당하는 대기업 업체 100곳이 전체 한국의 온실가스 배출량의 87%를 차지하고 있고, 가정에서 배출된 양은 5.4%에 불과하다. 책임져야 할 부위에서의 책임을 논외로 하고 생활양식의 변화에만 주목해서는 안 되는 것이다. 정동으로의 전회는 단지 생활양식을 탈성장으로 향하는 것만을 의미하지는 않는다. 좀 더 적극적으로 기후행동을 통한 책임성을 요구하는 마음 역시 정동이기 때문이다.

우리는 실천적인 활력에 기반하여 기후위기 상황에 대응하기를 촉구하는 행동에 나서야 한다. 그리고 그 출발점은 나를 바꿈으로써 시작된다. 나의 태도와 가치를 성공주의, 승리주의, 자기계발에 묶어둔다면, 어떻게

18 멜리사 그레그, 그레고리 시그워스, 『정동 이론』(2015, 갈무리), p. 15.

하든 결국 성장주의 세력에 자신을 내맡김으로써 '잘 사는 것'만이 바른 길이라고 생각하고, 그것을 따를 것이다. 그러나 정동의 목소리에 귀를 기울인다면, 엄청난 감축과 감쇄를 통한 질서 있는 후퇴가 필요하다는 점을 긍정하면서 불평등과 빈곤 등의 기후정의 문제를 해결하는 방향으로 생각과 실천, 행동방식을 바꾸어갈 것이다. 그렇기 때문에 우리는 더욱 움직이는 마음, 정동에 기반한 돌봄, 모심, 보살핌, 섬김, 살림 등을 통해서 우리의 관계와 주변을 가지런히 정돈하고 배열하면서도, 성장의 맹목적인 충동으로부터 벗어나지 않는 현재의 기업과 공공영역에 대해서 끊임없이 저항하고, 견제하는 집합적 리더십을 발휘해야 할 것이다. 그것은 기후위기 시대에 최적화된, 정동을 통한 탈성장의 몸과 마음을 만들기 위한 시작점이라고 할 수 있다.

기후정의(Climate Justice)에서 소수자 되기로

앞에서 살펴본 것처럼, 정동이 아닌 정보의 차원에서 기후위기 문제를 대면할 때, 자신의 삶의 문제로, 생활양식의 문제로 받아들이지 못하게 된다. 그러나 이러한 행태에 대한 비판은 자신의 책임을 회피하기 위해서 개인들에게 죄를 전가하는 방식이어서는 안 될 것이다. 이를테면 전 세계적으로 18,700개의 주유소를 보유한 브리티시 페트롤룸(British Petroleum)이라는 석유회사가 기후위기가 대기업의 잘못이 아니라 모두의 잘못이라고 떠넘기기 위해서 만든 탄소발자국(Carbon footprint) 개념이 그것이다. 물론 탄소발자국을 줄이기 위해서 냉·난방기를 덜 쓰고 컴퓨터에서 스팸메일을 지우는 등의 개인들의 눈물겨운 노력이 있는 것도 사실이다. 그러나 당시 브리티시 페트롤룸이 재생에너지에 투자한 총액이 3.2%에 불과하다는 점을 살펴본다면 명백하게 그린워싱에 입각한 개념이라는 것을 알 수 있다. 우리는 개인들이 도덕적으로 완결하고 순수해지기 위해서 기후행동에 나서는 것이 아니라, 과정적이고 진행형적인 실천을 위해서, 기후위기에 실질적으로 대응하고 바꾸기 위해서 기후행동에 나서야 할 것이다. 그런 점에서 생활양식을 바꾸는 그것 자체로 만족해서는 안 되며 기후행동에 나서서 기후정의를 실현하기 위해서 노력해야 한다. 이는 기후위기에 책임이 거의 없는 탄소빈곤층이나 사회적 약자와 제3세계 민중들이 최대 피해자가 되고 있는 현재의 상황을 바꾸기 위해서 이에 대한 책임이 있는 대기업이나 석탄화력발전소, 전기용광로 등의 영역에게 책임을 묻는 실천을 의미한다.

기후위기 상황에 멀찌감치 떨어져서 지켜보겠다는 식의 구경꾼 의식도 문제지만, 기후위기를 개인들의 책임으로 바꾸어 죄책감을 들게 하는 각종 기후환경교육 등도 문제다. 오히려 기후위기를 극복하는 방향으로의 실질적인 변화를 추진하는 제도와 시스템, 기업 활동과 상업 활동의 변화 등을 강제하는 적극적인 시민행동이 더 필요하다. 기후위기 상황을 정동의 차원에서 본다는 것은 그것을 우리의 삶의 위기상황으로, 생명의 위기상황으로, 소수자와 약자의 위기상황으로 피부로 느끼고 체감하는 것을 의미한다. 그것은 기후정의를 소수자 되기로서 받아들이는 것을 의미한다. 지구라는 행성에서 고통 받는 생명과 자연, 빈곤층과 소수자의 상황을 개선하지 않고 기후위기에 대응한다고 말할 수 없다. 기후정의는 기후책임이 거의 없는 제3세계 민중들과 탄소빈곤층이 오히려 기후위기의 최대 피해자가 되는 역설적인 상황을 극복하기 위해서 실천하는 것을 의미한다. 기후정의는 결국 기후위기에 대한 정보 과학적이고 객관적인 정보에 따른 접근이 아니라, 인문적 상상력과 사회학적인 통찰을 통한 정동으로서 기후위기에 접근하는 태도이다. 2022년 8월 8일 서울에 몰아닥친 폭우는 국지성이라는 점에서 기후위기에 따른 불균형의 기상조건을 체감케 했으며, 동시에 그 피해가 저지대 주민, 반지하에서 사는 주민 등 극빈층에 집중되었다는 점에서 불평등과 기후정의의 차원이 드러났다. 그러나 보수집권당의 정치인들은 이처럼 안전한 삶을 근원적으로 위협하는 기후위기 상황을 그대로 보여주는 빈민 지역에 와서 히히덕거리며 농담하는 모습을 보였다. 다시 말해 정동을 통해서 기후정의를 체감하는 것이 아니라, 사진 한 장 찍음으로써 면피성 정보 하나를 만들려는 의도를 그대로 드러낸 것이다. 기후정의는 정보 차원이 아니라, 정동적 감응의 차원이 되어 있는 상황이다.

2021년 탄소중립위원회를 탈퇴한 〈청소년 기후행동〉의 사퇴의 글에서 주목할 부분은 기후시민의회 부분이다. 스웨덴의 경우에는 청소년기후의회가 가장 활발하게 작동하는 정치단위로 등장하고 있다. 한국 상황에서 기후시민의회의 조직은 이제 출발점에 있다. 여러 가지 의견이 있을 수 있으나, 100명, 1000명 단위로 분절시켜서 완결된 단위로 작동케 하고, 이를 적극적인 아젠다와 행동요령, 대응지침, 정책적 제안 등을 만드는 독립적이고 자율적인 모듈(module)로 만들어야 한다. 향후에 기후시민의회가 조직된다면, 그 중심에는 청소년 기후의회가 있을 것이다.

이제 해결책은 정부가 아니라 시민들 안에서 만들 수밖에 없는 상황입니다. 지금 필요한 건 기후위기로 인한 큰 재난의 피해자여서, 또는 죽고 피해를 입어야만 주목하는 것이 아닌 당사자 모두가 논의 테이블로 들어올 수 있도록, 기후위기로 가장 많은 영향을 받을 우리들의 이야기가 반영되고 의사결정의 주체가 되도록 하는 새로운 민주주의입니다. '청소년기후행동'은 공식적으로 소속 활동가의 〈대통령 직속 탄소중립위원회〉 위원직 사퇴와 함께 비민주적이고 시민을 배제하는 탄중위의 논의구조를 거부함을 선언합니다. 이제 기후위기를 넘어 우리가 인간다운 삶을 지킬 수 있는 새로운 사회 구조로의 전환을 위해 기존 논의의 틀을 깨고 시민이 직접 만드는 시민의회를 함께 만들려 합니다.

-〈청소년기후행동 탄소중립위원회 사퇴선언문 중에서〉

5. 기후위기는 마음의 위기다[19]

마음, 사회, 자연의 위기를 목도하며

기후위기는 단지 기온 상승에 따르는 불편함이나 재난에 따른 손해에 그치지 않는다. 우리가 수백 년 동안 당연시해 왔던 삶의 원칙과 생활양식 전반을 뒤흔들 최대변수이다. 기후위기는 우리의 생활상의 불편함과 소외, 빈곤, 불평등 등의 전반적인 문제와 깊게 관련되어 있는 것이다. 우리의 문명 내부에는 잘 살기 위해서 아등바등하는 인간 군상들이 여전히 성공주의, 승리주의, 자기계발에 몰두하고 있는 것도 사실이다. 그러나 이러한 개발과 성장에 목매는 사람들은 결코 자신의 의지나 바람처럼 잘 살지 못할 것이며, 결국 자괴감과 비판에 빠져 어쩔 줄 몰라 하는 수동적 전환 상태에 머물 것이다. 반면 능동적 전환은 어떻게 가능할까? 탈성장 전환사

---

19 대화문화아카데미, 2021년 가을 토론회 토론문.

회에 대한 상상력을 모은다면, 우리 자신이 당연시해 오던 모든 것들을 의문에 부치고, 불편함과 빈곤함으로 향하는 의도적 게토화를 수행하는 대안적인 행동과 실천에 나설 수도 있다.

우리는 인류 문명 전체를 파멸로 몰아가는 기후위기 상황을 거대한 전환의 계기로 삼아야 한다. 이는 모든 것을 거대한 문제설정 앞에 거는 목숨을 건 도약의 시도이다. 이를 위해서 현대 문명에 내재된 사회 부정의와 불평등, 착취, 차별 등의 문제들을 모두 기후위기를 상수로 하는 변수로 놓아야 하고, 문명의 대전환에서 궁극적인 해결을 기대해야 한다. 그러므로 우리는 더욱 대담해져야 한다. 막연한 희망보다는 결사와 행동을 더욱 사랑해야 한다. 현대 문명은 전환 자체도 마케팅의 대상으로 삼는다. 이에 대응하여 우리는 현행의 제도와 시스템, 체계 전반을 의문시하고 이를 급변시킬 뾰족한 것으로 만들어서 전환을 상품화하여 소비하고, 실질적인 전환은 늦추고자 하는 사람들이 전유할 수 없는 저항적 개념으로 만들어가야 한다. 그린워싱의 재미에 사로잡혀 말로만 전환이라고 하는 사람들이 더 이상 전환을 얘기하면 불온한 사람으로 여겨져서 자신에게 불리해질 그런 상황을 만들어야 한다. 다시 말해 대대적인 기후결사, 기후행동의 불온한 요소가 전환이라는 말에 함유되도록 해야 한다.

그러기 위해서 먼저 우리가 직면한 위기를 정확하게 진단해야 한다. 그저 과학기술이 말하는 객관적인 정보와 지식이 그 자체로 해결책이기도 하다고 착각하는 환상으로부터 벗어나야 한다. 지혜와 정동을 발휘하여 어떻게 전환을 만들 것인가의 문제설정과 마주쳐야 한다.

이때 마음, 사회, 자연은 전환을 이룰 생태계의 세 가지 구성요소이다. 아래에서는 이 세 구성요소를 파열시키는 위기의 작동과 양상을 진단하면서, 어떻게 이를 넘어서 세 가지 생태학의 실천으로 향할 것인지 탐색해 보고자 한다.

마음 생태 : 기후위기는 마음의 위기다

마음의 생태학은 잡다, 다양, 여럿이 웅성거리고 잡음, 소음, 잉여를 형성하지만, 이는 곧 조화와 균형의 일관성을 갖게 된다. 만약 "'꼼짝 안 할 때'와 '움직일 때' 중에서 언제 마음이 더 많이 발생하는가?'라는 질문을 던진다면 어떻게 대답할까? 아마 대부분의 사람들은 일과를 마치고 어젯밤 엎치락뒤치락거렸던 잠자리를 생각할 것이다. 단잠을 청하지 못했던 어젯밤의 잡념과 예민함, 환상 등을 생각하며 '꼼짝 안 할 때의 마음'이 더 많았노라고 말할 것이다. 그러나 그 '꼼짝 안 할 때의 마음'은 감정과 정서이다. 어떤 표상이 촉발하는 자기원인과 일관성도 없는 일시적이고 휘발적인 마음들이다. 불교에서의 소승(小乘)의 수련법인 명상은 이러한 잡념들을 텅 비우고 번뇌를 던져버리는 무념무상의 진공상태로서의 열반과 해탈에 이르는 방법이지만, 여전히 '꼼짝 안 할 때의 생각'의 프레임(frame)에 머물러 있다. 반면 '움직일 때의 마음'인 정동은 보살피고 아끼고 행동하고 이행하고 움직일 때의 마음이다. 삶의 내재성, 즉 배치가 분명히 있는 마음들이다. 대승불교(大乘佛教)에서의 돌봄과 살림으로서의 보살행이나 보시행의 서원은 정동을 통해 깨달음의 경지에 이르는 방법이다. 불교에서의 서원은 정동의 미시정치를 통해서 사회에 뛰어드는 대승불교의 전통이다. 반면 해탈과 열반은 사회와 분리되어 있는 소승, 즉 상좌불교의 전통이다. 이렇듯 '꼼짝 안 할 때의 마음'과 '움직일 때의 마음'은 불교뿐 아니라 정동과 감정을 가르는 가장 기본적인 가름끈이라고 할 수 있다. 기후위기 상황에 대처하는 마음이 꼼짝 안 할 때의 마음인지 움직일 때의 마음인지를 살펴본다면, 꼼짝 안 할 때의 마음은 위기에 짓눌려 쩔쩔매거나 회피하지만, 움직일 때의 마음은 더욱 활력과 생명력을 발휘해서 기후위기에 대응하는 대안을 찾아내는 에너지원이 될 수 있다.

이러한 기후위기 상황에서의 움직일 때의 마음은 세 가지 마음 좌표를 통해 바라볼 수 있는 생태계를 조성한다. 하나는 넓이의 마음으로, 사물, 자연, 생명, 기계와 혼종적인 주체성 양상으로 드러나는 마음이다. 이 마음은 해러웨이의 말처럼 인간은 대지 위에 서는 것이 아니라, 대지 밑에서 꾸물거리는 존재들과 함께 어우러져야 상황에 서 있음을 자각한 마음이다. 두 번째는 높이의 마음으로, 의미와 가치에 따라 생명력을 발휘하는 결사와 결단의 마음이다. 빅터 플랭클이 얘기했던 로고테라피의 말처럼 우리는 두 번 태어난 것처럼 삶의 의미를 새롭게 하지 않고서는 기후위기에 대응하기 어렵다. 세 번째는 깊이의 마음으로, 기후위기가 초래하는 밑바닥 감정으로 침윤하다가 되 튀어오르는 놀라운 주체성 생산의 순간에 작동하는 마음이다. 이는 실존의 전략성에 대한 부분으로 펠릭스 가타리의 분자혁명을 규명할 수 있게 한다. 동시에 불교에서 얘기하는 아뢰야식(제8식)의 대긍정의 밑바닥 마음의 깊이도 타진해 볼 수 있다. 마음은 이러한 세 가지 좌표에 따라 경계가 모호한 혼재면을 형성하지만, 이내 생태계를 조성하여 생명평화의 일관성으로 향할 수 있다.

결국 마음의 위기에 대처하는 일은 높이, 깊이, 넓이에서 유래된 마음들이 잘 배열, 정돈, 배치, 정렬될 수 있도록 만드는 정동(affect)과 돌봄의 생명력과 활력에 따라 생태계를 조성하는 일이다. 그런 점에서 거대한 하나의 모델을 세워두고 효율성을 따져 가며 이를 추구하는 것이 아니라, 다양한 여러 모델을 연결하는 이음새로서의 정동을 통해 탄력성을 확보하는 것이 마음의 위기에 대한 해법이라고 할 수 있다.

자연 생태 : 기후위기는 상상력의 위기다

기후위기 상황은 선택의 여지를 빼앗아가 버린다. 어떠한 방안도 군색하고 오롯이 의존하기에는 난처한 점이 있다. 이는 상상력을 고갈시키는 원천이 되기 때문에 상상력의 위기로도 표상된다. 이로 말미암은 상상력의 빈곤은 미래진행형적 사유와 가능성의 선택지 등을 상실하게 한다. 이 경우에 미래는 상상력이 아니라, 김홍중 교수 얘기처럼, 파멸 이후의 상상력인 파상력에 머무르게 된다. 파멸적 상황이라 하더라도 미래로 향할 수 있는 여지가 없는 것은 아니나, 생태적 한계 아래에서 얼어붙는다. 이를 마투라나와 바렐라는 '논리적 장부 기재'[20]라고 말한 바 있다. 이 말은 "네가 말하는 것은 어느 누군가 말했던 것이다"라는 말로 함축된다. 다시 말해 개념, 상징, 표상 등은 유한성에 기초하기 때문에 이야기 구조 설립 과정에서의 소재는 새로운 것이 없다는 말이다. 그러나 이러한 논리적 장부 기재와 같이 생태적 한계를 명확히 한다면 하나마나한 이야기를 하고 그칠 소지도 분명하다. 생태학은 이러한 요청에 응답해야 한다.

생태계는 생태적 다양성의 다이내믹 시스템을 짜고 있으며, 각각의 특이점으로서의 생명, 자연, 사물, 기계 등이 어우러져 회복탄력성, 복원력,

---

20 논리적 장부 기재는 이야기구조의 한계태제인데, 이를테면 로미오와 줄리엣과 춘향전은 표현상 다른 것처럼 느껴지지만, 사랑이라는 소재를 다룬다는 점에서의 한계지점을 갖고 있다는 것이다. 그렇기 때문에 어떤 이야기구조를 접근할 때 표현의 다채로움을 볼 것이 아니라, 어떤 소재의 유한성 속에서 있는지를 바라보는 것이 논리적 장부 기재이다. "네가 말한 것은 어느 누군가가 말했던 것이다"라는 의미도 이러한 관점에서 이해될 수 있다.

신축성, 유연성을 발휘한다. 다시 말해서 하나의 문제설정에 따라 모든 것이 해결되는 것이 아니라, 여러 문제설정의 비스듬한 결합과 횡단성이 탄력적으로 작용하여 문제해결에 접근하는 것이다. 그런 점에서 생물 대량 멸종을 앞두고 경우의 수 하나하나가 사라지고 있다는 사실을 안타까워하는 시각도 있을 수 있다. 그러나 특이점으로서의 경우의 수를 하나하나 설립하는 특이성 생산의 과정이 있을 수 있다. 물론 기존에 없던 것이 만들어지는 것이 아니기 때문에 '재특이화'라고 해야 엄밀한 규정이다. 여기서 새롭게 재설정되고 재발견되고 재발명된 특이점들이 상상력을 통해서 설립한 경우의 수라고 할 수 있다.

생태계는 다양한 경우의 수가 어우러진 탄력적이고 다이내믹한 시스템이다. 그러나 그 경우의 수는 미리 주어진 것이 아니다. 경우의 수를 창안하는 것은 제도와 시스템일 수도 있고, 생활양식의 심원한 변화일 수도 있다. 동시에 생태계는 인간, 사물, 자연, 기계, 생명 등이 어우러져 각각의 혼재면에서 상호작용이 일어나는 동역학적 시스템이다. 여기서 강한 상호작용은 혼종적인 주체성을 더욱 풍부하게 하고 다양하게 할 수 있는 여지가 있다. 다시 말해 '차이를 낳는 차이'로서의 시너지가 생기는 것이다. 약한 상호작용의 경우에는 주변부를 소외와 무위 상태로 만들고 중심부에 센터를 두게 된다. 결국 강한 상호작용을 통해서 생태계의 경우의 수들이 탄력성을 발휘할 수 있는 여지를 두는 것이 필요하며, 이는 혼종적 주체성으로서의 인간-기계, 인간-미생물, 인간-생명 등이 얼마나 세계를 재창조하고 재특이화하느냐와 관련된다. 그런 점에서 기후위기가 초래한 상상력의 위기를 돌파할 특이성 생산과 생태계 조성을 어떻게 이루느냐 하는 것이 관건일 것이다.

사회 생태 : 기후위기는 인문학의 위기다

근세 초기 인문학은 르네상스 시기 동안 인간을 자연과 사물, 다른 생명체를 이용하고 다스릴 수 있는 품격 있고 교양 있는 존재로 규정하면서 인간의 사교적이고 사회적 실천의 가능성을 높게 평가했다. 이런 전통 속에서 임마누엘 칸트는 신 중심의 초월적인(transcendental) 논의들을 미리 주어진 전제조건으로서의 인간의 선험적인(transcendent) 논의로 바꾸면서 근대의 인간중심주의의 기본 구도를 그려냈다. 그러나 이러한 인간사회는 미리 주어져 있었기 때문에, 갈등과 모순, 대립이 있다 하더라도 곧 사회의 성숙으로 간다는 헤겔(Hegel)의 변증법(Dialectic) 논의로 진행된다. 그러나 인간사회는 미리 주어지지 않고 갈등과 대립은 사회의 와해와 해체로 향하는 것을 보여주는 것이 제3세계에서의 기후난민의 현현이다. 또한 그러한 사회는 몸에 털이 자라듯 저절로 치유되거나 만들어지지 않는다. 다시 말해 자연발생성과 자가치유력의 신화인 자연주의는 생태주의가 아니다. 기후위기와 같이 인간사회가 만들어낸 문제는 인간사회의 치유력과 성숙에 따라 저절로 해결되는 것이 아니며, 인간사회 자체를 전환하고 바꾸어나가는 구성적 과제를 필요로 한다. 인간은 인류성, 사교성, 사회성, 시민성을 급격히 잃어가고 있으며, 기후난민과 제3세계 사람들을 배제하면서 결국 자신의 사회적 문제를 해결할 능력을 잃어가고 있다. 다시 말해 기후위기는 인문학의 위기인 것이다.

기후위기에 대해서 진지하게 생각해 보면 그것이 분명 과학적인 사실임에도 불구하고, 그 해결책이나 대안을 마련하기 위해서는 인문학적인 이야기 구조의 설립이 필요하다고 느끼게 된다. '인류세'와 같이 인류의 절멸을 기정사실화하면서도 인문학의 탈을 쓰는 방식이 있을 수도 있다. 그러나 인문학의 이야기 구조는 좀 더 급진적이고 혁신적으로 대안적인 전환 사회를 형성하고 구성해나가는 데에서 인간이 해야 할 일을 언급해야 할 것이다. '100+10=110'이라는 함수론의 역으로서 "110이 다시 100+10이 되려면?"이라는 질문의 확률론인 사실처럼, 자본주의라는 함수론과 사회주의라는 집합론을 넘어서는 대안은 확률론적인 회복탄력성과 재귀론적인 순환성에 달려 있다고 해도 과언이 아니다. 다시 말해 문제의 입구와 출구 (해결)는 다르며 '~은 ~이다'라는 의미화에 따라 문제 해결의 단서가 잡히는 것이 아니라, '~이거나 ~이거나' 등으로 다양한 지도화를 통해서 메타모델화[21]를 해야 할 것이다. 그런 점에서 기후위기에 대면한 인문학은 수많은 이야기 구조를 만들어 내면서 입구와 출구를 달리하는 지도 그리기를 해야 할 것이다.

앞서 얘기했듯이 사회는 미리 주어진 전제조건이 아니며, 모순과 대립은 사회 분열과 와해, 기후난민 발생으로 귀결된다. 사회적인 것이 미리 주어지지 않는 상황에서의 인문학은 끊임없이 구성적인 과제와 맞닥뜨릴 것이다. 정동과 활력, 생명력을 발휘해서 사회적인 것을 재건하고 구성하는 것이 기후위기 시대의 인문학의 역할일 것이다. 수많은 콘텐츠가 난무하고 다양한 정보가 쏟아지는 와중에 삶의 좌표와 미래의 방향성을 잃어버린 사람들에게 탈성장 전환사회로 향하자고, 따뜻하게 인도할 인문학적인 이야기 구조가 필요하다. 이를 통해서 인문학은 전환의 이야기 구조를

---

21 메타모델화는 하나의 모델을 모든 문제의 해결책으로 삼는 것이 아니라, 나름대로 세상에 대해서 완결된 구조로 설명하는 모델들 여러 개를 넘나들며 교차분석, 횡단, 이행, 변이를 통해서 해결책의 출구전략으로 삼는 것을 의미한다. 그런 점에서 문제 해결이 열쇠 개념에 따라 이루어지는 것이 아니라, 횡단과 교차분석, 이행의 지극함 속에 있는 것이 메타모델화이다.

풍부하고 다양하게 전달하여 삶의 양식에 심원한 변화를 이끌 수 있는 마중물 역할을 해야 할 것이다.

세 가지 생태학을 통해 전환을 말하다!

앞에서 기후위기가 초래한 마음, 사회, 자연의 위기에 대해서 살펴보았다. 그러나 우리는 마음, 사회, 자연의 세 가지 생태학의 풍부한 생태적 지혜를 다시 한번 생각해 봐야 할 것이다. 생태적 지혜는 생태적 다양성에 함유된 '어떻게'와 관련된 질문을 끊임없이 던지며 사물, 인간, 자연, 기계, 생명이 어우러진 혼종적인 주체성이 발휘하는 예술작품과도 같다. 우리는 지혜와 정동의 구성적인 능력을 통해서 우리가 한 번도 분리된 적이 없는 생태계와 함께 우리 자신의 나아갈 바를 밝혀야 한다. 우리는 연결되어 있다. 그리고 우리는 지혜와 정동을 통해서 활력을 구성하고 창안할 수 있다. 우리는 기꺼이 소멸하는 페이소스(연민과 애수)보다 지혜와 정동을 발휘했던 수많은 살림꾼들의 노력과 움직임, 활력과 힘을 더 소중히 여겨야 할 것이다. 우리는 포기할 수 없으며, 끝까지 실천하고 행동할 것이다. 전 지구적 기후위기라는, 거대한 전환이 필요한 시점에 우리는 담대하게 지혜와 정동의 여러 갈래의 길을 구성하고 개척할 것이다. 우리의 놀라운 기후행동은 여기서 시작된다.

6. 문명의 전환, 마음의 생태학[22]

넓이의 마음 : 잡념(雜念)의 균형과 조화, 마음의 생태학

"우리는 아마 못할 거야."

 탈성장과 관련된 세미나에서 갑자기 심적 갈등과 동요가 일었다. 탈성장 전환사회를 지금의 나로서는 맞이하기 어렵다는 반응이었다. 하지만 전환은 곧 찾아올 텐데, 그것은 밤손님처럼 낯설고 이질적이고 힘든 과정일 것이라 예상되는 대목이었다. 연구소 사람들은 성장에 찌들어 있는 자신의 모습들을 번갈아가며 간증했다. 죄의식을 느끼는 사람도 있었지만, 그것이 마음을 변화시키는 데로까지 이어지지는 못했다. 고도성장 시대를 살았던 40~50대 세미나 구성원들이 자기 한계를 여실히 느끼게 되는 장면이었다.

 고정관념과도 같은 완고한 마음을 어떻게 변화시킬 것인가? 생각을 어떻게 바꿀 것인가? '마음'과 '생각'에만 초점을 맞춰서는 출구가 보이지 않는 문제였다. 그것은 삶의 양식 전체를 바꾸는 대전환의 과제였다. 세미나 구성원들은 지난 십 수년 동안의 삶의 여정과 마음의 흐름과 배치에 대해서 천천히 되짚기 시작했다. 사업을 벌이고, 자동차를 사고, 사교육을 했던 일련의 과정들과 그 과정에서 성공주의, 승리주의, 자기계발의 마음들의 여정이 여과 없이 드러났다. 그중 한 사람이었던 나는 부끄러웠다. 다른 사람들의 마음도 비슷하였으리라. 자신의 맨몸뚱이가 드러나듯 마음 속 깊이 가라앉아 있던 자본주의적인 욕망 자체가 투명하고 솔직하게 논

---

22 2022 봄 〈입구〉에 발간된 글을 일부 수정했다.

의되었기 때문이다.

　기후위기 시대, 문명의 전환은 거대한 화두가 되어 다가온다. 전환을 가속하라는 무수한 요청이 지금 여기에 가득하다. 그러나 아마도 전환사회는 더 나아지는 삶이 아니라, 더 불편해지는 삶이 될 것이다. 자신만 잘 살려고 나서는 것이 부끄러워지는 시대일 것이다. 그래서 삶의 양식을 바꾸는 인문학적인 이야기 구조와 상상력이 중요해졌다. 삶의 전환은 생각의 전환이다.

　내 마음 한구석에서 크리킨디 벌새[23]가 울부짖고 있다. 그리고 전환으로 향하는 행동을 촉구하고 있다. 그러나 성장의 시대를 살아온 나의 완고한 마음은 좀처럼 바뀌기 어렵다. 전환사회를 맞이하기 위한 마음의 준비동작이 필요하다는 절감한다. 탈성장에 최적화된 몸과 마음을 만들어야 한다. 더 강건해져야 하고, 더 풍부한 영성적인 역량을 갖춰야 한다.

　내 마음에는 무엇이 있기에 그렇게 완고할까? 혹여 내 마음 중 어느 부분이 풍부하고 충만한 이행의 날갯짓을 하며 인류의 배를 기후위기 너머의 세계로 인도할 나침반을 역할을 할 수는 없을까? 내 마음의 등대가 비추는 빛을 따라 전환의 대륙 항구에 무사히 당도하는 꿈을 꾸는 것은 지나친 낙관일까?

　내 마음을 들여다보면 생각보다 간단치 않다는 사실이 또렷이 감지된다. 내 마음속에는 피부가 간질거리는 때 생기는 마음, 장이 불편할 때 생

---

23 크리킨디라는 벌새 이야기는 남아프리카 원주민들에게 전해 오는 이야기이다. 어느 날 밀림에 큰 불이 났다. 밀림 속 동물들은 모두 도망가기에 바빴는데, 크리킨디 벌새는 혼자 작은 부리로 물을 머금고 와 불을 끄려고 했다. 다른 동물들이 '그렇게 한다고 뭐가 달라지는데'라고 비웃었다. 크리킨디 벌새는 '그냥 내가 할 수 있는 것을 할 뿐이야'라고 대답하고 하던 일을 계속했다.

기는 마음, 물건에서 유래된 마음, 생명에게서 유래된 마음, 기계에서 유래된 마음, 자연에서 유래된 마음, 중심잡기를 통해서 중앙을 차지하려는 마음, 곁과 가장자리에서 서식하는 마음, 욕망과 같은 일관된 방향성을 가진 마음 등이 내 몸과 관계 속에서 끊임없이 생성하고 사라진다. 보통은 이것을 잡념이라고 말한다. 너무 잡동사니 같아서 그냥 지나쳐 버린다. 혹은 이렇게 생각하게 된다. '마음을 청소해서 깔끔하고 위생적으로 만들어서 텅 비우고 아주 선(善)하고 투명한 마음으로 만들면 어떨까? 그 정도는 되어야 등대 역할을 하고 나침반 역할을 온전히 할 수 있지 않을까?

그러나 마음은 생태계와 같아서 세세한 요소들이 나름대로 관계를 맺고 조화와 균형을 이룬 것이다. 무슨 일인가를 하다가 어떤 충동적인 마음이 갑자기 불쑥 떠오를 때가 있다. 이상한 마음일 수 있어서 순간 우리는 당황한다. 왜 그런 충동적인 마음이 생긴 것일까? 충동적인 마음의 출현과 생성에 대해서 잠시 죄의식을 느낄 수도 있다. 그러나 그런 충동이 불각 중에 튀어나온 것이 아니라 진정한 자신의 마음이라고 철석같이 믿고 고정관념으로 고착시키는 데서 문제가 시작된다. 그 충동 같은 마음은 잠시의 바람처럼 스쳐지나가는 마음일 수 있다. 더욱이 그것을 자극한 사물, 기계, 생명, 자연 등을 몸이 지나치면 곧바로 사라져 버리는 것일 수 있다. 그 흔적이 남더라도 마음의 생태계라는 여러 가지 자기조절체계가 작동하면 그런 마음은 곧장 바람처럼 사라지거나 자연스럽게 제어된다.

더욱이 마음은 '움직일 때의 마음'인지, '꼼짝 안 할 때의 마음'인지에 따라 또한 작동방식이 다르다. 꼼짝 안 하고 마음을 텅 비우고 정리하려고 하면 오히려 더 잡념이 생긴다. 그 잡념을 기를 쓰고 몰아내서 투명하고 순수한 마음을 만들었다고 해도, 기존 배치로 돌아가면 순수한 마음은 도로 잡념이 되어 버린다. 명상이나 선수련, 기도 등의 방법은 꼼짝 안 할 때의 마음의 프레임에 멈추어 있다. 그리고 그러한 꼼짝 안 할 때의 마음을 스피노자는 감정(emotion), 정서(affection)라고 한다. 반면 '움직일 때의 마음'은 닦고 정돈하고 아끼고 수선하고 배열할 때의 마음이며, 다른 마음으로 쉽게 이행한다. 그것을 스피노자는 정동(affect)이라고 부른다.

베이트슨은 『마음의 생태학』(2006, 책세상)에서 근대 이성이 파충류 단계의 충동적인 의식에 기반하고 있다고 말한다. 이성적인 마음은 대상의 약점을 파고들어 갈고리로 낚아채듯이 도구로 활용할 수 있도록 만들어 낸다. 동시에 사물, 생명, 기계, 자연 등의 표면에 표상, 의미, 모델을 설립함으로써 그것이 전부인 양 만든다. 다시 말해 생명은 고기가 되고, 사물은 자원이 되고, 기계는 비루한 반복 기계가 되고, 자연은 채굴과 추출, 경관약탈의 대상이 된다. 근대이성은 도구적 이성으로서 생명과 자연을 도구화하는 것이 문제이고, 준거이성으로 자신의 기준점에 따라 정상과 비정상을 나누는 것이 문제이고, 계산이성으로 계량 가능성의 척도 내로 모든 것을 몰아넣는 것이 문제이고, 감시이성으로 모든 것을 가시권 내에 두려는 것이 문제이고, 국가이성으로 국가만이 합리적이라고 간주하는 것이 문제다. 그러나 내 마음속에서는 첨단 기술문명이나 합리적인 이성 영역의 도구적 성격이 아니라 내재적인 성격, 다시 말해 영성적인 것이 숨어 있다. 내가 접하는 사물, 기계, 생명, 자연 등에도 그것의 깊이와 잠재성에 풍부하고 충만한 영성적인 요소가 내재해 있다. 사람들은 그것을 응시하며 영성적인 깨달음으로 향할 수 있다. 그러나 그 영성적인 깨달음은 하나의 모델, 의미, 표상에 머물러 있는 것이 아니라, 모델과 모델 사이, 표상과 표상 사이, 의미와 의미 사이를 횡단하고 이행하는 과정과 틈새, 이음새에서 발생한다. 그래서 영성적인 것을 "그것은 무엇이다"라고 정의하기 어렵다. 마음의 생태계는 온갖 잡념으로 이루어진 마음의 브리콜라주 (Bricolage)와 같은 예술작품처럼 이루어져 있다. 브리콜라주 예술품은 깡통, 줄, 벽돌, 철조각 등을 모아서 이어 붙여서 만드는 맥가이버와 같은 창조적인 사람들의 예술작품이다. 전환으로 향하는 마음의 생태계는 잡념, 잡동사니로 이루어져 있지만 전체적으로 보면 우아하고 아름답고 균형 잡혀 있고 조화롭다. 그래서 그 영성적인 것의 횡단과 이행의 흐름이 나의 마음을 흐르게 만든다.

깊이의 마음 : 제자리에서의 여행, 가까운 사람의 깊이와 잠재성

나의 마음을 들여다보면 편평한 넓이의 마음만이 있는 것이 아니라, 깊이와 잠재성의 마음이 있음을 발견한다. 마음 깊은 곳에는 쉽게 단정하지 않고 말을 줄이면서 문제설정과 마주치려고 했던 지혜, 증여와 호혜의 선물을 건네고도 자신의 이름을 밝히지 않는 지혜, 너무도 신중하고 조심스럽게 사물과 생명과 자연과 기계를 다루는 지혜, 아끼고 보살피고 모시고 살리고 돌보던 지혜가 숨어 있음을 발견한다. 그것을 소농의 지혜라고도 말하고 오래된 미래의 지혜라고도 말한다. 그 깊이의 마음은 참혹한 절망 속에서도 희망을 놓지 않는 작은 크리킨디 벌새의 정체이다. 마음 밑바닥에는 보이지 않는 윤리와 미학을 추구하던 대긍정의 아뢰야식이 숨어 있다. 아뢰야식의 마음은 규정하지 않는다. 사물과 생명, 기계, 자연의 광대역(broadband)의 마음, 광야 무의식을 그대로 담고 있다. 퍼내고 퍼내도 다하지 않는 마음의 깊이와 잠재성 속에는 태곳적 원형무의식, 고대인들의 무의식, 동물의 무의식이 내재해 있다.

깊이의 마음에는 다니엘 스턴(Daniel N. Stern)이 말하는 '출현적 자아'(Emergency ego)라는 지평이 숨어 있다. 출현적 자아는 태어난 후 6개월까지 유아기 동안 자아와 타자의 구분, 여성과 남성의 구분, 주체와 대상의 구분이 존재하지 않던, 어머니와의 합일의 상태를 의미한다. 단지 흐름(flux)으로서의 정동(affect)의 감응만이 존재하던 시기이다. 이를 '우주 되기'의 지평으로 표현하기도 한다. 우주 되기가 감각적 수준에서 가능하다고 보았던 헤겔과 같은 동일성, 통일성 철학자도 있었다. 그러나 우주 되기는 마음의 깊이와 잠재성 속에 숨어 있고, 감각에 따라 즉각적으로 도달할 수 있는 것이 아니라, 변용(affection)과 되기(becoming)의 과정을 통해서늘 과정형적이고 진행형적인 것으로만 넌지시 제시될 뿐이다. 우주 되기로 향한, 즉 깊이의 마음을 향한 안간힘과 몸부림은 약간의 단서, 자취, 흔적만으로 남아 있는 아주 먼 과거의 기억에 대한 회고일지도 모른다.

지그문트 프로이트(Sigmund Freud)는 의식(consciousness), 전의식(preconsciousness), 무의식(unconsciousness)이라는 구분을 통해서 의식의 표층 밑 심층에는 잠재의식인 무의식이 숨어 있다고 말했다. 빙산의 일각처럼 드러나는 의식의 배후에 숨어 있는 무의식이 드러날 때를 꿈, 실수, 농담과 같은 것에서 검출했다. 프로이트는 스피노자가 "우리의 생각 속에는 의식이 장악하지 못한 마음이 있다"라고 했던 무의식 개념을 발견하고 이것을 계승하는 듯했다. 그러나 후기 프로이트는 오이디푸스 콤플렉스라는 가족무의식으로 이러한 광활한 깊이의 마음으로서의 무의식을 환원시켜 버렸다. 그러한 프로이트는 심지어 무의식을 자아(ego), 초자아(superego), 이드(Id)라는 구분을 통해서 반사회적 충동으로 비하하기에 이른다. 그런 상황에서 서구 심리학은 깊이의 마음으로부터 멀어졌다.

그러나 21세기를 앞두고, 변화의 기류가 생겨났다. 질 들뢰즈(Gilles Deleuze)의 잠재성에 대한 탐색이 철학사에서 획기적인 실험과 실천으로 이어졌기 때문이다. 질 들뢰즈와 펠릭스 가타리(Félix Guattari)는 노마드(nomade), 유목민이라는 개념을 『천개의 고원』(2001, 새물결)에서 언급하는데, 그 과정에서 '국지적 절대성' 개념을 선보인다. 이는 '제자리에서 여행하는 법'이라고도 불린다. 다시 말해 노마드는 전 세계를 여행하면서 새로움을 발견하는 것도 가능하지만, 가까이에 있는 사람의 깊이와 잠재성을 발견하고 응시할 때도 가능하다는 것이다. 그것은 잠재성 개념에 대한 혁명적인 변화를 이끌어냈다. 들뢰즈에 따르면 잠재성이라는 깊이의 마음은 과거의 기억의 누적으로부터 이루어진 거대한 원형 판이며, 그것이 원뿔 모양으로 수렴되는 지점에서 사건성이 이루어진다. 들뢰즈의 깊이의 마음은 사람을 만날 때 현실성에 기반하기보다는 잠재성에 기반하여 대화하고 마주치는 만남과 일상의 재편을 창안해 낸다.

들뢰즈의 사유는 발견주의적인 관점으로도 해독된다. 이는 끊임없이 잠재성과 깊이를 발견하고 재발견하려는 태도로의 변화를 유발한다. 낡은 것, 오래된 것, 해묵은 것 속에 새로운 전환사회의 전망을 발견하려는 태도는 나를 오래된 미래의 지평으로 이끈다. 어쩌면 내 마음속에는 '마음을 응시하는 마음'이라는 초맥락 증후군과 같은 영역이 있어서, 흐름에 따라 살아가면서도 늘 발견하는 태도를 취하는 여지가 있을 수도 있다. '1인칭 나'는 '3인칭 나'를 발견하고, 그 깊이와 잠재성을 시추(試錐)한다. 나는 타자와 만나면서 그가 남긴 미완의 숙제와 같은 깊이와 잠재성을 발견한다. 그런 점에서 들뢰즈의 잠재성 개념은 깊이의 마음의 새로운 역사를 만들어내며, 깊이의 마음을 재발견한다.

높이의 마음 : 의미요법을 통한 전략성 극복하기

높이의 마음처럼 더럽혀지고 지저분한 것도 없을 것이다. 성공주의, 승리주의, 자기계발이라는 성장주의에 기반한 마음의 배치가 끊임없이 우리의 숭고하고 위대한 마음에 침윤해 들어왔다. 그래서 사람들은 높이의 마음이 바로 성장주의의 아류인 마음이라고 쉽사리 단정하곤 했다. 그러나 이처럼 더럽혀진 높이의 마음을 빅터 프랭클의 의미요법이 복원해 낸다. 빅터 프랭클은 아우슈비츠 생존자로서 수용소 생활을 참여관찰하는 과정에서 사람들이 절박하고 열악한 상황에 놓여 있을 때, 좀 더 숭고하고 위대한 의미의 높이에 자신의 실존을 놓아야 생존의 여지가 높다는 점을 발견한다. 이를테면 수용소에서 크리스마스나 새해가 지나갈 때 유난히 죽는 사람들이 많았는데, 그 이유는 그때쯤에 자신의 신변의 변화가 있고 곧 나갈 것이라는 헛된 희망을 품고 있던 사람들이 크리스마스나 새해가 지나고 그것이 좌절되면서 생에의 의지를 상실하고 쉽게 죽음에 이르게 된다는 것이다.

"두 번 태어난 것처럼 살아라!" 빅터 프랭클은 이렇게 말한다. 의미와 가치는 성공과 출세의 방향성이 아니라, 삶을 살아가도록 만드는 힘이다. 마음은 높이를 통해서 삶을 살아가도록 하는 의미와 가치의 이야기 구조를 갖게 만든다. 자신의 자리를 좀 더 높고 숭고하고 위대한 의미와 가치에 놓았을 때, 절박하고 열악하고 비루한 현실에서도 의미를 찾고 삶의 활력을 회복할 수 있다. 로고테라피[24]라는 높이의 철학은 정신적인 질병은 자

---

24 로고테라피(logotherapy) 빅터 프랭클이 창시한 심리치료의 명칭이다. 여기서 로고(logo)는 주로 '의미'의 뜻으로 쓰인다. 테라피는 '치료'라는 뜻으로, 직역하면 '의미치료'이다. 한마디로 로고테라피는 '의미를 통한 치료(Healing through Meaning)'이라고 정의할 수 있다. "삶의 이유(why)를 아는 사

기 내면 깊숙이 있는 자의식의 표현으로서, 우울, 불안, 분열 등은 더 의미 있는 삶을 살려고 하는 욕망의 표상이라고 본다. 다시 말해서 "왜 살아야 하는지"를 아는 사람은 어떤 어려움도 극복할 수 있는 원초적인 원동력으로서의 삶의 의미를 갖게 된 사람이라는 것이다. 미래진행형적 무의식, 미래로 향하는 마음이 치유와 전환의 원동력인 셈이다.

전환사회의 전망은 높이의 마음을 이룰 만큼 구체화되어 있지 않다. 전환의 이야기 구조는 아직 숭고함과 위대함으로 자리매김할 만큼 탄탄한 구성을 갖추지 못하였다. 탈성장 전환사회는 도덕적 당위나 경제적인 흐름 등으로 독해될 뿐이다. 그러나 상상력을 발휘하고 이야기 구조를 설립함으로써 높이의 마음으로 전환사회의 전망을 만들어야 할 시점에 놓여 있다. 실존주의는 실존의 상황을 유한성, 유일무이성, 전락성, 무상성 등으로 설명한다. 전락성은 밑바닥 감정으로 떨어져 절규하고 아우성칠 때, 그것을 되튀어 오르는 높이의 마음을 필요로 한다. 기후위기의 상황은 전락성에 놓인 실존의 양상을 도처에 드러낸다. 어떻게 높이의 마음을 구축할 수 있을까? 그 높이를 단번에 되튀어 오르는 마음의 힘을 어떻게 찾을 수 있을까? 그것이 우리 시대에 남겨진 미지의 숙제라고 할 수 있다.

지금까지 넓이의 마음, 깊이의 마음, 높이의 마음 등을 살펴보았다. 마음은 하나의 생태계를 조성하여 입체적인 지평 속에 놓여 있다. "우리는 이미 늦었고, 전환을 이루지 못할 것이다"라고, "우리는 못 할 거야"라고 쉽게 단정하기는 아직 이르다. 역사 속에서는 놀라운 영성적인 힘을 발휘한

람은 삶의 어떤 어려움(how)도 견디어 낼 수 있다." 이 말은 니체가 한 말로서, 빅터 프랭클이 그의 저서 『죽음의 수용소』에서 인용하였는데, 로고테라피의 의미를 잘 설명해 주고 있다.

사람들과 집단들이 있다. 전환의 전망 앞에, 탈성장의 전망 앞에 인류는 얼마든지 새롭게 태어날 수 있다. 그러나 마음의 생태학을 통해 본 영성은 우리가 가야 할 전환사회의 전망을 비추는 한 줄기 빛이라고 말할 수 없을 것이다. 이러한 빛 중심주의는 서구철학에서의 빛은 선(善)이고 어둠은 악(惡)이라는 이분법을 드러내며, 마음을 지식과 진리의 상수로 만들어 버렸던 근대의 계몽주의를 형성했다. 오히려 마음의 생태학에서의 영성은 다채로운 채색이 된 무지개와 같을 것이다. 다시 말해서 "틀렸다"라고 지적하는 것이 아니라, "다르다"라고 이해하고 공감하는 것이 마음의 생태계 속의 영성일 것이다.

탈성장의 세미나 자리는 마음의 향연이자 축제였다. 그 과정을 마음의 궤적으로 보자면 다음과 같을 것이다. 하나의 마음이 절규하고 아우성친다. 마음을 바꿔 보자고도 한다. 그러자 다른 마음이 살아보겠다고 하소연한다. 그러자 또 다른 하나의 마음이 돌연 등장하여 하나의 마음을 지지해준다. 최전선에 있던 어떤 마음이 빠르게 이행하고 횡단하여 색다른 경로를 개척해준다. 다른 마음에게 이쪽으로 오라고 손짓하기 시작한다. 마음이 움직이자 숭고하고 위대한 새로운 가능성의 지평을 열린다. 그 탈성장 세미나 자리는 마음이 생태계를 조성해서 서로를 북돋고 구성하는 배치였다. 전환사회는 그 무수한 마음들의 생태계가 만든 거대한 이행의 물결이자 파도이다. 세미나 구성원들은 서로의 마음을 들여다보면서 잘 느끼고 있었다. 여전히 울부짖는 크리킨디 벌새가 마음속에 있다는 사실을, 그리고 판도라 상자와 같은 마음속에 희망이 여전히 속삭이고 있다는 사실을 말이다. '마음을 다시 응시하는 마음'으로 향할 때 마음의 생태계는 협착과 폐색을 풀고 영적 체험과 무의식 해방의 지평으로 향하리라는 사실을 말이다.

II.
문명 외부의 기후난민*

* 『작가와 사회』 2021년 봄호 〈김종철 이후의 생태주의〉에 실렸던 글임.

1. 기후위기의 현재진행형과 생존주의

근미래에 다가올 파국이 예고된 상태에서 기후위기는 지금도 시시각각 진행되고 있다. 위기는 어떠한 현실로 나타날 것인가? 기후난민의 상황이 그 징후이다. 기후난민은 기후위기가 현실화될 때 나타나는 양상 중 하나이다. 2019년 유엔난민기구의 발표에 따르면 매년 2,500만 명(서울 인구의 2배)의 기후난민이 발생되고 있다. 2021년 각국에서 승인된 난민만 전 세계 8,250만 명이며, 이는 당국의 승인을 받아야 한다는 점에서 최저치 환산에 따른 것이다. 2009년 국제이주기구(ION)에서는 2050년 기후난민 수가 최대 10억 명이 될 것이라고 예고했는데, 이는 전 세계 인구의 15%이며 이마저도 비교적 보수적으로 환산한 결과에 불과하다. 기후난민의 85%는 선진국이 아닌 개발도상국에서 발생하며, 그중 80%는 인접 국가들로 피신한다. 유럽의 거리에 운집해 있던 기후난민의 상황은 사실상 빙산의 일각에 불과하며, 거대한 난민캠프에서 하루 최저 열량의 식사를 하고 누워 있는 난민들의 모습은 전 세계 곳곳의 일상적인 모습 중 하나다. 다시 말해 지금 이 순간에도 기후난민들은 생명만 유지할 정도의 식사를 하면서 대부분 누워서 지내며 미래도 희망도 없이 하루하루를 살아가고 있다.

현재의 기후난민 문제의 심각성은 모든 통계와 자료의 예측을 넘어서는 수준으로 진행 중이다. 2015년 9월 익사한 채 이탈리아 해변에 떠오른 시리아 아이 조르디는 많은 유럽 사람들의 마음속에 파문을 남겼다. 그러나 우리에게 아직 잘 알려지지 않은 사실은 기후난민이 이동 중에 질병이나 사고로 1/18 정도가 사망한다는 사실이다. 즉, 수많은 기후난민이 생명이 살 수 없는 기후환경을 피해 다른 국가로 이동하지만, 그 과정에서 수없는 생명이 죽어간다는 사실이다. 그만큼 절박하며 열악한 것이 기후난민의 삶이라는 점을 알 수 있다. 이 시대에 기후난민은 최악의 상황을 피해 다시 그보다 조금 나은 최악의 상황으로 향한 거대한 탈주선이라고 할 수 있다. 국제사회의 노력은 생존을 위한 마지노선 정도를 지키는 수준에 머물러 있으며, 사실상 대부분의 기후난민은 질병과 기아, 열악한 환경으로 인해 목숨을 잃고 있다.

2. 시리아여 울지 마라!

시리아 지역은 성경에서 에덴동산으로 불릴 만큼 중동지역 최대의 비옥한 땅인 초승달 지역에 위치하고 있고 메소포타미아문명의 발상지 권역이기도 하다. 특히 실크로드 종착지인 알레포 지역은 서양과 동양을 잇는 무역의 중요한 거점이기도 했다. 그러한 시리아에서 무슨 일이 일어났기에, 1200만 명~800만 명에 달하는 난민이 목숨을 걸고 해외로 탈출하게 되었을까? 먼저 시리아에서는 2005년부터 2009년까지 비가 한 방울도 오지 않는 초유의 가뭄 사태를 겪는다. 농민들은 농사일에 손을 놓아 버렸고, 식량은 러시아산 수입 밀가루에 의존해야만 했다. 그런데 엎친 데 덮친 격으로 2008년 러시아 밀 흉작으로 인해 수입이 끊기고, 밀가루 자체를 구할 수 없는 사태가 발생하면서, 시리아는 초유의 식량난 속으로 빠져들고 만다. 사실 먹거리 공급이 10일 이상 끊겨 굶게 되면 국가에 의한 사회통합력은 완전히 사라지게 되고 무정부상태가 시작된다. 시리아의 경우에도 정부에 대한 성토와 투쟁의 힘이 모여 당시 중동지역을 휩쓸고 있던 쟈스민 혁명으로 구체화되었다. 이에 따라 자유시리아군이 시리아정부와 내전을 벌이는 양상으로 치달아간다. 이는 농촌에 살던 농민들이 기후난민이 되어 대도시로 밀려들면서 사회갈등이 더욱 고조된 결과이며, 동시에 실질적으로 밀가루 자체를 구할 수 없다는 절박함이 만들어낸 행동 양식이었다.

시리아가 내전으로 치달아가는 과정에서 주권이 양분되어 이중권력의 상황에 처하게 되면서, 또 다른 징후가 감지되기 시작한다. ISIS[이슬람국가]라는 이슬람 근본주의 파시스트들이 민중의 욕망 속으로 파고 들어와 슬금슬금 영향력을 넓히기 시작한 것이다. IS는 시리아정부군, 자유시리아군과 동시에 전쟁을 벌이면서 영향권을 확대하기 시작하였고, 결국 시리아는 삼파전의 내전과 전쟁의 양상으로 치달아간다. 이에 더해 주변 국가에서도 시리아 사태에 대한 각자의 셈법을 가지면서 군대를 파견하기 시작하였고, 내전은 전쟁, 테러 등으로 도미노 효과를 일으키며 진행되다가 결구 주권이 와해되는 상황으로 비화한다. 마침내 시리아는 아무도 살 수 없는 불모의 땅이 되었고, 시리아 민중은 인근 국가와 유럽 등으로 거대한 탈주의 물결을 이루게 되었다.

혹자는 시리아 난민은 전쟁난민일 뿐 기후위기와는 아무런 관련을 찾을 수 없다고 말하기도 한다. 그러나 시리아의 사회 해체와 사회분열에 결정적인 역할을 한 것이 기후위기였음을 부정할 수 없다. 앞서 말한 일련의 과정을 통해 중동의 가장 비옥한 땅인 시리아는 죽음과 테러가 난무하는 곳으로 변화했다. 전 지구적 기후위기 이후 지구촌 각국의 궁극적인 모습이 어떤 것인가를 알기 위해서는 시리아를 보면 될 것이다. 먼저 온 미래로서 시리아는 온갖 잡다한 세력과 싸움, 전쟁, 내전 등 인류 문명이 극한 상황에 처했을 때 나타날 수 있는 다양한 양상을 보여준다. 생명도 평화도 존중받지 못하는 상황, 기후위기의 극한상황에서 시리아 아이들은 속절없이 죽음에 내몰렸지만, 이들을 위한 국제사회의 노력은 거의 찾아볼 수 없었다. 인류적 공동체가 미리 전제되어 있기 때문에 대립과 갈등은 역동적인 힘이 되어 사회 성숙의 수준으로 향할 것이라는 헤겔의 변증법과 이를 계승한 마르크스 역사변증법 유의 사유방식은 이제 낡은 것이 되었다. 기후위기로 인해 사회는 취약해지고 대립과 갈등은 사회분열과 주권와해로 향한다.

시리아, 그것은 인류의 미래상으로서, 인류 문명이 기후위기 상황에서 얼마나 취약한지, '가뭄'이 어떻게 첨예한 갈등과 전쟁, 내전으로 향할 수 있는지를 보여준 하나의 사건이다. 그것은 예외적인 것도, 비극의 마지막 장면도 아니다. 지금 막 시작된, 기후위기로 말미암은 인류 암흑기 미래세의 첫 신호탄이라는 점이 중요하다. 이제 전 지구적인 편재성을 띠고 전개되는 기후위기와 그 이후 파국의 국면에서, 주권이나 국가, 인권, 평화, 생명이 얼마나 취약하게 무너져 내릴 수 있는지를 잘 보여주는 것이 오늘의 시리아이다. 죽음의 땅 시리아에는 여전히 아이들이 태어나고, 생명들이 살아가고 있다. 시리아의 눈물을 누가 닦아 줄 것인가? 국제사회의 영향력이 이렇게까지 힘이 없고 취약한지도 시리아의 역사적 현실이 보여주고 있다. 시리아 사태는 이제 기후위기 상황에 직면한 모든 나라, 모든 민중이 겪을 수 있는 현실 중 하나다. 그렇기 때문에 우리는 시리아에 더 주목해야 한다. 미래진행형이기 때문에 말이다. 우리가 앞으로 직면할 현실이기 때문이다.

3. 캐러밴 난민과 라틴아메리카의 재편

2017년 트럼프 행정부가 멕시코 국경 근방에 거대한 장벽을 세우겠다는 발표를 했을 때, 라틴아메리카 민중들은 거대한 대오와 행렬이 이루며 미국 국경을 향해 진격하기 시작했다. 거대한 시위대 유형의 캐러밴 난민이 미국 국경을 돌파하기 위해 대오를 이루며 달려갔다. 캐러밴 난민의 수백만에 달하는 엄청난 행렬은 라틴아메리카에서 무슨 일이 벌어지고 있는지 궁금증을 갖게 한다.

라틴아메리카는 지금 이 순간에도 기후위기로 인한 수백만 명의 기후난민이 발생하고 있다. 비근한 예로 온두라스는 사막화와 정치문제, 식수 공급 문제, 빈부격차, 농사가 안 되는 기후변화의 상황에 직면해서 캐러밴 난민의 주력부대를 이루었다. 과테말라의 인민들도 이상기후에 따른 심각한 가뭄과 물 부족 사태를 견디지 못하고 캐러밴 난민의 행렬에 동참한다. 이는 최하층에 국한된 이야기가 아니다. 라틴아메리카 전역은 사실상 일촉즉발의 상황에 처해 있다. 이를테면 멕시코시티와 같이 고원지역에 위치한 메가시티가 대수층의 고갈에 시달리고, 비가 내리지 않아 파멸적 위기에 처해 있다는 사실은 잘 알려져 있다. 멕시코와 멕시코시티가 죽은 국가, 죽은 도시가 될 때 그다음은 어떻게 될 것인가? 거대한 기후난민 행렬이 미국을 향해 쓰나미처럼 밀려들 것이다.

현재 기후위기에 따른 라틴아메리카의 위기는 우리에게 알려지거나 상상하는 것보다 심각한 상황이다. 브라질 정부는 여전히 아마존을 개간하여 콩밭으로 만들어 공장식 축산업의 기반이 되는 사업을 펼치고 있는데, 이는 지구의 허파인 아마존 일대를 하루에 축구장 8개 크기씩 불 태워 없애는 양상으로 나타나고 있다. 다시 말해 라틴아메리카의 자연환경은 심각하게 훼손되고 있으며, 그 파괴의 대가는 기후난민의 발생으로 나타날수 있다. 라틴아메리카 각 국가는 지금 이상기후와 물 부족, 농업의 위기 등에 시달리고 있는 중이다. 이러한 시점에서 아무런 대책이 없는 농부들이 할 수 있는 것은 무엇이었겠는가? 미국 국경을 향한 진격뿐이다. 그것은 많은 상상력과 행동을 자극했을 것이다.

현재 미국의 바이든 행정부는 이전에 집권했던 트럼프 행정부의 멕시코 국경 장벽 구상이, '가장 잘못된 결정이 오히려 유용성을 가장할 수 있다'는 점을 적나라하게 보여주었다. 트럼프 행정부 당시 미 연방정부는 엄격한 인종 차별과 난민 차단 정책을 통해서 자국 이기주의를 관철시키려는 옹졸한 태도를 취했다. 라틴아메리카의 국가들이 사실상 기후위기로 인해 전면적인 붕괴로 향할 때, 그들을 도가니와 같은 기후위기 현장에 버려두고 그들로부터 스스로를 분리하겠다는 조처를 취한 것이다.

캐러밴 난민 행렬은 이에 대한 행동을 통한 항의이다. 거대한 캐러밴 난민 행렬이 미국 국경으로 다가갔을 때 트럼프 행정부와 미 연방군이 한 일은 무엇인가? 최루탄과 다연발탄('지랄탄'), 물대포와 고무탄을 엄청나게 쏴대며 이를 저지한 것이다. 아이를 업은 캐러밴 난민 여성들은 도망치다 쓰러지고 실신한다. 마치 소를 몰듯 난민 행렬의 모든 곳에 집중타격을 가하는 미연방정부의 군대의 최루탄 등에 캐러밴 난민 행렬이 온통 눈물바다가 되고, 통곡의 국경이 된다. 그러한 영상이 전 세계 미디어를 타고 전달 되었을 때 이 거대한 캐러밴 난민 행렬이 일종의 기후위기 시대의 라틴아 메리카 민중의 시위 양상이었음을 깨닫게 된다. 미국 국경의 대부분은 이 러한 난리가 벌어졌고 거대한 시위진압의 현장이 되었다. 그러나 캐러밴 난민이 완벽히 진압된 것이 아니라, 기후위기의 전면적인 상황 속에서 생 존주의가 어떤 모습으로 나타날지를 잘 보여준 사례라고 할 수 있다. 용기 와 진실은 어떠한 경우라도 굽히지 않는다. 캐러밴 난민의 진격은 라틴아 메리카 민중의 운동 역사에 길이 남을 것이다. 현 바이든 행정부의 기후난 민에 대한 전향적인 조치와 반인종차별적인 정책이 기대되는 것도 사실이 다. 새 술은 새 부대에 담겨야 할 것이다.

4. 아감벤의 『호모 사케르』와 기후난민

호모 사케르(Homo Sacre)는 죽여도 되나 신성하고 희생제물로 쓸 수 없 는 경계선에 선 벌거벗은 생명이다.[1] 오늘, 기후위기 시대에서 보자면 기 후난민이 그러하고 이주민, 죄수 등도 이에 해당한다고 말할 수 있다. 이 러한 벌거벗은 생명 즉 호모사케르와, 이를 지정하는 권력으로서 주권의 통치가 어우러진 곳으로서 난민수용소라는 공간이 재조명될 수 있다. 푸 코의 생명정치 기획을 확장시킨 아감벤의 이 기획에서 우리는 수용소, 생

---

1 호모 사케르(Homo Sacer)는 고대 그리스 단어로 '누구나 죽여도 살해의 책임을 지진 않지만, 희생 물로는 바쳐질 수 없는 존재'를 말한다. 그리스에서는 '폴리스에서 추방당한 존재'가 여기에 해당하 며, 현대에서는 나치 체제하의 유대인이 그러한 존재로 내몰렸다. 여기서 '죽여도 되나 신성하고 희 생제물로 쓸 수 없는'이라는 의미는 "벌거벗은 생명,… 즉 살해는 가능하되 희생물로 바칠 수는 없 는 생명"을 지시한다. 조르조 아감벤, 『호모 사케르』, 박진우 옮김, 새물결, 2008, 45쪽.

체실험, 안락사, 국가보건 정책 앞에서 생명의 상황을 직감할 수 있었다. 호모사케르는 생명만 유지하는 자, 열외자, 경계인, 삶밖에 없는 사람 등을 지칭한다. 여기서의 생명의 의미는 미셸 푸코가 말했던 생명정치(bio politics)라는 상황의 외부를 의미한다. 즉, 문명 내부는 잘 살도록 유지하려는 속성이 있어서 자기계발, 힐링, 웰빙, 소확행 등을 추구하지만, 그 문명의 외부는 죽든 살든 내버려 두는 것이 생명정치 단계의 특징이다. 그런 점에서 문명이 네트워크 잠금을 했던 배제의 공식 속에 있는 기후난민의 상황이 주목된다.

생명과 관련해서 조에(zoe)는 모든 생명체(동물, 인간, 신)에 공통된 것이며 생물학적으로 살아 있음을 의미하며, 삶의 내재성이다. 반면 비오스(Bios)는 개인이 속한 집단의 삶의 형태나 방식으로서 사회학적으로 살아 있음을 의미하며, 삶의 외재성이다. 고대 그리스의 폴리스에서는, 조에로서의 자연과 생명을 오이코스(Oikos)라는 가정살림에만 국한하고, 정치적으로는 비오스만을 대상으로 하였다. 다시 말해 생명이라는 조에는 사회를 유지하는데 필수적이기에 포함하면서도 유독 정치현실에서는 배제하였다. 이러한 정치적인 배제와 포함의 이중성에 따라 예외적인 것이 된 조에에 기반한 사람과 생명은 '삶만을 유지하는 자'라는 특징으로 나타난다. 그런데 이러한 예외가 규칙이 되는 것이 근대 주권 국가의 특징이라는 점에 아감벤은 주목한다. 배제와 포함, 비오스와 조에, 외부와 내부의 비식별역 즉 경계선의 예외상태에 선 존재가 호모 사케르이다. 생명만 유지하는 상태, 주권정치의 외부에서 발언권이나 권리가 전혀 없는 상태, 예외상태로만 간주되는 상태, 더 나아가 예외가 규칙인 상태, 이러한 호모사케르의 상황은 기후난민의 상황과 오버랩되면서 그들이 현재 어떤 상태에 있는지 짐작하게 만든다.

호모 사케르는 오로지 생존만으로 만족해야 하는 기후난민의 현실을 잘 조명해 주는 개념이다. 생명 자체는 신성하지만 그 신성함으로 인해 늘 주권의 외부인 예외상태에 처한다. 그들에게 발언권과 인권, 주권 등의 권리가 있다는 것을 누구도 인정해 주지 않는다, 주권의 외부, 예외상태 속에서 그들은 최소한 권리조차 보장받지 못한 채 그저 삶을 살아갈 뿐, 그 이외의 권리의 사각지대 속에서 살아간다. 이러한 예외상태는 추방된 사람의 처지와 같은 상태이다. 기후난민에게는 주권과 법의 한계체제가 곧바로 법의 구성체제임을 의미한다는 것을 직감하게 만든다. 부드럽고 달콤한 1세계의 삶과 이를 구성하는 1세계 주권권력의 입장에서, 기후난민은 그 예외상태에 놓인 3세계의 현실이다. 그리고 1세계의 입장에서는 기후난민이 발생되는 3세계의 삶으로부터 스스로를 철저히 분리하여 그들을 예외상태로 만들어야 1세계의 주권권력이 구성될 수 있다. 기후난민은 1세계의 난민수용소에서 생존에 필요한 최소열량을 섭취하며 누워 지낸다. 생존은 가능하지만, 오직 생존만이 보장될 뿐 삶과 미래가 없다. 희망이 없다. 꿈이 없는 잠을 자야 한다. 예외상태는 일상과 규칙이 되어 영원히 지속될 뿐이다.

5. 기후난민, 우정과 환대 사이에서

프랑스 철학자 들뢰즈와 가타리가 『철학이란 무엇인가?』에서 언급한 우정의 공식은 이러하다. 우정은 사랑과 달리 의존과 동일시가 이루어지지 않으며, 착하면서도 악동 같고, 이타적이면서도 이기적이고, 협동하면서 견제한다. 친구는 곁에서 힘이 되어 주지만 동시에 질투할 수도 있고, 언제든 도움이 될 수 있는 존재이다. 신, 국가, 아버지가 아닌 영원한 친구의 세계는 바로 공동체적인 관계망과 배치를 이룬다. 이러한 배치에 우정의 공식에 따르는 입체적인 인물들이 서식한다. 우정이 서식하는 배치는 친밀함과 유대감의 배치라면 그 반대편에 낯선 익명의 배치로서의 환대가 서식하는 배치가 있다.

만약 우정의 공식이 아니라 환대의 공식을 만든다면 어떨까? 환대의 공식은, 낯선 존재에 선입견을 갖기보다 규정과 정의(definition)를 끊임없이 뒤로 미룸으로써 밀고 당기는 것이 아닐까? 그리고 양방향적인 상호작용 속에서 정동의 흐름에 몸을 싣고 감싸 안는 것이 아닐까? 관계없음과 환대 사이에 관계를 설립하고 이 속에서 서로 되기(becoming)의 과정적이고 진행형적인 것으로 다가가는 것이 아닐까? 친밀하고 유대적인 관계망과 낯선 익명의 관계 사이, 즉 우정의 공식과 환대의 공식 사이에는 무수한 사회적 관계망과 배치를 실존한다. 물론 우정을 더 진행하면 간섭과 참견이 되고, 환대를 더 진행하면 관계없음으로 향한다. 공동체는 환대를 통해 마주침을 하고 우정을 작동시켜 친구로 만드는 열린 시스템을 내부에 갖추고 있다. 낯선 존재로서의 기후난민은 환대의 공식을 거쳐 사회의 일원이 되고 우정의 공식을 거쳐 친구가 될 수 있을 것이다.

그러나 문제가 되는 것은 문턱이 있는 유토피아, 즉 타락한 유토피아다. 외부로부터 닫혀 있고, 경계를 엄격히 하는 문턱이 있는 공동체는 결국 환대를 약화시키고, 낯선 것에 대하여 두려움이나 혐오로써 반응한다. 결국 환대가 없는 공동체는 끊임없이 외부의 존재를 네트워크 잠금을 하면서 방조하고 방관하고 관계없음의 상태로 남기를 원한다. 마치 자본주의 사회에서 대부분의 사람들이 아무런 관계도 없는 사람과 거래를 하고, 아무런 관계가 없는 사람의 소식을 듣고, 아무런 관계가 없는 사람과 벽을 맞대고 살아가는 것처럼, 관계 자체를 위생적이고 탈색되어 있고, 중화된 관계망으로 만드는 것이다. 문턱이 있는 유토피아는 현재의 1세계의 현실을 의미한다. 1세계에서 움츠러들고 방어적이고 두려움에 찬 어조로 기후난민에 대해서 언급하는 사람들의 모습이 등장한다. 그들은 철저히 열린 공동체가 아니라 닫힌 공동체로 남기를 원한다.

결국 기후난민에 대한 이러한 대응방식은 극단주의를 낳게 된다. 유럽의 극우파와 미국 트럼프 행정부처럼 분리주의, 고립주의, 폐쇄경제를 통해서 기후난민 문제를 외면하고 미봉하려 드는 것이다. 이러한 차별과 배제의 방법론은 파시즘이 작동하는 방식과 일치한다. 현대적인 파시즘의 기본정서가 바로 혐오인 것이다. 혐오는 화처럼 관계 속에서 문제를 격발시키는 것이 아니라, 관계없음을 유지하는 방식, 즉 '더럽다'며 멀리하는 기본 인식의 틀 안에서 위생적인 탈-관계망, 배제의 관계망을 구축하려는 시도이다. 기후난민에 대한 혐오의 방식은 결과적으로 기후위기에서 누구도 예외일 수 없다는 사실을 근시안적으로 바라본다. 전 지구적인 기후위기 속에서도 자신에게 여전히 일말의 지켜야 할 것, 지킬 수 있는 것이 있다고 여기는 이러한 방식은 결국 편재성을 띤 기후위기 상황에서 누구도 예외일 수 없다는 점에 대해서 간과한다.

기후난민의 생존에 대한 절박한 열망이 만든 거대한 탈주선을 아무렇지도 않은 듯이 보는 것은 인간과 삶과 생명에 대한 열망을 도외시하며, 생명의 아우성을 혐오하는 것에 불과하다. 현대적 파시즘의 상황은 지구촌 도처에서 발생하고 있다. 그러나 파시즘은 전 세계를 떠돌며 온전한 식사와 안전한 잠자리를 원하는 기후난민의 기본적인 생존 욕구에 귀 기울이지 않는다. 반면에 기후난민에 대한 환대는 생명에 대한 환대이자, 인간과 자연의 공존에 대한 미래적 약속을 하는 것이다. 우리는 겨우 생명 유지밖에 추구할 수밖에 없는 기후난민의 상황이 남의 일이 아니라 바로 우리 자신의 문제라는 점을 깨달아야 한다. 미리 온 미래의 우리이다.

그런 점에서 우리는 2015년에 캐나다가 보여준 기후난민에 대한 환대를 상기해야 할 것 같다. 당시 쥐스탱 트뤼도 캐나다 총리는 공항에 직접 나와서 일일이 시리아 난민에게 악수를 하면서 사회보장증과 아파트열쇠를 건넸다. 이를 통해서 2만 5천 명의 시리아 난민이 성공적으로 캐나다에 정착할 수 있었다. 캐나다가 보유한 다양성 존중의 문화가 문명의 외부로 추방되고 버려진 난민의 삶을 끌어안는 환대로 향할 수 있는 원동력이었다. 그런데 한국사회는 어떠했는가? 2016~2018년간에 500명가량의 예멘 난민이 들어왔을 때 엄청난 혐오의 시각이 난무했던 사건을 기억할 것이다. 청와대 국민청원에 제기된 '제주도 불법난민신청 문제에 따른 난민신청 허가 폐지' 청원요구에 60만 명이 넘는 사람들이 참여했다. 그러나 이러한 혐오의 파시즘 상황이 우리 안에서 벌어졌다 하더라도, 우리나라 국민이 다가오는 기후재난 상황에서 누구보다 먼저 식량난민이 될 가능성이 높다는 점에 주목해야 할 것이다. 우리가 기후위기 희생양의 다음 차례가 될 수 있는 것이다.

처음에 그들이 공산주의자들을 덮쳤을 때, / 나는 침묵했다.
나는 공산주의자가 아니었기 때문이다. //
그 후 그들이 사회주의자들을 덮쳤을 때, / 나는 침묵했다.

나는 사회주의자가 아니었기 때문이다. //

그 후 그들이 노동조합원들을 덮쳤을 때, / 나는 침묵했다.

나는 노동조합원이 아니었기 때문이다. //

그 후 그들이 유대인들을 덮쳤을 때, / 나는 침묵했다.

나는 유대인이 아니었기 때문이다. //

....

그 후 그들이 나를 덮쳤을 때, / 나를 위해 말해 줄 이들이

아무도 남아 있지 않았다.

[마르틴 니뮐러 목사의 금언]

6. 우리 모두가 기후난민이다!

기후난민의 상황에 대해서 얘기하면 그저 압도되고 무기력한 마음이 들 뿐이라는 것이 사람들의 반응이다. 기후재난의 규모와 범위의 막대함이 해결책이 보이지 않는 만큼, 기후난민 문제도 기후우울증의 출구 없는 터널효과로 이끌 뿐이라는 것이다. 그러나 우리는 희망을 포기해서는 안 된다. 인간(人間)이라는 말이 '사람과 사람 사이'라는 의미좌표를 갖듯이, 우리는 지금 이 순간의 기후난민과의 관계 맺기를 통해서 색다른 주체성 생산 (the production of subjectivity)의 가능성을 주목하게 된다. 우리는 '사람 사이'에 벌어질 하나의 사건을 무조건 두려워할 이유가 없다. 기후난민이 한국 사회에서 정착하여 생존을 보장받고 생활을 영위하며 더불어 살아가는 것은 이제 그리 이상한 일이 아니며, 나아가서 지구촌의 기후난민 문제는 우리 사회도 동반자 의식을 가지고 함께 풀어나가야 할 과제라고 할 수 있다.

얼마 전 기후난민에 대해서 모 대학에서 특강을 했다. 코로나19 사태로 때문에 온라인 강의로 진행하였지만, 강의 내내 기후난민이 처한 현재 상황과 앞으로의 과제에 대해서 함께 고민했다. 요르단 국경에 있는, 지평선 끝까지 이르는 시리아 난민 캠프를 보여주었을 때, 수강생들은 숨이 턱턱 막히는 것 같다고 말했다. 그것은 우리가 직면한 엄연한 현실이다. 그것은 감출 수 없고, 덮어버릴 수 없는 지구촌의 실상이다. 기후난민의 현재의 상황을 목도하면서 어떻게 다시 미래세대와 희망과 꿈에 대해서 얘기할 수 있을까? 그것은 참 지난한 과제이지만 우리가 구성해야 할, 과정적이고 진행형적인 과제이다.

하루가 멀다 하고 들려오는 기후난민 소식을 접하다 보면, 어느덧 이른바 제1세계로 진입한 우리 한국사회의 부드럽고 달콤한 삶이 더욱 도드라지고, 경제가 이보다 더 성장한다는 것은 있을 수 없는 일이라는 점을 알게 된다. 우리는 충분히 성장했고, 라이프라인이 없거나 생존 자체를 위협당하는 제3세계 사람들과 절박한 삶을 살고 있는 기후난민의 삶을 비추어 보면, 우리는 미안할 정도로 잘 살고 있고 누리고 살고 있다. 기후위기는 문명이 고장 나서 생기는 문제가 아니라, 문명이 지나치게 잘 돌아가는 바람에 발생한 문제이다. 어쩌면 현 시점에서 성장주의 세력이 파시즘의 속성을 드러내는 것은 당연하다. 그들이 탐욕을 부리는 것이 아니라, 탐욕이 그들을 조종하는 단계를 지났기 때문이다. 여기서 더 성장해야 한다고 강변하는 것은 기후난민의 상황을 분리시켜 자신만 누리고 살겠다는 의도를 노골화하는 것에 다름 아니다. 그럴수록 기후위기는 더 심각해질 것이며, 기후난민의 발생은 가속화될 것이다. 이 파멸의 급류에서 탈출하기 위해서는 나눔과 연대, 탈성장의 새로운 화두에 주목해야 한다. 지구라는 행성에서 살아가는 모든 사람과 모든 생명과 숨결을 공유하고 있음을 직시한다면, 우리는 그들의 들숨날숨이 보여주는 생명의 열망을 도외시할 수 없다. 다른 길은 없다. 우리는 더불어 함께 가난해질 준비를 해야 한다. '더불어 가난'은 기후비상사태 속에서 생존과 공존을 위해서 물질적 풍요를 포기한다는 의미에 머무는 것이 아니라, 서로를 보살피고 사랑할 수 있는 더욱 강력한 관계와 정동의 풍요로 향하는 것을 의미할 것이다. 탈성장이 기후위기 시대의 선택 가능한 최선의 라이프스타일일 수밖에 없는 이유도 그 때문이다. 지금도 기후난민들은 미래도 꿈도 희망도 없는 잠을 자고 있을 것이다. 우리가 그들에게 꿈과 희망과 미래를 다시 돌려줄 수 있을 것이다. 생명의 작은 몸짓을 외면하지 않는 최소한의 용기를 낸다면 말이다.

다가올 기후위기 상황은 누구에게도 예외일 수 없다. 그러나 기후정의의 관점에서 볼 때 라이프라인 설비가 되어 있지 않고, 기본 인프라와 냉난방기, 수도시설, 위생시설조차도 없는 제3세계 사람들이 기후위기로 말미암은 각종 재난에 가장 취약할 것이다. 기후위기에 가장 책임이 없는 제3세계 사람들이 기후위기의 최대 피해자여야 한다는 불평등한 현실이 그들 앞에 기다리고 있다. 그리고 우리를 포함한 '잘 사는 나라' 사람들은 가해자라는 측면에서 '당사자임'을 면할 길이 없다. 도저히 살 수 없는 상황에서 기후난민은 살아남기 위해서 자신이 나고 자란 터전을 떠난다. 이러한 뿌리 뽑힌 사람들이 발생하는 이유가 지구 자원을 맘껏 사용하며 성장주의로 내달려온 덕분에 풍요를 누리고 사는 1세계 사람들의 삶과 관련되어 있음에도, 기후난민과 자신은 관련이 없다고 여기고 나아가 그들을 혐오하는 것이 1세계 현실의 모습이다. 그러나 이는 1세계 사람들이 자신의 위치재를 잘 활용했기 때문에 살아남을 수 있었던 것에 불과하고, 그러한 문명의 상단에 위치한 그들의 삶의 초래한 전면적인 기후위기를 온 몸으로 직면한 기후난민의 상황은 그저 가십거리일 수 없다. 우리는 지구적 책임에 언제까지나 수수방관할 수 없을 것이다. 지금 막 입구에 들어선 기후위기로 말미암은 재난은 우리의 삶의 양식을 송두리째 바꿀 수밖에 없을 것이다. 우리는 운이 좋았다고 얘기할 순 있겠지만, 순위에서 한두 번 뒤에 서 있을 뿐이며, 무너져 내리는 문명의 행렬, 순열의 일부임을 면할 수는 없다. 왜냐하면 전 지구적 차원으로 전개되는 기후위기는 누구도 예외가 될 수 없기 때문이다. 중동의 가장 비옥한 나라였던 시리아가 한순간에 무너져 내렸듯이 우리 한국사회도 언제든 극한 상황으로 내몰릴 수 있다. 그저 남의 나라 이야기가 아닌 것이다. 우리 모두는 현재적 또는 잠재적 기후난민이다. 거기에는 예외가 있을 수 없다. 그래서 더욱 기후난민에 대한 연대와 나눔의 물결을 만들어야 할 때이다.

요르단 자크리 난민수용소(출처: https://commons.wikimedia.org/wiki/File:An_Aerial_View_of_the_Za%27atri_Refugee_Camp.jpg)

III.
식량위기와
푸드 그라운드제로

1. 돈으로 식량이 거래되지 않는다면?

돈으로 식량이 거래되지 않는 식량위기 상황이 찾아올까? 이런 질문은 지구상 평균기온이 1℃가 오를 때마다 식량생산량의 10%씩 감축되고 있는 현재의 상황에서, 먼 미래의 문제로만 느껴지지 않는다. 예컨대 호주의 경우에는 이미 2010년부터 2021년까지 밀 생산량이 절반으로 감소되었고, 미국의 경우에도 밀 집산지에서 거대한 산불이 나는 등으로 작황이 좋지 않다. 특히 러시아의 경우에는 2008년 전 세계 식량위기의 이유가 되었던 밀 생산량의 절대량의 감소에 여러 번 직면해 있는 상황이다. 또한 최근의 러시아-우크라이나 전쟁으로 말미암아 전 세계적 식량위기는 눈앞의 현실로 진행되고 있다. 이와는 비교할 수 없을 정도로 광범위하고 지속적이며 돌이킬 수 없는 속도로 진행되는 기후위기의 가속화에 따른 식량위기 사태가 바로 '식량 돈으로 거래되지 않는 시대의 도래'를 예고하고 있다는 전망을 한 단어로 무엇이라고 표현하면 좋을까? 이를 푸드 그라운드 제로(Food Ground Zero)[1]라고 지칭하고 싶다. 전 세계적으로 촘촘하게 네트

---

1 푸드 그라운드 제로에 대한 논의는 게토경제에 대한 연구를 통해서 이루어졌다. 사실상 물물교환의 형태에서 이루어지는 먹거리 상황은 무한정한 유통의 근거이자 생산의 토대인 그라운드의 상실을 의미한다. 다시 말해 미리 주어진 근거(ground)로서의 식량에 부과되는 정의(definition)로서의 자

워크화된 식량 생산 체계의 토대에서부터 제로 상태로 이른다는 합성어인 이 용어는 기후위기가 식량의 토대부터 갉아 먹어 들어오는 핵심적인 변수가 되어 있다는 점을 의미하기도 한다.

'기온 상승과 농업이 무슨 관계일까?' 하고 의문스러워할 수 있을 것이다. 기후위기가 식량 생산에 영향을 끼치는 정도를, 이를테면 사과 주적합 산지가 점점 북쪽 지역으로 이동하는 문제 정도로 이해하고 있는 사람이 태반이다. 물론 농업 생산물 생산량과 생산 품종의 변화도 분명 중요한 문제이다. 농작물의 변화는 땅에 의지하여 농업을 하는 농민들이 이에 적응할 수 있는 3~5년의 기간을 필요로 하지만, 기후위기의 심화 확장 속도는 이를 훨씬 초과하는 수준이라는 사실에 주목할 필요가 있다. 기온 상승의 변화는 1℃ 오를 때마다 포화수증기압이 7% 상승한다. 대기의 온도가 올라가면 머금을 수 있는 수증기 양이 늘어나기 때문에, 땅은 건조하게 되고 비가 쏟아지면 홍수가 되며, 태풍, 허리케인 등의 규모나 위력도 증가하게 된다. 이러한 기상 재난의 직접적인 이유는 수증기가 함유한 엄청난 에너지이다. 1L의 물을 끓여서 모두 수증기가 되면 그 체적은 1700L에 달하게 된다. 그런 상황은 물이 수증기로 변화할 때 엄청난 에너지를 머금게 된다는 점을 의미하며, 이는 태풍이나 허리케인처럼 바닷물 온도가 26℃ 이상일 경우 발생되는 기상 상태가 기온 상승에 기반하고 있다는 점을 의미한다.

또한 포화수증기압의 상승은 평시에 땅을 건조하게 만들어 물 부족 현

본화와 금융화가 불가능해지는 상황인 것이다. 식량위기는 뜬금없는 이야기이며, 근거 있는 주장을 하라는 얘기는 미리 주어진 근거가 전제할 때만 유효하다.

상과 토지 사막화를 가속화함으로써 농업의 위기, 식량 부족의 일상화로 향한다. 인간이 이용할 수 있는 지표수는 지구 전체 물의 0.0072%으로 지구 전체의 물을 5L 통에 담았을 때, 찻숟가락 하나 정도라고 보면 된다. 땅이 사막화되는 것은 영화 〈매드맥스〉나 〈북두신권〉 등에서 그려지는 종말 이후 세상이 지금-여기에 현재화한 것이라고 평가된다. 실지로 시리아의 경우에는 2005~2009년까지 엄청난 물 부족 상황에서 농업의 붕괴를 경험했고 결국 그것은 민중봉기-내전을 거쳐 주권의 와해로 나타났다. 뒤이어 이란은 2020~2021년간의 재난적인 물 부족을 겪고 있고, 이 또한 시리아의 전철을 밟지 않는가 하는 우려를 낳고 있다.

농업의 위기 중에서 특이한 것은 대기 중 이산화탄소 양이 많아지면서 작물의 크기가 커진다는 보고이다. 작물 자체의 크기는 커지지만 식물 내부에서의 순환계 이상을 일으켜서 무기질이 극도로 적은 작물이 생산된다. 다시 말해서 농업생산물의 정크푸드화가 일반화되면서 건강을 위협하게 된다는 것이다. 그런데 이러한 사태는 복잡한 논의 구조 속에서 은폐된다. 과학자들조차 논쟁을 조기 종결하지 못하는 것은, 생태계의 복잡한 연결망은 누구도 정확히 구명할 수는 없기 때문이다. 그러므로 생각하지 못한 지점에서 예상 밖의 사태가 얼마든지 벌어질 수 있다. "예상할 수 있는 부분은 고온상태에서는 주요작물의 구성성분에 변화가 일어난다는 점이다. 밀이나 쌀 속의 단백질의 함량이 낮아지고 미량원소의 구성에도 큰 변화가 일어난다. 이를 증명이라도 하듯, 2018년 쌀에 포함된 18가지 단백질 함량을 조사한 결과 이산화탄소 농도 증가로 전반적인 함량 감소를 발견했다. 전통적인 식사를 하게 되면 6억 명 이상이 비타민 E, 철분, 아연 등의 영양 결핍으로 현재 인류가 겪고 있는 '기아' 사태와는 성질이 다른 건강에 위협이 될 것으로 예상된다."[2]

　현재 전 세계 농지는 매년 1%씩 감소하고 있으며, 이는 개발사업, 사막화, 농민 감소, 토양침식 때문이다. 특히 토양 침식은 화석연료에 추출된 비료와 농약 쓴 흙이 산산이 부서져 흩어져 버리는 현상으로, 흙의 유실을 방지해 주는 잡초까지도 필요한 상황을 의미한다. 그래서 '잡초의 생태학'이라는 개념이 등장하기도 했다. 전 세계 농지의 1/4을 소농들이 농사를 지어서 전 세계 인구의 70%의 식량을 조달하고 있다. 그렇다면 3/4의 농지는 무엇을 하는가? 그것은 공장식 축산업에 쓰일 콩과 옥수수를 재배하는 농지로서, 식량조달에 큰 도움이 되지 못하고 있다. 오늘날 지구촌 한편에서 만연한 기아의 주된 원인은 미식가의 향미와 풍미를 돋보이게 할 육식의 재료로 쓰이는 사료 생산에 전 세계 농지의 대부분이 투입되는 데에 있다. 이는 불평등하고 불합리하고 부정의한 세계 질서의 단면이다.

　한국의 곡물 자급률은 2015~2017년 기준 23% 이하로 떨어지고 있다. 여기서 쌀이 20% 정도고 나머지가 3% 정도이다. 이에 대해서 정부는 곡물자급률이 아닌 식량자급률이라는 새로운 개념을 만들어냈다. 이른바 한국의 식량 자급률은 2019년 기준 48.9%라고 한다. 그러나 이는 곡물수입을 통한 축산을 반영한 통계이기 때문에 곡물자급률이 실질적인 식량자급률이라고 할 수 있다. 이러한 한국의 곡물자급률도 다시 환산되어야 할 상황이다. 한국의 쌀 생산량이 2020년에 20% 감소했기 때문이다. 만약 농업기반 국가였다면 폭동이나 내전이 일어날 만한 상황이라고 할 수 있다. 식량

2　두더지, 생태적지혜미디어, [기후변화 톺아보기] ②식량위기에 대처하는 오래된 해법 https://ecosophialab.com/

위기는 서서히 우리 앞에 실체를 드러내고 있다.

식량 유통 분야를 영역별로 살펴보면 ① 전 지구적인 물류유통(=로지스틱스)에 기반한 먹거리 유통 분야가 있는데, 이는 77% 정도를 차지한다. 식량은 물류유통, 수송, 운송에 많은 화석연료를 필요로 하고 그만큼 푸드마일리지가 높다. 특히 한국은 프랑스에 비해서 푸드마일리지가 10배 가까이 높은 상황이다. ② 두 번째는 국가적 수준에서의 먹거리 유통시스템이 있다. 1985년에 설립된 가락동농수산물도매시장과 같은 국가적 수준에서의 농업유통 도매시장이 그것이다. 이는 수도권이라는 도시 중심의 삶과 농촌을 유통을 매개로 연결시키지만, 도농교류의 직접성이 떨어지는 점이 문제이다. ③ 세 번째는 지역 간의 유통시스템이며, 이는 지역의 먹거리와 지역의 밥상을 연결하는 푸드플랜으로도 나타났다. ④ 네 번째는 지역 내 자급자족 라인이며, 마을장터나 마을시장 중심으로 나타난다. ⑤ 다섯 번째는 생활협동조합 먹거리 라인이며, 도농교류의 과정에서 장점을 갖고 있지만, 전체에서의 비중은 여전히 작은 편이다. ⑥ 아주 미미하지만 공동체지원농업 등의 도농교류, 마을텃밭, 도시농업에 의한 먹거리 수급 등이 있다. 식량위기에 대응하는 데 유용한 방법은 가설적으로 ③, ④, ⑤, ⑥의 부분이라고 할 수 있다.

그렇다면 식량위기에 대응하는 최적의 방법은 무엇일까? 그저 앉아서 물이 천천히 뜨거워지기 때문에 이를 인지하지 못하고 천천히 익어가는 두꺼비의 신세가 되어야 할까? "저는 에이즈로 부모님을 잃고 이모 가족과 함께 살고 있어요. 매일 아침, 저는 학교에 가는 대신 쥐를 잡으러 갑니다. 하루에 보통 8마리를 잡는데, 집에 돌아오면 쥐를 말려 가족과 함께 먹습니다." 짐바브웨의 17세 소년 메티셀 리의 말이다. 쥐를 잡아 말려 먹을 수밖에 없는 제3세계의 현실이 식량난민의 또 다른 미래이다. 일단의 식량 위기 상황에서 잘사는 나라는 마지막까지 방어막을 칠 수 있을 것이다. 못 사는 나라의 경우에는 가장 먼저, 가장 처참하게, 그리고 속수무책으로 식 량위기에 직면할 가능성이 높다. 그러나 이른바 선진국이거나 식량부국 이라고 해도 식량위기로부터 안전지대가 결코 될 수 없다. 더욱이 우리나 라처럼 곡물자급률이 경이로울 정도로 적은 나라는 말할 것도 없다. 이를 테면 2021년 탈레반이 장악한 아프가니스탄에서의 밀가루 가격이, 최근의 국내 밀가루 가격과 별반 차이가 거의 없다는 사실은 식량위기 상황에서 제3세계에서 기아와 굶주림의 먼 나라의 이야기만이 아님을 예고하는 사 건이다.

2. 식량위기가 초래하는 인플레이션

식량위기와 관련해서 여러 논의가 있지만, 인플레이션 상황에 직면하여 사실상 금융화된 농업이 직접적인 영향을 받는다는 점에 대해서는 이견이 없다. 러시아가 일으킨 전쟁과 기후위기 등으로 식량 수급에 이상 징후가 발생하는 현 시점에서 식량위기 문제를 과소평가하는 사람도 있다. 그러 나 국제금융시장의 여러 가지 금융상품이나 선물옵션, 계약재배, 클라우 드펀딩, 대출재배 등으로 얽혀 있는 농업의 금융민감성에 대한 과소평가 가 현재의 상황을 정직하게 직면하지 못하게 하는 요인이 된다. 이를테면 국제곡물시장에서 10% 정도 곡물생산량이 줄어들면 곡물 가격의 상승은 금융 파생력까지 감안하면 2~3배(200~300%) 정도가 될 수 있다. 그만큼 농 업의 금융화가 심대하게 이루어져 있다는 점을 직시해야 한다. 결국 곡물은 곡물 자체의 사용가치로 바라볼 것이 아니라 미래의 구매력이나 채권화된 것으로 생각한다면, 사실상 곡물은 땅에 있는 상황이 아니라 이미 거대한 돈덩어리로 포장된 채 존재하는 상황인 것이다.

물론 식량위기 상황은 저렴한 가격으로 자연자원을 약탈했던 기존의 자본주의 문명에게 제대로 된 가격을 물게 할 수 있는 긍정적인 면이 있다고 말하는 사람이 있다. 다시 말해서 유통, 생산, 소비 등의 과정에서 소요되는 에너지 가격이나 냉난방, 비료, 제초제, 농업기계 사용 등을 전반적으로 계산해 본다면 현재의 가격은 실은 턱없이 싼 가격이라는 점을 의미한다. 그럼에도 불구하고, '저렴한 가격'이 아니라 제대로 된 가격으로 식량을 사야만 하는 국면을 낙관하는 것은 아직 이르다. 사실상 제대로 된 가격으로 돌아가는 것이 아니라, 플랫폼, 거대곡물기업, 공장식 농업 등의 거대조직과 농업의 금융화로 이득을 얻는 세력들에게 대부분의 이득이 흘러 들어가는 구조이기 때문에, 정작 농산물 생산에 뛰어든 농민들에게 돌아가는 돈은 거의 없는 상황이 허다하다. 그렇기 때문에 제대로 된 가격을 지불하고 농산물을 사 먹게 되어서 잘 된 일이라고 여기는 것은 현실 파악을 제대로 하지 않은, 너무 안일한 판단이라고 할 수 있다. 나아가 제대로 된 가격을 지불하고 농산물을 먹는다는 것은, 그 이득이 농민들에게 돌아갈 뿐만 아니라, 기후위기 대응과 적응을 위해 가동되는 대부분의 기금에도 충분히 비용이 지급되어야 하기 때문이다.

현재의 먹거리 소비문화는 지나치게 한정된 곡물, 예컨대 밀 등에 집중되어 있어 먹거리 탄력성이 극도로 낮다. 여기서 먹거리 탄력성은 먹거리의 종류의 다양성과 대체물의 경우의 수 등을 의미한다. 그럼에도 불구하고 이를 이리저리 조리하고 요리해서 먹는 식생활 탄력성은 밀을 두고 생각해 본다면 극도로 높은 상황이다. 이렇듯 식량위기 상황은 먹거리 탄력성과 식생활 탄력성의 역비례 관계에 의해서 위장되고 감추어진다. 말하자면, 겨자씨 농업과 관련된 식생활 탄력성이 극히 높은 유럽의 국가들은 먹거리 탄력성, 이를테면 고추겨자나 다른 양념의 대체물이 거의 없는 상황이다. 이 경우 기후위기에 의해서 겨자씨의 작황이 좋지 않으면 먹거리 전반과 더불어 식생활 전반이 동시에 위기에 처하게 된다. 따라서 식생활 탄력성은 늘 먹거리 탄력성을 염두에 두어야 하고, 먹거리 탄력성은 늘 새로운 조리법이나 요리법 등의 식생활 탄력성을 높여 놓아야 한다.

그러나 우리는 금방 깨달을 수 있는 부분이 다국적 농업기업 등이 먹거리 탄력성이나 식생활 탄력성을 의도적으로, 최소한 미필적 고의에 의해 기형적으로 만들어놓고 있다는 점이다. 그런 점에서 기후위기에 대한 대응력이 극도로 떨어진 것이 현실이다. 그렇기 때문에 다국적 농업기업과 그 유통라인인 로지스틱스로부터 벗어날 필요가 있다. 그것은 단지 소박한 밥상의 실천을 위한 것이 아니라, 다국적 농업기업과 연계되어 있는 곡물시장과 금융화된 농업으로로부터의 고리를 끊기 위한 것이다. 다시 말해 세계 곡물시장의 영향권에 있는 나라들은 식량위기에 하루아침에 직면할 수 있는 위험성을 안고 있으며, 농업의 자립 가능성이 거의 없는 상황이다.

문제는 금융화된 농업과 먹거리산업이 결국 식량위기 상황에서 가공할 만한 먹거리 인플레이션을 불러올 것이기 때문에 결국 상상을 초월하는 기아사태를 야기할 것이라는 점에 있다. 그런 점에서 문명의 전환의 특이점은 자급자족을 통해서 이러한 강한 고리에 저항하는 것, 다시 말해 다국적 농업기업에 반대하는 것보다는 자급자족 라인을 늘려 나감으로써 약한 고리부터 끊어내는 것이라고 할 수 있다.

머지않아 현실화될 초인플레이션 상황에서는 식량이 돈으로 거래되지 않을 것이다. 다시 말해 돈을 주고도 식량을 구할 수 없게 될 것이다. 그렇다면 어떻게 이러한 식량위기 상황에 대응할 수 있는가? 세계 곡물시장과 다국적 농업기업과 연계되어 있는 금융화된 농업이 아니라, 자급자족과 로컬푸드, 유기농, 소농 등을 통한 아주 근접거리에 이루어지는 문명의 전환과 탈성장 전략을 통해서인 것이다.

3. 식량위기 상황에서의 푸드플랜

2017년 7월에 발표된 〈서울시 먹거리 마스터플랜〉은 '지속 가능한 먹거리 도시 서울 구현'을 모토로 하면서 경제적 형편이나 사회, 지역, 문화적 문제로 굶거나 건강한 먹거리에 접근할 수 없는 사람들을 위한, 먹거리에 대한 권리장전으로서의 의미를 가진다. 이러한 푸드플랜[3]은 취약계층에게도 골고루 먹거리에 접근할 수 있는 시스템을 구상했다는 데 의미를 갖는다. 푸드플랜은 건강, 상생, 보장, 안전을 키워드로 하면서 지역의 로컬푸드와 지역 먹거리 수요를 연결했다는 측면에서 각광을 받았다. 푸드플랜은 완주군, 강원 춘천시, 경북 상주시, 전남 나주시, 충청남도, 충남 청양군, 전남 해남군, 서울 서대문구, 대전 유성구 등에서 제정되면서, 명실공히 먹거리 분야의 핵심적인 먹거리 의제(agenda)로 자리 잡았다. 푸드플랜

---

3   푸드플랜은 먹거리가 없어서 고통 받는 도시의 주민들과 판로나 유통라인이 없어 고통 받는 농촌의 농민들을 연결시키는 푸드시스템을 구성하는 것으로부터 시작된다. 먹거리에 대한 생산, 유통, 소비 등 관련 활동들을 하나의 선순환 체계로 묶어서 관리하여 도시 지역 구성원 모두에게 안전하고 좋은 식품을 공급하고, 농촌 지역의 경제를 활성화시키며 환경을 보호하는 데 기여하도록 하는 종합적 관리 시스템을 의미한다. (네이버백과사전 푸드플랜 항목 참고/수정 보완)

의 세부내용으로 들어가면 도시농업, 사회적 농업, 로컬 푸드, 먹거리 복지, 공공급식 개선, 먹거리 낭비 저감, 먹거리 관련 커뮤니티와 사회적 경제 활성화 등을 망라하는 다양한 먹거리 의제와 농업 의제를 포괄하고 있다는 점이 확인된다. 가장 핵심적인 추진 목표는 도시의 먹거리와 지역 농업의 끊어진 고리를 되찾는 것는 것이다.

문제는 푸드플랜의 경우 식량위기와 유사시 프로그램이 빠져 있다는 점이다. 우리는 최악의 상황에서의 푸드플랜을 염두에 두고 자치규칙(protocol)화할 필요성을 고심할 수밖에 없다. 유사시 지역 먹거리와 식량 수급을 연결하는 푸드플랜이 되기 위해서는 기존의 푸드플랜에 결여된 새로운 영역의 논의가 요구된다. 이를테면 도시의 경우에는 먹거리 문제를 이대로 두었다가는 배급제를 피할 수 없다. 이러한 배급제는 시설, 관공서, 학교 등의 배급 시설을 갖춘 곳을 활용하면 된다고는 하지만, 식생활 탄력성을 급격히 낮추는 결과를 낳는다. 식생활 탄력성이란, 식습관의 조리 및 요리 방법의 공유, 조리 도구의 구비와 일체의 탄력적 운영 등과 관련된다. 식생활 탄력성이 문제되었던 가장 극적인 상황은 중국의 문화혁명 시기에 부엌과 조리 도구를 구습이라고 간주하고 모두 없애 버리는 통에 그 기간 동안 기아로 인한 사망자가 6,000만 명에 달했던 역사적 경험을 들 수 있다. 푸드플랜은 이러한 상황에 대응하여 식생활 탄력성과 관련된 가이드라인, 식량위기 시 조리법과 요리법, 도농교류, 도시농업, 마을텃밭 등을 통한 먹거리 수급과 요리 및 배분 방법, 간편식, 라면 등의 가공식품에 대한 태도 등을 제시해야 한다. 최근 들어 밀키트와 가공식품 등은 1인 가구에 맞추어서 만들어진 먹거리이다. 이와 마찬가지로 식량위기 상황에서 가공식품 등의 최적의 조리법과 요리법 등에 대한 교육과 프로그램이 필요하다. 푸드플랜에서 식생활 탄력성보다 더 문제가 되는 것은 먹거리 탄력성이다. 먹거리 탄력성은 먹거리의 숫자와 다양성, 주요 유통경로와 관련된다. 먹거리 탄력성을 먹거리의 종류만이 아니라, 유통과정에서의 질과 양, 품목의 다양성, 부패 방지 등에 관련된 과정형적인 것에 더 주목해 볼 필요가 있다.

먹거리 탄력성의 경우의 수를 따져보자면, 첫째, 돈으로 사고파는 거래가 있다. 주요 유통경로는 a. 마트, 편의점, 백화점 등의 유통망, b. 먹거리 플랫폼과 배달, 택배 유통망, c. 전통시장, 골목상권의 유통망 등이 있다. 여기서 팬데믹 상황에서 주요 유통 경로가 먹거리 플랫폼과 배달, 택배 등이었다는 점을 주목할 필요가 있다. 마트 등의 주요 고급유통망조차도 제대로 기능하지 못했던 것이 팬데믹이었다면, 이러한 플랫폼 기반의 먹거리 유통망에서의 먹거리 탄력성을 어떻게 높일 것인가가 연구되어야 한다. 동시에 돈으로 사고파는 거래에 있어서 전통시장, 골목상권 등의 유통 조직이 이미 경우의 수라고 할 수 없을 만큼 와해된 상황에서, 플랫폼 거래는 유통에 드는 비용과 탄소배출량 증가라는 부작용을 낳을 수 있다. 더욱이 돈으로 사고파는 거래 중 플랫폼 먹거리가 사실상 국제 물류 유통에 기반한 것이기 때문에, 그것이 기능정지될 경우 먹거리 탄력성에 있어 재앙적 타격이 있을 수 있다.

둘째, 물물교환 형태로서 게토경제, 침묵교역, 당근마켓 등이 있다. 게토경제의 경우에는 암거래 시장이 전면화하는 것을 의미하며, 인적 유통에 따라 손을 많이 타면서 거래비용이 비싸지는 경향이 있다. 주로 주류나 육류 등이 이러한 유통경로로 거래될 가능성이 높다. 게토경제는 범위한 정기술에 따라 구획된 지역에서 지하에서 유통되는 식량의 비중이 커지면서 물물교환 방식으로 전환될 가능성이 있다. 침묵교역은 모듈과 모듈 사이, 커뮤니티와 커뮤니티 사이에서 이루어지는 교역 형태로, 식량은 시장의 기능정지 이후에 물물교환의 방식으로 등장할 가능성이 있다. 일단 신뢰를 기반으로 한 시장의 기능정지 이후에는 침묵교역 방식의 물물교환이 전면화할 수도 있다. 또 하나의 가능성은 당근마켓과 같은 지역 플랫폼이 먹거리의 물물교환을 미리 교육시키고 훈련시켜서 시장 외부의 거래 방식을 준비해 볼 수 있다는 점이다. 물물교환의 방식은 오래된 기억 속에서 묻혀 있었지만, 유사시에는 시장 외부의 먹거리 탄력성 회복을 위한 경우의 수 중 하나가 될 수 있다.

셋째, 증여와 호혜의 선물교환, 다시 말해 사회적 경제이다. 여기에는 a. 모스가 얘기하는 포틀래치(potlach), b 모스가 얘기하는 쿨라(cula) 방식으로 구분해 볼 수 있다. 포틀래치 방식은 커뮤니티 자체가 무너지지 않았을 때 일대일 대응을 통해서 선물을 줄 의무, 선물을 받을 의무, 선물을 되돌려줄 의무 등의 세 가지 의무가 제대로 작동하는 경우에 해당한다. 쿨라 방식은 사회 자체가 무너지지 않았을 때 일 대 다(多) 대응을 통해서 제3자를 경유하여 결국 자신에게 되돌아오는 것이 제대로 작동할 때의 경우이다. 일단 범위한정기술이 가능하고 모듈 방식의 구획화가 가능하다면 포틀래치를 통한 방식이 유력하고, 도시와 같이 모듈 되기 어렵고 사회적 관계망으로 이루어진 경우에는 쿨라를 통한 방식이 유력하다. 그러나 이들은 커뮤니티든, 사회든 제대로 작동한다는 점을 전제로 한다. 물론 사회와 커뮤니티가 작동하지 않고 기능정지 되었을 때 사회적 경제가 회복력을 선도하는 경우도 있다. 1995년 고베대지진 때 고베 생협이 수행했던 먹거리 수급과 유통의 경험을 떠올려 볼 수 있다. 사실상 돈으로 식량이 거래되지 않는 상황이 찾아오자, 고베 생협 사람들은 멀리 산을 건너 등짐을 지고 먹거리를 날랐다. 이를 통해서 고베는 생존할 수 있었다. 이런 경험은 사회적 경제가 붕괴된 주요 먹거리 유통망을 복원한 경우로, 이는 비상시나 위기에 강한 사회적 경제의 저력과 효용을 보여주는 것이다. 한국의 경우에는 2017년 사회적 경제 주요 단체와 행정안전부가 위기 시에 필요한 대응협약을 맺은 바 있다. 여기서 사회적 경제 영역은 생활협동조합뿐만 아니라, 심지어 상자텃밭이나 주말농장, 공동체지원농업(CSA), 마을장터, 도시농업 등의 유통망의 실질적인 작동을 주도할 수 있다. 사회적 경제의 탄력성은 위기 상황에서 먹거리 탄력성 회복과 유지의 중요한 영역을 차지하고 있다고 할 수 있다.

넷째, 공공영역에서의 친환경 공공급식 제도, 학교, 군대, 감옥, 병원 시설의 배식제도가 그것이다. 공공영역에서의 급식과 배식은 먹거리 탄력성의 측면에서는 확대되어야 하지만, 이는 식생활 탄력성과 역비례 관계에 있기 때문에 섬세한 접근이 필요하다. 공공급식제도는 각종 복지관, 도서관, 시설, 공동그룹 홈, 아파트 등에 급식시설을 갖추어 한 끼 정도의 공공급식제도를 이용하게끔 하면서 먹거리 탄력성에 기여할 수 있어야 한다. 먹거리 유통망에 관련해서도 가장 최적화된 로컬 푸드와 지역먹거리를 수급하여 먹거리 안전망을 갖추어야 하는 부분이 공공급식제도이다. 어르신 도시락 배달제도에서 한 끼 도시락을 세 개로 나누어서 먹는 어르신들이 많다는 점에 주목해야 한다. 공공급식 제도는 한 끼를 하루 생존에 필요한 최소 열량으로 의도적으로 디자인할 필요가 있다. 식생활탄력성을 해치지 않는 선에서 이와 길항작용을 일으켜야 할 부분이 바로 공공급식제도인 것이다.

다섯째, 순수증여의 영역에서의 자발적인 무료급식, 커먼즈(공유지) 텃밭에서의 채취 행위가 그것이다. 순수증여 영역에서는 해외의 경우 누구든 채취해 갈 수 있는 마을텃밭 등의 운영이 있다. 이러한 커먼즈 텃밭을 운영함으로써 도시에서의 먹거리 탄력성을 넓혀 가야 하며, 커먼즈 텃밭의 인증, 관리, 운영에 대한 구체적인 로드맵이 필요하다. 동시에 무료급식은 시민단체나 봉사단체를 통해서 상시적으로 운영되도록 만듦으로서 먹거리 탄력성 문제 상황에서 공공배식을 보완할 수 있는 방안으로 자리매김해야 할 것이다.

푸드플랜은 식량위기를 선제적으로 가정한 상태에서 끊임없이 보완되고 수정되어야 한다. 현재의 푸드플랜이 식량위기 항목을 염두에 두지 않고 지역 먹거리와 도시 거주민(시민)을 연결하는 데 그치고 있는 것은 안타까운 상황이다. 좀 더 정교한 제도적인 상상력을 통해서 푸드플랜의 구체화와 실질화가 이루어져야 한다. 식량위기는 이미 제3세계에 와 있는 상황이며, 제1세계나 제2세계라 하더라도 한국사회와 같이 식량자급률이 현저히 떨어지는 나라에서는 언제든 찾아올 수 있는 것이 현실이다. 그런 점에서 푸드플랜의 혁신적인 재도약과 재구성을 기대해 본다.

4. 식량위기의 해법은 없는가?

독일의 영화감독 발렌틴 투른의 〈100억의 식탁〉이라는 다큐 영화는 바로 이러한 질문에 대한 감독의 필사의 탐색을 다루고 있다. 투른 감독은 2050년에는 세계 인구가 100억 명에 도달하고(2022년 6월, 79억 5천만 명) 2025년 즈음에 상상을 불허하는 식량위기가 올 것이라는 가정 하에서 모색과 탐색을 한다. 더욱이 기후위기에 따른 작황이 좋지 않음과 식량위기, 물 부족 상황까지 감안한다면 투른 감독이 하는 질문의 수백 배에 대한 탐색이 이루어져야 하는 상황인 것도 사실이다. 영화의 내용을 간략히 소개하면 다음과 같다: ① 바이엘사의 몬산토연구단지를 방문한다. 여기서 알게 된 것은 유전자변형농작물은 하나의 상황에는 최적화될 수 있지만, 복합적인 재난 상황에서는 탄력성이 거의 없다는 사실이다. 그런 점에서 토종 종자 중심의 종 다양성이 필요하다는 지적을 한다. ② 광물형 비료 채굴 현장을 방문한다. 화학비료는 곧 고갈될 자원으로 지속가능성 여부가 의문이 든다. 결국 유기농 중심의 전환이 필요하여, 클로버를 이용한 유기농이 사례로 등장한다. ③ 일본의 스마트팜을 방문한다. 흙은 스마트팜에게는 오염물 덩어리로 간주되며 위생적인 물과 LED등에 의해 인공적으로 길러진 채소가 등장한다. 그러나 스마트함은 과다한 에너지 사용을 기반으로 하기 때문에 기후위기에 탄력성이 거의 없다. ④ 영국의 전환마을 토트네스 로컬푸드 매장을 방문한다. 지역의 농산물이기 때문에 푸드마일리지가 극도로 낮으며, 지역화폐를 통해서 지역순환경제를 이루고 있다. 외부의 식량과 자원에 의존하는 것은 화석연료 사용을 극도로 높이는 것이라는 점에서 토트네스의 경험은 유의미하다. ⑤ NBA 스타인 윌 알렌이 운영하는 아쿠아농업에 방문한다. 아쿠아농업의 순환농법은 스마트팜보다 유효한 방식이라고 할 수 있으며, 도시농업에 최적화되어 있다. ⑥ 모잠비크의 혼작과 윤작의 텃밭을 방문한다. 하나의 작물을 심으면 회복탄력성이 떨어지지만, 여러 작물을 심으면 한 작물의 작황이 좋지 않아도 다른 작물이 이를 보완하기 때문에 회복탄력성이 높아진다. ⑦ 인크레더블 에더블(incredible edible)운동을 방문한다. 누구나 공공텃밭에서 작물을 따먹을 수 있기 때문에 커먼즈 농법의 원형이 보존되어 있다. 이렇듯 발렌틴 투른 감독은 여러 사례를 수집하여 식량위기의 대안에 대해서 모색한다. 여기서 간취되는 중요한 사실은 하나의 모델로 해법을 찾을 수는 없다는 점이다.

식량위기의 다른 대안의 모색으로 듀마노프스키가 쓴 『긴 여름의 끝』(2011, 아카이브)의 모듈화 전략이 있다. 여기서 듀마노프스키의 생존전략은 커뮤니티의 미세단위 모듈을 형성하고 이것의 중복, 구획화, 반복을 통해서 자율성과 독립성을 추구하는 것이다. 개인 단위의 생존주의는 유효한 것이 아니나, 모듈화 전략은 개인으로 흩어지는 것이 아니라 강건한 결사 단위와 생활 단위로 구성한다. 이는 내부 관계망의 탄력성에 기반하면서도 결사체 기반의 단독성을 추구하는 방식이다. 일종의 범위한정기술과 제한된 관계 맺기를 통해서 독립성과 자율성을 극대화한 커뮤니티 방식의 생존 전략이다. 이를 통해 생태적 다양성이 주는 탄력성, 신축성, 지속가능성, 복잡성을 주목하기 위한 기본단위를 구성할 수 있게 된다. 여기서 모듈이란, 서로 분리되고 구획화되어 각자가 자기완결적인 시스템을 의미한다. 이러한 모듈화 전략이 구현된 사례로 1990년대 쿠바에서의 유기농혁명을 들 수 있다. 90년대 미국의 석유 금수 조치로 어려움과 기아를 겪던 쿠바는 지렁이 분변토와 상자텃밭을 이용한 도시농업을 통해서 유기농혁명을 이룩한다. 여기 도시농업 동호회라는 2~3인조 모듈이 등장한다. 이 모듈은 체력 저하와 사기 저하, 배고픔 속에서도 끊임없이 이야기를 하면서 강건하게 도시농업을 할 수 있었던 분리되고 구획화된 모듈의 기본 특성을 드러낸다. "자칫하면 뿔뿔이 흩어지기 쉬운 각 기관을 강력한 2인조 팀으로 묶어 모으는 조정자 역할을 담당한 것이 '도시농업 동호회'라 불리는 특별 행정기구입니다. 도시농업도 처음에 마당에서 가족용 먹을거리를 재배하는 정도였습니다. 그런데 농산물을 가까운 이웃과 나눠 먹거나 팔기도 하는 움직임이 조금씩 생기더니 이제는 길거리에 셀 수 없는 정도로 많은 농장이 생겼습니다. 그래서 1994년 아바나 시 한복판에서 도시농업 동호회가 발족되어 새로운 프로그램을 시작한 것입니다."[4]

　끝으로 생명순환(=탄소순환) 농업인 전통적인 유기농의 확대를 들 수 있다. 산업화 이전에는 유기농이 대부분이었지만, 새마을운동에서 통일벼를 도입하면서 쌀과 보리 이모작 중심이었던 유기농 대신 단모작 형태의, 화학비료와 농약에 기반한 관행농이 자리 잡았다. 생명순환 농업인 유기농은 생명의 순환과정에서의 탄소분자의 변화와 광합성을 통한 자연적인 탄소포집을 이용한다. 식물은 이산화탄소를 흡수하여 광합성을 통해 자신의 몸을 만들고 동물은 식물을 먹음으로써 탄소를 자신의 몸에 가둔다. 더불어 동물의 배설물은 토양의 미생물에 분해됨으로써 식물이 흡수할 수 있는 유기물이 된다. 이러한 유기물순환 과정은 탄소순환, 산소순환, 질소순환이라는 세 가지 순환계의 복합적인 예술에 의해서 이루어진다. 유기농업은 화석연료 기반의 관행농보다 1/3 정도 적은 화석연료를 필요로 한다. 『10대와 통하는 기후정의 이야기』(2021, 철수와영희)에서는 "동화책 '똥벼락'에는 돌쇠 아버지 이야기가 나옵니다. 돌쇠 아버지는 30년 동안 머슴으로 일하고 풀 한 포기 자라지 않는 돌밭을 새경 대신 받았습니다. 돌쇠 아버지는 손에 피가 나도록 돌을 골라내고 거름으로 쓸 똥도 열심히 모았죠. 어느 날 잔칫집에 갔다 오다, 똥이 마렵기 시작한 돌쇠 아버지는 참지

4　요시다 타로 『생태도시 아바나의 탄생』(2004, 들녘), p. 78

못하고 산 중턱에 이르러 똥을 눕니다. 그리고 밭에다 똥을 누지 못한 것이 아까워서 눈물까지 그렁그렁해집니다."라고 전통적인 소농의 유기농업에 종사하는 농민의 정성과 노력을 묘사하고 있다. 오늘날 인류가 직면한 기후위기는 관행농이 아니라 유기농을 통해서 농(農)가치를 오래된 미래의 형태로 혁신하는 과정으로 나아가야 한다는 것을 강력하게 지시한다. 유기농의 경우에 토양 속에 머금을 수 있는 이산화탄소량과 식물의 이산화탄소량 등을 추산해 본다면 어떠한 인위적인 이산화탄소의 포집술보다 훨씬 유능한 포집 방법이라는 사실이 확인된다. 따라서 우리의 장래를 위해서라도 기후 농부로서의 유기농업의 확대가 필요한 것이다. 또한 식량위기에 대한 해법의 모색은 결국 농업 자체에 대한 제도적 상상력으로 나아갈 수밖에 없다는 점도 재확인된다. 그런 점에서 식량위기 시대 농업의 전략적 지도제작이 요구되는 것이다.

5. 식량위기 시대 농업의 전략적 지도 제작

식량위기에 대응하기 위한 농업의 전략적 지도 제작은 가능한가? 소외되고 배제된 상태에 있는 농민과 농업은 참으로 열악하지만, 또한 고령화로 인해 대부분 노인들이 농업에 종사하고 있는 상황이지만 농업에는 여전히 희망과 가능성이 있다. 그것은 기후위기 시대가 오히려 농-가치를 확산하고 농업의 재건과 부활의 계기가 될 것이라는 기대와 예측 때문이다. 농업의 전략적 지도 제작은 다음과 같은 내용을 상정할 수 있다.

① 공공용지 확보로 기초자산 개념을 통한 청년층을 농촌으로 유인하는 것이다. 기존의 귀농귀촌과 청년층의 농촌의 유입 전략에서는 유독 토지

문제를 배제하였다. 그래서 소작농 청년들이 땅을 기름지게 만들고 나서 다시 땅을 원주인에게 빼앗기는 상황도 비일비재하다. 한살림생활협동조합에서 논의되었던 농지살림운동은 농업 고령 은퇴자들이 토지신탁을 통해서 귀농귀촌인에게 토지를 불하하는 방안이다. 그러나 그 또한 현실화되기에 어려움이 있다. 오히려 공공용지를 확대하여 이를 청년층에게 장기임대 형태로 불하하는 방식으로 토지의 커먼즈화를 추구하는 방향성이 더 유력할 것이다. 한국에서 전통적으로 강조하던 경자유전 원칙, 다시 말해서 토지는 농사를 짓는 사람의 것이라는 원칙이 무력화된 것이 현실이다. 그렇기 때문에 공공용지로서의 농지 확보와 청년층에 대한 커먼즈 형태의 불하 방식이 연구되어야 할 것이다.

② 탄소중립정책 중 농업 관련 탄소순환경제 도입이다. 탄소중립정책은 농업 관련 이슈에 응답해야 할 시점이다. 탄소중립은 시장에서의 탄소시장과 공공에서의 탄소세와 공동체에서의 탄소순환으로 이루어진 삼차원의 접근이 시너지 효과를 일으키는 방식으로 진행되어야 한다. ③ 농업 공공플랫폼을 구축하는 것이다. 농업 관련 플랫폼을 통해서 유통 혁신을 이루어야 하며, 이는 기존 유통망에 기숙하는 것이 아닌 독자적인 유통 플랫폼 구축으로 나아가야 할 것이다. ④ 농민 기본소득과 농민 기본자산 제도를 신설하는 그것이다. 기본소득으로는 부족하며 실질적인 기본자산으로서의 땅의 권리를 보장해야 할 것이다. ⑤ 농민 기후공제회를 설립하고, 기후보험에서의 작물 수를 늘리는 것이다. 기후보험의 경우에 작물 11종에 한정되어 있는 것을 확대하고, 기후공제회 설립을 통해서 재난과 위기에 탄력적으로 대응해야 할 것이다. ⑥ 전환펀드 구축을 통한 로컬푸드 포인트 제도를 도입하는 것이다. 로컬푸드 포인트는 거리에 역비례하여 공

공의 지원을 받는 인센티브가 되어야 한다. ⑦ 농업 관련 온라인 대학을 개설하는 것이다. 중년 은퇴자들에게 의무교육에 필적할 만큼의 다양한 콘텐츠를 제공하면서 트렌드를 선도해야 할 것이다.

⑧ 기후위기 시대에 맞는 농업 양식을 매년 모델링하는 것이다. 기후적 응에 관련되는 농업 양식의 노하우를 매년 새롭게 공유하고 기후변화에 대한 탄력적으로 적용해야 할 것이다. ⑨ 그린뉴딜 내에 농업 전환 뉴딜을 추진하는 것이다. 농업 전환 뉴딜은 농가치를 보존하는 방향으로 추진하고 디지털 뉴딜에 필적할 만한 규모의 지원이 있어야 할 것이다. ⑩ 농민 기본소득의 각 경우의 수를 설립하는 것이다. 교육, 도농교류, 에코마일리지, 푸드포인트 등을 합산하는 방식이며 유기농지원금 등도 부가적인 인센티브가 되어야 한다. 기본소득의 각각의 경우의 수를 합산하여 통째로 줄 수 있지만, 경우의 수로 나누어 지원해 보는 것도 탄력성 확보에 도움이 될 것이다. ⑪ 소농의 스튜어트십과 관련된 정동 양상을 메타모델링하는 것이다. 소농의 섬세한 작업이 보유한 돌봄, 모심, 살림, 보살핌, 섬김의 정동 양상의 노하우나 암묵지 등을 아카이빙하고 적용 사례를 확대하는 것이 필요하다. ⑫ 도농교류를 위한 보조화폐를 설립하는 것이다. 도농교류에서 지역순환경제를 구체화하기 위한 보조화폐, 지역화폐 등이 필요한 시점이다. 도농교류로서의 주말농장, 생활협동조합, 공동체지원농업(CSA) 등에서 유통될 보조화폐의 필요성이 대두된다. 그저 소비와 향유를 위한 도농교류가 아니라, 실질적인 경제의 작동 내로 들어온 도농교류가 필요하다.

IV.
기후위기의 파급효과

1. 해수면 상승의 현실

IPCC(기후변동에 관한 정부간 패널) 보고서에 따르면 매년 전 세계 해수면은 0.8m씩 상승하고 있다. 일단 지구의 회전력 때문에 적도 근방의 국가들이나 섬나라 국가들이 가장 직접적으로 피해를 입을 전망이다. 현재 인도네시아 수도인 자카르타는 해수면 상승으로 인해 수도 이전을 한 상황이다. 동시에 해안지역에 있는 대도시의 침수는 초읽기에 들어간 상황이다. 그 대표적인 도시로는 오사카, 상하이, 뉴욕, 자카르타, 부산, 인천 등이 거론된다. 현재 한국의 경우 부산과 인천 지역의 침수가 예고된 상황에서 방벽을 쌓아 이에 대비한다는 의견도 있지만, 이 역시 실효성이 의심되는 방안이다. 특히 해안선 근방의 고층 아파트가 즐비한 부산지역의 문제는 매우 심각하다. 이와 마찬가지로 전 세계적으로 인구 300만 이상이 거주하는 도시의 2/3가 해안 지역에 위치하기 때문에, 기후난민 발생 수위는 심각할 것이 예상된다. 현재 전 세계 인구 10%가 낮은 연안지역에서 살고 있으며 이들이 해수면 상승으로 인한 기후난민화의 위기에 직접적으로 노출되어 있다. 그 숫자는 2050년 즈음에 10억 명에 달할 것이 예상된다.

현재 해수면 상승의 경우에는 북극 빙원의 용융, 그린란드 거대 빙상의 붕괴와 남극대륙 빙상의 용융 등이 전방위적으로 이루어지고 있어, 해수면 상승과 해류에 의존하는 지구 기후 생태계 교란에 치명적인 상황이 시시각각 가속화하고 있다. 특히 그린란드나 남극은 대륙 위에 빙하가 올라간 형태이기 때문에, 이들의 용융은 즉각적으로 해수면 상승으로 직결될 것으로 예고되고 있다. 심지어 남극의 기온상승은 예측 불가 영역이 되고 있다. 남극의 대륙 위 빙상의 용융으로 인한 해안선 높이의 상승은 18m에 달할 것이라는 보고도 나오고 있다.

세계 각국의 사례로는 2019년 가시화한 베네치아 침수를 들 수 있다. 베네치아는 물의 도시로 알려져 있지만, 해안선 침식으로 인해 엄청난 물바다가 만들어지고 도시가 거의 기능정지에 빠지는 상황이 되었다. 해안 방벽의 설립 등을 통해서 일단은 해결되었다고는 하지만, 이 역시 임시방편에 불과하며 향후에 홍수나 조수간만의 차이에 의해서 엄청난 피해가 예상되고 있다. 두 번째는 잘 알려져 있는 투발루의 사례이다. 투발루의 경우 이미 바닷물이 수시로 집안까지 들어오고 있으며, 성인 남성의 경우에는 노동력이 필요한 주변국가에 난민 신청을 하여 이주를 하고 있지만, 정작 소수자들인 아이, 노인, 여성의 경우에는 바닷물에 잠기는 섬에 그대로 남겨져 있다. 그들은 물이 무릎 이상으로 차오르는 것을 그대로 방치한 채 생활하고 있다. 베트남의 사례도 너무도 치명적이다. 베트남의 국토 대부분이 2050년까지의 해수면 상승에 의해서 사라질 것으로 전망되고 있기 때문이다. 그렇게 되면 기후난민은 폭발적으로 증가할 것은 불을 본 듯 뻔한 일이다.

한국정부는 부산, 인천 일부의 침식 사태에 대해서 130만 명이 해마다 해안 침수피해를 입을 것이고, 피해액도 286조원에 달할 것이라고 예측하고 있다. 그럼에도 불구하고 부동산 투기 붐에 따라 침식이 예고된 빌딩이나 주택의 가격은 엄청나게 비싸게 매겨지고 있다. 이는 한 치 앞도 예견하지 못한 단기적인 투기성 자본의 모습을 잘 보여주는 사례이다. 부산의 경우에는 부유식 해상도시 프로젝트를 진행하고 있는데, 이 또한 해수면 상승을 매개로 한 거대 토건 세력의 새로운 개발주의 비전이 아닐 수 없다. 이처럼 토건세력은 기후위기로 인한 거대한 변화의 전환의 시대임에도 불구하고 토건과 개발을 통한 이익 편취를 멈추지 않겠다는 의도를 감추지 않고 있다.

2. 기후변화로 인해 달라지는 우리의 삶

폭염과 온열질환

2022년 여름 한국의 남부지방은 폭염으로 들끓은 데 반해 중부지방에서는 폭우로 몸살을 앓았다. 지구평균기온이 0.3℃ 점핑한 것으로 알려진 2018년에 급습한 폭염으로 인해 48명이 사망한 것으로 집계되고 이는 연평균 폭염사망자인 10.7명의 4.5배라고 추산되는 것을 고려할 때, 아직 통계가 나오지 않았지만, 올해도 그에 못지않은 피해가 발생하였을 것이다. 그러나 지병 악화나 합병증 등으로 사망한 사람까지 집계한다면 그 20배 가까운 900명 정도가 폭염으로 죽은 것으로 추정된다. 특히 야외활동 노동자나 농부, 에어컨을 틀기 어려운 빈곤층 노인 등이 직접적인 타격을 입었다. 고령층이 분포된 농민의 경우에는 밭에서 일하다가 열사로 쓰러졌는데, 조기에 발견되지 못해 사망하는 경우가 속출했다. 야외활동 노동자, 택배노동자, 배달노동자, 일용직 건설 노동자의 경우는 사정이 심각해서 사실상 살인적인 폭염을 온몸으로 감내해야 한다. 폭염에 열악한 배달노동자의 상황을 고려한 기후수당에 대한 논의가 심심치 않게 논의되고 있으며, 이는 배달을 시킨 소비자가 감당해야 할 몫으로 여겨지고 있다. 특히 배달 플랫폼에서 기상재난 시에 배달 자체가 안 되도록 사회적 합의를 해야 함에도 불구하고, 일부 배달 플랫폼을 제외하고 오히려 장사가 더 잘 된다는 논리로 배달노동자를 사지에 내몰고 있는 상황이다. 2022년 8월 9일 중부지방과 서울에 있었던 기록적인 폭우 상황에서도 배달 플랫폼을 멈추지는 못했다. 이러한 상황의 심각성을 깨닫고 사회적 합의를 통해서 배달 플랫폼의 사회적 가이드라인을 짜야 한다는 문제의식이 확산되고 있다.

한국의 폭염특보 체제에서는 2019년까지 습도가 고려되지 않는 폭염특보 발효를 함으로써, 수많은 피해자와 사망자를 낳았다. 다행히 2020년 새롭게 제정된 폭염특보 기준에서는 습도 변수가 추가됨으로써 국제적인 가이드라인에 겨우 맞출 수 있게 되었다. 이러한 폭염특보의 발효에 있어 직접적으로 영향을 받는 사람들이 군대, 감옥, 병원, 시설, 학교의 종사자들이다. 2018년도에도 감옥에서의 사망자가 유독 많았던 이유를 면밀히 검토해 보면 폭염특보 발효 기준이 국제기준에 미치지 못함으로써 직접적인 타격을 입은 것으로 판단된다. 특히 군대는 복장이나 소지품 등의 과중함과 빈번한 야외 훈련 등이 문제가 될 수 있다. 학교는 에어컨 등을 잘 구비해 놓은 곳이 대부분이지만, 냉방온도 조절과 에어컨 사용에 대한 가이드라인을 엄정히 할 필요가 있다. 다시 말해 학생들에게 폭염의 피해를 막는 것도 중요하지만, 올바른 냉난방기 사용에 대한 사전 교육이 필요하기 때문이다.

2018년 폭염의 경우, 집계된 폐사 가축 수는 572만 마리에 달하였다. 공장식 축산업의 밀집사육은 어쩔 수 없이 고열의 내부 환경을 만들어낸다.

쿨러링이나 여러 시설이 있다고는 하지만, 그 작동은 비용 문제가 따르기 때문에 유효성이 제한적이다. 동시에 냉난방기를 틀어서 공장식 축산업을 유지하면 사실상 기후위기에 대한 대응을 제대로 하지 못하는 결과를 낳기 때문에 더욱 문제가 된다. 기후위기를 초래하는 육식문명을 극복하기 위해서는 우선 기후위기에 대응할 수도, 적응할 수도 없는 밀집사육이 해체되어야 한다.

2018년 폭염으로 인해 충남지역 등의 중부지방은 밭농사를 전혀 할 수 없는 상황에 처하게 되었다. 농부들은 4대강 물을 끌어오자는 의견도 밝혔지만, 4대강 보에 있는 물이 맹독성 플랑크톤에 오염되어 농업용수로 쓸 수 없는 것은 분명했다. 그럼에도 불구하고, 임시방편으로 4대강 물을 끌어온 지역도 있기 때문에, 시민들의 건강에 적신호가 켜지고 있다. 동시에 밭농사를 하게 되면 35만 원의 물차를 빌려 일주일간 쓸 수 있는 물을 둠벙에 실어 날을 수 있지만, 이 역시 임시방편이기 때문에 차라리 8~9만 원 들여 밭을 갈아엎는 상황이 비일비재했다. 결국 중부지역의 물 부족 사태는 2018~2022년까지 여름 동안의 밭농사 자체를 포기하는 상황으로 재편되었다.

태풍과 기상재난

태풍은 바닷물 온도가 26℃보다 높으면 발생된다. 앞서 얘기했던 지구 평균기온 1℃ 상승에 따른 포화수증기압 7% 상승은 엄청난 에너지를 집적하고 있는 수증기를 기온 상승이 만들어낸다는 것을 뜻한다. 이에 따라 태풍과 허리케인 등은 그 규모나 강도 면에서 이전과는 확연한 차이를 보이면서 더욱 강력해진다. 2005년 미국 뉴올리언즈를 급습한 허리케인 카트리나의 경우에는 저지대에서 살고 있는 흑인에게 직접적인 피해로 다가와 1800여 명이 사망하는 초유의 사태가 발생했다. 흑인들은 보급물자 조달이 지체되자 일부 식료품 약탈을 하는 경우를 제외하고 대부분 폭력과 폭동 없이 잘 대응했지만, 신문들은 무법천지의 약탈이라고 보도함으로써 흑인들 구조작업이 지체되도록 만들었다.

2008년 미얀마를 덮친 초강력 사이클론 나르기스의 상황은 더욱 비극적이었다. 쓰나미와 함께 더욱 강력해진 사이클론이 급습하면서 성인 남성들은 경보방송에 놀라 여성과 아이들을 나무 위에 매달아 놓는다. 비극적인 것은 쓰나미의 높이가 나무를 훨씬 넘어섰다는 점에 있다.

2008년 5월 2일 새벽에 미얀마 남서부를 사이클론 나르기스가 덮쳤다. 잠자던 13만6천 명이 느닷없이 들이닥친 6미터의 해일을 동반한 태풍에 목숨을 잃었다. 그들은 여느 때와 다름없는 일상을 기대하며 전날 밤 잠자리에 들었을 평범한 사람들이었다. 동남아시아에서 4월에서 9월 사이에 발생하는 태풍은 사이클론이라는 이름이 따로 있을 만큼 일상적인 기후 현상이지만, 2008년의 나르기스는 여느 때와는 차원이 다른 초대형 사이클론이었다. 바람의 세기를 0부터 12까지 등급을 나누어 분류할 때 최고 등급의 풍속이 117.72㎞/h인데, 나르기스는 최대 풍속 241㎞/h를 기록했으니 그 위력이 얼마나 대단했는지 짐작할 수 있을 것이다.[1]

이 외에도 수많은 사례가 있다. 2019년 발생한 태풍 하비기스는 일본을

---

1 오기출, 『한 그루 나무를 심으면 천 개의 복이 온다』(2017, 사우)

강타하며 90명 이상의 사망자가 발생했는데, 고층 빌딩이 넘어질 정도의 풍속이었다. 2015년 필리핀을 급습한 초특급 태풍 하이엔의 경우에는 이례적으로 겨울철에 태풍이 발생되어 피해를 남겼다. 또한 최근 태풍이 없는 중남미나 유럽의 경우에도 태풍이 발생하는 초유의 상황이 벌어지고 있다.

한파와 제트기류

미국 동부지역 추수감사절인 2018년 11월 22일에 영하 50℃에 달하는 한파가 찾아왔다. 그러자 전 미 대통령인 트럼프가 트위터에 "강력하고 긴 찬 바람이 모든 기록을 깰 수도 있다. - 지구온난화에 무슨 일이 일어난 거지?"라는 글을 남겼다. 기후위기론을 음모론이라고 치부하는 트럼프는 자신의 집권 기간 동안 환경청에 기후변화라는 단어를 쓰지 못하게 만들었고, 동시에 화석연료 산업에 대한 보조금 지급을 강화하는 등의 다양한 반기후위기 대응정치를 해 왔다. 트럼프가 알지 못했던 것은 장기적인 추이인 기후와 단기적인 추이인 날씨가 다르다는 사실이다. 또한 그는 동부지역의 이상한파가 극지방의 찬 공기를 잡아주던 제트기류가 기후변화로 인해 헐거워지면서 찬 공기가 중위도 지방으로 내려오는 것으로, 기후위기의 강력한 증거라는 점을 몰랐다.

한국은 2009년부터 2012년까지 연속해서 혹한의 겨울을 겪었고, 북미지역은 2018년과 2019년이 영하 50℃까지 떨어지는 극한의 추위를 보였다. 혹한의 추위를 경험한 사람들의 경우에는 지구온난화가 가짜뉴스라고 철석같이 믿는다. 2021년 2월 미국의 중남부 지역을 강타한 영하 40℃에 달하는 혹한은 제트기류가 로키산맥을 타고 내려오면서 벌어졌던 초유의 사태였다. 변변한 난방시설을 갖추지 못한 캘리포니아 등지의 사람들은 엄청난 전기세 폭탄을 감내하면서 겨울을 보낼 수밖에 없었다. 그러한 상황은 지구온난화가 아닌 기후변화라는 개념을 써야 함과 동시에 비상사태의 기후위기라는 개념을 써야 한다는 사실 자체를 깨닫게 하는 대목이다.

3. 전염병의 확산과 코로나 사태

코로나 바이러스로 인한 팬데믹의 상황이 2019년 마지막 날 시작되어 올해로 3년째 전 세계를 강타하고 있다. 수많은 사망자와 피해를 남긴 초유의사태였다. 코로나19 바이러스의 창궐은 생태계의 동적 평형과 균형의 파괴로 인한 기후위기가 직접적인 원인이다. 그간 지구 행성에서의 인간의 생활은 세계화와 교통편의 발달 덕분에 '지구촌'이 되었음에도 불구하고, 인간이 누리고자 하는 바를 충족시키기 위해서는 더욱더 넓은 세계를 필요로 했다. 그러나 한정된 지구자원의 고갈과 과잉 사용으로 말미암은 과부하의 결과 기후변화는 생명과 자연에게 직접적인 돌연변이를 발생케 하는 기후위기 국면으로 비화했으며, 그 상징적인 사건이 팬데믹 사태였다. 사회적 거리두기는 그간 당연시해 왔던 사회적 삶의 방식을 변화시켰고, 사람들의 생활양식도 심각한 변형이 이루어질 수밖에 없었다. 그 과정에서 잠재적으로 진행되어 오던 플랫폼자본주의 유형으로의 자본주의의 변형도 눈에 띄게 부각되었다.

그러나 한때 서남아프리카 근방에서 퍼져나갔던 에볼라 바이러스에 대한 내용은 신문지상에서 찾아볼 수 없었다. 매년 600만 명 이상이 사망할 것이라는 강력한 바이러스임에도 불구하고, 코로나 바이러스와 달리 북반구에는 큰 영향을 줄 수 없었기 때문이다. 에볼라 바이러스가 전염력이 거의 없는 이유는 여기에 감염되면 그 다음날 사망에 이르기 때문이다. 2022년 새로운 전염병은 원숭이두창과 같이 전방위적으로 감염될 수 있는 감염병 속에서는 에이즈환자나 동성애자에 대한 차별의 시선이 강화되기도 했다. 2014년 에볼라의 경우 북반구 잘 사는 나라의 바이러스 정치에서는 남반구 못사는 나라에 대한 차별과 배제가 횡행하고 있음을 알 수 있다는 점이며, 2022년 원숭이두창에서는 소수자와 사회적 약자에 대한 차별과 배제가 전반적으로 번지고 있다는 점에 있다. 코로나 바이러스 대유행, 즉 팬데믹의 경우에도 아프리카 인근 지역 국가에 대한 백신 차별로 나타났고, 그 결과 변종 바이러스의 창궐로 역습을 받고 있는 상황이다. 기후위기에 있어서의 차별과 불평등과 코로나 바이러스에 대한 차별과 불평등은 궤적을 같이 한다. 다시 말해 기후정의뿐만 아니라, 백신정의가 필요한 것이 당장의 현실이다.

　기후변화와 질병의 상관관계는 최근에 국한된 사건이 아니다. 13세기에 스페인의 침략자들이 천연두를 남미에 이식하자, 남미 인구 90%가 사망하여 그 당시 농경지였던 아마존 일대가 밀림이 된다. 이는 나무 자체가 탄소를 흡수하는 성격 때문에 소빙하기가 도래하는 결과를 초래하였다. 그 결과로 유럽에서는 흑사병이 창궐했고, 당시 명나라는 흑사병으로 인해 체제가 붕괴하여 청나라가 들어서게 되었다. 청나라는 "개 짖는 옆 동네도 찾아가지 마라"는 초강력 봉쇄정책으로 근근이 체제를 유지할 수 있었다. 소빙하기는 조선에도 크게 영향을 미쳤다. 당시 조선은 현종 치하였는데, 1670~1671년 2년에 걸친 기근과 괴질로 인해 전체 인구 1/4가 사망하는 초유의 사태를 겪는다. 이에 앞서 이러한 사태를 예감하듯 허준은

『동의보감』이라는 방대한 의료서를 편찬·발간하였다.

질병과 기후위기는 이처럼 긴밀히 관련된다. 팬데믹은 극복되지 못할 성격의 것이다. 더 강력한 바이러스가 언제든 나타날 수 있기 때문이다. 특히 현재의 기후위기 국면에서는 북극의 영구동토층에 쌓여 있는 동식물의 사체가 녹아서 고대의 원시바이러스가 지상에 등장하고 있는 것이 또 하나의 심각한 변곡점이 될 전망이다. 심지어 최근 러시아는 순록 수만 마리를 흑사병에 전염된 것으로 판단하여 살처분하였는데, 실제로는 고대의 원시바이러스와의 관련성이 의심되고 있다. 전염병의 창궐로 인해 사회적 거리두기가 지속되면서 기후행동에 나설 수 있는 여지도 극도로 좁아지고 있다. 이러다가 저항도 못해 보고 기후위기의 재앙을 고스란히 감당하게 될 것이라는 암울한 전망도 제출되고 있다. 전염병 일상화 시대의 도래는 결국 획기적인 체제 전환을 요구하는 자연과 생명의 메시지라고 할 수 있다.

2부

기후위기의 원인

I.
기후변화란 무엇인가?*

* 불교사회연구소 『현대사회와 불교2 : 기후변화와 불교실천과제』에 수록된 글을 수정 보완했다.

1. 기후위기의 현황과 진단

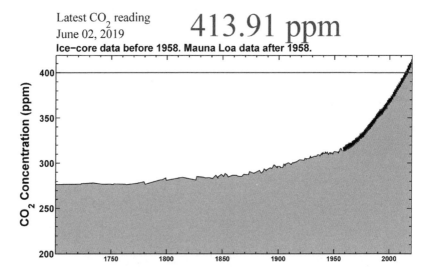

Latest CO$_2$ reading
June 02, 2019
Ice-core data before 1958. Mauna Loa data after 1958.

413.91 ppm

〈킬링곡선〉(1700년대~2019년) 대기 중 이산화탄소 농도: 1958년 이전의 데이터는 빙하의 아이스 코어로부터 추정한 값, 1958년 이후는 하와이 마우나 로아 관측소에서 대기 중의 이산화탄소를 측정한 값이다.(출처: 기후변화행동연구소)

　기후위기가 인간 활동의 결과임이 밝혀진 지 40년밖에 안 되었는데, 이제 돌이킬 수 없는 티핑 포인트까지 7년쯤 남은 시급하고 즉각적인 사안이 되고 있다(2022년 기준). 기후위기가 자연스런 현상이 아니라 인간 활동과 산업 활동의 결과라는 사실은 대기 중 CO$_2$농도를 나타낸 킬링 곡선

(Keeling Curve)에 의해 최초로 밝혀졌다. 킬링 곡선은 빙하 속 아이스코어에 누적된 이산화탄소 양을 연대별로 살펴봄으로써 검출된 결과이며, 산업혁명 이후에 급격히 이산화탄소 농도가 높아지고 있다.

또 하키스틱(Hocky Stick) 그래프는 지구평균기온을 직접 측정하여 그래프로 만든 것으로 산업생산 및 인간 활동과 대기 중 이산화탄소 증가율의 유관성이 드러난다. 하키스틱 그래프는 그 기온 상승 곡선의 마지막 구간이 하키스틱처럼 올라간 형태여서 붙여진 명칭이다. 이를 통해 최근 100년간 기온 상승이 급격하게 진행됐다는 점이 드러나며, 이는 산업 활동의 부산물인 이산화탄소 배출에 따른 것이라는 점이 분명하다고 할 수 있다.

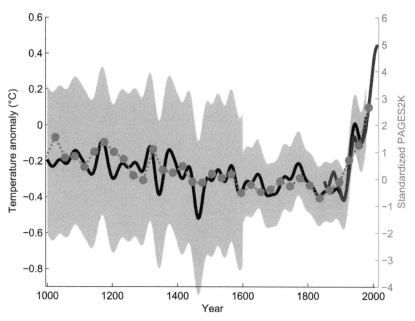

〈하키스틱 그래프〉 지구평균기온. 1815년 이후는 직접 측정한 값, 1815년 이전은 추정한 값이다. 그래프 끝이 하키스틱처럼 급격히 올라간 모양이라 하여 하키스틱 그래프라고 부른다.(출처: 기후변화행동연구소)

이는 현재의 기후변화가 특별한 위기가 아니라 자연스러운 기후 현상으로서 지구 기후체계의 조절능력에 따라 정상화될 것이라는 전망이 잘못된 것임을 말해준다. 그럼에도 불구하고 여전히 수많은 매체를 이용해서 기후위기에 대해서 잘못된 정보를 발신하는 세력으로 말미암아, 많은 사람들이 현재의 경제체제와 사회제도, 생활양식의 획기적인 변화 없이도 기후위기가 극복될 것이라고 낙관적으로 생각하고 있다. 기후위기는 과학적으로 입증된 현실이다. 기후위기를 경고하는 대표적인 세계기구인 IPCC(기후변화에 관한 정부 간 협의체)는 WMO(세계기상기구)와 UNEP(유엔환경계획)가 1988년에 800명 이상의 과학자와 2,000명의 전문가들을 모아 공동으로 설립한 기구이다. 기후위기에 대한 경고 메시지가 단지 몇 사람만의 견해가 아니라는 뜻이다.

그렇다면 기후위기를 초래하는 온실효과는 어떻게 해서 생기는 것일까? 기후위기의 원인은 온실효과(greenhouse effect) 때문이다. 태양으로부터 오는 에너지의 30%는 대기와 구름, 지구 표면에 의해 지구 대기권 밖으로 반사되고 나머지 70%는 대기와 구름, 육지와 해양에 흡수된다. 이렇게 흡수된 태양에너지가 지표를 평균 14℃ 정도의 온도로 덥히는데, 반사되어야 할 태양 빛이 온실가스에 가로막혀 우주로 발산되지 못함으로써 지구를 평균 이상으로 덥히게 된다. 이를 온실효과라고 부르는데, 그것이 지구 대기상에서 작동하는 구조가 비닐하우스의 원리와 유사하기 때문이다.

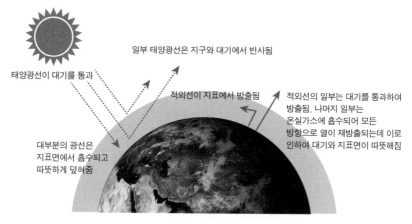

온실효과 개념도(세계기후변화종합상황실)

　　온실효과를 유발하는 온실가스 중 압도적인 비중을 차지하는 것이 이산화탄소(CO_2)이며, 온실효과를 통한 지구온난화 유발 원인의 55%를 차지한다. 이산화탄소는 석탄, 석유, 천연가스 등 이용한 난방과 에너지 공급, 건설과 운송 및 수송 등의 과정에서 발생하며 한번 배출(생성)되면 100년 동안 대기 중에 머문다. 그런 점에서 산업혁명 이후 광범위하게 이산화탄소를 배출했던 선진국이 역사적 책임을 피할 수 없다는 점이 분명해진다. 다음은 온실효과 기여도가 15%인 메탄(CH_4)으로, 같은 양을 기준으로 할 때 온실효과 비중은 이산화탄소보다 21배 정도 더 유독하다. 메탄은 육식 중심의 식습관에 따라 폭증한 소의 방귀와 트림에서 주로 발생하여, 대기 중에 30년간 머무른다. 또한 공장식 축산은 삼림을 훼손을 유발하기 때문에 부수적으로 삼림의 탄소격리 효과도 파괴한다. 다음은 기여도가 6%인 이산화질소(NO_2)로서 관행농이라고 불리는 농업 형태에서 주로 발생한다. 질소비료와 농약 등에 기반한 관행농은 이산화질소를 땅에 집적시키며 지구온난화에 일조한다. 수소불화탄소(HFC₂), 과불화탄소(PFC₂), 육불화황(SF₄) 등은 에어컨 냉매, 전기/전자제품의 생산과 폐기 과정에서 발생하는 온실효과 유발 가스인데, 이산화탄소와 비교했을 때 수소불화탄소는 1,300배, 과불화탄소는 7,000배, 육불화황은 무려 2만2,000배가 넘는 온실효과를 유발한다. 이 세 기체는 지구온난화에 24% 비율로 기여하고 있다. 다만 아래 IPCC 5차 평가보고서의 온실가스 비중을 나타낸 그림은 정밀한 계측과 변화 양상에 따라 오늘날 다르게 측정되고 있다는 점을 주지해야 할 것이다.

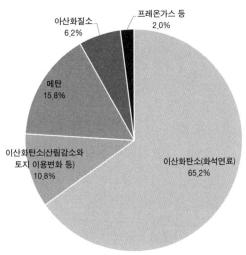

아산화질소
6.2%

프레온가스 등
2.0%

메탄
15.8%

이산화탄소(산림감소와
토지 이용변화 등)
10.8%

이산화탄소(화석연료)
65.2%

IPCC(Intergovernmental Panel on Climate Change) 제5차 평가보고서

2022년 현재 이산화탄소를 가장 많이 배출하는 나라는 중국으로, 27% 정도를 차지한다. 세계의 공장이라 불리는 중국의 경우는 유럽 등지의 서구권 선진 산업국가가 탈산업화하면서도 경제는 성장하는 탈동조화(decoupling) 체제가 중국 등에 생산 공장을 떠넘겼기 때문에 가능하였다는 점을 보여준다. 그런 점에서 현재 가장 큰 책임이 있는 중국의 획기적인 탈탄소의 노력이 요구되지만, 동시에 떠넘기기를 하는 선진국들의 책임도 피할 수 없다.

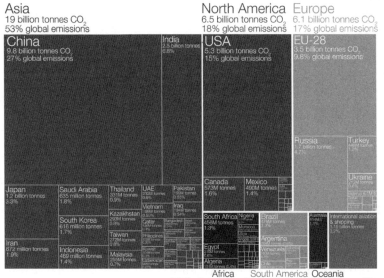

현재 탄소배출 규모에 대해 알 수 있도록 도식화된 표이다. 중국이 27%로 1위이며, 미국이 15%, 유럽이 9.8% 등을 차지하고 있다. 이산화탄소 발생 이후의 30년 이후의 효과를 볼 때 중국의 감축 노력이 요구된다고 할 수 있다. Hannah Ritchie, CC-BY, https://ourworldindata.org/annual-co2-emissions

무엇보다 온실가스인 이산화탄소는 한번 배출되면 100년간 대기 중에 머물기 때문에, 이제까지 대량으로 배출했던 국가의 직접적인 책임도 간과할 수 없다. 현재까지 배출 총량을 볼 때 이산화탄소를 가장 많이 배출한 나라는 미국(25%)과 유럽(22%)이다. 이는 이들 국가(권역)가 자신들의 역사적 행위로 말미암아 오늘날 기후위기의 최대 피해자가 되고 있는 제3세계 국가에 녹색기후기금과 녹색기술 무상전수 등의 노력을 해야 함을 말해준다. 그런 점에서 기후정의(Climate Justice) 문제를 간과한 기후 적응과 완화 노력은 공정한 것이라고 할 수 없다. 기후변화는 해수면 상승, 증폭된 폭염과 태풍 등 자연재해의 가속화, 가뭄 재해와 물 부족, 식생과 절기살이의 변화 등을 초래한다. 특히 물 부족은 식량위기로 직결되는데, 최근 시리아와 수단 등에서 발생한 식량위기 사태는 그로부터 촉발된 전쟁과 내전, 기후난민의 대량 발생 등의 연쇄과정을 불러 일으켰다. 이는 앞으로 빈발할 기후위기로 말미암은 대재앙의 전조 현상에 불과하다.

시리아는 중동에서 가장 비옥하여 메소포타미아 문명이 발흥했던 초승달 지역이었지만, 2005년부터 2009년까지 비가 한 방울도 내리지 않는 초유의 가뭄 사태로 인해 농업이 붕괴되고, 이에 따른 도시로의 이주 폭증과 사회 갈등 격화가 연쇄적으로 발생했다. 더불어 러시아의 밀 수출금지로 인한 식량난으로 중동의 튀니지로부터 출발한 쟈스민 혁명에 따른 자유시리아 군 결성과 파시스트인 IS의 발호에 의해서, 결국 1,200만 명의 기후난민을 유럽과 각국에 내보내게 되는 상황이 전개됐다. 곡물자급률이 23%에 불과하고, 그중 쌀 자급률이 20%인 한국의 상황에서 볼 때 시리아 등지의 사태는 남의 일이 아니다. 특히 2020년경에 한국의 쌀 산출량이 20% 감축했다는 보고는 앞으로 식량위기가 상시화하면서 곡물이 더 이상 돈으로

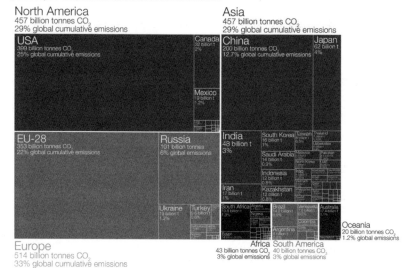

이제까지 이산화탄소를 배출했던 나라에 대한 순위를 알 수 있는 도식화된 도표이다. 미국이 25%로 1위, 유럽이 22%로 2위, 중국이 12.7%로 3위이다. Hannah Ritchie, CC-BY, https://ourworldindata. org/contributed-most-global-co2

거래되지 않는 상황으로 치달아 가는 전조라고 할 수 있다. 더욱이 한국이 밀 수입을 하는 호주의 경우 10년 동안 밀 작황이 절반으로 줄어들었다는 사실이 보도되면서 한국의 식량위기가 시시각각 현실화되고 있음을 예고 하고 있다.

기후위기에 대응하는 녹색기술

기후위기 상황에 대한 기술적 해답은 없는지를 끊임없이 탐색하면서 아직 개발이 안된 기술적 해법을 통해서 탄소중립을 달성하겠다는 〈탄소중립

2050 시나리오적 접근 초안〉이라는 보고서가 발행되었다. 여기서는 탄소 포집술과 같이 에너지를 많이 사용하여 실제로 효율성이 7%에 불과한 기술이나 수소차와 같이 석유로부터 추출된 그레이 수소를 씀으로써 사실상 에너지전환이라고 보기 힘든 기술이 포함되어 있다. 이제까지 녹색기술을 통한 기후위기 해법에 주목해 왔던 일련의 과정이 있었다. 황산염을 대기 중에 살포하는 실험 등은 현재 석탄화력발전소에서 발생된 황산염이 온실효과 40%를 막아주고 있다는 점에서 유효하다고 할 수도 있겠지만, 석탄화력발전소의 조기폐쇄 이후에나 적용해 볼 만한 기술이다. 그러나 실제로 제도와 시스템을 바꾸고 생활양식을 바꾸는 등의 결정적인 노력 없이는 표층적인 기술적 적용으로 기후위기가 해결되지 않는다는 점이 더욱 분명하게 드러나고 있는 상황이다.

2. IPCC 6차 보고서와 양성 피드백의 현실화

지난 2018년 10월 인천 송도에서 열린 IPCC 총회에서는 《지구온난화 1.5℃ 특별보고서》가 채택되었다. "2100년까지 전 지구평균온도 상승을 1.5℃ 이내로 제한하기 위한 잔여 탄소배출총량(carbon budget)은 4,200~5,800억 톤이며, 2030년까지 CO_2 총 배출량 최소 45% 감축 필요"[1]를 명시하는 내용이다. 이렇듯 IPCC가 2010년 대비 45% 탄소 감축을 주문하고 있는 상황에서 이에 충족하는 파리협약 당사자 국가는 2010년 대비 2030년까지의 NDCs(자발적 의무감축)에서의 BAU(온실가스배출전망치)에 대

---

1   기상청 기후정책과, 2018. 10, 『지구온난화 1.5 SPM 주요내용』.

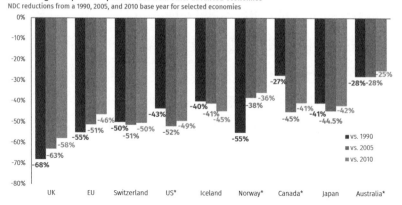

FIGURE 1
New US target compared to updated NDCs from other advanced economies
NDC reductions from a 1990, 2005, and 2010 base year for selected economies

Source: Rhodium Group, UNFCCC. Assumes LULUCF included in all base years. *Upper end of NDC presented as a range.

각국의 자발적 의무공여가 1990년, 2005년, 2010년 대비 얼마나 줄어드는지를 알려주는 표이다. 사실상 자발적 의무공여가 반려된 한국의 상황은 부끄러운 현실이다. https://rhg.com/research/climate-ambition-us-ndc/

한 탄소감축분이 미국(49%), EU(46%) 등이다. 이에 충족하지 못하는 국가는 일본(42%), 캐나다(41%) 등이며 한국은 1차로 BAU(온실가스배출전망치)를 제출했으나 반려되었고, 현재 목표치를 40%로 상향하여 다시 보고한 상태이다. 현재의 전 지구적 상황은 산업화시대 이래로 지구평균온도가 1.0℃ 상승했다고 평가되고 있다. IPPC에서 1.5℃를 강조하는 이유는 그것이 티핑 포인트(Tipping point) 즉 급변점(急變點)이기 때문이다. 다시 말해 2030년 이후에 직면할 1.5℃ 상승 이후부터는 지구의 기후는 인류의 통제권에서 벗어나 양성 피드백을 거듭하면서 기후위기 악화의 가속화가 자동적인 과정이 될 것이라는 점에 문제의 심각성이 있다.

양성 피드백이 현실화되면 2050년까지를 기준점으로 삼은 각국의 탄소중립 선언이 사실상 무용지물이 될 수 있다. 앞으로 남은 시간이 탄소예산의 총량처럼 아직도 남아 있는 수천억 톤만큼의 여유를 가리키는 것이 아니라 향후 7년 이내에 획기적인 조치를 하지 않는다면, 걷잡을 수 없는 상황이 전개된다는 것이다. 그런 점에서 2021년 5월 22일에 있었던 기후정상회의에서 미국 바이든 대통령이 "우리는 매우 빨리 움직여야 한다."며 지구의 평균기온 상승 최대치를 산업화 이전보다 1.5℃ 이내로 유지할 필요성을 호소한 것은 큰 의미가 있다. 특히 바이든 대통령은 미국이 2030년까지 온실가스 배출을 2005년 대비 50~52% 수준으로 줄이는 것을 목표로 한다고 밝혔다는 점은 주목할 필요가 있다.[2] 여기서 핵심은, 탄소감축 정책이 목표로 하는 시기가 2050년이 아닌 2030년으로 이행하였고, 더욱이 2℃가 아닌 1.5℃를 마지노선으로 하는 변화가 나타난 점이다.

2021년 IPCC 6차 보고서가 발간되면서 지구평균기온 1.5℃ 상승 시점이 당초 예상보다 10년 이상 앞당겨진 2032~2035년이 될 것이라는 예측이 나왔다. 이 보고서는 그 자체로 경악할 만한 내용이지만, 이마저도 시베리아 영구동토층의 해동으로 인한 메탄가스 배출이라는 불확실한 요소를 빼고 계산한 것이다. 다시 말해 양성 피드백을 반영하지 않았다는 점에서 축소된 것이라는 혐의를 지울 수 없다. 동시에 금세기 중에 급변점, 즉 티핑 포인트가 없을 것이라는 보수적이고 낙관적인 전망을 내놓음으로써 각국 정상에게 정책적으로 지금 행동하지 않아도 괜찮다고 판단할 빌미를 제공한 셈이 되었다. 왜 티핑 포인트가 중요한가 하면, 그 이후의 기후위기 상

---

2 《헤럴드경제》 2021.04.22, [기후정상회의] 바이든, "2030년까지 美 온실가스 절반 감축…경제대국 나서야"

황은 인류가 어떻게 해볼 여지가 없게 되는 최종 지점이기 때문이다. 그러나 IPCC 6차 보고서에는 이에 대한 언급과 대안이 누락되었다. 우리가 직면한 현실은 7년 내에 획기적인 전환의 계기를 실행으로 옮기지 않는다면, 인류의 통제권으로부터 기후위기가 완벽히 벗어나는 상황이라는 점에서, IPCC 6차 보고서는 오히려 긴급한 현실인 기후위기 상황에 대한 현실부정이라고 할 수 있다.

기후위기의 대안은 핵에너지인가?

기후위기의 대안으로 핵을 주장하는 정치세력이 등장하고 있다. 그러나 핵은 또 다른 위험에 우리를 노출하는 결과를 낳는다. 핵 발전 후 남게 되는 치명적인 폐기물의 '폐기'에 드는 2만 5천년이라는 우주적인 시간대로 문제이지만, 폐기 비용이 만만치 않고 현재의 기술적인 방법으로는 완전한 폐기가 불가능하다는 점이 드러나고 있기 때문이다. 또한 핵 에너지에 대한 맹신의 허점은 기후위기에 핵도 실제로 영향을 크게 받는다는 점이다. 2021년에 원자력안전위원회에 제출된 안을 예로 들자면, 냉각수 온도가 10℃ 이하여야 하는데, 바닷물 온도의 상승으로 인해 15℃로 높아져서 이에 따라 규제온도를 낮추어 달라는 제안이 나왔다. 이렇듯 기후위기 상황에서는 핵의 안전성에도 심각한 영향이 있다. 동시에 해수면 상승으로 인해 바닷가에 위치한 핵시설의 안전성에 대한 우려와 걱정도 커지고 있는 상황이다. 핵분열이 아닌 핵융합이 어떠냐는 이야기도 있지만, 이는 실현 불가능한 것에 천문학적 비용을 쓰는 것으로 차라리 재생에너지 시설을 늘리는 것이 더 효과적이다.

Ⅱ.
기후위기에 대한
전 세계의 대응

1. 각국의 자발적 의무공여(NDCs)와 대응양상

기후위기에 대한 각국의 대응 양상 중에서 상향된 목표치를 제공하고 있는 나라는 단연 미국과 EU이다. 특히 미국은 석탄화력발전소를 2030년까지 완전히 폐쇄하고 2050년까지 재생에너지 100%를 달성하겠다는 야심찬 계획을 발표함으로써, 바이든 행정부가 오바마 행정부 2기로서 청정에너지 구축 수준에 머물 것이라는 전망을 완벽히 불식시켰다.

또한 EU가 탄소무역장벽[1]을 2023년 과도기를 거쳐 2026년에 가시화하겠다고 선언한 내용도 기후정상회의에서 제기되어 이미 EU의회를 통과하여 공표된 상황이다. 이는 EU가 스스로 자국 내 물가상승을 감내하면서 허리띠를 졸라매겠다는 선언을 한 것으로, 이에 따를 경우 향후 물가상승률은 3배에 달하게 될 전망이다. 이렇게 되면 결과적으로 탄소세가 1톤 당 30유로에 달하게 되고, 한국의 시멘트나 철강 등에, 연간 1조 7천억 원 수출 대비 1조 원의 탄소세가 붙게 될 전망이다.

---

1 탄소무역장벽은 무역을 할 때 탄소배출 과다기업에게 세금을 매기는 것으로, 사실상 유럽이나 미국 주도의 수출산업에 대한 규제책으로 선호되고 있다. 탄소무역장벽은 결국 한국사회의 산업 재편을 강제하는 최대 변수로 떠오를 전망이다. 탄소무역장벽이 미칠 영향에 대해 산업계, 학계 등이 관심을 보이는 상황이지만, 더 중요한 것은 소비와 생산 체제 자체의 심대한 변형에 대한 부분이라 할 수 있다.

기후위기에 대한 각국의 대응 중 특이한 것은 먼저 독일의 기후국채 발행인데, 특징은 이것이 마이너스 국채라는 점이다. 다시 말해 기후위기의 위험을 고려할 때 머지않아 대대적인 경기 후퇴가 있을 것으로 전망하면서 마이너스 국채를 발행하였고, 이에 대한 사회적 공감대와 합의가 있는 독일에서 이 국채가 완판이 되었다는 점을 주목해야 한다. 독일과 같은 잘사는 나라조차 앞으로 기후위기가 본격화되면 경기후퇴가 가시화될 뿐 아니라 그 정도를 상당히 심각한 수준으로 예측하고 있다는 말이다. 한국에서도 정의당 심상정 의원이 200조 규모의 녹색채권 발행을 언급한 바 있으나, 마이너스 채권, 나아가 탈성장이라는 발상의 전환을 보여주지는 못하고 있다.

또 하나 주목할 부분은 프랑스 마크롱 정부의 대대적인 탄소세 부과이다. 탄소세는 유류세를 즉시 대체할 수 있는 기후위기 시대의 증세의 방향성이다. 또한 유류세처럼 SOC 사업 등에 투자되는 것이 아니라, 재생에너지와 녹색전환의 재원으로 쓰일 수 있고, 별도의 행정력과 전환비용이 들지 않는다는 장점이 있다. IMF는 탄소세를 1톤당 70유로까지 높여야 한다고 보는데, 이 조건에 가장 근접한 나라가 프랑스이다. 문제는 2019년 프랑스 시민들이 탄소세에 저항하는 노란조끼운동으로 맞섰다는 점이다. 이는 교외에서 출퇴근하는 도시 노동자와 직장인에게 과도하게 부담이 돌아갔기 때문에 생긴 일이었다. 그 대안으로 스웨덴처럼, 탄소세를 부과하는 대신 재생에너지에 생태배당을 하는 제도로 보완하려는 시도를 들 수 있다. 생태배당은 기본소득 개념의 하나이지만, 에너지전환으로 취득한 재원을 시민과 나눔으로써 기후정의 실현에 이바지할 수 있는 유력한 제도로 각광 받고 있다. 스웨덴은 그레타 툰베리의 금요 결석 시위에 영향을 받아 구체적인 기후대응 정책을 펼치고 있다. 특히 스웨덴에서는 전기세 인상 등을 유상증자 형태로 함으로써 시민들이 인상분을 주식으로 돌려받도록 한 것이 특이하다. 이는 전기세 인상만이 재생에너지의 경쟁력을 갖게 하는 방안이라는 점에서, 제도적인 창안의 결과물이라 할 수 있다.

동시에 유럽연합의 그린딜은 '정의로운 전환'이라는 슬로건 아래 녹색산업으로의 구조조정에 따른 일자리 전환 정책 마련과 실천에 힘쓰고 있다. 이를테면 자동차엔진산업이나 항공기엔진산업에 종사하는 노동자와 기업주를 풍력발전 관련 노동자로 전환하는 등의 노력이 돋보인다. 앞으로 점점 확대될 녹색산업 구조조정은 대대적인 일자리 전환과 불평등 해소를 위한 노력 없이는 기후정의를 심각하게 훼손하는 상황이 될 것으로 예상되고 있다는 점에서 이는 매우 선구적인 작업이다.

2021년 5월에 열린 〈기후정상회의〉에서 바이든 행정부가 주문한 것처럼, 각국에서 석탄화력발전소를 2030년까지 완전히 폐쇄하기 위한 금융적이고 정책적인 노력이 시작되고 있다. 그럼에도 여전히 한국이 석탄화력발전소 투자 3위의 나라라는 것은 바로 좌초자산(坐礁資産)[2]에 투자하고 있다는 점을 의미한다. 기후금융의 기동전인 탈석탄 금융은 이제 곧 국제사회에서 필수항목이 될 것이다. 이와 관련하여 ESG[Environment, Society, Governance][3] 등 환경과 사회, 지배구조를 혁신하는 경영의 의무화 등이

---

2   좌초자산은 투자금을 회수할 수 없는 자본을 의미한다. 석탄화력발전소와 같은 좌초자산에 연기금이나 국민연금 등이 투자한 경우에는 결국 그 피해 비용을 세금으로 충당하거나 국민들에게 피해가 고스란히 돌아간다.

3   ESG[Environment, Society, Governance]는 주주자본주의처럼 "이윤을 얻는 것이 주주에게 모두 선(善)이다"라는 관점에 서는 것이 아니라, 이해당사자 자본주의로의 이행을 가속화하는 것이다. 이해당사자 자본주의는 노동자, 사회, 환경, 소비자 등이 모두 개입된 가치 중심의 경영을 하는 것을

새로운 기후금융 진지전의 시작을 알리고 있다. 한국은 ESG를 2025년부터 의무화하기로 했지만, 국제사회 기준으로는 늦은 것도 사실이다. 이는 재벌 위주의 한국기업이 국제적인 가이드라인에 쉽게 적응하지 못하고 있음을 의미한다.

2. 통화주의정책과 향후 탈성장 상황에서의 쟁점

미국 상원의 오카시오 의원과 버니 샌더스 등이 주장하는 MMT(Modern Monetary Theory)[4]와 같은 통화주의정책을 통해서 기후금융, 그린뉴딜, 기본소득 등의 재원을 마련하는 방안이 활발히 논의되고 있다. 국가의 경제정책에는 재정정책과 같이 세입과 세출을 일치시키는 방법과 통화주의정책과 같이 화폐를 찍어내서 유통시키는 방법이 있다. 그중 재정정책에 따라 녹색전환의 재원을 마련하는 방법 중 하나가 기후국채라고 할 수 있다. 심상정 의원이 2020년 제안했던 200조 규모의 녹색채권 구상이 여기에 해당한다고 할 수 있다. 반면 통화주의정책은 화폐의 무한 공급을 통해서 문제를 해결하려는 방법으로 이미 신자유주의 상황에서 양적 완화 방식을 통해서 적용되었던 적이 있다. 신자유주의 체제에서의 양적 완화는 화폐를 시민들에게 직접 지급하는 것이 아니라, 은행과 기업에게만 무한 공급

의미한다.

4   MMT(현대통화이론)는 국가의 경제정책이 재정정책과 통화정책의 양축으로 작동하며, 그중 재정정책은 세입과 세출이 일치해서 건전성을 입증하지만, 통화정책은 돈을 찍어내서 은행과 기업에게 주는 양적 완화 형태로 작동함에 주목한다. 따라서 코로나 머니와 같이 양적 완화가 작동할 때 잘사는 사람이 더 잘살게 되는 불평등 확대 상황에서 돈을 찍어 기후금융, 기본소득, 그린뉴딜과 같은 녹색전환의 재원으로 사용해야 한다는 것이 MMT의 골자이다.

하는 방식이다. 그러나 산업과 기업을 일으켜서 일자리를 만들고 소득을 충당한다는 발상은 낡은 것이 되었고, 고용 없는 성장 시대에 가장 효과적인 방법으로 돈을 시민들에게 기본소득으로 나누어주는 방식이 선호될 수밖에 없다.

특히 그린뉴딜과 같이 기반시설(인프라) 사업에 투자하거나 거대한 자원·부·에너지를 동원하여 일자리·불평등·에너지전환 등을 해결하겠다고 할 때, 그 재원 마련과 관련해 MMT가 부각될 수밖에 없다. 문제는 MMT 방법을 적용하지 않는다 하더라도 현재와 같이 법인격에 화폐를 무한 공급하는 초저금리 상황이 지속되는 상황에서 돈의 가치는 하락하고 물가는 치솟는 인플레이션이 유발되고 있다는 점이다. 이러한 인플레이이션은 의도적인 탈성장의 기반이라고 할 수 있다. 그런 점에서 탈성장 상황에서는 돈이 무한히 주어지는 상황이 연출될 것이다. 이는 인류학적으로 수많은 조개무더기의 폐총이 있음에도 조개껍데기가 버젓이 화폐로 유통되었던 상황과 유사하다.

탈성장은 화폐의 무한공급을 통하지 않고서는 불가능하며, 이를 통해서 기후위기에 대응하는 전환사회 구축이 가능해진다. 여기서 자본과 화폐의 차이를 주목할 필요가 있다. 자본은 자기 증식하는 화폐인데 비해서 화폐는 양이나 순환의 측면에서 유통될 뿐이다. 또 자본은 '의미화=가치화=표상화'를 기반으로 한다면 화폐는 '지도화'를 기반으로 한다. 지도화란 입구와 출구가 인과론적으로 일치하는 것이 아니라 어긋나 있어서 비선형적인 과정을 그리는 것을 의미한다. 지도화는 자본으로 응고되어 의미화하는 것이 아니라, 화폐로서 순환되고 유통되면서 과정형이자 진행형으로 나타난다.

기후위기 시대에 대한 대응으로서 탈성장 전환사회로 이행하는 방법론으로 통화주의정책이 선호되고 있지만, 한편으로 그 부작용이 없는 것은 아니다. 화폐의 무한공급은 지대(rent) 상승으로 이어질 수밖에 없다. 다른 견제책과 규제책이 없다면 지대라는 부동산 이득은 지속적으로 불어날 것이다. 그런데 지대는 자본이 미래투자 전망을 상실한 단기투기성 자본으로 전락하게 만드는 특징이 있다. 다시 말해 미래세대에 대한 고려와 배려가 사라지는 것이다. 이렇듯 탈성장 사회에서 화폐의 무한 공급을 통한 통화주의정책이 오히려 지대 상승으로 이어지는 부작용은 결국 자본주의 문명을 미래에 대한 전망상실의 상황으로 이끌 수 있다.

그렇기 때문에 지대 상승의 최상한선을 정하는 등의 규제 방법이 전제되지 않고서는 하늘 높은 줄 모르고 치솟는 지대에 서민들의 고통은 상상을 초월할 정도로 악화될 것이다. MMT를 통한 그린뉴딜 재원 마련은 혁신적인 방법론 중 하나다. 그러나 제도와 시스템이 충분히 따라주어야 한다. 이에 대한 제도적 상상은 이제 막 시작되었다.

3. 유럽연합의 탈동조화와 탄소국경세

유럽연합은 오랫동안 실물 없는 성장인 탈동조화의 혜택을 누려 왔다. 이것은 중국과 같은 외부 세계의 공장에 '떠넘기기'를 했기 때문에 가능한 일이었다. 즉 탈동조화로써 환경오염산업과 기후위기 유발 산업을 모두 제3세계에 떠넘기고, 자신은 책임이 없는 것으로 보이게 만든 것이다. 이런 상황에서 기후위기에 직면하여, 탄소국경세를 도입하여 제3세계에서 수출되는 다양한 상품에 세금(탄소국경세)을 매김으로써 채산성이 '0'에 수렴되는 상황을 만들어내려고 한다. 이는 유럽연합 시민의 소비를 대폭 감쇄시키겠다는 의도를 드러낸 것이며, 동시에 중국 등에서 이루어지는 기업 활동도 탄소세를 통해서 효과적으로 제어하겠다는 의미이다. 결국 한국과 같이 수출 위주 기업 활동이 주를 이루는 국가에서 탄소배출 문제에 적절히 대응하지 않는다면, 사실상 수출로 얻는 이득은 거의 없을 것이라는 전망을 가능하게 한다.

〈주요 국가의 탈동조화 지수〉 (1990-2017)

	OECD	영국	독일	일본	미국	한국
온실가스 배출량과 경제성장 (1990 - 2017)	0.00	-0.29	-0.25	0.04	0.01	0.36
1990 - 1999	0.13	-0.20	-0.27	0.11	0.22	0.85
2000 - 2009	-0.08	-0.37	-0.16	-1.16	-0.17	0.36
2010 - 2017	-0.43	-3.00	-0.49	0.00	-0.28	0.27

주: 탈동조화 지수가 0보다 작으면 강한 탈동조화, 0보다 크고 1보다 작으면 약탈동조화로 정의한다.(자료: 국회예산정책처)

여기서 탈동조화 지수가 낮은 한국의 경우에는 생산에 지대한 영향이 가해지고 수출을 통한 이득은 거의 사라지는 데 반해, 탈동조화 지수가 높은 유럽의 경우는 소비에 영향이 많아지고 소비 규모의 대대적인 감축과 인플레이션 등이 초래된다. 이러한 두 방향성 속에서 전환의 속도를 제어하는 마스터키를 한국은 기업이 갖고 있고, 유럽은 소비자 행동이 갖고 있다.

따라서 한국사회에서는 전략적으로 기업 활동의 획기적인 전환을 촉구하는 시민행동이 요구된다. 재생에너지 100% 사용 선언인 RE100에 "우리나라에서는 SK하이닉스와 SK텔레콤, K-Water(수자원공사)와 LG에너지솔루션, 아모레퍼시픽 등이 2050년까지 100% 재생에너지로의 전환을 약속하고 있다"[5]고 보고되고 있다. 결국 기업의 획기적인 전환이 없는 한, 탄소국경세 이후 기업의 지속가능성은 거의 사라질 가능성이 높다.

　더욱이 유럽연합뿐 아니라 미국도 바이든 행정부 들어 오바마 행정부에서 규범(매뉴얼)화했던 탄소발자국에 기반한 탄소국경세 개막이 이제 초읽기에 들어갔다. 이러한 국제사회의 변화 양상은 결국 시급한 기후위기에 대응하기 위한 노력의 일환이라는 점에서 환영할 만한 일이다. 다만, 한국 기업에게는 보약이 쓰다는 점을 깨닫게 되는 계기가 될 것이다.

5　박숙현, "2021-05-10 생태적지혜미디어" 〈RE100 -우리가 중요하게 생각하는 것과 가볍게 생각하는 것들에 관하여〉

Ⅲ.
석탄화력발전소와
전기요금

1. 석탄화력발전소의 문제점

2022년 2월 11일 삼척시청 앞에서는 환경·시민단체가 공동주최하는 대규모 기자회견이 열렸다. 삼척 석탄화력발전소 건설 중단과 20대 대선의 기후공약화를 촉구하는 기자회견이었다. 이들은 회견에서 "신규 석탄화력발전소 건설 중단 없는 기후위기 대응은 공허한 말잔치에 불과하다"고 강조했다.[1] 왜 많은 이들은 석탄화력발전소의 폐쇄를 기후위기 극복을 위한 최우선 과제라고 말하고 있는가?

온실가스는 에너지 부문에서 가장 많이 발생한다. 에너지는 전기와 열 생산, 교통, 건물 유지, 산업 생산 등 생활과 산업의 거의 모든 영역에 사용된다. 2016년 세계 온실가스 배출량의 73%가 에너지 부문에서 발생했다. 일반적으로 에너지원이라고 하면 석유를 생각하지만, 에너지를 생산하는 데 가장 많이 사용되는 연료는 석탄이다. 반면에 석탄은 가장 많은 이산화탄소를 배출하는 에너지원으로서, 2020년 한 해 동안 약 140억 톤의 이산화탄소를 발생시켰다. 이는 화석연료에서 발생하는 전체 이산화탄소의 40%에 해당한다.

---

1 〈환경·시민단체 "삼척 석탄화력발전소 건설 중단" 촉구〉(노컷뉴스, 2022.2.11)

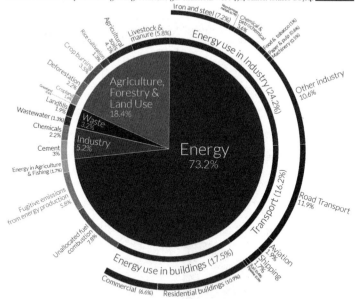

부문별 세계 온실가스 배출량(ourworldindata.org, 2016)

또 석탄은 전기를 생산하는 발전 과정에도 가장 많이 사용되는 화석연
료이다. 2017년 석탄 발전은 세계 전기 생산량의 38%를 차지하고 있다.

이는 국내의 경우도 마찬가지다. 국내의 경우 제조업 비중이 높아 에너
지 부문에서 발생하는 온실가스 양이 매우 많다. 2019년 국내 에너지 부문
에서 발생한 온실가스는 6억1,150만 톤으로 전체 배출량의 87.2%를 차지
한다.

표4. 2019년 부문별 온실가스 배출량. 2021 국가온실가스 인벤토리 보고서
(환경부/온실가스 종합정보센터, 2021)

분야 · 부문	배출량(만톤 CO2eq.)	비중(%)
에너지	61,150	87.2
산업공정	5,200	7.4
농업	2,100	3.0
폐기물	1,690	2.4
총배출량	70,140	100.0

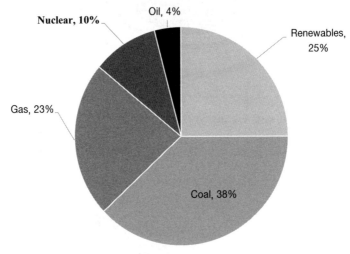

그림13. 연료별 세계 전기 생산량(International Energy Agency, 2017)

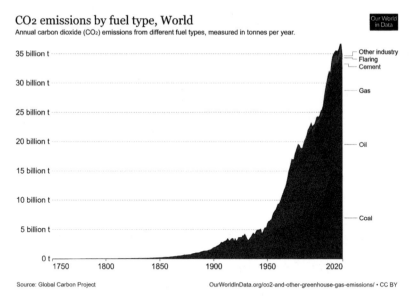

CO₂ emissions by fuel type, World

Annual carbon dioxide (CO₂) emissions from different fuel types, measured in tonnes per year.

Source: Global Carbon Project   OurWorldInData.org/co2-and-other-greenhouse-gas-emissions/ • CC BY

그림14. 연료별 세계 온실가스 배출량(ourworldindata.org, 2016)

　에너지 부문의 배출은 420만 톤으로, 0.6%를 차지하는 탈루[2] 부문을 제
외하면 86.6%가 연료 연소에서 발생한다. 그리고 에너지 부문에서는 에
너지산업에서의 배출이 2억6,620만 톤으로 총배출량의 37.4%를 차지한
다. 에너지산업 배출량의 거의 대부분(93.4%)은 공공전기 및 열 생산을 위
한 것이다. 즉 발전소나 열병합발전소에서 전기 생산이나 난방을 위해 에
너지를 생산하는 과정에서 발생하는 온실가스가 가장 큰 비중을 차지하고
있다.

2　탈루성 배출에 의한 온실가스는 메탄으로 석탄, 석유 및 가스의 생산·처리과정에서 배출되는데,
　석탄 시스템에서는 생산과 생산 후 과정에서, 천연가스 및 석유시스템은 생산 이후 저장·배송·
　정제 과정에서 발생한다.(에너지경제연구원 홈페이지 참조)

표5. 2019년 에너지 부문 온실가스 배출량. 2021 국가온실가스 인벤토리 보고서
(환경부/온실가스 종합정보센터, 2021)

분야 · 부문	배출량(만톤 CO2eq.)	비중(%)
A. 연료연소	60,730	86.6
1. 에너지산업	26,620	37.4
2. 제조업 및 건설업	18,760	26.7
3. 수송	10,100	14.4
4. 기타	4,950	7.1
5. 미분류	290	0.4
총배출량	70,140	100.0

발전에 쓰이는 에너지원을 살펴보면 석탄 발전이 40.4%로 가장 큰 비중을 차지한다. IPCC에 의하면 석탄은 가스에 비해 약 2배, 태양광이나 기타 재생에너지에 비해 약 20배 또는 그 이상의 탄소를 배출한다.

표6. 2019년 발전량. 2021 국가온실가스 인벤토리 보고서(환경부/온실가스 종합정보센터)

구분	발전량(TWh)	비중(%)
석탄	227.4	40.4
원자력	145.9	25.9
가스	144.4	25.6
신재생	42.1	7.5
유류	3.3	0.6
총발전량	563.0	100.0

이러한 배출계수로 계산해 보면 석탄화력발전이 국내 온실가스 총배출량에서 차지하는 비중은 약 25%에 달한다. 국내에서 배출되는 전체 온실가스의 4분의 1이 석탄화력발전소에서 배출되므로 이를 그대로 운영하면서 탄소중립을 달성하는 것은 불가능한 일이다.

석탄화력발전소의 폐해는 온실가스 배출뿐만 아니다. 한국에서는 많은 사람들이 매년 미세먼지와 초미세먼지로 고통 받고 있다. 우리는 미세먼지가 대부분 중국에서 온다고 알고 있지만, 사실 미세먼지의 52%는 국내에서 발생한다. 이 (초)미세먼지의 주요 배출원 중 하나가 바로 석탄화력발전소이다. 석탄화력발전소에서 발생하는 초미세먼지는 전체 배출량의 3.4% 안팎이다. 언뜻 보면 적은 수치이지만 실제로 발전소에서 나오는 질산화물(NOx), 이산화황(SO2)과 같은, 오염물질이 공기 중에서 화학반응을 일으켜 생성하는 2차 초미세먼지를 더하면 석탄화력발전소발 유해성 물질 비중은 매우 커진다.[3] 그린피스에 의하면 석탄화력발전소는 암, 뇌졸중, 심장질환, 호흡기질환에 영향을 끼쳐 매년 1,600명을 조기 사망에 이르게 한다.(2014년 기준)[4]

2. 한국의 석탄화력발전소와 해외투자 현황

석탄화력발전소 문제가 이렇게 심각함에도 불구하고 한국은 석탄화력발전소를 오히려 증설할 계획을 세우고 있다. 2021년 12월 현재, 국내에는 총 59기의 석탄화력발전소가 가동 중이다. 2021년 한 해에만 3기의 신규 석탄화력발전소가 완공되었고, 건설 중인 석탄화력발전소도 4기나 된다.[5] 정부는 노후 석탄화력발전소 10기의 폐쇄를 결정했지만 나머지 노후 발전기의 폐쇄는 고려하지 않고 있으며, 오히려 30기 이상 석탄화력발전소의

---

3 〈[기자회견] 석탄발전 OFF, 미세먼지 BYE〉(녹색연합, 2019.3.5)
4 〈석탄화력발전소 배출 초미세먼지로 연간 최대 1,600명 조기사망〉, (그린피스, 2015.3.4)
5 이다예 등, 국내 석탄기업에 기후위기의 책임을 묻다.(녹색연합, 2021) p. 9.

성능을 개선해 그 수명을 연장하겠다고 밝힌 바 있다.

〈국내 석탄화력발전소 현황〉

대륙	발전소		용량(MW)	비고
강원	강릉안인	1~2호기	2,080	민간사업자(삼성)참여 건설중
	북평화력	1~2호기	1,190	민간사업자(GS)참여
	동해화력	1~2호기	400	
	삼척블루파워	1~2호기	2,100	민간사업자(포스코)참여, 건설중
	삼척그린파워	1~2호기	2,000	
인천	영흥화력	1~6호기	5,080	
충남	당진화력	1~10호기	6,040	
	태안화력	1~10호기	6,100	
	보령화력	3~8호기	3,000	보령1,2호기 폐쇄(2020.12)
	신보령화력	1~2호기	2,000	
	신서천화력	1호기	1,000	
전남	여수화력	1~2호기	668.6	
경남	하동화력	1~8호기	4,000	
	삼천포화력	3~6호기	2,120	삼천포1,2호기 폐쇄(2021.4)
	고성하이	1~2호기	2,080	민간사업자(SK)참여, 2021.10 완공

그림7. 국내 기업이 참여한 해외석탄화력발전소 현황. 이다예 등, 〈국내 석탄기업에 기후위기의 책임을 묻다〉(녹색연합, 2021) p. 9의 내용을 토대로 필자가 도표화함

또 하나 큰 문제는 석탄화력발전소의 해외투자이다. 기후위기를 극복하기 위해서는 국내뿐 아니라 전 세계적으로 석탄화력발전소의 퇴출이 이루어져야 한다. 그러나 한국정부는 전 세계 약 28개 지역 석탄화력발전소에 투자하고 있다. 이소영 국회의원의 2020년 국정감사 정책 자료집에 따르면 2008년부터 한국의 공적 금융기관이 투자한 해외 석탄발전 사업으로 인한 가동기간 내 온실가스 예상 총배출량은 48억7천만 톤 정도로, 이는 2018년 EU 전체 탄소배출량 42억 톤을 넘어서는 수치이다. 전 세계적으로

보았을 때도 한국은 중국과 일본에 이어 해외 석탄발전 투자 규모가 세 번째로 큰 나라이다.[6] 이는 전 세계적 기후위기 극복 노력에 역행하는 행태라고 볼 수 있다.

〈국내기업이 참여한 해외 석탄화력발전소 현황〉

대륙	국가	건설 현황	비고
아프리카	모로코	Jorf Lasfar Extension 건설	
유럽	터키	Tufanbeyli 건설	
아시아	인도	Mundra UMPP 건설	
	인도	Ripur Chhattisgah 건설	
	방글라데시	Matarbari	
	필리핀	Cebu 건설 및 운영, 지분투자	
	베트남	Nghi Son 건설 및 운영, 지분투자	
		Mong Duong 1 건설	
		Mong Duong 2 건설 및 운영, 지분투자	
		Vihn Tan 4 건설	
		Vihn Tan 4 Extension 건설	
		Thai Binh 2 건설	
		Song Hau 1 건설	
		Van Phong 운영	
		Vun Ang 2 건설 및 운영, 지분투자	
		Quang Trach 건설	
	인도네시아	Cirebon 1 건설 및 운영, 지분투자	
		Cirebon 2 건설 및 운영, 지분투자	
		Kalsel 건설 및 운영, 지분투자	
		Tanjung Jati B 3&4 운영	
		Palu 3 건설, 운영	
		Jawa 9&10 건설 및 운영, 지분투자	
호주	호주	Millmerran 지분투자	

6   이다예 등, 〈국내 석탄화력발전소 현황〉, 『(정책자료집) 국내 석탄 기업에 기후위기의 책임을 묻다』(녹색연합, 2021) pp. 26-27.

아메리카	파나마	PACO 건설	
		Nueva Ventanas 건설	
	칠레	Cochrane 건설, 지분투자	
		Angamos 건설	
		Campiche 건설	

그림8. 국내 기업이 참여한 해외석탄화력발전소 현황 이다예 등, 〈국내 석탄기업에 기후위기의 책임을 묻다〉(녹색연합, 2021) p.10의 내용을 토대로 필자가 도표화함

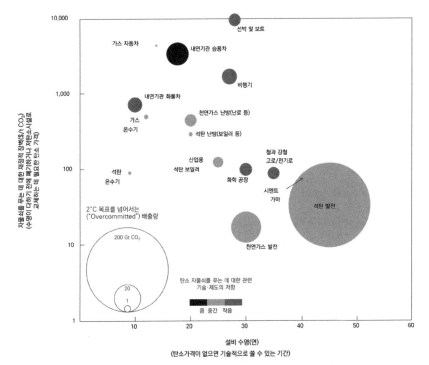

그림15. 화석연료를 연소하는 각종 기반시설의 탄소 자물쇠 효과(출처: Seto et al., 2016 / CC BY 3.0). 가로축 = 탄소가격의 부담이 없을 때 각 기반시설을 쓸 수 있는 기술적 기한; 세로축 = 대안이 되는 저탄소 시설로 교체해도 괜찮은 화석연료 시설의 한계비용 범위(이때, 기존 화석연료 시설의 한계비용이 새로 설치할 저탄소시설의 균등화 생애주기 비용보다 높아야 대체할 수 있음). 수정보완된 2030 온실가스 감축 로드맵-탄소 자물쇠에 묶일 것인가(기후변화행동연구소, 2018.8.2)

파리협정에서 정한 지구평균기온 1.5℃ 초과 방지 목표를 달성하려면 전 세계적으로 2040년까지, OECD 국가의 경우 2030년까지 석탄화력발전을 완전히 퇴출해야 한다는 것이 기후과학의 경고이며, 국제에너지기구(IEA) 또한 선진국의 경우 2030년까지 석탄화력발전을 완전히 퇴출할 것을 권고하고 있다.[7] 하지만 위 계획에 따르면 한국의 석탄화력발전소는 2030년까지 오히려 늘어나게 된다. 여기에 현재 진행되고 있는 해외 석탄화력발전소 투자까지 고려하면, 한국은 전 세계적 기후위기에 크게 악영향을 끼치고 있다고 볼 수밖에 없다.

탄소자물쇠 효과

석탄화력발전소를 더 짓게 되더라도 그와 상관없이 앞으로 에너지전환을 이루어 가면 되지 않을까 하고 생각을 할 수 있다. 하지만 그것은 실질적으로 거의 불가능하다. '탄소자물쇠' 효과 때문이다. '탄소자물쇠'란 어떤 시설을 일단 설치하면 그 시설의 수명이 다할 때까지는 그 탄소배출량에 묶일 수밖에 없는 현상을 가리키는 말이다. 예를 들어, 석탄화력발전소는 한번 설치되면 40~50년 동안 탄소를 배출하게 되고, 이를 대체하기 위해서는 상당한 수준의 투자가 필요하기 때문에, 수명이 다하기 전에는 그 자물쇠에서 벗어나기 힘들다. 그래서 당초에 석탄화력발전소를 짓지 않는 것이 중요하다.[8]

---

7   이다예 등, 『(정책자료집) 국내 석탄 기업에 기후위기의 책임을 묻다』(녹색연합, 2021) p. 22.
8   『수정 보완된 2030 온실가스 감축 로드맵--탄소 자물쇠에 묶일 것인가』(기후변화행동연구소, 2018.8.2)

3. 전기요금 문제

온실가스 배출이나 미세먼지를 생각하면 석탄화력발전소를 폐쇄해야
한다는 데는 동의하지만, 발전소를 폐쇄하면 전기요금이 오르지 않을까
하는 걱정을 한다. 실제로 2005년 이후 산업용 전기요금은 꾸준히 인상되
어 2019년에는 주택용 전기요금보다 비싸지면서 업계의 불만이 제기되기
도 했다.[9] 하지만 절대적인 기준으로 보면 한국의 전기요금은 여전히 매우
저렴한 축에 속한다. IEA(Interntional Energy Agency)에 의하면 한국의 전기
요금은 OECD 28개국 중 두 번째로 저렴하며, 평균 전기요금은 OECD 평
균의 절반 수준이다.[10]

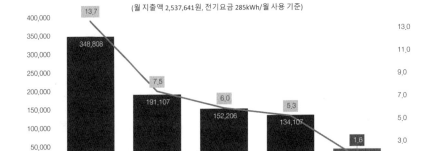

그림16. 통계청 http://bitly.kr/qbla, 한전 사이버 지점 전기요금표 http://bitly.kr/sj

---

9 〈한전 산업용 전기요금 인상에 산업계 '부글부글'…경쟁력 발목 잡아〉(소비자가 만드는 신문,
   2020.2.12)
10 〈IEA, 한국 전기요금, 주요 28개국서 2번째로 저렴〉(연합뉴스, 2019.10.27)

실제로 한전은 가정용 전기와 산업용 전기가 각각 생산원가의 70%, 90% 수준으로 공급되고 있다고 발표한다.[11] 2018년 가구당 월평균 가계 지출 통계를 보면 전기요금은 교통비의 약 8분의 1, 통신비의 약 3분의 1 수준이다. 그러다 보니 에너지 과소비가 진행되고 있다. OECD 주요국은 2000년 이후 에너지 소비 감소 추세를 보이고 있으나, 한국은 여전히 연평균 2.7% 증가세를 유지하고 있다. 한국의 1인당 전기 사용량 증가세도 2010년 이후 연평균 1.5%로 OECD 국가 중 가장 빠르다. 2017년 기준 에너지 소비량을 보면 한국은 1인당 5.73toe(석유환산톤)로 OECD 국가 평균 4.10toe 대비 40% 가량 많다.[12] 이는 일본, 프랑스, 독일 같은 국가보다 높은 수치이며, 한국보다 1인당 전기 소비가 많은 나라는 미국, 캐나다와 북유럽 국가들 정도이다.

OECD 국가와 달리 한국의 전기요금이 싼 이유는 여러 가지가 있다. 첫째, 화석연료와 핵연료에 대한 세금이 낮다. 이 두 연료는 온실가스 발생, 대기 오염, 핵폐기물 발생과 폐로비용 등 많은 사회적, 환경적 외부비용을 발생시킨다. 그러나 이 비용은 현행 전기요금에 포함되지 않는다. 영국의 경우, 핵연료에 기후변화세를 부과하고, 스웨덴, 덴마크 등도 온실가스 감축 등을 위해 전기에 대한 탄소세, 전력소비세 등을 최종 소비자에게 부과한다.

둘째, 재생에너지로의 전환을 위한 비용이 반영되어 있지 않다. 에너지 전환 선진국인 덴마크와 독일의 전기요금 구성을 보면 전기를 생산하는

---

11 〈원가대비 전기요금 주택용 70%, 산업용 90%〉(폴리뉴스, 2020.1.29)
12 양이원영, 〈주택용 전기요금 누진제 개편안과 에너지전환 정책〉([긴급토론회]전기요금, 무엇을 위해, 어떻게, 책정되어야 하나?, 2019.6.19)

데 들어가는 비용은 9~23%로 낮지만 부담금과 세금을 50~70%까지 부과하면서 높은 전기요금을 유지하고 있다. 이를 통해 에너지전환에 소요되는 재원을 마련하고 전기소비를 억제하며, 에너지 효율을 개선한다.

한국의 경우와 같은 낮은 전기요금은 여러 가지 문제점을 발생시킨다. 첫째, 전기 사용량 증가로 인해 석탄화력발전과 핵발전 의존도를 낮추기가 어렵게 된다. 이는 기후위기를 가속화하는 온실가스뿐 아니라 미세먼지, 핵폐기물 발생 등으로 생태, 환경에 전반적인 악영향을 끼친다.

둘째, 재생에너지로의 전환 속도를 더디게 한다. 재생에너지로의 전환에는 많은 투자비용이 따른다. 하지만 전기 판매 사업자인 한국전력이 전기요금으로 전력 구입 원가도 충당하지 못해 적자가 쌓이는 상황에서는 재생에너지 보급을 늘리는 데 필요한 기반시설에 투자하기가 쉽지 않기 때문이다.[13]

결국 전기요금과 관련해서는 다음과 같은 정책적 변화가 필요하다. 첫째, 연료비 연동제가 제대로 시행되어야 한다. 연료비 연동제는 전기를 생산하는 연료비가 오르면 전기요금을 올리고, 내리면 낮춘다는 뜻이다. 한국의 전기요금은 소비재라기보다는 공적으로 정해지는 세금의 성격이 강하다. 전기는 누구에게나 제공되어야 하지만 그렇다고 공공재는 아니다. 전기는 많이 쓸수록 지구환경과 우리 모두에게 영향을 끼치는 한정적인 소비재이다. 이러한 소비재에는 당연히 원료비용이 제대로 반영되어야 하지만, 전기의 경우 그렇게 하지 못했다. 휘발유의 경우 국제유가의 상승과 하강에 따라 가격이 올라가고 내려가는 것을 당연하게 생각한다. 사람

---

13 〈'너무 싼' 전기요금, 탄소중립과 관련 없을까?〉(한겨레신문, 2020.6.22)

들은 휘발유 가격이 올라가면 되도록 차를 타지 않고 대중교통을 이용하려고 한다. 자동차 생산 기업은 더욱 연비가 좋은 차를 개발하려고 노력한다. 원료 가격 변동이 생산과 소비에 영향을 미치는 것이다. 그러나 전기의 경우는 생산자(발전소)나 소비자 모두 그렇게 대응하지 않는다. 정부는 2021년부터 전기요금에 연료비 가격을 더 많이 반영하는 쪽으로 정책을 바꾸었다. 이것이 제대로 시행되어 전기 소비자들이 전기 사용량을 스스로 조절해야 하고, 기업들 또한 전기 사용을 효율화하는 기술 개발을 촉진할 필요가 있다.

둘째, 사회적 비용과, 환경 비용이 전기요금에 반영되어야 한다. 한국의 경우 원전과 석탄화력발전 발전량이 70~80% 비중을 차지한다. 앞서도 언급했듯이 원전과 석탄화력발전으로 전기를 생산하는 과정에서 온실가스, 미세먼지, 방사성물질, 핵폐기물이 다량 발생한다. 현재는 이런 사회적 비용과 환경 비용이 전기요금에 반영되어 있지 않다. 전기요금에 사회적 비용을 반영하여 요금을 상향 조정하면 가동 중인 석탄화력발전소를 절반으로 줄일 수 있다. 에너지경제연구원의 분석에 따르면 추가 13% 전기요금 인상으로 석탄화력발전소를 절반으로 줄이는 것이 가능하다.

셋째, 전기요금에 에너지전환 비용이 포함되어야 한다. 이를 통해 재생에너지에 대한 투자와 인프라 구축을 촉진하여야 한다. 이상과 같은 전기요금 현실화 조치를 통해 에너지 효율화와 소비 감축을 이루어야 한다.

마지막으로 전기요금을 인상할 때 다음과 같은 문제들을 고려해야 한다. 첫째, 전기요금 인상은 빈곤층의 냉난방 등 주거환경에 큰 영향을 미칠 수 있다. 또한 소상공인이나 자영업자 등이 곤란 겪게 될 수 있고, 이로 인한 사회적 갈등이 발생할 수 있다. 이에 대한 사회적 논의가 선행되어야 한다.

둘째, 에너지전환만이 아니라 정의로운 전환에 대한 고려도 함께 이루어져야 한다. 단순히 에너지전환을 위한 비용뿐 아니라 에너지전환 시 발생할 실업이나 재교육 등의 비용도 고려해야 한다.[14]

셋째, 최종 에너지 소비량의 62%를 차지하는 산업 부문의 전기 사용 효율화성 제고와 건축물의 단열/에너지 사용 효율성 제고 등 산업과 도시 생활 전반에서 에너지소비를 줄이고 효율화하는 조치가 함께 이루어져야 한다.[15]

4. 소결

이상의 상황을 종합해 볼 때 한국은 노후 석탄화력발전소를 단계적으로 폐쇄하고 신규 석탄화력발전소 건설 계획을 철회해야 한다. 전기요금은 원가와 온실가스 배출로 인한 피해, 재생에너지로의 전환 비용을 반영하여 인상하는 등, 생활과 산업 전반을 전기 소비를 줄이는 방향으로 재편할 필요가 있다. 석탄화력발전소나 핵발전소를 폐쇄하면서 부족해지는 전력은 재생에너지로 대체해 나가야 한다. 앞으로 탄소배출산업에 대한 국제적인 규제가 더 강력해질 것을 고려한다면 이러한 전환은 신속히 이루어져야 할 것이다.

14 박희병, 〈전기요금 개편 토론문〉([긴급토론회] 전기요금, 무엇을 위해, 어떻게, 책정되어야 하나?, 2019.6.19)
15 전기요금의 문제점과 정책 방향의 전반적인 내용은 양이원영, 〈주택용 전기요금 누진제 개편안과 에너지전환 정책〉([긴급토론회] 전기요금, 무엇을 위해, 어떻게, 책정되어야 하나?, 2019.6.19) 참조.

IV.
기업 기후책임과 RE100

1. 기후변화에 대한 기업의 책임

기후변화를 막기 위해서는 모든 사람이 많은 노력을 기울여야 한다고 이야기한다. 에너지를 덜 사용하고, 소비를 줄이고, 대중교통을 이용하고, 육식을 줄이고, 일회용품 사용을 줄이는 등의 활동이 필요하다고 한다. 그런데 개인의 이러한 활동이 실제로 기후변화에 영향을 미칠 수 있을까?

사실 기후변화에는 개인의 책임보다는 기업의 책임이 훨씬 크다. 2017년 영국 《가디언》에 따르면 IPCC 설립(1988) 이후 전 세계적으로 100개의 기업이 전체 온실가스의 70% 이상을 배출했다. 나아가 전 세계 산업 배출량의 절반 이상이 단 25개의 기업 및 국영 기업에서 발생했다.

〈상위 100개 생산자 및 누적 온실 가스 배출량〉(1988-2015)

번호	회사명	점유율(%)
1	China (Coal)	14.32
2	Saudi Arabian Oil Company (Aramco)	4.50
3	Gazprom OAO	3.91
4	National Iranian Oil Co	2.28
5	ExxonMobil Crop	1.98
6	Coal India	1.87
7	Petroleos Mexicanos (Pemex)	1.87
8	Russia (Coal)	1.86

9	Royal Dutch Shell PLC	1.67
10	China National Petroleum Corp (CNPC)	1.56
11	BP PLC	1.53
12	Chevron Corp	1.31
13	Petroleos de Venezuela SA (PDVSA)	1.23
14	Abu Dhabi National Oil Co	1.20
15	Poland Coal	1.16
16	Peabody Energy Corp	1.15
17	Sonatrach SPa	1.00
18	Kuwait Petroleum Corp	1.00
19	Total SA	0.95
20	BHP Billiton Ltd	0.91

*주 : 기사 내용을 토대로 필자가 작성

온실가스를 가장 많이 배출하는 기업은 전체의 14%가 넘는 양을 배출하는 중국의 석탄에너지사이다. 나머지의 대부분은 엑손모빌, 쉘, 브리티쉬 페트롤륨, 셰브론 같은 다국적 에너지 기업들이 차지한다. 그래서 기사에서는 "비교적 적은 수의 화석연료 생산자들과 그들의 투자자들이 기후 변화에 대처하는 열쇠를 쥐고 있을 수 있다."고 말한다.[1]

이는 한국에서도 마찬가지이다. 2021년 《경향신문》 보도에 의하면 녹색연합이 국가 온실가스 종합관리시스템(NGMS)을 통해 분석한 결과, 지난 10년간 1401개 기업의 온실가스 배출량은 약 59억8천만 톤으로 그 기간 동안의 국내 총 배출량 약 69억3천만 톤의 86.3%를 차지했다. 그중 배출량 기준 상위 10%인 140개 기업이 배출한 온실가스 양은 국내 누적 배

1   〈"Just 100 companies responsible for 71% of global emissions, study says"〉(The Guardian, 2017.6.26)

출량의 77.7%를 차지했다. 그리고 전체 기업의 1%인 14개의 업체가 지난 10년간 국내 총 온실가스 누적 배출량의 51.4%를 배출했다. 이렇게 소수 기업이 온실가스를 집중적으로 배출하고 있음이 확인됐다.

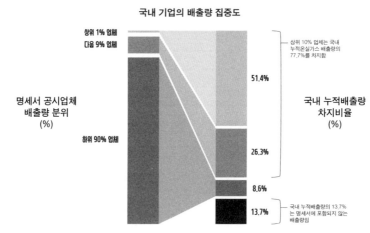

그림17. 국가 온실가스 종합관리시스템(NGMS)를 통해 분석한 국내 기업의 배출량 집중(출처: 녹색연합)

온실가스 누적 배출량 1위 기업은 약 7억5천만 톤을 배출한 철강회사 포스코다. 포스코 한 곳에서 배출한 온실가스가 국내 누적 배출량의 10.8%이다. 그 뒤를 한국남동발전 등 한국전력 발전자회사 5곳이 차지하고 있다. 이 다섯 개 회사는 도합 약 20억2천만 톤을 배출해 국내 배출량의 29.2%를 차지했다. 20위 내에서는 철강, 발전 기업 이외에도 쌍용양회공업, 에스오일, 엘지화학, 삼성전자 등 시멘트, 정유, 석유화학, 디스플레이, 반도체 분야의 기업들이 포함됐다.[2]

2   〈지난 10년간 기업 14곳이 전체 탄소 배출의 50%…'탄소 뿜는 하마'〉(경향신문, 2021.12.16)

기업집단	명세서 배출량 합계	국내 배출량 기여도(%)
한국전력	81,432,888	27.9
포스코	85,341,708	13.16
현대자동차	31,897,468	4.92
에스케이	28,350,752	4.37
지에스	20,774,157	3.20
삼성	19,013,885	2.93
엘지	16,439,837	2.53
한화	12,297,122	1.90
현대중공업	9,320,875	1.44
롯데	8,601,894	1.33
농협	276,834	0.04

*환경부 발표 국가 배출량 잠정치와 기업별 배출량 명세서 기준, (출처 : 녹색연합)

이를 기업집단의 수준에서 보면 더욱 심각하다. 《한겨레신문》이 보도한 녹색연합의 또 다른 분석에 의하면 한국전력공사(계열사 포함)를 포함한 자산총액 기준 상위 10대 그룹의 온실가스 배출량이 2020년 국내 전체 배출량 잠정치의 64%를 차지하는 것으로 집계됐다.[3]

이렇게 온실가스의 대부분은 기업 활동에서 발생하고 있다. 실제로 2018년 전체 에너지 부문에서 배출된 온실가스 중 가정에서 직접연소로 배출된 양은 약 4.6%밖에 되지 않는다. 물론 기업에서 생산된 제품과 에너지를 개인들이 사용하기 때문에 온실가스 배출이 순전히 기업 책임이라고 할 수는 없을 것이다. 하지만 대부분의 기업이 탄소를 많이 배출하는 생산 방식을 고집한다면 개인들이 열심히 노력해도 온실가스 배출을 줄이기는

3 〈10대 그룹서 국가 온실가스 36% 배출… 한전 포함하면 64%〉(한겨레신문, 2021.10.26)

어렵다.

　예를 들어 카페의 일회용 컵 사용이나 마트의 비닐봉지 사용을 줄이는 일을 생각해 볼 수 있다. 개인에게 텀블러나 장바구니를 갖고 다니자고 캠페인을 하는 것도 중요하지만, 정부에서 카페와 마트에 일회용 컵과 비닐봉지 사용을 규제했을 때 훨씬 많은 효과를 거둘 수 있다. 또 에너지를 덜 사용하고 싶어도, 집과 건물이 에너지를 많이 소비하는 구조라면 개인이 절약할 수 있는 에너지양에는 한계가 있다. 하지만 정부에서 집과 건물을 지을 때 충분히 단열을 하게 하는 등 에너지를 덜 소비하는 건축을 하도록 법제화한다면, 개인이 노력하는 것보다 훨씬 큰 효과를 거둘 수 있다. 따라서 온실가스 배출을 줄이는 데 가장 중요한 일은 대부분의 온실가스를 배출하고 있는 에너지 생산 기업들이 하루라도 빨리 재생에너지로 전환하도록 강제하는 일이다.

2. RE100(Renewable Energy 100)

　기업의 온실가스 배출을 줄이기 위한 국제적인 노력의 하나로 RE100 캠페인이 있다. RE100은 2014년 뉴욕 시의 기후주간에 시작된 글로벌 이니셔티브로서 CG(The Climate Group)와 CDP(탄소정보공개프로젝트)에 의해 주도되고 있다. 이는 사용전력의 100%를 재생에너지로 공급받겠다는 기업들의 자발적인 캠페인이다. RE100 멤버가 되기 위해서는 기업이 재생에너지 100%를 실현하였거나, 실현가능한 전략적 시간표를 공표하거나, 가입 후 1년 내에 에너지전환을 할 수 있는 로드맵을 만들겠다고 약속하면 된다. 구체적으로는 2050년까지 사용전력의 100%, 2040년까지는 90%, 2030

년까지는 60%를 재생에너지로 공급받아야 한다.

RE100 캠페인은 전 세계의 기업들을 움직일 정도로 그 영향력이 매우 크다. CG는 이 캠페인을 디자인할 때부터 영향력을 크게 발휘할 수 있도록 고려하였다. RE100 멤버가 되기 위해서는 최소한 ①누구나 알 만한 브랜드이거나, ②Fortune1000 리스트에 속하거나, ③연간 전력소비량이 0.1TWh(테라와트시) 이상이거나, ④RE100 그룹에 참여함으로써 영향을 줄 만한 기업이어야 한다는 점을 명시했다.

RE100 참여기업은 매년 늘고 있다. 2022년 3월 현재 350개 이상의 기업이 RE100의 멤버가 되었는데, 구글과 같은 플랫폼 기업, 애플, BMW, 나이키와 같은 제조업, 스타벅스나 코카콜라와 같은 식음료 관련 기업까지 거의 산업의 전 영역의 기업들이 참여하고 있다. 이 기업들의 총 매출액은 7조 달러 이상이며, 이들이 재생에너지로 공급받는 전력의 양은 연간 330TWh가 넘는데, 이는 세계 11번째 전력소비국에 해당한다. 기후그룹에 따르면, 2020년 말 기준으로 65개의 기업이 90% 이상의 재생에너지 사용을 보고했고, 53개는 100%에 도달했다. 한국의 경우 2020년부터 참여기업이 생겨나고 있는데, SK그룹을 중심으로 LG에너지솔루션, 아모레퍼시픽, 인천공항공사, KB금융그룹, 수자원공사, 미래에셋, 롯데칠성 등 15개 기업이 참여하고 있다. 미국은 93개, 일본은 66개 기업이 RE100에 참여하고 있는데, 한국이 세계 8위 전력소비국인 것을 생각하면 15개 기업은 적은 숫자라고 볼 수 있다.[4]

---

4   RE100에 관한 전반적인 내용은 박숙현, 〈RE100 - 우리가 중요하게 생각하는 것과 가볍게 생각하는 것들에 관하여〉, 『생태적지혜 매거진』, 2021.5.10., 이종오, 〈탄소중립과 RE100의 역할〉, 『생태적지혜 매거진』, 2022.1.2., http://there100.org/ 참조

한국 기업들은 왜 RE100 참여가 늦어지고 아직까지도 가입이 저조한 것일까? 물론 기업들이 기후변화에 대한 관심과 책임감이 부족한 것이 가장 큰 이유일 수 있다. 하지만 제도적인 문제도 존재한다.

2020년 RE100 보고서에 따르면 RE100 가입 기업들이 재생에너지전환이 가장 어려운 나라로 한국을 꼽았다고 한다. "한국은 재생에너지 공급량이 부족하고 제도 장벽이 높아 국내에서 재생에너지를 조달하기 어려운 나라"라는 것이다. 재생에너지로 만든 전력을 공급받는 방법은 크게 세 가지이다. 첫째, 스스로 재생에너지를 생산(발전)하는 것이고, 둘째, 재생전원 발전소와 직접 계약을 하는 방법, 셋째, 재생전기 인증서를 구매하는 방법이다. 한국의 경우 2020년까지는 기업이 재생전원 발전소와 직접 계약하거나 재생전기 인증서를 구매할 수 있는 제도가 존재하지 않았고, 오직 한국전력을 통해서만 전기를 공급받을 수 있었다. 기업이 재생에너지를 사용하기 위해서는 자체 발전소를 건설해서 조달하는 방법밖에 없었으니 재생에너지를 사용하기가 어려울 수밖에 없었다. 2021년이 되어서야 한국에서도 재생전원 발전소와 직접 계약을 하거나 재생전기 인증서를 구매할 수 있는 제도가 마련되었다. 이러한 환경이 국내 기업들의 재생에너지전환을 늦추는 장애요인이 되었다.

재생에너지를 구매하기 위한 제도적 장치는 마련이 되었지만 또 하나의 문제는 비용이다. 국내 산업용 전기요금은 kWh(킬로와트시)당 110원이다. 그러나 현재 육상 태양광 발전비용은 140원이 넘으며, 해상 풍력은 200원이 넘을 것으로 추정하고 있다. 이렇게 재생에너지로 생산한 전기가 화석연료로 생산한 전기보다 비싼 상황에서는 기업이 재생에너지로 생산한 전기를 구매하기가 쉽지 않다.[5] 실제로 한국의 재생에너지 발전량은 2020년 6.6%에 머무르고 있다.[6] 여기에는 두 가지 문제가 있다. 첫째, 앞서 살펴본 것처럼 화석연료로 생산하는 전기에 제대로 된 요금이 반영되지 않고 있다. 화석연료 연소 때 발생시키는 외부비용(온실가스 배출, 미세먼지, 방사성물질, 핵폐기물, 각종 오염물질 등)을 제대로 반영한다면 전기요금은 지금보다 올라가게 되고, 자연스럽게 재생에너지로 생산한 전기가 경쟁력을 가질 수 있게 된다. 또 한 가지 문제는 재생에너지에 대한 정책적인 지원이 없다는 것이다. 재생에너지의 발전비용은 초기 시설투자비에 대한 감가상각의 성격이 강하다. 그러므로 앞서 살펴본 유럽의 사례처럼 전기요금에 재생에너지전환비용을 추가해 초기투자비용을 낮춘다면 발전원가를 낮출 수 있다. 이러한 정책적 조치를 통해 기업들의 재생전원 사용을 가속화할 필요가 있다.

재생전원으로의 전환은 기후변화뿐 아니라 수출의 측면에서도 신속하게 이루어져야 할 과제임이 분명하다. RE100 회원사 중 일부는 자신의 공급망에 포함된 협력업체에게도 납품용 부품 생산에 재생에너지 전기를 사용하도록 요구하기 시작했으며, 이러한 추세는 확산되고 있다. 예를 들어 애플은 2018년 4월 애플의 사무실, 데이터센터, 소매점 등 모든 활동에 소비되는 전력을 100% 재생에너지로 공급받는다고 선언했다. 뿐만 아니라 2020년 7월, 부품 조달부터 서비스 제공에 이르는 전 사업 활동에서 2030년까지 재생에너지 100%를 포함하여 온실가스 순배출량을 0으로 만드는

5   권호재, 〈RE100, 국내 기업들은 왜 어려울까〉(이투뉴스, 2022.2.21)
6   〈에너지원별 발전량 현황〉(e-나라지표)

탄소중립을 달성하겠다고 발표했다. 2021년 애플 공급사 리스트에 이름을 올린 한국 회사는 삼성전자와 LG디스플레이를 비롯한 23곳이다. 애플에 부품을 공급하기 위해서는 재생전원을 사용할 수밖에 없는 상황이 된 것이다.[7] BMW, 폭스바겐, 볼보 등 전기차 생산 기업들도 전기차 제조공정에서의 재생에너지 사용 확대 계획을 수립하면서, 전기차 배터리 등 관련 협력사에 재생에너지 사용 확대를 요청하고 있다. KDI공공정책대학원, 에너지경제연구원이 2021년 발표한 〈RE100이 한국의 주요 수출산업에 미치는 영향〉 보고서에 따르면 RE100에 한국 기업이 참여하지 않을 경우 자동차, 반도체, 디스플레이 산업의 수출액이 각각 15%, 31%, 40% 감소할 것으로 예측됐다.[8]

재생전원을 사용해야 하는 또 다른 이유로 탄소국경세가 있다. EU와 미국은 2023년경부터 탄소국경세 도입을 검토 중이라고 밝혔다. 탄소국경세란 온실가스 배출 규제가 느슨한 국가에서 생산한 상품을 관련 규제가 엄격한 EU나 미국으로 수출할 때 해당 격차에 따른 가격 차이를 보전하기 위해 부과하는 세금이다. 즉 온실가스를 많이 배출하는 기업에서 생산한 제품에는 그만큼 많은 관세가 부과된다는 것이다. 이렇게 되면 화석연료 전기를 사용해 국내에서 생산한 제품들에는 높은 관세가 부과되어 경쟁력을 잃게 될 가능성이 크다. 예를 들면 석유화학의 경우 5%, 철강의 경우는 10%의 탄소국경세 부과가 예측되고 있다.[9]

이런 흐름은 금융 부문에서도 진행되고 있다. 미국의 거대 투자은행인

7   장다울, 〈RE100은 무엇이며 왜 중요한가요? RE100에 대한 8가지 사실〉(그린피스, 2022.2.7)
8   〈'RE100' 무역장벽 되나… 반도체 수출 묶일 수도〉(국민일보, 2022.3.3)
9   〈EU · 미국 '탄소 국경세' 도입 추진〉(KEA 에너지이슈브리핑, 제157호, 2021.3.15)

골드만삭스는 2019년 공식 성명을 통해 기후변화와 환경파괴 우려가 높은 사업에 대해 금융 제공을 하지 않겠다는 방침을 밝혔다. 북극 유전개발이나 트럼프 대통령이 추진했던 알래스카 국립야생보호구역 개발사업, 발전용 석탄 채광과 석탄화력발전소 건설사업 등에는 투자하지 않겠다는 것이다. 파리기후협약 이후 현재까지 약 30개의 해외 주요 은행이 석탄광산개발과 석탄화력발전에 대한 신규 투자를 중단한 상태기도 하다.[10] 이제 재생전원 사용은 기후위기 대응을 넘어 국내 주요 기업의 수출경쟁력과 투자유치에도 직결되는 요소가 되어가고 있다.

3. 소결: 재생에너지로 충분한가?

이러한 국제적인 변화의 흐름을 보면 '기업들도 온실가스 배출을 줄이기 위해 스스로 노력하지 않을까?'라는 생각이 들기도 한다. 하지만 온실가스의 대부분을 배출하고 있는 다국적 에너지 기업들은 아직도 자신의 이익을 위해 기후변화가 인간의 책임이 아니라는 잘못된 정보를 퍼뜨리기도 하고, 정부에 뇌물 제공이나 로비를 통해 환경 규제를 피하려고 노력한다. 화석연료 사용을 통해 얻는 이익이 너무 크기 때문이다.

2020년 BBC는 화석연료 회사들이 기후변화와 관련하여 잘못된 여론을 만드는 데 기여해 왔다는 보도를 냈다. 예를 들어 2015년 미국 웹사이트 《인사이드 기후 뉴스》(Inside Climate News)에 의하면, 석유회사 엑손은 기후변화 메커니즘에 대해 알고 있으면서도 수십 년간 배출가스 감축 대

---

10 〈[제현주의 굿 비즈니스, 굿 머니]기후위기 대처, 먼저 움직이는 '큰손'들〉(경향신문, 2019.12.19)

책을 저지하고자 노력해 왔다. 또 기후 저널리스트 에이미 웨스터벨트에 의하면 엑손의 CEO는 기후변화와 싸우기 위해 석유 사용을 줄이면 빈곤을 줄이는 것이 더 어려워질 것이라고 거듭해서 주장해 왔다. 이들은 거의 1950년대부터 산업을 어떤 식으로든 깨끗하게 만들려 하면, 기본적으로 가난한 사람들에게 불공평한 충격을 줄 것이라고 주장해 왔다. 또 역사학자 나오미 오레스케스와 에릭 콘웨이에 따르면 우파 싱크탱크 및 산업계와 연계된 소규모 과학자 집단이 수십 년간 기후를 포함한 미국의 과학적 지식에 의문을 제기하며 공론장을 왜곡해 왔다. 그들은 인간의 책임으로 기후온난화가 진행되고 있다는 데이터에 의문을 제기했고 증거를 의심했으며, 기후위기에 대해 설명하는 과학자들을 공격했다는 것이다. 심지어 세계 2위 석유회사인 BP(British Petroleum, 영국)는 기후위기를 개인의 잘못으로 돌리기 위해 주로 개인에게 부여되는 탄소발자국 개념을 만들어내기도 했다.[11]

이 문제에 어떻게 대응해야 할까? 우선 시민들이 기후위기에 대한 기업의 책임을 인식하고, 해당 기업을 적극적으로 감시해 나가야 한다. 또한 국내외적으로 기업의 온실가스 배출에 대한 강력한 규제와 재생에너지로의 전환을 위한 정부의 정책적 지원이 필요하다. 기업들 또한 기업 활동의 목적이 주주의 이익과 영리를 추구하는 것뿐 아니라 더 나은 환경과 사회를 위한 책임도 있다는 것을 인식해야 한다.

11 〈기후변화, 과연 누구의 책임인가?〉(BBC News 코리아, 2020.6.21)

3부

기후위기의 실천
: 가속주의

I.
가속주의란 무엇인가?

가속주의(ccelerationism)는 촉진주의라고도 하는 것으로, 그린뉴딜, 기후 금융, 탄소경제, 기본소득, 녹색기술, 에너지전환과 같이 특정 기술이나 사회 정책 과정의 규모를 확장하고 속도를 더욱 **빠르게** 가속하는 것을 말한다. 이에 반해 감속주의는 탈성장, 더불어 가난, 순환사회, 문명의 전환, 정동경제, 적정기술과 같이 삶과 생활양식을 더욱 느리게 만드는 것으로 전환을 추구하는 것이다. 전환은 가속주의 전망과 감속주의 전망이 교차하는 사이에 존재한다. 여기서 이러지도 저러지도 못하는 상태에 머무는 것이 아니라, 감속주의와 가속주의 사이의 길항작용을 일으키며 각 모델의 회복탄력성의 구축이 가장 큰 관건이다. 가속주의는 크게 세 가지로 분류할 수 있다.

첫째, 민주주의의 가속주의 : 가속주의는 펠릭스 가타리와 질 들뢰즈가 『안티 오이디푸스 - 자본주의와 분열증』(2014, 민음사)에서, 자본주의가 봉건제의 표상인 가족주의라는 응고물로부터 벗어나지 못한 측면을 권력과 자본의 온존으로부터 드러내 보일 때 민주주의를 가속화함으로써 이를 분쇄해야 한다고 지적한 데서부터 출발한다.

둘째, 기술의 가속주의 : 2013년 알렉스 윌리엄스 & 닉 서르닉이 〈가속주의적 정치를 위한 선언(Manifesto for an Accelerationist Politics)〉을 통해 제안한, 기술발전이 자본주의를 주파하도록 만드는 좌파 가속주의 전략이 제출되었다. 그런데 그린뉴딜을 통해서 드러났듯이 대규모 자원과 물량, 에너지, 부를 동원하여 수행하는 거대 계획, 거대 프로그램에 있어서 녹색성장과 가속주의가 어떤 차이가 있는지 규명해야 할 필요성도 대두된다.

셋째 화폐의 가속주의 : 이는 가속주의의 토대인데, 이러한 거대 프로그램을 성립하게 하는 것은 MMT(Modern Monetary Theory), 즉 현대통화이론을 통해서 부채신용이 아닌 국가신용을 기반으로 그린뉴딜, 기후금융, 기본소득의 재원을 마련하는 통화주의정책을 의미한다.

가속주의의 장점은 대규모 자원을 매우 빠른 속도에 동원할 수 있는 체계와 시스템과 관련된 아젠다라는 점과, 기후위기에 따른 규모와 속도 문제를 기후마오저뚱주의처럼 정치적인 독재 스타일로의 변형 없이 민주주의 자체의 활력과 원천을 보존하면서 해결할 수 있다는 점을 들 수 있다. 물론 가속주의가 부각되는 이유는 기후위기의 전개 속도가 어느 때보다 빠른 상황에서 기술과 화폐에 기반한 민주주의의 가속을 추구한다는 데에 그 의의가 있다. 그러나 그것이 성장주의와 연동되어 그린워시(Green Wash, 녹색분칠)의 양상으로 나타날 가능성이 있다는 점은 한계로 지적될 수 있다.

이에 반해 감속주의는 탈성장의 원리이며, 감속, 유한성, 감축 등을 골자로 한다. 그러나 감속주의의 도덕주의와 영성주의적인 측면에도 불구하고, 기후위기에 큰 비중을 차지하고 있는 에너지 부문에서의 석탄화력발전소 비중(약 40%)의 감축과 기업이 차지하고 있는 약 82% 정도의 탄소배출에 대한 대대적인 전환 없이는 기후위기에 효과적으로 대응할 방법이 없다는 점이 분명한 문제로 드러난다. 그런 점에서 가속주의를 통한 탈성장 전환사회로의 이행의 경로는 거대 계획, 거대 프로그램으로서의 전환의 필요성을 제기하는 것이기도 하다. 물론 그러한 거대한 전환이 가능하기 위해서는 그 일을 해낼 주체성이 필요하며, 민주주의의 가속화를 통해 대대적으로 가속화된 담론 생산과 기후행동이 요구되는 것이다.

Ⅱ.
국제 협약
: 파리협약과 NDC

1. 유엔기후변화협약(UNFCCC)과 교토의정서

온실가스 감축을 위해 세계 여러 나라가 모여 회의를 하기 시작한 것은 1990년대로 거슬러 올라간다. 1992년 6월 브라질 리우데자네이루에서 개최된 유엔환경개발회의(UNCED: United Nations Conference on Environment & Development)에 194개국이 참여해 처음으로 유엔기후변화협약(UNFCCC: United Nations Framework Convention on Climate Change)을 채택하였다. 기후변화협약의 최고의사결정기구는 당사국총회(COP: Conference of Parties)이며, 2022년 상반기까지 26회의 회의가 개최되었다. 또한 협약의 이행 및 과학·기술적 측면을 검토하기 위해 이행부속기구(SBI)와 과학기술자문부속기구(SBSTA)를 두고 있다.[1] 한국은 1993년 12월에 유엔기후변화협약에 가입하였다. 이 기후변화협약의 목표는 '인간이 기후 체계에 위험한 영향을 미치지 않을 수준으로 대기 중의 온실가스 농도를 안정화'시키는 것이었다. 이 협약에 따라 모든 당사국은 온실가스 배출량 통계를 작성하고 갱신하며, 기후변화를 완화하는 국가 정책을 수립하고 시행하기로 했다.

그러나 기후변화협약은 감축의무를 구체적으로 어떻게 이행해야 하는

---

1   https://www.mofa.go.kr/www/wpge/m_20150/contents.do

지는 규정하지 않았다. 그래서 5년 뒤인 1997년 일본 교토에서 개최된 3차 유엔기후변화협약 당사국총회에서는 42개 선진국들이 2012년까지 의무적으로 온실가스배출량을 1990년 수준 대비 5.2% 감축하기로 결의했다. 이것이 '교토의정서'이다.[2] 기후변화는 분명히 전 지구적인 문제이다. 그런데 왜 선진국들만 감축의무를 지게 되었을까?

　그것은 역사적 책임 때문이다. 1991년 개발도상국 각료들은 중국 북경에 모여 '환경과 개발에 관한 북경각료선언'을 채택했다. 주요 내용은 "산업혁명 이래로 선진국은 지속 불가능한 생산 패턴과 소비 패턴으로 세계의 천연자원을 과잉 사용하였고, 지구환경에 해악을 끼쳐 개발도상국에게 손해를 입혔다. … (따라서) 선진국은 환경 악화에 대한 그 주요한 책임을 고려하여 환경적 손해의 제거 및 개발도상국이 직면한 문제에 대처하기 위한 원조를 솔선해서 행하지 않으면 안 된다."는 것이 개도국의 입장이었다. 이에 따라 선진국들이 개도국에 비해 더 많은 감축의무를 지게 되었다. 이것이 '공동의 그러나 차별화된 책임'(Common But Differentiated Responsibilities) 원칙이다. '공동의 그러나 차별화된 책임'은 지구 환경보호 책임은 원칙적으로 인류가 공동으로 부담하는 것이지만, 구체적인 책임의 정도는 환경손상에 영향을 미친 정도와 국가의 능력을 고려하여 달리 정해야 한다는 것이다.[3]

2　〈파리협정 길라잡이〉(환경부, 2016.5.)
3　서원상, 「기후변화에 대한 역사적 책임」, 『법학연구』, 37, 2012, pp. 1-22

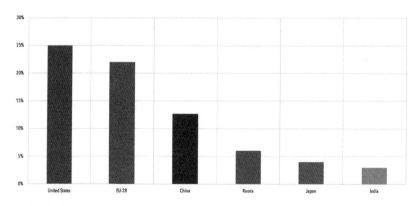

그림18. 출처: Global Emissions(C2ES, 2019)

위 그래프는 1751년부터 2017년까지 온실가스의 국가별 누적배출량을 나타낸 것이다. 지금까지 인류가 배출한 온실가스의 절반 이상이 미국(25%)과 유럽(28%, 러시아 포함)이 배출한 것이니, 이들이 기후 변화 문제의 해결에 더 크고 많은 책임을 부담해야 한다는 개도국의 주장은 타당하다. 이와 관련하여 오염 발생에 책임이 있는 자가 오염의 제거와 원상회복을 위한 비용을 부담해야 한다는 '오염자 부담의 원칙'이나, 지구의 자연환경은 과거, 현재, 미래 세대가 공유하는 것이므로 선진국의 과거 세대가 초래한 환경오염을 개도국의 현재, 미래 세대도 부담해야 하는 상황을 고려해야 한다는 '세대 간 형평의 원칙'도 제시되었다.[4] 이러한 역사적 책임은 기후변화협약에서 의무감축, 기술이전, 재정지원 등 선진국과 개도국의 의무를 차별화함으로써 개도국의 참여를 가능하게 하였고, 선진국과 개도

4 앞의 글.

국이 함께 온실가스 감축을 도모할 수 있는 체제를 이끌어냈다.[5]

하지만 선진국만 온실가스 감축의무를 진다는 교토의정서의 유효성은 오래 지속되지 못했다. 중국이 온실가스 최대 배출국으로 부상하고, 인도와 한국 등 신흥공업국들의 탄소배출이 급증하게 되자 선진국들은 교토의정서의 내용이 과연 온실가스 감축에 효과가 있는지 의문을 제기하기 시작했다. 반면 개도국들은 선진국의 역사적 책임이 해소되지 않았고, 개도국은 경제발전과 빈곤퇴치가 우선이라는 입장을 고수했다. 선진국과 개도국의 입장 차이가 좁혀지지 않자 기존 교토의정서 불참국인 미국 외에 일본, 러시아, 캐나다, 뉴질랜드 등이 2013년부터 교토의정서에 불참하겠다고 선언하였다.[6] 그러는 동안 이산화탄소 배출량은 1990년 약 222억 톤에서 2012년 약 355억 톤으로 60% 이상 증가했다.

기후위기는 날로 심각해지고 있지만 선진국과 개도국이 자신의 이익만 주장하는 무책임한 상황은 몇 년간 계속되었다. 특히 지금까지 온실가스 배출을 통해 경제성장을 이루어 온 선진국들이 선진국-개도국 공동의 책임을 주장하며 기후협정에서 탈퇴하는 상황은 많은 비판을 받았다. 2011년 캐나다가 가장 먼저 교토의정서를 탈퇴할 때 캐나다 환경단체 기후행동네트워크는 "(캐나다) 하퍼 총리는 기후변화에 생사가 걸린 사람들의 면전에 침을 뱉었다"며 "이는 국가적 치욕"이라고 비판했다.[7]

---

5   박시원, 「파리협정과 Post-2020 신기후체제의 서막」, 『환경법과 정책』 16, 2016, pp. 285-321.
6   앞의 글.
7   〈캐나다, 교토의정서 첫 탈퇴선언〉(한겨레신문, 2011.12.13.)

2. 파리협정

2015년 파리에서 열린 21차 유엔기후변화협약 당사국총회(COP21)에서 다행히 다시 모든 국가가 참여하는 '파리협정'이 채택되었다. 파리협정에서 모든 국가는 지구평균기온 상승을 2℃보다 상당히 낮은 수준으로 유지하고, 1.5℃로 제한하기 위해 함께 노력하기로 했다. 또 이전 '교토의정서'에서는 선진국만 온실가스 의무감축을 부담했지만, 파리협정에서는 모든 국가가 자발적으로 온실가스 감축목표를 설정하고 실천하기로 했다.[8] 그리고 5년마다 감축목표를 이행했는지 점검하고, 다음 5년은 더 높은 목표를 설정하기로 약속했다.[9] 파리협정의 또 다른 특징은 종료 시점이 없다는 것이다. 교토의정서는 공약기간이 정해져 있어서 새로운 공약기간을 정하려면 협상을 거듭해야 했다. 하지만 파리협정은 주기적으로 이행 상황을 점검하고 당사국이 그 결과를 고려하여 새로운 목표를 제출하도록 했다. 이는 기후위기에 지속적으로 대응할 수 있는 체제를 구축한 것으로 교토의정서에 비해 진일보한 것으로 볼 수 있다.

파리협정 이후 2016년에 189개 당사국이 NDC를 제출했는데, 이들의 온실가스 배출량 총합은 2010년 기준 세계 배출량의 95.7%에 달한다.[10]

---

8   이것을 국가결정기여(NDC, Nationally Determined Contribution)라고 한다.
9   이를 진전원칙(principle of progression)이라고 한다.
10 〈파리협정 길라잡이〉(환경부, 2016.5.)

출처: UNFCCC. 2016. Aggregate effect of the intended nationally determined contributions: an update

또 재정분야에서 선진국은 개도국의 감축과 적용의무 이행을 위해 재정 지원을 해야 할 의무를 진다. 구체적으로 선진국들이 2025년까지 관련 기금을 최소 1천억 달러 규모로 조성하는 것을 목표로 모금 활동을 지속하기로 했다.[11] 이 외에도 교토의정서와 파리협정을 차이점은 다음과 같다.

파리협정은 세계 195개 국가가 온실가스 감축을 위한, 국제적으로 구속력 있는 조약을 만들었다는 점, 참여 국가들의 온실가스 배출량이 전 세계 배출량의 90%를 상회한다는 점에서 진일보한 체제라는 평가가 있다. 하지만 파리협정은 기후위기에 대응하기 위한 첫걸음에 불과하고 그마저도 여러 한계가 있다.[12] 아직 세부적인 이행지침이 합의되지 않았고, 각국이 제출한 온실가스 감축목표가 충분치 않다 점 등이 그것이다.

11 박시원, 앞의 글.
12 앞의 글.

3. 국가결정기여의 문제점

파리협정의 가장 큰 문제점은 모든 국가가 국가결정기여(NDC) 원칙에 따라 자발적으로 온실가스 감축목표를 설정하고 실천하기로 했지만, 이에 참여하는 모든 국가의 감축목표를 다 합쳐도 지구평균기온 상승 한계점인 1.5℃ 상승을 막기에 턱없이 부족하다는 사실이다.

교토의정서	구분	파리협정
온실가스 배출량 감축 (1차: 5.2%, 2차: 18%)	목표	2℃ 목표 1.5℃ 목표 달성 노력
주로 온실가스 감축에 초점	범위	온실가스 감축만이 아니라 적응, 재원, 기술이전, 역량배양, 투명성 등을 포괄
주로 선진국	감축 의무국가	모든 당사국
하향식	목표 설정 방식	상향식
징벌적(미달성량의 1.3배를 다음 공양기간에 추가)	목표 불이행시 징벌 여부	비징벌적
특별한 언급 없음	목표 설정 기준	진전원칙
공약기간에 종료 시점이 있어 지속가능한지 의문	지속가능성	종료 시점을 규정하지 않아 지속가능한 대응 가능
국가 중심	행위자	다양한 행위자의 참여 독려

그림22. 교토의정서와 파리협정 비교. 출처: 환경부

다음 그래프는 UNFCCC(유엔기후변화협약)에서 189개 국가가 제출한 161개의 국가결정기여(NDC) 목표치를 바탕으로 연간 온실가스 배출량이 어떻게 변할지 시뮬레이션한 것이다. NDC를 이행하면(노란색 그래프) NDC를 이행하기 전(주황색 화살표)보다는 탄소배출량이 줄어들지만 1.5℃ 상승목표(초록색 그래프)나 2℃ 상승목표(파란색 그래프)를 달성하기에는 너무나 부족하다는 것을 알 수 있다. 즉 현재의 감축목표가 100% 달성된다고 해

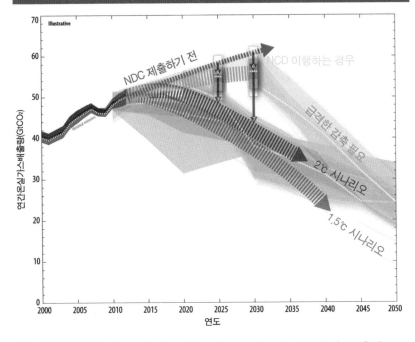

NDC를 이행하는 경우와 목표 온도에 부합하는 배출 시나리오 비교

출처: UNFCCC 2016. Aggregate effect of the intended nationally determined contributions: an update.

도 지구평균기온은 약 3℃ 오를 것이 예상된다. 파리협정은 그 목표와 달성방식 사이에 심각한 괴리가 있는 조약이라고 볼 수 있다.

그런데 전 세계 195개국이 온실가스 배출을 줄이는 감축목표를 설정했는데, 왜 노란색 그래프처럼 온실가스 배출이 더 늘어나는 것으로 예상되는 것일까? 세계 각국이 배출량을 줄이기로 약속하고 그걸 바탕으로 통계를 냈다면 예상 온실가스 배출량은 더 줄어드는 것이 당연한데 말이다.

왜 이런 일이 발생하는지 한국의 예를 통해 살펴보자. 한국정부는 파리협정 이후 2015년 6월 "2030년 온실가스 배출량을 BAU 대비 37% 감축하겠다"는 목표를 발표했다.[13] 1.5℃ 이내 상승을 달성하기 위해서는 2030년까지 온실가스를 45% 이상 감축해야 하지만 37% 감축하겠다는 정부의 목표도 꽤 높은 목표인 것같이 생각된다. 하지만 문제는 'BAU 대비 37%'라는 데 있다. BAU는 Business As Usual(일상적 업무 방식)의 약자로, 특별한 조치를 취하지 않고 현재 방식을 계속 고수할 경우 예상되는 배출 전망치를 나타낸다. 즉 '2030년 BAU 대비 37%를 감축하겠다'는 것은 2030년까지 온실가스 배출을 줄이려는 노력을 전혀 하지 않았을 때 예상되는 배출량 수치에서 37%를 줄이겠다는 것이다.

한국정부가 예상한 2030년의 BAU 온실가스 배출량은 약 8억5000만 톤이다. 이 수치에서 37%를 줄여 5억3600만 톤을 배출하겠다는 것이 2016년에 정부가 발표한 계획이었다. 그런데 사실 2015년 한국의 온실가스 배출량은 약 6억9000만 톤이었다. 이 배출량에서 5억3600만 톤으로 줄이면 실제로는 약 22%를 감축하는 것에 불과하다. 2030년의 배출량을 높게 잡아놓고 여기서 줄이겠다고 하니 많이 줄이는 것 같은 착시효과가 발생하는 것이다.

상황이 이렇다 보니 감축목표를 설정했는데도 오히려 절대 예상 배출량이 늘어나는 국가도 있다. 각국이 제출한 국가온실가스 감축목표를 분석하는 기관인 기후행동추적(Climate Action Tracker)의 분석에 따르면 OECD 국가 중 칠레, 아이슬란드, 이스라엘, 터키 등은 감축목표를 달성하더라도

---

13 〈2030 온실가스 감축 로드맵 수정안 및 2018~2020년 배출권 할당계획 확정〉(환경부 보도자료, 2019.7.24.)

2030년에 2014년 배출량보다 더 많은 온실가스를 배출하게 된다. 이러한 분석에 따라 기후행동추적은 한국이 제출한 계획에 대해 지구평균기온 상승폭을 2℃ 이하로 억제하는 데에 "Inadequate(부적합)"하다고 평가했다.[14]

감축목표 설정서 문제가 심각한 또 하나의 기준이 있는데 바로 '탄소집약도'를 감축하겠다는 목표이다. 탄소집약도란 소비한 에너지에서 발생한 이산화탄소량을 국내총생산으로 나눈 값(CO_2/GDP)이다.[15] 탄소집약도가 높다는 것은 에너지 소비 과정에서 그만큼 탄소가 많이 발생한다는 뜻이다. 석탄이나 석유 등 탄소 발생이 많은 에너지를 천연가스나 재생에너지 등 탄소 발생이 적은 에너지로 바꾸면 탄소집약도는 낮아지게 된다. 하지만 탄소집약도를 낮추는 것은 절대적인 이산화탄소 배출량을 감축하는 것이 아니라 배출량 증가 속도를 늦추는 정도다.

그럼에도 탄소집약도를 기준으로 삼는 이유는 온실가스 배출을 줄이더라도 경제성장에 영향을 주지 않는 수준에서 실행하겠다는 의미이다. 실제로 탄소집약도를 낮춰 가더라도 경제가 빠르게 성장하면 탄소배출 총량은 지속적으로 늘어날 수밖에 없다. 이렇게 온실가스 감축의 의미가 없기 때문에 대부분의 국가들은 탄소집약도를 기준으로 활용하지 않는다. 하지만 문제는 세계 1위 온실가스 배출국인 중국과 3위 배출국인 인도가 이 기준을 사용하고 있다는 것이다. 중국의 경우, 감축목표를 달성하더라도 2030년까지 온실가스 배출 총량은 지속적으로 증가할 것으로 전망된다.[16]

---

14 이만희, 박선경, 「OECD 국가의 온실가스 감축공약(NDC)의 비교 분석을 통한 우리나라 온실가스 감축 목표 평가」(Journal of Climate Change Research 2017, Vol. 8, No. 4, pp. 313~327)
15 〈탄소집약도(Carbon Intensity, CI)〉(한국에너지공단 주간 에너지 이슈 브리핑, 2015.6.12)
16 노동운, 고혜진, 「중국의 온실가스 배출 추이와 시사점」, 『세계 에너지시장 인사이트』, 제15-36호, 2015.9.25.

4. 진전되지 못하고 있는 기후변화 협약

이렇게 파리협정은 의의가 적지 않음에도 불구하고 여전히 한계가 많다. 그런 만큼 2021년 12월 글래스고우에서 개최된 COP26에 대한 기대는 매우 컸다. COP26은 파리협정에 의한 신기후체제가 시작된 2020년 이후 처음 열린 회의였다. COP26의 의제는 〈지구온난화 1.5℃〉 IPCC 특별 보고서에 따라 195개 당사국이 더욱 강화된 온실가스 감축계획을 결의하는 것이었다. 그러나 COP26은 별다른 소득을 거두지 못한 채 끝났다.

COP26에서 참가국들은 지구평균기온 1.5℃ 이내 안정화 목표를 재확인했다. 그러나 이를 위한 필수조건인 2050년 넷제로[17]에 대해 중국(2060년 넷제로), 인도(2070년 넷제로), 사우디아라비아(2060년 넷제로)와 같은 온실가스 최대 배출국들이 동의하지 않았다. 1.5℃ 목표를 달성하기 위해 NDC를 상향해야 하지만 이는 추후 과제로 미뤄졌다. 실제로 세계 각국 정부가 공언대로 2030년까지 목표를 모두 달성한다 해도 온실가스 배출량은 2010년 대비 13% 증가하며, 지구평균기온은 2.4℃ 오를 것으로 예상된다. 에너지 정책을 연구하는 옥스퍼드대학교 교수 디터 헬름은 "COP26의 목표가 1.5℃ 상한을 유지하는 것이었다면, 그 목표는 폐기됐다."고 단언했다.

COP26에서 주요 석탄소비 40여 개국은 석탄화력발전을 단계적으로 폐지해, 선진국은 2030년대, 개도국은 2040년대까지 최종적으로 중단하겠다고 선언했다. 2030년까지 전 세계의 기후변화 대응을 강화하며 석탄발전을 퇴출하고자 했던 당초 목표와 달리 석탄의 "단계적 감축(phase down)"

---

17 넷제로는 온실가스의 총배출량과 흡수량이 같아져 순배출량이 '0'이 되는 것을 의미한다.

에 합의하는 수준에 머물렀다. 인도 등의 반발로, 합의문 초안에 담긴 석탄의 "단계적 퇴출(phase out)" 목표에서 크게 후퇴한 결과다. 또 세계 3대 석탄 사용국인 중국, 인도, 미국과 호주, 일본 등이 참여하지 않아 전 세계가 특정 시점까지 석탄 사용을 중단한다고 약속할 정도에는 이르지 못했다. 한국정부도 2050년까지 석탄발전을 폐지하겠다는 기존의 입장을 고수하면서 "청정 에너지로의 전환 가속화를 지지하는 것이지 탈석탄 시점에 동의한 적 없다"(산업부)고 선을 그었다.

또 미국, EU 등 100개국 이상이 2030년까지 전 세계 메탄 배출량을 2020년 대비 최소 30% 감축하겠다는 '글로벌 메탄 서약(Global Methane Pledge)'에 동의했다. 그러나 여기에도 전 세계 메탄 배출량의 1/3을 차지하는 러시아, 중국, 인도 등 주요 메탄 배출국이 참여하지 않았다.

무공해차 전환 서약(Zero Emission Vehicle Pledge)에는 33개국이 2035년 또는 2040년까지 신규 승용차 및 승합차를 무공해차로 전환하겠다는 기후선언에 서약했다. 그러나 참여국이 전 세계 자동차시장 20%에 불과하고, 주요 자동차시장인 중국, 미국, 독일이 불참했다.

산림과 토지 이용에 대한 공동 선언(Glasgow Leaders' Declaration on Forests and Land Use)을 통해 130여 개국이 2030년까지 산림 파괴와 토지 황폐화의 중단 및 복구에 동의하였고, 민관기금 190억 달러(≒한화 약 2조 원)를 조달한다는 내용이 포함되었다. 하지만 이러한 서약과 선언들은 강제력이 있는 것이 아닌 선언적 목표라는 점에 한계가 있다. 특히 개도국의 기후변화 피해 상황을 개선하기 위한 기금 설치는 끝내 불발됐다. 2009년 덴마크 코펜하겐 총회(COP15)에서 민간과 공공기금을 합쳐 1천억 달러 규

모 기금을 조성하기로 했으나, 결국 2023년 총회로 미뤄지게 됐다.[18]

상황이 이렇다 보니 "COP에 의지해서는 안 된다, COP를 넘어서는 행동을 해야 한다"는 의견이 대두하고 있다. COP26이 개최된 영국에서 기후운동단체 '멸종저항'은 COP 자체를 규탄하는 것을 목표로 활동하기도 했다.[19] 대표적인 청소년 기후활동가 그레타 툰베리는 세계 정상들이 지금까지 한 것은 "블라 블라 블라(어쩌고 저쩌고)"밖에 없었다고 비판했다.[20] 세계 각국이 자신의 경제적 이익을 우선시하고 있는 상황에서 기후위기에 대한 진전된 대응은 아직 요원해 보인다.

5. 한국의 2030 국가 온실가스 감축목표(NDC)의 문제점[21]

한국정부는 2021년에, 2030년까지 국가 온실가스 배출을 2018년 대비 40% 감축하겠다는 목표를 발표했다. 이는 BAU 대비 37%라는 종전의 목표보다 상향된 것이지만 환경단체들의 많은 비판을 받았다.

우선 국가 온실가스 감축목표(NDC)가 지나치게 낮다는 것이다. IPCC는 〈지구온난화 1.5℃〉 특별보고서를 통해 2030년까지 2010년 세계 온실가스 배출량 대비 약 45% 감축한 260억 톤 수준으로 온실가스 배출을 감축할 것을 권고했다. 2018년 세계 온실가스 배출량은 더 늘어났으므로 2018년 기준으로는 거의 50%를 감축해야 한다. 더구나 온실가스를 다량 배출

18 녹색당, 〈기후위기와 불평등을 넘어서는 녹색전환〉(2022 녹색당 정책대회 자료집)
19 〈Extinction Rebellion UK position on COP26〉(Extinction Rebellion, 2021.9.27.)
20 〈그레타 툰베리 YouthCOP 연설〉(유튜브, 2021.9.30)
21 녹색당, 앞의 〈기후위기와 불평등을 넘어서는 녹색전환〉.

하고 있는 선진국으로서의 책임을 고려하면, 이 목표는 더욱 상향되어야 한다. 한국의 2030년 40% 감축 목표는 IPCC의 보수적인 권고에도 미치지 못하는 매우 낮은 목표라고 볼 수 있다.

둘째, 숫자상의 눈속임 때문이다. 온실가스 배출 측정에는 두 가지 기준이 있다. 하나는 총 배출로, 이는 배출한 온실가스의 총량을 말한다. 다른 하나는 순배출로, 배출한 온실가스 총량에서 이산화탄소 포집이나 산림 조성 등의 활동을 통해 흡수한 양을 뺀 것을 말한다. 그러므로 온실가스의 총배출량은 순배출량보다 크다. 그런데 한국의 감축목표는 2018년의 총배출량에서 2030년의 순배출량으로 감축하는 것을 목표로 하고 있다. 같은 항목의 수치를 비교하는 것이 아니라 큰 항목의 수치와 작은 항목의 수치를 비교하여 숫자를 크게 보이게 하는 눈속임을 하고 있다. 실제로 2018년의 순배출량과 2030년의 순배출량을 비교할 경우 감축률은 36.4%밖에 되지 않는다. 2018년의 총배출량과 2030년의 총배출량을 비교할 경우 감축률은 더 줄어들어 30.1%밖에 되지 않는다.

셋째, 탄소포집기술 등 불확실한 흡수원에 약 3,700만 톤의 감축분을 할당하고 있다는 것이다. 탄소포집기술은 아직 충분히 검증되지 않았으며, 2050년 이전에는 상용화되지 않을 것으로 보인다. 흡수원 부문에 대해 환경운동연합은 "흡수원 부문에서 제시한 2천 6백만 톤은 산림경영(기존 산림 벌채 후 조림)을 필두로 거의 대부분이 산림분야에서 확보한 수치로 보인다. 해당 계획은 올 한해 엄청난 비판을 받아온 산림청의 '30억 그루 나무심기 사업'과 크게 다르지 않다."라고 비판했다. 또 흡수원 확충이라는 NDC 목표와 전혀 다른 정부의 정책도 문제이다. 정부는 연안 및 내륙 습지 신규 조성, 바다숲 조성, 하천수변 구역, 댐 홍수터 활용(식생복원), 도시

녹지 조성 등으로 120만 톤을 흡수하겠다는 계획을 발표했다. 하지만 한 편에서는 가덕도를 비롯한 전국에 10여 개의 공항을 새로 짓고, 수도권과 세종시 인근에 10여 개의 신도시를 개발하는 계획이 진행되고 있다. 이러한 개발 계획은 흡수원 확충이라는 NDC 목표와 정면으로 배치되는 것이다. 흡수원의 확충을 위해서는 현재의 자연을 최대한 보존하면서, 새로운 녹지를 조성해야 한다.

넷째, 3,350만 톤으로 상정하고 있는 국외 감축분이다. 이에 대해 "이행 여부와 불확실성이 높은데다가 국내 감축의 도피수단으로 작동하는 국외 감축은 배제되어야 마땅하다."는 비판이 제기되고 있다. 국외 감축을 위해 진행되는 녹색 ODA(공적개발원조), REDD+(산림파괴로 인한 온실가스 배출 축소 활동) 등은 현지 주민의 삶과 생태계에 역으로 위해를 가하기도 했다. 또 국외 감축분을 포함하면서 한국이 해외에 짓고 있는 석탄화력발전소가 배출할 온실가스는 포함하지 않는 이중성에도 비판이 제기되고 있다.

다섯째, 온실가스 배출의 가장 큰 원인이 되는 석탄화력발전소 비중을 2030년까지 21.8% 수준으로 유지하겠다는 계획도 큰 문제이다. 정부의 계획은 현재 석탄화력발전소 용량의 절반 정도만 줄이겠다는 것이다. 한 국정부는 COP26을 앞두고 2030년 탈석탄동맹(PPCA · Powering Past Coal Alliance)에 동참해달라는 UNFCCC의 요구를 거부했다. 뿐만 아니라 7기의 신규 석탄화력발전소를 건설 중이다. 탄소중립 달성을 위해 석탄화력발 전소 폐쇄는 최우선 선행과제이다.

이 외에도 가장 큰 감축을 담당해야 할 전환 부문에서 건설기간이 오래 걸리는 양수발전이나, 해상풍력, 상용화되지도 않은 암모니아 발전을 전 원믹스에 포함시킨 허술한 로드맵, 현재 두 번째로 많이 탄소를 배출하는 산업 부문의 감축 목표가 14.5%로 지나치게 낮은 점, 무공해차 보급 목표가 지나치게 낮은 점 등이 문제점으로 지적되고 있다.

이렇다 보니 한국의 기후변화대응지수(CCPI)는 전 세계적으로 최하위권에 머물고 있다. 국제 평가기관 저먼워치와 기후 연구단체인 뉴 클라이밋 연구소의 2021년 11월 발표에 따르면, 세계 온실가스 배출의 90%를 차지하는 60개국과 유럽연합을 대상으로 기후 정책과 이행 수준을 평가한 결과, 한국의 기후변화대응지수는 전체 64개국 가운데 59위였다.[22] 기후변화행동연구소는 한국은 경제 상위 10개국 중 2030년 1인당 이산화탄소 배출량이 1위가 될 것으로 전망하기도 했다.[23]

6. 소결

파리협정에 대해 살펴보면서 우리는 각국이 기후위기 대응보다 자국의 경제성장을 최우선의 과제로 생각한다는 것을 알 수 있었다. 이러한 현실에서 결국 온실가스의 자발적 감축 계획은 한계가 있을 수밖에 없다. 현재의 기후위기에 대응하기 위해서는 더 구속력 있는 국제협약을 통해, 각국이 의무적으로 이행할 최소한의 조항을 설정할 필요가 있다. 또 각 국가 시민들이 깨어 있는 의식으로 자기 정부가 온실가스 감축에 나서도록 강제할 필요가 있다. 우리 모두의 직접적인 행동과 실천을 통해 자국 정부가 기후위기에 대응하도록 요구할 때 '1.5℃'라는 인류 생존의 마지노선은 지

22 〈탄소감축 40% 선언에도 한국 기후대응 성적표 '최하위권'〉(한겨레신문, 2021.11.9.)
23 강은빈, 〈NDC 국가온실가스 감축목표 웨비나 청년부문 토론〉〈기후위기 대응의지, NDC로 증명하라〉, 2021.7.20

켜질 수 있다.

한국정부의 NDC를 평가해 보면 진정성 있는 온실가스 감축 노력이라기보다는 일시적인 생색내기라고 할 수 있다. 온실가스 감축은 뒤로 미룰수록 고비용과 고위험을 초래한다. 현재의 산업 경쟁력을 유지하기 위해 근시안적으로 온실가스 감축을 뒤로 미루는 것은 미래세대에게 온실가스 감축, 기후재난 대응, 생태계 회복의 삼중고를 전가하는 것이다. 2021년 4월 독일의 연방법원은 독일의 NDC 안에 대해 "2050년 탄소중립을 달성하는 데 충분하지 않다. 감축부담을 2030년 이후로 넘기는 것은 젊은 세대의 자유를 침해하는 것"이라며 위헌 판결을 내렸다.[24] 이런 점에서 한국정부의 현행 NDC 안은 국제적인 권고를 충족하고, 실현 가능한 로드맵을 충분히 제시하는 수준으로 다시 작성될 필요가 있다.

24 앞의 글.

III.
그린뉴딜과 기술의
가속주의

1. 그린뉴딜이란 무엇인가?

정부는 2050년 탄소중립을 위해 한국판 그린뉴딜을 실행하겠다는 계획을 발표했다. 그린뉴딜은 그린(Green)과 뉴딜(New Deal)이 합쳐진 말이다. 이 말의 유래는 약 100년 전으로 거슬러 올라간다. 1929년 미국에는 대공황이 불어 닥쳐 극심한 경기 침체에 직면했다. 1929년에서 1933년 사이 주가는 10분의 1로 떨어졌고, 자동차 판매도 4분의 1로 감소했다. 투자는 70억 달러에서 20억 달러로 감소했고 약 10만 개 기업이 파산했다. 또 6,000개의 은행이 파산하며 250억 달러의 예금이 사라졌다. 경제규모가 이전보다 절반 정도로 축소되며 GNP도 반으로 줄었다. 1933년 실업은 전체 노동인구의 1/4인 1,300만 명에 이르렀다. 수많은 사람들이 시급제로 고용되거나 임금 삭감을 당했고, 그중 절반가량이 실질적인 실업상태에 있거나 불완전 고용상태에 빠졌다. 노동임금도 이 4년 동안에 40%가 줄어들었다. 미국의 대공황은 전 세계 경제에 영향을 주었다. 1932년에 상황은 가장 악화되었다. 1929-1932년 사이에 세계의 생산력은 38%, 무역은 66%가 감소했다. 높은 실업률은 수요를 크게 하락시켰고, 경제의 하향 악순환이 계속되었다.

1933년 미국 대통령에 당선된 프랭클린 루즈벨트는 공황을 해결하기 위해 뉴딜정책을 채용했다. 이는 J.M. 케인스의 경제이론을 바탕으로 한 것이다. 케인스는 공황의 근본적인 원인이 과도한 공급보다는 불충분한 수요에 있다고 생각했다. 그래서 각 나라 정부가 경제에 직접 개입하여 화폐 공급을 늘리고, 공공사업을 시행하고, 조세정책을 통해 소득을 재분배함으로써 경기를 부양시키도록 충고했다. 이를 위해서는 적자재정도 감수해야 했다. 루스벨트 정부는 학교, 도로, 수로, 공원 등을 건설하고 사방(砂防)사업, 조림 등의 자연보호 사업 등 대대적인 공공사업을 실시해 수백만 명의 실업자를 구제했다. 이 외에도 노동자들의 권리를 확대하고, 고소득과 상속재산에 대한 중과세, 누진법인세를 도입하여, 이 재원으로 사회보장을 확대해 갔다.[1] 이렇게 뉴딜은 정부 주도로 경제를 활성화시키고 사회적 형평성을 강화하는 조치였다.

기후위기의 심각성이 대두되는 상황에서 2007년 미국의 토마스 프리드먼은 뉴욕타임즈 칼럼과 그의 책 『코드그린(Code Green: Hot, Flat and Crowded)』에서 과거 미국의 뉴딜정책에 착안해 "그린뉴딜'을 통해 청정에너지 산업에 투자하여 경제를 부흥시켜야 한다."고 주장했다. 이때부터 그린뉴딜이라는 말이 쓰이게 된다. 토마스 프리드먼이 주장한 것은 기후변화 대응을 위한 구체적인 목표 설정, 정부의 적극적인 역할, 청정에너지로의 전환, 취약계층 지원 등이다. 이후 그린뉴딜은 기후위기에 대응하기 위해 전 방위적으로 사회를 바꾸는 프로그램을 일컫는 용어로 사용되고 있다. 기후위기를 막아내고 불평등을 해결해 안전하고 정의로운 사회로 나아가자는 것이다. 그린뉴딜은 2008년 오바마 정부의 핵심공약이기도 했

---

1 강철구, 〈1929년의 경제공황은 무엇인가?〉, 《프레시안》, 2011.5.13.

고, 2019년 '그린딜'이라는 명칭으로 EU의 최우선 사업이 되기도 했다. 우리나라도 2020년 7월 '한국판 뉴딜' 정책을 발표했고, 이 안에 그린뉴딜 정책이 포함되었다.

현재 각국에서 추진하고 있는 그린뉴딜 정책의 중요사항으로 우선 재생에너지 확대를 들 수 있다. 전기 등 에너지 생산 과정에서 전 세계 온실가스의 73%가 배출되는데, 그중 많은 부분을 차지하는 전력생산에서 재생에너지 비율을 확대해 나가는 것이 첫 번째 목표다. 두 번째는 건물, 조명 등의 에너지 효율 개선이다. 국제 에너지 기구는 이를 통해 에너지 부문 이산화탄소 배출량을 큰 폭으로 감소시킬 수 있을 것으로 기대하고 있다. 세 번째는 지속가능한 수송이다. 국제 에너지 기구에 따르면 수송 분야는 온실가스 배출이 가장 가파르게 증가하는 부문 중 하나다. 특히 큰 비중을 차지하는 자동차 부문에서 화석연료 사용을 억제하고 친환경 자동차로 전환해 가는 것이 중요 목표다. 마지막으로 순환경제다. 자원고갈과 폐기물 문제에 대응하기 위해 채취-생산-소비-폐기로 이루어지는 기존의 선형 경제구조를 자원재활용과 재사용을 확대해 순환형 경제로 바꾼다는 것이다. 세계 각국은 이러한 네 가지 큰 계획 속에 각 국가에 맞는 그린뉴딜 정책을 추진하고 있다.[2]

---

2   문진영 등, 〈그린뉴딜 관련 국제사회의 대응과 시사점〉(오늘의 세계경제, 2020.8, 대외경제정책 연구원)

2. 세계 주요국의 그린뉴딜

그린뉴딜이 미국에서 중요 의제로 떠오른 것에는 기후위기뿐 아니라 심화되는 사회경제적 불평등 상황도 그 배경이 되고 있다. 1980년대 이래로 미국의 경제적 편중(불평등)은 지속적으로 악화되고 있다. 2014년 기준 미국의 상위 1%와 10%는 각각 소득의 20.2%와 47.0%를 가져가고, 부의 37.2%, 73.0%를 가져가는 것으로 조사되었다. 이러한 불평등 상황은 세계적으로 높은 수준이다. 또 2017~2018년의 유례없는 고용 증가세에도 불구하고 저임금·불안정 노동 확산으로 미국의 임금상승률은 금융위기 이전 수준에도 못 미쳐 가계소득 회복은 제한적이었다. 이러한 사회경제적 맥락에서 그린뉴딜의 주요 의제에는 에너지전환뿐 아니라 경제민주화 및 공공부문과 시민참여의 강화도 중요한 부분을 차지하게 되었다. 이는 기후변화 대응뿐 아니라 탈탄소 경제로 이행하면서 대규모 정부 투자로 완전고용·소득증진·사회정의를 추구하는 전방위적 사회개혁 프로그램이라고 할 수 있다. 여기에는 기후변화, 환경오염, 불평등 심화로 고통 받는 소수자·약자·취약계층의 상황을 개선하기 위한 사회안전망 확충과 노조 강화도 포함되어 있다.[3]

미국 그린뉴딜은 오바마 행정부 당시 처음 시작되었는데, 당시 재생에너지 산업에 약 7800억 달러라는 어마어마한 자금을 투자했다. 여기에는 풍력과 태양광 발전 등 신재생에너지 산업, 건물의 에너지 효율 제고를 위

---

3 민병길, 박원익, 「미국 오카시오-코르테스 신드롬과 그린뉴딜의 정책적 시사점」, 『이슈&진단』, 2019, pp. 1-27

한 스마트 그리드 사업, 자동차를 고효율 그린카로 바꾸는 사업 등이 포함되어 있다. 또 저소득층 에너지 효율 증대를 위해 50억 달러를 투입하는 등 빈곤층에도 많은 재원을 투자했다.[4] 이러한 정책은 트럼프 정부 들어 후퇴했지만, 2020년 새 대통령으로 당선된 바이든은 파리기후협정에 재가입하고, 2050년까지 100% 청정에너지 경제 및 탄소 순배출량 제로(넷제로)를 달성하는 것을 목표로 2035년까지 1조7,000만 달러의 천문학적인 투자 계획을 내놓았다. 중점 추진 분야는 친환경자동차, 재생에너지, 스마트시티 및 그린시티이다.

EU는 2019년 12월 유럽 그린딜을 발표했다. 유럽의 그린딜은 2030년까지 재생에너지, 순환경제, 자원효율 건축, 지속가능한 친환경 수송, 친환경 농식품, 생태계 및 생물다양성 보존에 최소 1조 유로를 투자할 계획이다. EU는 이러한 투자를 통해 2050년까지 탄소중립을 달성하는 것을 목표로 하고 있다. 또 경제와 산업이 친환경적 구조로 바뀌는 과정에서 소외되기 쉬운 사양산업, 전통산업 종사자에게 각별한 관심을 기울일 것을 약속하고 있다. 이 계획은 코로나19라는 힘든 상황에서도 일정대로 추진되고 있다.[5]

독일과 영국도 2050년 탄소중립을 목표로 각각 460억 유로, 120억 파운드의 지출을 통해 친환경자동차, 재생에너지, 건물에너지 효율화를 중점적으로 추진할 계획이다.[6]

---

4   조길영, 〈오바마의 그린뉴딜, 이명박 녹색뉴딜〉(오마이뉴스, 2009.2.28)
5   장영욱 등, 유럽 그린딜이 한국 그린뉴딜에 주는 정책적 시사점(대외경제정책 연구원, 오늘의 세계 경제, 2020.9)
6   이주미, 주요국 그린뉴딜 정책의 내용과 시사점(KOTRA Global Market Report 21-001, 2021.1)

3. 한국의 그린뉴딜

한국은 2020년 7월 '한국판 뉴딜 종합계획'을 발표했고, 이 안에 그린뉴
딜 정책이 포함되어 있다. 한국판 뉴딜 정책은 크게 디지털뉴딜과 그린뉴
딜, 그리고 사회안전망 강화의 세 부분으로 구성된다. 디지털뉴딜에 58.2
조원, 그린뉴딜에 73.4조원, 사회안전망 강화에 28.4조원 등 총 160조원을
투자해 190만 개의 일자리를 창출한다는 계획이다.

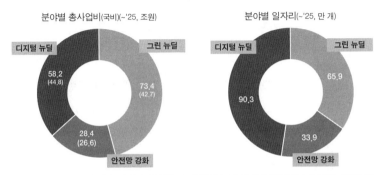

그림24. 한국판 뉴딜 투자비와 일자리 창출(출처: 한국판 뉴딜 종합계획(관계부처 합동, 2020.7))

그린뉴딜 정책을 조금 더 구체적으로 살펴보면 ① 공공시설을 제로에너
지화하고, 국토 · 해양 · 도시의 녹색 생태계를 회복하고, 깨끗하고 안전한
물 관리체계를 구축하며 ② 에너지 관리를 효율화하는 지능형 스마트 그
리드를 구축하고, 신재생에너지 확산 기반을 구축하며 공정한 전환을 지
원하고, 전기차 · 수소차 등 그린 모빌리티 보급을 확대하며 ③ 친환경 유
망기업을 육성하고, 저탄소 · 녹색산단을 조성하고, R&D · 금융 등 녹색
혁신 기반을 조성하겠다는 계획을 가지고 있다. 또 이러한 경제, 산업의

전환 과정에서 발생할 수 있는 실업에 대비해 고용안전망과 사회안전망을 확충하고, 디지털·그린 인재 양성과 직업훈련, 농어촌·취약계층 디지털 접근성 강화 등 교육에 대한 투자도 확대하겠다는 계획이다.[7]

한국정부가 이렇게 그린뉴딜을 추진하겠다는 의지를 보이는 것은 물론 바람직한 일이지만, 한국의 그린뉴딜에 대해서는 몇몇 문제점이 지적되고 있다. 우선 한국의 그린뉴딜의 목표가 너무 낮고 구체적인 계획이 없다는 것이다. EU의 경우 그린딜에서 2030년까지 온실가스를 1990년 대비 50~55% 감축하겠다는 목표를 수립했다. 그리고 이 목표에 법적 구속력을 부여하기 위해 '유럽기후법'도 제안했다. 하지만 한국의 온실가스 감축 목표는 2030년까지 40%(실제로는 순배출량 기준 36.4%)로 턱없이 낮다. 또 EU의 그린딜은 2050년까지 장기계획이 있는 반면 한국의 그린뉴딜은 5개년 계획으로 장기 목표를 설정하기 어려운 면이 있다. 또한 그 실행계획도 턱없이 부족하다. 예를 들어 건물 리모델링의 경우 23만 동 정도를 친환경, 에너지 고효율 건물로 신축, 리모델링하겠다는 것인데 한국의 건물 수는 700만 동이 넘는 것으로 집계된다. 정부의 리모델링 계획은 전체 건축물의 약 3% 수준이다. 친환경 차량의 경우 전기차 113만 대, 수소차 20만 대를 보급하겠다는 계획인데, 한국의 자동차 수는 거의 2500만 대에 육박한다. 정부의 지원은 전체 자동차의 약 5% 수준이다. 과연 이러한 계획으로 건물이나 수송 부문에서 탄소중립을 이룰 수 있을까? 태양광 발전의 경우도 20만 가구에 설치비를 지원하겠다는 정도의 계획이다. 20만 가구가 가정용 태양광발전의 거의 최대치인 3킬로와트 발전기를 설치한다면, 총

---

7 〈한국판 뉴딜 종합계획〉(관계부처 합동, 2020.7)

0.6기가와트가 된다. 우리가 빠른 시일 내에 대체해야 할 석탄화력발전소의 2019년 기준 설비용량은 약 38기가와트다. 정부의 계획은 1.6% 정도에 해당하는 미미한 양이다. 이러한 계획으로 과연 에너지전환을 이룰 수 있을지는 의문이다.

또 유럽의 '그린딜'은 기후변화 대응에서 정의로운 전환의 필요성을 명시하고 있다. 기후변화 대응 과정에서 에너지, 건축, 수송, 산업, 농업 등 광범위한 분야에서 쇠퇴하는 산업과 소외되는 지역이 생기고 노동자들이 일자리를 잃을 수 있다. 따라서 이들에게 실업급여, 직업훈련, 주거, 일자리 소개 등을 제공할 계획을 갖고 있다. 또 환경오염과 기후변화로 인해 가장 큰 위험에 노출된 지역과 시민들을 위한 예산에 배정해 놓았다. 한국의 경우에도 사회안전망을 확충하겠다는 계획이 있으나 고용보험 확대, 디지털 인재 양성, 농어촌 디지털 접근성 강화 등 친환경 산업으로의 전환에 따른 구체적인 계획이 부족한 실정이다. 정책 내용을 보면 고용을 중심으로 한 1차 분배 정책에 집중되어 있으며 복지국가 맥락에서 주요한 정책수단인 소득보장이나 사회서비스 정책들은 사실상 배제되어 있거나 매우 제한적으로만 활용되고 있다. 여기에 정부 계획대로 고용안전망을 구축한다고 해도 600만 명 정도가 고용보험 사각지대에 남게 된다는 지적도 있다.[8] 그래서 "고용과 사회안전망 확대 계획을 들여다보니 지난 수년간 주장되어 이미 한참이나 늦은 고용보험과 산재보험의 범위를 조금, 그것도 단계적으로 확대하는 것이고, 이미 20대 국회에서 통과된 국민취업지원제도가 언급되거나 상병수당 시범사업해 보겠다는 계획 정도뿐이다.

---

8   김진석, 「한국판 뉴딜, 어떤 딜이 될 것인가?」, 『월간 복지동향』 263, 2020, pp. 12-17.

실업불안 및 소득격차를 완화하겠다는 대대적 계획에서 도대체 어느 부분이 '뉴(new)'한 것인가."[9]라는 비판이 제기된다.

세 번째로 유럽의 그린뉴딜은 자원을 재활용하는 폐기물을 줄이는 순환경제를 핵심 의제로 채택하고 있다. 이를 위해 제품의 디자인 단계부터 생산, 소비, 수거 및 재활용까지 모든 단계의 세부 정책을 제시하고 있다. 반면 한국은 순환경제의 목표가 구체적이지 않고 재활용이나 자원순환을 더 열심히 해야 한다는 정도에 그치고 있다. 그리고 폐기물과 자원순환에 관한 내용은 주로 환경부에서 다루고 있어서, 환경부의 정책과 그린뉴딜 정책을 연계해서 일관성 있는 정책이 추진되게 할 필요가 있다.

네 번째로 그린뉴딜의 취지에 부합하지 않는 항목도 눈에 띈다. 예를 들면 전체 학교 교실에 와이파이(WiFi)를 설치하겠다거나 상하수도를 스마트시스템화하겠다는 것, 정수장 고도화 및 노후 상수도 개량 계획이 이에 속한다. 여기에 전선 지중화, 농업 대책으로 농촌에 초고속통신망을 깔겠다는 것까지, 기후위기 극복이나 사회경제적 불평등 해소와는 크게 상관이 없어 보이는 항목이 다수 포함되어 있다. 수소전기차의 경우도 현재 수소연료가 화석연료에서 만들어지는 부생수소에 의존하고 있음에도 친환경으로 포장되어 추진항목에 포함되었다.[10] 그뿐 아니라 총 사업비 7천8백여 원을 들여 여섯 곳의 신공항을 건설하고, 7기의 석탄화력발전소를 건설하고, 그린벨트를 해제하는 등 그린뉴딜과는 거꾸로 가는 정책들을 마구잡이로 포함시켜 놓았다.

9   이승윤, 〈절체절명의 시기 발표된 '헌딜'〉(프레시안, 2020.7.25.)
10 〈한국판 그린뉴딜, 기후위기 못 막는다〉(경향신문, 2020.8.22.)

마지막으로 기후위기 대응을 위해서는 국제협력이 필수적인데, 한국의 그린뉴딜은 아직 국내 정책 위주라는 지적이 있다. 그러다 보니 한국의 공기업인 한국전력공사가 인도네시아와 베트남의 석탄화력발전소에 투자하는 것과 같은 그린뉴딜과는 상반된 일이 벌어지기도 한다. 따라서 시민사회 곳곳에서 한국의 그린뉴딜 정책에 대한 비판이 제기되고 있다. 그린뉴딜이 대량 생산, 유통, 소비, 폐기에 기초한 생활양식의 문제에 대해 아무런 해결책을 제시하지 않고 있다는 점 등을 들어 "이것은 그린뉴딜이 아니다."라고 비판한다.[11] "뉴딜이라는 이름을 달고 있음에도 화석연료 의존 성장제일주의라는 올드한 관성이 짙게 배어 있다."[12] "2020년 정부가 발표한 그린뉴딜은 2009년 이명박 대통령이 추진한 '저탄소 녹색성장'에서 원전과 4대강을 제외한 온실가스 감축 부문에서 한 발도 못 나아갔다."[13] "그 어떤 고민의 흔적도 없는 낡아 빠진 '헌딜'이다."[14] 등의 원색적인 평가도 다수 나왔다.

해외에서는 한국의 이런 모습을 비판하고 있다. 2020년 6월 22일 워싱턴 포스트에는 "문 대통령님, 이것이 한국이 생각하는 그린뉴딜입니까?"라는 전면광고가 실리기도 했는데, 그린뉴딜을 한다면서 국내에 7기의 석탄화력발전소를 새로 건설하고, 해외 석탄화력발전소에 투자하는 한국을 비판한 것이다. 또 더디플로맷(The Diplomat), 로이터(Reuter) 같은 외신도 한국의 그린뉴딜이 다량의 메탄가스를 발생시키는 LNG 발전소 건설, 친환

---

11 조현철, 〈이것은 그린뉴딜이 아니다〉(경향신문, 2020.7.24.)
12 이병천, 〈한국판 뉴딜, 타성적 올드딜이냐 전환적 뉴딜이냐〉(한겨레신문, 2020.8.20.)
13 이유진, 〈차라리 '그린뉴딜'이라고 하지 말지〉(오마이뉴스, 2020.8.13.)
14 이승윤, 〈절체절명의 시기 발표된 '헌딜'〉(프레시안, 2020.7.25.)

경성이 떨어지는 수소전기자동차 생산 등에 투자하는 것을 지적하며, 기업 이익을 환경보다 우선시하는 정책이라고 부정적으로 평가했다.[15]

4. 소결: 어떤 그린뉴딜이어야 하는가?

한국의 그린뉴딜 정책에서 가장 개선이 필요한 부분은 우선 IPCC의 권고에 부합하는 정도로 탄소감축 목표를 상향조정하고, 이를 위한 구체적인 로드맵을 제시하는 것이다. 현재와 같이 턱없이 낮은 2030년 감축계획 목표로는 2050년 넷제로를 달성하기는 요원해 보인다.

둘째, 그린뉴딜 정책에 부합하지 않는 개발사업과 해외투자를 중단하는 것이다. 현재 진행되고 있는 국내와 해외의 석탄화력발전소 건설사업, 신공항 건설사업, 신도시 건설사업, 그린벨트 해제 등은 모두 기후위기 대응에 정책에 역행하는 것이다. 이러한 사업들을 지속하면서 그린뉴딜의 효과를 기대하기는 불가능하다.

셋째, 규제가 필요하다. 정부의 그린뉴딜은 친환경 관련 이러저러한 투자를 확대하겠다는 것이다. 그러나 현재 온실가스의 대부분을 배출하고 있는 산업계에 대한 규제 없이 기후위기 대응은 불가능하다. 탄소세, 환경세, 전기요금 인상 등을 통해 기업들이 빠른 시일 내에 탈탄소화할 수 있도록 법, 제도적 정비가 필요하다.

넷째, 기후위기와 탈탄소 경제로 전환하는 과정에서 확대되는 불평등을 해소할 수 있는 계획이 마련되어야 한다. 즉 '적응' 문제에 많은 신경을 써

15 김상현, 〈유럽 '그린딜'이 모범이 될 수 없는 이유〉(한국일보, 2020.6.27)

야 한다는 것이다. 기후위기로 인한 재난을 예방하고, 복구하는 것, 탈탄소 경제로 전환하는 과정에서 발생하는 실업이나 고용불안에 대처하는 것 등 정의로운 전환을 위한 청사진이 필요하다.

다섯째, 공백으로 남겨둔 부분이 더 채워져야 한다. 예를 들어 현재 그린뉴딜 계획에는 기후위기 국면에서 가장 중요하게 제기되는 문제 중 하나인 농업(식량위기)과 생물다양성 보전 관련 내용이 전혀 들어 있지 않다. 오염물질 배출과 해양 산성화 문제도 전혀 언급이 없다. 교육과 불평등 해소 내용도 전무하다. 산업 및 경제사회 구조의 대전환과 노동시장의 재편 과정에서 돌봄 공백 등 사회서비스 관련 과제도 전혀 없다는 지적이 있다.[16] 전반적으로 네 번째 문제점으로 이야기한 기후위기에 대한 '적응' 대책이 거의 보이지 않는다. 이래서는 임박한 위기에 대처할 수가 없다. 한국의 그린뉴딜은 위와 같은 문제점들을 조속히 해결해야 한다.

물론 그린뉴딜에 대해서도 여러 비판이 있다. 비판의 핵심은, 그린뉴딜 정책이 기후위기를 초래한 이윤과 성장 중심의 경제체제를 고칠 생각을 하지 않고, 기후위기를 해결하면서 경제도 성장시키겠다는 모순된 목표를 추구한다는 것이다. 인간의 자원 소모 속도 생태적 지탱 가능 범위를 넘어서고 있으며, "인류가 안전한 생태적 한계 내에 머무르기 위해서는 현재의 물질 사용량의 절반을 줄여야"한다는 주장도 제기되고 있다.[17] 글로벌 생태발자국 네트워크는 현재 우리가 지구 생태계 재생속도보다 1.7배 빠른 속도로 자연을 사용하고 있다고 지적한다. 이 문제를 제기하는 탈성

---

16 김진석, 「한국판 뉴딜, 어떤 딜이 될 것인가?」, 『월간 복지동향』, 263, 2020, pp. 12-17.
17 녹색당, 〈기후위기와 불평등을 넘어서는 녹색 전환〉(녹색당 정책자료집, 2022)

장론자들은 온실가스 감축만으로는 기후위기를 막을 수 없고, 생산과 소비 등 모든 영역에서 획기적인 변화가 일어나야 한다고 주장한다. 끊임없는 이윤추구, 자원개발이나 채굴주의에 빠져 있는 현 체제가 문제라는 것이다.[18] 그린뉴딜은 물론 필요하지만 그보다는 맹목적인 경제성장 추구에서 벗어나 생태계의 한계 내에서 덜 생산하고, 덜 소비하고, 덜 버리고, 공유하고 재활용하는 '재생적 경제'로 탈바꿈하는 것이 기후위기에 대응하는 더욱 근본적인 해결책일 수 있다.

18 이정구, 「그린뉴딜, 기후와 경제 위기의 대안이 될 수 있을까?」, 『마르크스21』 32, pp. 65-78.

Ⅳ.
기후금융과 화폐의
가속주의*

* 이 장은 2020년 〈시대전환〉 조정훈의원실에서 정책연구비를 받아 수행한 연구 결과물을 수정 보완한 것이다.

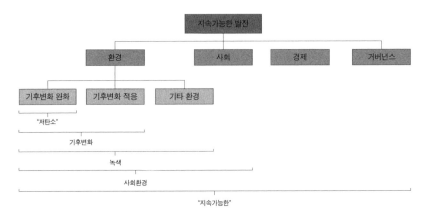

기후금융의 위치(출처: UNEP 2016, UNEP Inquiry. Definitions and Concepts: Background Note)

1. 기후금융이란

기후금융의 개념과 문제의식은 다음과 같다: "금융은 이득은 사유화하지만 손실은 사회화하지 않는가? 시장의 실패를 시장을 통해 해결하려 하지 않는가? 미래투자전망을 상실한 자본에 대한 견인은 누가 하는가? 기후위기 상황에 대한 위기관리가 가능한가?" 이러한 기후금융의 도전 중에는 이를 성립시키는 기후화폐라는 매개체가 반드시 필요한 것도 사실이다. 그러나 현존 기후금융은 기후화폐라는 색다른 통화주의 전략 없이도 기존 화폐를 매개로 작동한다는 점이 한계이다. 기후금융에서의 가속주의와 감속주의를 구별해 보면 다음과 같다.

기후금융의 가속주의(기동전)는 탈석탄 금융을 통해 빠르게 자본을 이동시키는 것, 실물자산이 아니기 때문에 전환 속도가 빠르고 신축성, 유연성, 민첩성을 갖고 빠르게 자산을 이동시키는 것이 핵심이다. 반면 기후 금융의 감속주의(진지전)는 스튜어드십 코드[1]에 따라 ESG[Environment, Society, Governance]로 기업환경을 변화시키는 것이다. 2025년부터 의무화되기로 되어 있지만, 기후위기에 대한 기여도와 무관하게 포스코와 같은 기업이 ESG에서 우수한 성적을 받는 것도 문제이다. 참고로 포스코는 전체 한국사회의 탄소배출량 중 12%를 발생시키는 '기후악당기업'이며, 최근에는 미얀마 독재정권에 뒷돈을 댄 문제로 국제사회의 비난을 받고 있다.

2. 기후금융 기금 마련의 두 가지 전략

기후금융에 필요한 기금을 마련하는 데는 크게 두 가지 전략이 존재한다. 첫 번째로 재정정책 측면에서 기후국채 방식이 있다. 정부의 재정정책은 세입과 세출이 제로섬이 되게 해야 건전하다고 할 수 있다. 2022년 1월 심상정 의원이 제기한 200조 규모의 녹색채권 제안이 시기적으로는 가장 적절한 방안이라고 할 수 있으며, 이 시기를 놓치면 재생에너지에 드는 자재비용 상승으로 인해 유명무실해질 위험이 있다. 두 번째로 통화주의정책에서 MMT가 있다. MMT[Modern Monetary Theory]와 같은 통화주의정책은, 과거에는 양적 완화와 같이 기업에게 돈을 지원해 주는 방향으로 움

---

1   스튜어드십 코드는 주주자본주의처럼 최대이윤을 취득하기 위한 것이 아니라, 이해당사자자본주의로의 이행 이후에 이해당사자들이 꼼꼼하게 집사마인드를 발휘해서 경영에 참여하는 것을 의미한다. ESG처럼 환경, 사회, 지배구조 등에 대한 간섭과 개입의 과정은 기업에 대한 양육자적인 관점을 의미한다. 이런 점에서 이해당사자자본주의에 필요한 항목이 바로 스튜어드십 코드라 할 수 있다.

직였지만, 그린뉴딜이나 기후금융, 기본소득과 같은 거대 계획을 성립시킬 수 있는 대규모 자원 동원에서도 효과적일 수 있다.

여기서 우리는 자본의 가속주의와 화폐의 감속주의를 구분해 볼 필요가 있다. 먼저 자본은 '의미화=가치화=상품화'의 구도를 그리며, 기후펀드라는 제도권 금융으로 현현한다. 현재 제도권 금융 영역은 낮은 이자율로 인해 미래에 대한 장기 투자전망을 상실하여 이자에서 부동산이득을 바라는 지대 영역으로 주도권을 빼앗긴 국면이다. 기후펀드는 자본화된 성격으로 인해 의미와 가치를 빠르게 확산하고 자동화된 과정을 만들 수 있다는 장점이 있지만, 지대이득으로부터 끊임없이 도전을 받기 때문에 사실상 실효성을 상실할 위험도 있다.

반면 화폐는 '지도화= 다의미화=다가치화'의 구도를 그리며, 기후공제와 사회적 금융, 기후화폐 전반에서 나타난다. 신용협동조합이나 공동체금고, 공제조합, 지역화폐, 클라우드펀딩 등의 사회적 가치를 기반으로 한 사회적 금융이 제도권 진출을 앞두고 있지만, 화폐와 자본의 호환성 입장에서는 다른 가치기준을 갖고 있다는 점이 특징이다. 기후공제는 관계망 고유의 느림과 여백에 따라 감속하며 동시에 기후화폐 형태로 지도화를 통해서 다양한 가치와 가치, 물건과 물건 등을 넘나든다는 장점이 있다. 이는 감속주의적 특징이라고 평가된다.

마지막으로 자본화(=의미화) 전략과 화폐화(=지도화) 전략의 이음새로서의 기후보험을 구상해 볼 수 있다. 기후공제의 지도화하는 화폐의 성격과 기후펀드의 의미화하는 자본의 성격 둘 다를 갖고 있는 것이 기후보험이다. 기후보험의 반복되는 일상과의 접촉 가능성은 기후공제로서의 성격이 있고, 이와 동시에 그 자본화를 통해 재생산되는 기후펀드의 성격도 있다.

3. 기후공제(기후화폐)의 가능성과 도전

기후공제는 느림과 여백, 순환의 공동체경제와 함께 작동한다는 점에서 감속주의를 기반으로 하지만, 그것이 더디거나 지체된 형태라기보다는 더 효과적인 화폐의 지도화 흐름을 만들고 순환의 속도를 높임으로써 공동체의 활력과 생명에너지를 높이는 것이 핵심이다. 기후공제의 상호부조형 기금조성은 사고나 불이익에 대한 자조적인 대응과 연대망의 성격을 갖고 있으나, 사실상 재생에너지에 대한 투자뿐 아니라 기후위기에 대한 대응과 적응의 방법론 중 하나라고 할 수 있다. 기후공제 자체가 계절별, 사안별, 상황별로 금융상품을 개발하여 기후적응에 대처하는 것이 핵심이라고 할 수 있다.[2]

기후공제는 십시일반 방식과 모아서 나누기 방식의 화폐의 지도화를 통한 판 깔기를 한다. 노동조합이나 협동조합에 이러한 기후공제 기능을 장착하여 작동시키는 방향으로 향해야 한다. 기후공제회는 계나 두레 등의 상호부조 모임의 특징을 온전히 발휘함으로써, 기후위기 문제를 개인의

---

2 공제회의 기본적인 작동과 조직화 양상은 다음과 같이 개괄할 수 있다. 공제회는 상호부조의 정신과 사적 자치 원리에 따라 회원이 출자금을 내고 민주적 절차에 따라 운영한다. 이는 다시 보험형 공제와 상호부조형 공제로 대별할 수 있다. 보험형 공제는 수협공제, 신협공제, 새마을금고공제 등의 일반공제 유형, 학교안전공제회, 건설공제조합, 교육시설재난공제회 등의 조합공제 유형, 과학기술인공제회, 한국사회복지공제회, 노란우산공제 등 정책성 공제 유형으로 구성된다. 상호부조형 공제는 경찰, 군인, 소방, 교정 공제회 등 특별법에 의거하여 설치 운영되는 경우와 담배인삼공제, 세우회, 철도공제 등 민법에 따라 설치 운영되는 경우로 나뉘며, 공제회 회원에 특화된 독자적 상품 설계를 하는 경우도 있다. 공제회 3대 업무는 경영관리, 공제금지급, 회원모집이다. 이는 구체적으로 회원 대상 공제상품의 판매(공제회원 확대), 공제회비 수납 및 공제금 지급과 결산, 손해사정과 공제금 결정, 공제기금 운영, 공제상품 및 공제회 기금운영 외부위탁, 공제회 위험의 분산 및 재공제, 시스템 구축업무 등으로 구성된다. 행정적으로는 사무국 운영 업무, 보상 관련 업무 등이다. 〈위맥연구소〉 공제조합 소개자료 참고.

실존 문제로 바라보면서 망연자실하고 기후우울증에 사로잡히는 것이 아니라, 모든 사람이 자신의 문제로 바라보게 한다. 나아가 모두 함께 이러한 초유의 상황을 공감하고 연대하고 협력하여 해결책 모색을 몸소 체험할 수 있는 협동의 판을 깐다는 점에 의의가 있다. 특히 기후공제는 탄소빈곤층에게 냉난방기를 보급할 수 있는 주체성이 된다. 일본의 경우처럼 공공에서 냉난방기를 직접 보급하는 것이 아니라, 기후공제회를 설립하여 대응하는 경우에는 탄소빈곤층과 저소득층이 기후공제회에 가입하여 상호부조와 협동, 연대의 판 위에서 냉난방기를 사용함으로써 자조적인 성격을 실현하는 것이라 할 수 있다.

다양한 기후공제회의 금융상품으로, 탄소빈곤층에게 주는 월요일 채식 기후공제조합 기금, 학생들에게 주는 화요일 자전거 사용 관련 기금, 가정주부에게 주는 수요일 물발자국 낮추기 기금, 농민에게 주는 목요일 나무 심기 기금 등을 상정할 수 있다. 또한 기후공제는 시장에서의 기후수당과 연계할 수 있다. 기업에서 주는 기후수당이 공론화되면, 이를 의무가입 형태로 기후공제회로 기후수당 책정금액을 돌려서 공제회의 금융상품에 따라 다양한 프로그램을 이용하도록 유도할 수 있다. 택배노동자와 배달노동자 플랫폼이 의무적으로 기후수당제도를 도입하고 이에 기후공제회의 기능을 장착하면 효과적일 것이다. 또한 공공에서의 기후국채 등과의 연계 방안도 구상해 볼 수 있다. 기후공제는 기후국채가 어떤 방식으로 작동하고 순환되는지 확인하는 기초적인 프로그램으로서의 의미가 있다. 또한 육류세, 기후세, 환경세 등 재정정책과 연계하는 것도 필요하다.

4. 기후보험의 가능성과 도전

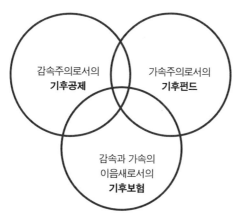

〈기후금융의 기본구도〉(필자가 자체 제작)

기후보험은 미래 문제가 핵심이다. 기후보험은 미래보장성이라는 핵심 개념에 따라 설계되고 모델링되는데, 오늘날은 자본조차도 미래투자 전망을 잃어버리고 단기투기성 자본으로 전락하여 부동산가치나 플랫폼에서의 지대차익 획득에 전념하며, 찰나라는 시간밖에 갖고 있지 못한 상황이다. 즉 보장성이 아닌 지속가능성의 입장에서의 보험설계가 요구되는 시점이다.

미래에 대한 여러 가지 구상은 다음과 같이 구분해 볼 수 있다. ① 근미래 : 바로 앞에 닥칠 문제이자 지금-당장 무언가 해야 한다는 설정이며, 호주보고서는 기후위기가 7년 앞으로 다가왔다고 적시한다. ② 원미래 : 조금 여유를 부려도 큰 영향이 오지 않는 문제라는 설정이며 무심결의 미래라 할 수 있다. ③ 보장된 미래(선형성) : 대칭적이고 안전하고 균형 잡힌 미래이며 의미화가 가능하다. 생명보험의 논리가 여기서 작동한다. ④ 미지의 미래(사건성) : 비대칭적이고 불안정하며 돌발적으로 다가오는 미래이며 지도화를 통해서 포착 가능한 기상재난의 상황을 의미한다. ⑤ 좀 더 나은 미래(진보성. 성장주의) : 어제보다 나은 오늘, 오늘보다 나은 내일을 의미하며, 자본주의적 진보를 통해 탈성장이라는 불편한 미래와 대비된다. ⑥ 미래에서 현재로(역행성, 지속가능성) : 내일의 관점에서 오늘을 보는 대비의 관점이다. 여기서 기후보험은 '보장된 미래'를 '미래에서 현재로'로 바꾸는 이야기 구조를 설립할 필요성이 있다.

천재(天災)가 아닌 인재(人災)라는 관점에서의 기후소송 역시 기후보험과 연계될 필요가 있다. 기후보험은 기후소송의 대표 소송인단을 구성하여 기상재해나 폭우, 폭염 등과 관련된 손실에 대해서 보험 내부 자금으로 문제를 해결하기보다는 기후위기를 초래하는 기업을 상대로 한 소송을 통해서 문제를 해결하는 방향으로도 나서야 한다. 석탄화력발전소나 탄소 과다 배출 기업에 대한 소송이 대표적인 사례가 될 수 있다. 기후보험 회사는 구체적인 탄소배출량과 이에 따른 책임을 정확히 산정하고, 이에 따라 소송을 통해서 책임 부위를 정확하게 묻는 회계적이고 정량적인 작업을 해야 한다. 기후보험은 미래세대의 청소년 기후소송의 경우처럼, 국민의 행복추구권 같은 헌법상 권리라는 추상 수위가 높은 소송이라기보다는 구체적인 인적, 물적 손실에 대한 직접적인 책임을 묻는 작업이기 때문에, 민형사상 법률을 포괄적으로 적용할 필요가 있다.

그렇다면 재난보험을 재구성한다면 어떤 좌표를 가질까? 재난보험에 관련하여 농산물 일부(9종)가 그 혜택을 받고 있다는 사실은 사실상 재난이 가시화되고 있는 상황에서 사회 안전망이 부재하다는 것을 의미한다. 이에 따라 기후보험은 재난보험의 기본요건을 갖추어야 한다는 점이 드러나는데, 이는 개인보험 형태보다는 읍, 면, 동의 지자체 등과의 교섭을 통해서 만들어 가야 한다. 생명보험의 가입 시 하나의 옵션이나 매뉴얼, 기능으로 기후보험 항목을 포함시키고, 점차 기능 연관을 확장하는 형태로 점진적인 기후보험으로의 이행을 추구할 수도 있다. 그러나 급격한 이행을 추구한다면 생명보험과 별도로 기후보험의 금융상품을 만듦으로써 전반적인 생활설계와 관련된 이야기 구조를 만들 필요도 있다. 보장성 중심의 생명보험의 이야기 구조는 사실상 낡은 것이 되었으며, 이는 삼성생명이 국내 2위의 석탄금융이었다는 사실에서도 드러난다. 기후위기에 대응하고 적응해야 하는 미래세대 입장에서 그러한 석탄금융으로서의 생명보험 회사의 자금운영은 지속가능성을 보장할 수 없으며, 반생명적인 기업

민간금융기관 석탄금융 Top 10　　(단위: 억원)　　▼ PF　▼ 회사채　▼ 보험

			PF	회사채	보험
1	삼성화재	77,073	5,321	11,844	59,908
2	삼성생명	74,115	9,319		64,796
3	KB손해보험	54,723	5,392	5,194	44,136
4	현대해상	37,006	3,217	6,635	27,154
5	농협생명	26,910	14,052	12,858	
6	교보생명	15,435	5,419	10,016	
7	한화생명	11,683	11,683		
8	하이투자증권	8,500		8,500	
9	신한생명	8,140	1,886	6,254	
10	농협은행	6,769	1,361	5,408	

생명보험의 석탄금융 비중, 〈석탄금융백서〉 p. 17.

운영이었다는 평가가 뒤따를 수밖에 없다.

5. 기후펀드의 가능성과 도전

우선 위기 시, 지역화폐와 연계한 기후펀드를 운영하는 것을 구상해 볼 수 있다. 한국정부는 유엔 산하 '녹색기후기금'(GCF: Green Climate Fund) 의 장국이며, 2019년 10월 31일 인천 송도 컨벤시아에서 열린 〈2019 국제기후금융산업컨퍼런스〉를 공동개최한 당사국이다. 그러나 기후금융에 대한 인식과 확산은 답보상태에 있다. 이는 기존 녹색금융상품의 일종으로 여겨져 왔던 기후펀드의 구체적인 운영방안 등이 제출되지 않았기 때문인 것으로 보인다. 기후펀드가 성장주의의 그림자가 깃든 금융자본의 일종으로 간주된 이유가 바로 의미와 가치에 대한 사회적 합의 없이 시장에 맥락 없이 나왔기 때문이다. 기후펀드는 지역화폐나 대안화폐 등 사회적 금융의 맥락 속에서 충분히 논의된 이후에 나와야 실효성이 있다는 점이 드러나고 있다.

이를테면 서울지역에서 재난지원금으로 나왔던 제로페이는 화폐의 지도화라는 측면에서 재난 대처법으로 성공적으로 운영되었지만, 기후금융과 기후펀드에 한해서는 투자를 허용함으로써, 화폐의 지도화와 자본의 의미화의 길항작용을 추구하는 것도 생각해 볼 수 있다. 기후펀드의 운영은 EU 등이 실행하고 있는 기후금융에 대한 대대적인 투자와 지속가능성에 기반한 투자방법 및 척도 개발, 기금 운영 방법 개발, 저탄소 포트폴리오 개발과 탄소발자국 기반 금융경제의 재편 등이 사례일 수 있으나, 한국 상황에서는 기후금융 특히 기후펀드 조성이 아직까지 답보상태에 있다.

이는 기후화폐를 작동시키는 지역화폐 그룹과의 충분한 연계를 구상하고 있지 않기 때문이다.

　그러므로 사회적 금융과 기후펀드의 연결가능성을 생각해야 한다. 먼저 사회적 금융은 (1) 자본의 경제적 이익 추구만이 아닌 경제, 사회, 환경의 공동이익으로의 전환을 고려해야 한다. 그라민은행이나 소셜투자, 마이크로파이넌스, 임팩트투자 등이 이에 해당한다. (2) 사회환경의 지속가능한 발전을 추구하는 금융적 모색으로 대안화폐, 윤리은행, 크라우드펀딩 등이 해당한다. (3) 사회적 가치에 대한 유럽은행 등의 금융 프로그램으로 사회적 문제의 해결에 방점을 찍는 영역이 여기에 해당한다. 사회적 금융과 제도권 금융이 접합되는 것은 자본의 사회화 국면과 사회의 자본화 국면의 최극단 지점에서의 교직 영역을 형성하는 것이라고 할 수 있기 때문에, 사회적 가치를 둘러싼 논쟁에 종지부를 찍을 것이 예상된다. 사회적 금융의 사회적 가치 영역에 대한 양적이고 질적인 척도 개발과 환산과 회계담론은 SK의 펀딩을 통해서 시도되고 있으나, 이는 오히려 사회와 분리된 자본은 더 이상 의미가 없다는 점을 보여주는 결과로 나타나고 있다. 또한 사회와의 교섭점이 바로 기후화폐이며 지역화폐라는 점을 보여주고 있다. 기후금융이 제도권 영역의 금융파생상품으로 맥락도 없고 배치도 없이 제시되는 것은 금융이 신뢰를 바탕으로 한 관계망의 일부라는 점을 무시하는 것이다. 그것이 아니라 사회적 금융의 맥락과 배치의 판 위에서 색다른 자본의 의미화 옵션이나 프로그램으로 자리 잡을 때라야 기후펀드는 일상과 생활세계에 안착할 수 있을 것이다.

　또한 재생에너지산업 투자처로서 기후펀드를 생각해 볼 수 있다. 재생에너지 산업이 발전하려면 지금처럼 전기 값이 싸고 남아도는 상황이 극복되어야 하는데, 그 대안으로 스웨덴처럼 유상증자를 하는 방법이 있다. 이를 위해서 전기요금을 인상하면서 기후펀드 주식을 나누어주는 방법을 채택할 수 있다. 무상증자의 저항을 완화하는 유상증자의 방법을 효과적으로 구사한다면 기후펀드 구성에서 주도권을 잡을 수 있을 것이다. 동시에 기후펀드는 재생에너지에 투자함으로써 이중의 시너지효과를 기대할 수 있으며, 재생에너지 부지 선정에서의 녹록 갈등을 해결하기 위한 생태배당의 주요 이해 당사자가 될 수 있다. 또 기후펀드는 각종 상품을 대상으로 탄소발자국 척도를 측정함으로써, 저탄소 상품과 저탄소 포트폴리오를 제시하는 기업에 대대적인 투자를 할 수도 있다. 특히 기업들이 추진하는 RE100 같은 재생에너지 100% 사용 선언을 현실화하기 위한 제도와 금융정책 등에서 기후펀드의 역할은 실질적인 재생에너지 설립 대행과 운영을 수행하는 중간 금융지원 조직으로 자리매김할 수 있다. 석탄금융을 운영하면서 수익성 등을 따졌던 각급 기업, 보험회사, 생명보험, 투자운영사 등이 탈석탄금융으로 전환한 이후의 대안으로 기후펀드가 자리매김하여, 재생에너지에 대한 투자를 통한 안정적인 자금운영과 탄소빈곤층에 대한 기여 등의 사회적 가치를 실현하는 펀드 운영 주체로 자리 잡아야 한다.

기후펀드, 저탄소 포트폴리오 투자 방안도 고민해야 한다. 기후펀드가 대규모로 조성된다면, 재생에너지 투자가 우선적인 투자 및 기금운용의 원리가 되겠지만, 다른 방향성으로 저탄소 포트폴리오를 가진 기업을 발굴하고 이에 대한 투자를 아끼지 말아야 한다. 저탄소 포트폴리오는 탄소발자국 척도를 모든 상품에 적용할 수 있도록 개발하여 이를 평가 척도로 삼고, 기업이 제품의 생산, 유통, 판매에 이르기까지 어떻게 탄소감축에 힘쓰는가를 모니터링하고, 사회적 책임투자의 ESG 등 척도를 활용하여 이들을 감시할 방안도 모색해야 한다. 저탄소 포트폴리오에는 단연코 유기농업이나 친환경농업 등 기후농부의 역할이 빠질 수 없다. 농업에 대한 투자를 통해서 식량난과 기후위기 두 마리 토끼를 잡을 수 있다는 점에서 기후펀드는 농업 중심의 전환사회의 마중물이자 중요한 투자 당사자가 될 수 있다. 특히 청년층에 기반한 사회적 기업이나 청년기업 등에서 제출한 저탄소 포트폴리오를 근거로, 미래세대에 대한 투자라는 큰 틀의 방향성에서 이를 주관하여 임팩트 투자의 자금운영처가 될 수 있다. 또한 녹색기술, 친환경기술 등에 대한 투자를 통해서 기후위기에 대응한 미래적인 가치투자가 되도록 이를 주도하고 선제적으로 대응하는 방안을 모색하는 것도 기후펀드의 역할이다.

기후펀드와 탄소경제(탄소중립, 탄소순환, 탄소세, 탄소시장)의 연계방안도 생각해 볼 수 있다. 탄소금융은 기후금융의 하위 카테고리이며, 기후금융은 기후위기에 대한 적응방안까지 포괄한다는 점에서 탄소금융과 짝을 이룬다. 탄소금융의 각 영역은 대부분 기후금융의 일부로서 작동하기 때문에, 기후펀드는 탄소경제의 투자 당사자 역할을 수행해야 한다. 특히 탄소세 같은 영역은 기름에 매겨졌던 유류세와 같이 SOC사업에 투하되는 자금이 아니라, 재생에너지와 기후펀드에 투하되는 공공자금 역할을 해야 할 것이다. 헝가리 경제학자 칼 폴라니가 적시했듯이, 상품을 사고파는 시장의 역할과 모아서 나누는 공공의 역할, 선물을 주고받는 공동체의 호혜적인 역할 등이 탄소순환, 탄소세, 탄소시장의 스펙트럼으로 배치될 수 있다. 탄소시장 영역에서, 탄소배출권거래제도의 구도가 제로섬 게임으로 설계되어 있지만, 해외의 시민사회가 탄소배출권을 사서 태우는 노력을 해 왔던 것과 마찬가지로 기후펀드가 이를 매각하는 주체가 되는 것도 기획할 수 있다. 탄소중립과 관련하여 해외나 국내에 나무를 심음으로써 탄소중립 목표를 달성하도록 하는 방안이 구사되는데, 이에 대한 기후펀드 역할이 크다고 할 수 있다. 탄소순환과 관련된 유기농업 지원에서, 클라우드펀딩을 통한 금융적 배치 속에서 농업에 투자가 되도록 하는 경우에도 일정 규모 이상을 기후펀드에서 투자하는 할당제를 운영하여 유기농업을 탄소순환으로 유도하는 데 일조해야 한다.

6. 소결론 : 위기에 강한 기후금융과 기후화폐를 위하여

기후금융은 금융의 일종임에도 불구하고 사회적 맥락과 배치를 가진다는 점에서 사회적 경제와 공명하는 바가 많다. 그러나 기후금융은 기후화폐와 연계하지 않는다면 사회적 가치를 목표로 한 기후금융 사업은 공염불이 될 가능성이 크다. 기존의 금융은 사회적 금융과의 교직과 협력을 통해서 기후금융으로의 구체화가 이루어진다면 위기에 강한 기후금융의 조직화 모델이 구축되리라고 판단된다. 그러므로 사회적 금융 분야에서 출발한 기후화폐운동은 기후금융의 골격과 뼈대, 철학을 세우는 일이라고 할 수 있다. 특히 기후공제운동은 이제 막 출발점에 서 있고, 기후보험은 가시화되지 않고 있으며, 기후펀드는 유명무실한 현시점에서 사회적 금융 분야에서 시작된 기후화폐운동에 거는 희망은 클 수밖에 없다.

앞서 말했듯이 하나의 모델이 모든 기후위기를 해결하는 것은 현실적으로 불가능하며, 다양한 모델을 통해서 대응력과 회복탄력성(resilience)을 확보하는 방안이 더 현실적이라고 할 수 있다. 여기에 기후금융도 배치되어 있으며, 기후금융의 한계와 가능성을 함께 고려하면서 판을 짤 필요가 있다. 문제는 각 모델의 이음새 역할을 하는 것이 무엇인가 하는 점이다. 가속주의 모델과 감속주의 모델, 진지전과 기동전, 재정정책과 통화주의 정책의 이음새 역할을 하는 것은 단연코 화폐이다. 그렇기 때문에 화폐의 지도제작의 가능성과 잠재력을 잘 살려나간다면, 기후화폐는 메타모델링을 가능케 할 이음새와 이행의 구성요소가 될 수 있다.

기후금융의 다각적인 제도화와 법제화는 현 시점에서 필요하지만 사회적 맥락을 형성하는 과정과 병행되지 않는다면 앙상한 골격만 드러내게 될 소지가 크다. 기후화폐는 기후위기에 직면해 출발을 어떻게 해야 할지 모르는 시민이나 주민들이 하나의 방안으로 라이프스타일을 수정하고 변경 하는 데 일조할 수 있다. 나아가 탄소발자국을 낮추는 효과에 머무는 것이 아니라, 기업과 공공에게 요구하고 저항하는 주체성 생산의 판을 까는 계기가 될 수 있다.

다가올 기후위기 시대에 기후화폐를 비롯한 다양한 방안이 연구되고 정책화되어야 한다는 것은 분명한 현실적인 판단이며, 이에 대해서는 성장, 발전, 성과를 바라는 여타 제도권 금융보다 기후화폐의 판 위에서 설립된 기후금융이 훨씬 더 적극성과 구체성을 띨 것이라고 판단된다.

V.
탄소경제와 탈탄소의 신화

1. 온실가스배출권 거래제와 탄소세

기후위기가 심각해지고 기후협약을 지키기 위해 온실가스 배출량을 줄여야 할 상황이 되자, 온실가스를 많이 배출하는 세계 여러 국가들은 어떻게 온실가스를 줄일지 고민하고 있다. 특히 온실가스의 대부분을 배출하는 기업들이 온실가스를 지속적으로 줄이도록 하는 것이 중요한 과제다. 온실가스 배출을 줄이기 위해 많은 국가에서 선택하고 있는 방법에는 크게 두 가지가 있다. 하나는 온실가스배출권 거래제이고, 다른 하나는 탄소세다.

온실가스배출권 거래제는 국가가 기업에게 배출할 수 있는 온실가스의 총량을 정해주는 것이다. 그것을 배출권이라고 하며 기업은 대개 배출하는 이산화탄소 1톤당 하나의 배출권을 할당 받는다. 기업들은 할당 받은 배출권이 부족할 경우 탄소시장에서 다른 기업에게 배출권을 살 수도 있고, 배출권이 남을 경우 다른 기업에 팔수도 있다. 예를 들어, 같은 규모의 기업 A와 B가 있다고 해 보자. 두 기업 모두 정부로부터 일 년에 100톤의 이산화탄소를 배출할 수 있는 배출권을 할당 받는다. 그런데 A기업은 탄소를 많이 배출해서 연간 120톤의 탄소를 배출할 것이 예상된다. 그러면 초과한 20톤만큼 벌금을 내야 한다. 반면 B기업은 온실가스를 적게 배출하기 위해 노력해서 이산화탄소를 80톤만 배출할 것이 예상된다. A기업이 벌금을 내지 않기 위해서는 B기업의 남는 20톤의 배출권을 사서 초과 배출 분만큼을 충당해야 한다. B기업은 배출권을 팔아서 이익을 보게 된다.[1] 만약 기업들이 온실가스를 많이 배출한다면 배출권을 서로 사려고 할 것이고, 그러면 배출권 가격이 올라간다. 이렇게 되면 온실가스를 적게 배출하는 기업은 배출권을 팔아 많은 이익을 볼 수 있다. 반면에 온실가스를 많이 배출하는 기업은 비용을 줄이기 위해 온실가스를 적게 배출하려 노력하게 된다. 온실가스 저감기술에 투자도 일어날 것이다. 온실가스배출권 거래제는 이처럼 탄소시장을 통해 기업들의 온실가스 배출량을 줄이는 정책이다. 이 제도는 유럽의 17개 국가와 미국의 캘리포니아 주, 중국의 상하이, 베이징 등 7개 지역, 뉴질랜드 등에서 시행 중이다. 한국도 2015년부터 온실가스배출권 거래제를 시행하고 있다.[2]

탄소세는 정부가 탄소 배출량을 기준으로 세금을 거두는 것이다. 예를 들어 이산화탄소 1톤당 1만원으로 탄소세를 정했다면 앞에서 살펴본 A기업은 120톤을 배출했으므로 120만원, B기업은 80톤을 배출했으므로 80만원의 탄소세를 내게 된다. 기업들은 탄소세를 덜 내기 위해 온실가스 저감기술에 투자하는 등의 노력을 할 것이다. 탄소세는 마치 전기요금이나 수도요금처럼 온실가스를 배출하는 만큼 부담하게 해 기업들의 온실가스 배출량을 줄이겠다는 정책이다. 탄소세는 북유럽을 중심으로 한 유럽의 15개 국가들과 캐나다, 멕시코, 아르헨티나 등 남북 아메리카 대륙국가들,

---

1 왕한, 「탄소배출권거래제도가 에너지소비량에 미치는 영향에 관한 연구」, 중앙대학교대학원, 2018.8.
2 〈국내 배출권거래제 3기 준비 중…세계 배출권 현황은?〉(전기신문, 2020.6.5)

일본, 싱가포르 등 아시아 국가들도 채택하고 있다. 또 유럽의 15개 국가들과 일본의 도쿄시 등은 배출권 거래제와 탄소세를 함께 시행하고 있기도 하다.[3]

온실가스배출권 거래제와 탄소세는 모두 오염자 부담 원칙을 따른다. 두 제도 모두 생산자와 소비자가 온실가스 배출이라는 사회적 비용의 일부를 내재화함으로써 탄소에 명확한 가격을 부과하는 성격을 띤다.[4]

온실가스배출권와 탄소세 중 어느 것이 더 나은가는 논쟁 중이다. 온실가스배출권 거래제를 옹호하는 이들은 이 제도를 통해 더 확실히 온실가스를 저감할 수 있다고 주장한다. 정부에서 온실가스배출 총량을 정할 수 있기 때문이다. 반면 탄소세를 옹호하는 이들은 배출권 거래제는 복잡할 뿐 아니라 탄소시장을 운영하고 감시하는 등의 행정비용이 들어간다고 비판한다. 뿐만 아니라 탄소배출량의 측정에 많은 비용이 필요하며 이에 대한 정확한 모니터링 정보를 확보하기 어렵다고 주장한다.[5] 탄소세는 설계와 집행의 단순성과 불확실성의 처리라는 점에서 배출권 거래제보다 비교 우위에 있으며, 징수한 탄소세를 저탄소 기술 개발, 청정에너지 시설 건립 등에 사용하여 온실가스 배출을 줄여 갈 수 있다고 주장한다. 이론적으로 어떤 방식이 더 나은가에 대한 합의는 이루어지지 않고 있지만, 현실에서는 정치적으로 덜 부담스러운 배출권 거래제를 채택하는 국가가 더 많은 것으로 알려져 있다.[6] 하지만 온실가스배출권 거래제든 탄소세든 중요한

---

3 〈배출권 거래 및 탄소세: 두 가지 정책수단, 하나의 목표〉(ETS 브리프 8호, 2019년 4월)
4 〈배출권 거래 및 탄소세: 두 가지 정책수단, 하나의 목표〉(ETS 브리프 8호, 2019년 4월)
5 왕한, 앞의 글.
6 윤효영, 「배출권거래제도의 현황과 개선 방안」, 『강원법학』 45, 2016. pp. 393-431.

것은 "실제로 온실가스 배출을 줄일 수 있는가?" 하는 점일 것이다.

온실가스배출권 거래제와 탄소세의 문제점

온실가스배출권 거래제나 탄소세가 효과를 발휘하지 못하는 것은 어떤 경우일까? 우선 온실가스배출권 거래제에서 온실가스를 정해진 배출권 이상 배출했을 때 내는 벌금이 그다지 크지 않다면 기업들은 온실가스 배출을 줄이는 노력을 크게 하려고 하지 않을 것이다. 온실가스 배출을 줄이기 위해 새로운 기술에 투자를 하는 것보다 벌금을 내는 것이 더 이익이기 때문이다. 또 온실가스배출권이 너무 많이 할당되는 경우도 마찬가지다. 이때는 기업별 온실가스배출권이 남아돌고, 가격은 폭락한다. 기업들은 온실가스를 줄이기보다 온실가스배출권을 사서 온실가스 문제를 해결하려고 할 것이다. 이 경우에 온실가스배출권 가격이 계속 올라간다면 기업들은 남는 온실가스배출권을 팔기보다 가격이 더 올라갈 것에 대비해 그냥 저축해 놓을 수 있다. 온실가스 배출이 많은 기업은 배출권이 너무 비싸고 살 수도 없으니, 온실가스배출권 거래제가 없는 다른 국가로 공장을 이전할 수도 있다. 또 정부에서는 온실가스배출권 거래제가 잘 작동하는지 정확히 측정할 필요가 있는데 이 또한 쉽지 않고 비용이 많이 들어가는 일이다.

또 배출권거래제가 환경문제 해결 고정에서 불평등을 초래하거나 기존의 불평등을 더욱 악화시킬 수 있다는 의견도 있다. 배출권 거래에 따라 환경오염의 증가가 경제적 약자 지역에 집중돼 대체로 환경오염이 심한 이 지역이 환경위험에 더욱 심각하게 노출될 수 있다는 것이다. 경제력이 약한 오염원은 비용이 많이 들어가는 오염을 줄이는 기술을 도입하기보다 배출권을 구입할 가능성이 많은데, 이러한 시설은 보통 소외계층이 거주하는 지역에 많이 위치하므로, 결과적으로 이들의 환경오염에의 노출은 더욱 심화된다.[7]

온실가스배출권 거래제의 문제점은 현실적으로 발생하고 있다. 유럽의 경우 기업의 해외 이전을 막고 거래제에 참여를 높이기 위해 너무 많은 배출권을 공짜로 기업들에게 나누어주었고, 그 결과 배출권 가격이 폭락하였다. 유럽의 배출권 가격이 2005년 25유로 수준에서 경제성장 둔화, 국제 탄소규제 공조 약화 등의 이유로 2013년 4유로까지 급락하면서 석탄 소비 감소세가 둔화되었다는 연구 결과가 있다.[8]

한국의 경우는 2017년 온실가스배출권 가격이 약 8,000원에서 약 26,000원으로 급등하는 일이 발생했다.[9] 그만큼 기업들이 온실가스를 많이 배출했다는 이야기다. 그러자 많은 기업이 온실가스배출권을 탄소시장에 내놓지 않고 가지고만 있었다. 배출권 가격이 더 올라가면 손해를 볼 수도 있으므로 팔지 않은 것이다. 반면에 탄소를 많이 배출하는 기업은 온실가스배출권을 사고자 해도 살 수가 없었다. 기업들은 정부에 불만을 터뜨렸고, 정부는 탄소시장 안정화 명목으로 기업들에게 배출권을 추가로 할당했다. 기업들이 온실가스를 더 배출할 수 있도록 허가해 준 것이다. 결과적으로 한국에서 배출권 거래제를 통한 온실가스 저감 효과는 미미한 것으로 나타나고 있다. 한국의 온실가스 배출은 2014년 6억4,810만 톤에서

7 〈탄소세, 지구를 살릴까?〉 (오마이뉴스, 2019.12.2.)
8 한택환 · 임동순, 「EU의 비시장적 환경규제가 전원 내 석탄비중과 배출권 가격에 미친 영향 분석」, 『환경정책』 제27권 제1호, 2019.3: pp. 151-179.
9 최임수, 「탄소배출권 시장의 불안정과 정부의 대응」, 『Asia-pacific Journal of Multimedia Services Convergent with Art, Humanities, and Sociology』 Vol.8, No.6, June(2018).

2018년 7억2,760만 톤으로 증가했는데 이것은 OECD국가 중 가장 높은 증가율이다. 2015년부터 온실가스배출권 거래제를 시행했지만 온실가스 배출량을 줄이지는 못한 것이다. 심지어 배출권을 할당받은 기업조차 연간 온실가스 배출량이 2015년 5억4,270만 톤에서 2018년 6억150만 톤으로 10.5% 늘었다.[10] 또 한국의 온실가스배출권 거래제가 지역별 에너지 절감에 효과가 거의 없다는 연구 결과도 있다.

한국의 온실가스배출권 거래제는 이 외에도 근본적인 문제점이 있다는 지적도 있다. 온실가스배출권 거래제의 근본 목적은 기업들이 온실가스 배출을 줄이도록 하는 것인데, 기업들이 온실가스를 실제로 줄였는지를 파악할 수 있는 데이터가 없다는 것이다. 기업별 할당량이 공개되지 않으니 감축량을 알 수가 없고, 기업들은 배출권을 사서 목표치만 맞추면 그만이다. 기업들에게 감축 성과에 따라 페널티나 인센티브를 줄 수 없게 되고, 결과적으로 제도 도입에 따른 기업들의 온실가스 감축 유인 효과가 떨어지는 것이다.[11]

온실가스배출권 거래제에 이렇게 많은 문제가 있다 보니 탄소세를 도입해야 한다는 주장이 나온다. 탄소세를 옹호하는 이들은 탄소세를 기후변화의 가장 효과적인 대책으로 평가하는데, 미국 컬럼비아대학교 글로벌 에너지 정책센터는 미국이 2020년부터 탄소 배출 1톤당 세금 50달러를 매기고 매년 2%씩 인상하면, 이로 말미암아 2025년에는 2005년에 비해 탄소 배출량을 최대 46%까지 줄일 수 있다고 전망하기도 했다.[12]

---

10 〈누굴 위한 온실가스배출권거래법인가〉(더스쿠프, 2020.9.1.)
11 〈누굴 위한 온실가스배출권거래법인가?〉(더스쿠프, 2020.9.1.)
12 〈탄소세, 지구를 살릴까?〉(오마이뉴스, 2019.12.2)

하지만 탄소세도 온실가스배출권과 비슷한 문제점이 있다. 만약 탄소세가 너무 낮다면 기업들은 온실가스 배출을 줄이려는 노력을 별로 하지 않을 것이다. 스웨덴의 경우 1991년 탄소세를 도입했지만 세율이 너무 낮아서 배출량 감축 목표를 달성하지 못했다. 그래서 2000년 이후 본격적으로 세율을 인상하기 시작했고, 2016년 톤당 100유로 정도로 탄소세를 대폭 높이는 조치를 취해서 26%의 온실가스 감축에 성공했다. 핀란드의 경우도 1990년 탄소세 도입 초기에는 이산화탄소 1톤당 4.1유로의 탄소세를 부과했지만, 2017년에는 톤당 약 60유로로 인상했다.[13][14] 이렇게 유럽의 많은 국가들은 탄소세를 통해 온실가스 감축에 성공하고 있다. 하지만 이것은 모범적인 몇몇 국가의 사례이고, 2019년 탄소세를 도입하고 있는 50여 개국의 탄소세 평균은 2달러 정도에 불과하다. 이렇게 낮은 탄소세로는 기업들이 탄소 배출을 줄이려는 노력을 하지 않을 것이다. 그래서 최근 국제통화기금(IMF)은 2030년까지 탄소세를 톤당 75달러까지 올려야 한다고 발표했는데, 이는 2019년 현재 탄소세의 약37배에 해당하는 금액이다. IMF는 "현재 탄소세 수준은 기후변화를 방지하기에는 턱없이 낮다. … 지구온난화는 글로벌 경제에 치명적인 타격을 가하고 돌이킬 수 없는 위험을 일으킨다. 오래 기다릴수록, 세계 경제가 받는 타격은 점점 더 커질 것"[15]이라고 경고했다.

때로 탄소세는 국민의 반발을 불러오기도 한다. 탄소세는 원칙상 탄소를 배출하는 모든 이들에게 부과가 되기 때문에 기업뿐 아니라 일반 시민

13 〈OECD 대표부, 배출권거래제도와 탄소세〉(OECD 대한민국대표부, 2009.3.5)
14 〈주요국가의 탄소세 등의 도입 현황〉(대한석유협회 미래전략팀, 2018.3.23)
15 〈탄소세, 지구를 살릴까〉(오마이뉴스, 2019.12.2)

들에게도 부과되되고, 특히 수입이 적은 저소득층에게 부담이 된다. 그래서 2018년 프랑스는 탄소세를 인상하려다가 국민들의 반대에 부딪쳐 인상안을 철회했다.[16] 이는 온실가스배출권의 경우에도 간접적으로 발생할 수 있는 문제다. 기업들이 배출권을 구입하는 데 들어간 비용을 제품에 반영하는 경우 소비자의 부담이 커지게 된다. 그래서 온실가스배출권이나 탄소세로 인해 취약계층이 피해를 보지 않게 보호하는 정책이 필요하다. 스웨덴은 탄소세를 인상하면서 저소득층과 중산층의 소득세를 인하해 주었다. 스위스는 징수한 탄소세를 모든 국민에게 균등하게 되돌려주는 생태배당제도를 시행하고 있다. 이렇게 되면 에너지를 아낀 기업이나 개인은 적은 탄소세를 내고 많은 생태배당을 받아 이익을 보게 된다. 에너지를 아낄 이유가 충분해지는 것이다.

이렇게 온실가스배출권 거래제와 탄소세는 모두 현실적인 문제점이 있다. 온실가스 배출을 줄이는 데는 배출권 거래제보다 탄소세가 나은 정책이라는 평가가 있고, 많은 환경단체들이 탄소세를 지지하고 있지만, 살펴본 것처럼 탄소세가 만능은 아니다. 실제로 기업과 개인이 온실가스 배출을 줄이고 에너지를 아끼기 위해 노력할 만큼 충분히 세율이 높아야 하고, 반면에 이로 인해 취약계층이 피해보지 않도록 하는 대책도 필요하다. 온실가스 배출을 많이 하는 기업이 탄소세가 없는 국가로 공장을 이전하는 일도 벌어질 수 있기 때문에, 탄소세가 더 많은 나라에서 시행되게 해야 한다. 또 생산과정에서 지나치게 많은 온실가스를 배출한 제품은 수입을 금지한다거나, 제품 가격에 온실가스 배출량이 반영되도록 하는 국제적

16 앞의 글.

인 조치도 필요하다.

탄소배출권과 탄소세의 근본적인 문제점

하지만 온실가스배출권 거래제와 탄소세에는 더 근본적인 문제점이 있다. 온실가스배출권이란 '온실가스를 배출할 수 있는 권리'를 말한다. 즉 '일정량의 온실가스를 배출하여 지구 대기를 오염시킬 수 있는 권리'를 주는 것이다. 이 온실가스배출권에는 무상할당과 유상할당 방식이 있는데 무상할당은 말 그대로 정부가 배출권을 무상으로 배부하는 것이고, 유상할당은 탄소세와 유사하게 돈을 주고 배출권을 사게 하는 것이다. 한국정부는 2015년부터 시작된 배출권거래제 1차 계획 기간에는 100%, 2018년부터인 2차 계획 기간에는 97%, 3차 계획 기간 이후에는 90%를 무상할당할 계획인데, 이는 지나치게 높은 비율로, 온실가스 감축 효과보다 기업들의 편의를 우선 고려한 대표적인 사례라고 할 수 있다. 또한 배출 감축이라는 배출권 거래제의 취지에 역행하는 것일 뿐 아니라, 오염자 부담 원칙에 어긋나는 조치이다.[17]

이렇게 정부가 기업이나 개인에게 지구를 오염시킬 합법적인 권리를 주는 것이 타당한 일일까? 다른 말로 이것을 '상품화' 또는 '시장화'라고 할 수 있는데, 배출권거래제는 자연물인 대기를 오염시킬 수 있는 권리를 상품화하여 시장에서 사고팔게 만든 것이다. 따라서 이렇게 자연을 상품으로 취급하면서 '대기를 오염시키는 그릇된 행위를 할 수 있는 권리'를 배출권이라는 형식으로 합법화하는 것이 옳은가 하는 윤리적, 도덕적 비판이 제

17 윤효영, 앞의 글, pp. 393-431.

기되고 있다.[18] 이것은 탄소세의 경우도 마찬가지다. 탄소세는 지구를 오염시킨 만큼 돈을 내는 것이지만, 반대로 생각하면 돈을 내면 지구를 오염시킬 수 있다는 뜻이 되기 때문이다. 이는 '시장이 더 낫다'라는 교조적인 '시장 우위의 전제'로 요약되는 전형적인 경제주의 사고방식이라고도 할 수 있다.

이러한 경제주의적 사고는 외부성 또는 외부비용을 고려하기 어렵게 만든다.[19] 즉 '가격과 가치 간의 질적인 차이'[20] 환경적 재화나 서비스의 '가설적 가치'(hypothetical value)[21] 또는 '기능적 가치'(functional value)[22]와 같이 단순한 산술적 계산으로는 포착될 수 없는 사회적, 문화적인 가치의 다차원성을 적확하게 고려할 수 없다.

그래서 마이클 샌델과 같은 학자는 자연을 돈으로 환산할 수 있다는 생

---

18 이덕연, 「온실가스배출권의 재산권화 및 상품화에 대한 비판적 고찰」,『강원법학』54, 2018, pp. 325-365.

19 External Cost. 어떤 일방의 경제 행위가 그와는 상관없는 제3자에게 부정적인 영향을 끼침으로 발생하는 경제비용을 의미한다. 제품의 생산과 소비로 인한 대기오염, 인위적 기후변화, 수질오염과 같은 환경에의 부정적 영향이 외부비용의 대표적인 사례이다. 외부비용을 실제 제품가격에 반영하는 것을 내부화(Internalization)라고 한다. (https://atomic.snu.ac.kr/index.php/외부비용)

20 양심이나, 명예, 신뢰 등의 비물질적인 대상에도 가격을 매기는 것에 따른 현상을 지적하는 것으로, 전면적인 '시장화'의 흐름 속에서 자본이 그 폭과 깊이를 확대 및 심화함에 따라 이 격차가 훨씬 더 벌어지게 된 점이 주목된다. David Harvey, 황성원 옮김, 『자본의 17가지 모순(Seventeen Contradictions and the End of Capitalism, 2014)』, 동녘, 2014, p. 102. 이덕연, 앞의 글, pp. 325-365에서 재인용.

21 시장에서 상품가치에 반영될 수 없는 이른바 '존재가치'나 생명 또는 건강과 같이 '값을 매길 수 없는'(priceless) 가치가 내장된 사회규범, 자연자원의 심층적인 생태 윤리적 가치 등을 고려하는 '가설적 가치'는 계량화되어 명시적으로 표시되는 시장 교환가치에 대비되는 개념으로 사용된다. 이 개념은 불가측의 잠재적인 피해를 포 함하여 환경훼손의 비용을 추계하는 방법으로 고안된 '불확정적인 가치평가방법'(contingent valuation method)과도 밀접한 관계가 있다. 이덕연, 앞의 글, pp. 325-365.

22 '사용가치'(use value)만을 고려하는 일차원적인 가치론 모델에서는 상정되지 않는 복합적인 개념이다. 이덕연, 앞의 글, pp. 325-365.

각에는 근본적인 윤리적 문제점이 있다고 지적한다. 예를 들어 인간을 상품으로 취급하였던 노예제도의 끔찍함은 인간의 존재가치 자체를 인정하지 않는 반인륜적 태도에서 비롯되는 것이라고 샌델은 이야기한다. 우리는 인간의 존엄성을 인정하기에 아무리 많은 돈을 내더라도 살인이나 학대가 합법화되지는 않는다. 이것은 자연에 대해서도 마찬가지가 되어야 하지 않을까? 만약 기업이나 개인이 허용된 이상 온실가스를 배출하는 것이 '불법'이 된다면 우리는 기후위기를 훨씬 빨리 극복할 수 있을 것이다. 실제로 유럽에서는 배출권거래제가 잘 작동하지 않아 석탄 사용이 증가하자, 비시장적 환경 규제를 통해 다시 석탄 사용을 감축한 사례가 있다.[23]

온실가스배출권 거래제나 탄소세는 물론 중요하고, 실제 온실가스 배출을 줄일 수 있도록 실행되어야 한다. 하지만 근본적으로 더 중요한 것은 우리 인식의 변화이다. 단지 '온실가스를 배출하면 돈이 들어가니 좀 아껴야겠다.'라는 정도로는 현재의 심각한 기후위기를 해결하기 어려울 것이다. 대기는 잘게 쪼개서 상품화할 수 있는 물건이 아니다. 모든 생명의 바탕이며, 생태계의 중요한 요소이다. 대기가 우리의 삶을 지탱하는 중요한 공공재임을 인식하고, 온실가스를 배출하거나 대기를 오염시키는 것이 인간의 삶뿐 아니라 전체 지구 생태계를 위협하는 일이라는 것을 깊이 깨달을 때 기후위기를 근본적으로 해결할 수 있을 것이다.

23 한택환 · 임동순, 앞의 글, pp. 151-179.

2. 에코마일리지와 기본소득(생태배당)

지금까지, 기후위기에 대응하기 위해 기업과 정부 수준에서 시행하고 있는 시도들을 살펴보았다. 그러면 개인들이 에너지를 더 절약하고 온실가스 배출을 줄일 수 있도록 하는 정책은 어떤 것이 있을까?

우선 에코마일리지 제도가 있다. 이 제도는 시민들이 에너지를 아낀 만큼 마일리지가 적립되고, 이에 따라 다양한 혜택을 주는 제도다. 에코마일리지 제도가 시작된 지는 10년이 넘었는데, 2009년 서울시에서 시작한 "원전 하나 줄이기" 사업이 그 효시이다. 당시 서울시는 2020년까지 온실가스 배출량을 1,000만 톤 줄이겠다는 계획을 세웠다. 그런데 서울시에는 공장과 같은 산업시설이 거의 없고, 대부분 가정과 상업 시설이기 때문에 온실가스 배출을 줄이기 위해서는 시민들의 에너지절약 동참이 필수적이다. 실제로 한국의 2017년 에너지 소비를 보면 산업부문이 61.7%, 가정·상업부문이 17.1%인 반면, 서울의 경우는 가정·상업부문이 54.8%로 가장 높고 산업부문은 10.7%밖에 되지 않는다. 이런 이유로 시민들의 참여를 높이는 방법으로 에코마일리지 제도를 도입하게 된 것이다.[24]

에코마일리지 제도는 가정에서 사용하는 전기, 수도, 도시가스, 지역난방에 적용되는데, 전년도 사용량과 비교해 에너지 사용을 줄인 만큼 마일리지를 적립해 준다. 에너지 사용량을 5~15% 줄일 경우 1~5만 원의 에코마일리지를 적립할 수 있고, 적립된 에코마일리지는 다양한 용도로 사용

---

24 김남수 등, 〈10년간의 에코마일리지 성과 분석 및 향후 제도 발전방안 연구〉(국토환경연구원, 2019.6)

할 수 있다. 우선 현금처럼 사용할 수 있는데, 신용카드 포인트로 적립하거나 전통시장에서 사용하는 온누리 상품권으로 교환할 수 있다. 또 멀티탭이나 LED 전구 같은 친환경 용품을 구매하는데 직접 사용하거나 지방세와 같은 세금이나 아파트 관리비로 사용할 수 있고, 에너지 빈곤층에게 기부를 하거나, 중국과 몽골 사막화 방지를 위한 나무심기에 기부할 수도 있다. 에코마일리지 제도는 서울에 이어 부산, 경기도, 전라남도 등 다른 지자체로도 확대되고 있다.

그런데 에너지를 줄여야겠다고 마음을 먹어도 어떻게 줄여야 할지 막막할 수 있다. 서울시에서는 에코마일리지 홈페이지를 통해 각 가정의 에너지 사용 현황을 진단하고, 에너지를 절약할 수 있는 방법을 제안하고 있다.[25]

또 환경부에서도 2009년부터 에코마일리지와 비슷한 탄소포인트 제도를 시행하고 있다. 전기, 수도, 도시가스 등을 절약한 만큼 마일리지를 지급하고, 이를 현금, 카드포인트, 상품권, 종량제 봉투 구입 등 용도로 사용하거나 기부도 할 수 있다. 탄소포인트 제도는 서울을 제외한 전국 지방자치단체에서 시행 중이다.[26]

2020년 현재 에코마일리지 회원은 213만 명으로 20%가 넘는 서울시민이 가입했다. 탄소포인트 제도에도 약 192만 가구가 가입해 있다.[27] 이 에코마일리지와 탄소포인트를 통해 저감시킨 온실가스는 2008년에서 2017

---

25 에코마일리지 안내문(https://ecomileage.seoul.go.kr)
26 탄소포인트제 안내서(https://cpoint.or.kr/user/guide/cpoint.do)
27 〈서울시민 5명 중 1명 에코마일리지 회원…상반기 온실가스 16만4천톤CO2 감축〉(서울특별시 새소식, 2020.5.20)

년까지 864만 톤에 이르는데[28] 이는 소나무 약 13억 그루, 비용으로 환산하면 2조 4천억 원이 넘는 전력 생산 비용을 절감한 것과 같다.[29]

하지만 개선해야 할 점도 있다. 우선 시민들의 절약에는 한계가 있다는 지적이 있다. 절약에 대해 인센티브를 준다고 해도 끝없이 에너지 소비를 줄일 수는 없기 때문에 참여율이 떨어질 수밖에 없다는 것이다. 이렇게 시민의 참여나 감축 노력은 정체되는 반면 인센티브 비용은 지속적으로 지출될 수밖에 없다. 실제로 2019년 상반기 인센티브 지급액은 증가함에도 불구하고 온실가스 감축 성과는 오히려 줄어들어 감축 성과와 비용 간의 상관성이 미약한 것으로 나타났다.[30] 또 현재 에코마일리지나 탄소포인트제에 참여하려면 인터넷에 접속하여 회원가입을 해야 한다. 컴퓨터가 없거나 활용 능력이 부족한 인터넷 소외계층은 제도 참여 자체가 불가능한 것이다. 탄소포인트제의 경우 그 목표를 가입가구 수 확대에 두다 보니 회원들이 실제로 온실가스 배출을 줄였는지가 확인되지 않는다는 지적도 있다.[31] 또 현재의 에코마일리지 제도는 전기, 수도, 가스 등 건물 부문의 에너지절약에 대한 보상에 국한되어 있다는 약점이 있다. 그래서 시민 참여 플랫폼을 구축해 이러한 약점을 보완해야 한다는 의견이 있다. 건물, 교통, 소비, 에너지전환 등 시민생활 전 분야로 제도를 확대하고, 온실가스 저감 활동에 대한 보상뿐 아니라 시민들의 의식을 제고하고 행동을 촉진

---

28 탄소포인트제 홈페이지(https://cpoint.or.kr/)

29 〈서울시, 에코마일리지로 193만7,000톤의 온실가스 배출량 저감 효과〉(인더스트리 뉴스, 2018.6.19.); 〈한해 소나무 2억3천만그루 심는 효과 '탄소포인트제'〉(연합뉴스, 2017.7.18)

30 김정인, 김건우, 「탄소포인트제 확장방안과 효과분석」, 『환경정책』 제29권 제4호, 2021.12, pp. 111-129.

31 〈에코마일리지: 시민참여형 에너지절약 프로그램〉(https://www.seoulsolution.kr/ko/node/3348)

해야 한다는 것이다. 이를 위해서는 중앙정부, 지방정부, 시민단체, 기업들의 자발적 협력이 필요하다.[32]

　국민 개개인의 에너지절약을 유도하기 위한 정책은 해외에서도 찾아볼 수 있다. 재미있는 사례로 스위스의 생태배당이 있다. 스위스는 2008년부터 국가가 탄소감축 목표를 세우고, 목표를 달성하지 못할 경우 국민들에게 화석연료를 소비한 만큼 세금을 걷는다. 이렇게 징수한 세금의 3분의 1은 건물과 주택의 에너지 개량 사업과 신재생에너지 사업에 투자하고, 3분의 2는 1/n로 나누어 스위스 거주자 모두에게 기본소득 형태로 지급한다. 이렇게 되면 에너지를 덜 소비한 기업이나 가정은 세금을 덜 내고 더 돌려받게 된다. 에너지를 아낄 동기가 분명해지는 것이다. 스위스에서 한 해 동안 거둬들이는 탄소세는 2019년 기준 1조 5천억 원에 이른다. 스위스 인구가 약 857만인 것을 생각하면 상당한 액수다. 또 이 중 3분의 1인 5천억 원을 에너지 절감과 신재생 에너지 사업에 투자한다면 큰 효과를 거둘 수 있을 것이다. 현재 스위스는 생태배당 제도를 난방 연료에 한해 적용하고 있는데, 2008년 생태배당 시행 이후 에너지 소비가 30% 가까이 감소하는 효과를 보았다. 이렇게 생태배당의 온실가스 저감 효과가 입증되자 환경단체는 생태배당 제도를 자동차 연료로 확대하자고 제안하고 있다. 스위스의 생태배당은 해외에서도 성공적인 모델로 주목되어, 미국과 독일에서도 도입을 고려하고 있다.[33]

　코로나19의 대유행 속에서 기본소득 성격의 생태배당은 더 유력한 자

---

32 김남수 등, 앞의 글.
33 조혜경, 〈스위스 탄소세 생태배당 모델, 성공적 환경정책의 모범사례로 부상하다〉(정치경제연구소 대안, Alternative Issue Paper No.14, 2019.8.26)

원 분배 수단이 될 수 있다. 예를 들어 코로나19 사태로 어떤 식당이 정부의 영업금지조치로 인해 장사를 하지 못했다고 가정해 보자. 그러면 당연히 그 식당은 에너지를 거의 소비하지 않았을 것이다. 이 경우 식당은 생태배당을 통해 어느 정도 손실을 보전할 수 있다. 반면 코로나19 사태에도 많은 수익을 올린 회사가 있다면(예를 들면 마스크 회사) 그 회사는 많은 탄소세를 내게 될 것이다. 현재 우리 사회는 일반적으로 경제활동에 따라 탄소소비가 많아지기 때문에 생태배당은 자연스럽게 부의 재분배 역할도 할 수 있다.

전 국민에게 아무 조건 없이 현금을 나누어주는 기본소득은 이전에는 생각하기 어려운 정책이었다. 하지만 코로나19 사태 이후 기본소득은 현실이 되었다. 한국에서도 탄소포인트제와 같은 인센티브 정책뿐 아니라 스위스의 생태배당과 같은 기본소득 정책 도입도 적극 고려하여, 개인이 에너지절약과 온실가스 저감 활동에 더욱 적극적으로 참여하도록 해야 한다.

VI.
기본소득과 MMT*

* 이 글은 생태적지혜미디어에 'MMT(Modern Monetary Theory)와
기본소득'이라는 제목으로 수록되었다.

MMT(Modern Monetary Theory)와 기본소득

MMT(현대경제이론)은 스테파니 켈톤 교수로부터 발의되어 미 대선 후보인 버니 샌더스, 그린뉴딜을 주장하는 알렉산드리아 오카시오 코르테스 미 하원의원의 경제 정책의 핵심적인 토대를 이루었다. 양적 완화라는 이름으로 돈을 찍어서 민간은행과 자본에게 주던 기존의 정책이 아니라, MMT는 그 돈을 시민에게 직접 준다는 점에서 기본소득을 현실화할 수 있는 유력한 방안으로 논의되고 있다.

한국정부가 디플레이션 막기 위해 토건과 SOC사업의 카드를 만지작거리고 있는 현 시점에서, 공공은행에서의 화폐의 발행을 통해서 그린뉴딜, 기본소득, 기후금융의 종잣돈을 마련하려는 MMT를 어떻게 보아야 할까?

화폐인류학 : 폐총과 조개껍데기 화폐의 양적 폭발

인류 최초의 화폐가 조개껍데기였다는 것은 잘 알려져 있지만, 그것의 양적 폭발에 대한 논의는 거의 없다. 어디든 조개껍데기들은 널려 있고, 폐총과 같은 곳에서 누구든 언제든 주워서 쓸 수 있는 것이 화폐였다니, 그런 화폐의 사용 방식이 인류에게 전반적으로 시행되었던 인류사적인 기억에 대해서 아연실색할 수밖에 없다. 그럼에도 화폐경제가 유지되었다는 점은 조개껍데기 화폐는 사회적 신용이나 공동체적인 신뢰관계의 상징

적인 의미밖에 없었기 때문이라고 생각할 수도 있다. 그러나 화폐의 양적 폭발은 데팡스(과잉에너지)에 대한 접근 가능성이 누구에게나 열려 있었다는 점에 대한 시사점을 준다. 화폐를 시민들에게 언제든 쓸 수 있는 매개체로 돌려준다는 의미는 무엇일까? 돈이 없어서 굶고 돈 때문에 울고 쩔쩔맸던 기억이 있는 사람이라면 더욱 MMT(현대통화이론)에 대해서 관심을 갖게 되는 대목이기도 하다.

부채신용이 아닌 국가신용에 기반한 통화주의로

MMT는 미 뉴욕주립대 스토니브룩대학 경제학과 교수 스테파니 켈튼에 의해서 창안되었다. 이 켈튼 교수가 미국 민주당 버니 샌더스의 재정자문의 역할을 하면서, MMT는 일약 현실적인 경제정책 중 하나가 되었다. 또한 그린뉴딜을 주장한 알렉산드리아 오카시오 코르테스 미 하원의원 등의 핵심적인 경제 구상의 기반되는 것도 바로 MMT다. 색다른 통화주의인 MMT는 공공은행이 돈을 찍어 직접 시민들에게 주는 형태로 이루어진다.

지금까지는 돈을 찍어내면 그것이 이자(interest)라는 부채신용의 형태로 민간은행에 맡겨져 왔으며, 이를 바탕으로 금융자본주의가 작동해 왔다. 그러나 금융자본주의의 폐해와 한계로 말미암아 불평등의 심화와 경제가 순환되고 작동하지 않는 현재의 상황이 초래되었다. 돈을 가진 자가 점점 더 많은 돈을 소유하게 되는 방향으로 경제 양극화가 진행되는 것이다. 그런 점에서 MMT가 주장하는 것처럼, 공공은행의 국가신용을 기반으로 각 개인에게 기본소득이나 공공일자리기금 등으로 직접 돈을 지급하는 것은 공상이 아니라, 현실을 타개할 가장 유력한 방법일 수 있다.

MMT가 "돈을 마구 찍어내서 뿌린다"라는 오해를 불러일으키기는 것은,

통화주의에 대한 선입견 때문이다. MMT가 아직 현실화되지 않은 지금도 "돈을 마구 찍어내는" 아연실색한 상황은 이미 존재하고 있다. 지금도 국가는 디플레이션을 막기 위한 조치인 양적 완화 형태로 돈을 찍어서 뿌리고 있는 중이다. 그리고 그것은 곧바로 은행에 맡겨져 주로 대기업이나 자본에게만 접근권이 허락될 뿐이라는 점에서 돈의 사용처는 극히 제한되어 있다. 그러나 정작 필요한 부문인 그린뉴딜, 기본소득, 기후금융 등에 관한 정책은 재정적 기반이 취약하다는 이유로 미뤄지고 있는 실정이다. 이미 일본에서 아베노믹스 시절 때 통화주의의 실험은 진행된 바 있다. 또한 공공은행이 잘 되어 있는 한국의 경우에는 MMT가 적용될 여지는 풍부하다.

통화주의와 세금

부채신용은 이자로 작동한다. 더 많은 이자와 이익을 추구한다는 점에서 성장주의의 다른 버전 중 하나가 금융자본주의이다. 이러한 자본의 통화주의는 이미 양적 완화 형태로 실행되어 왔다. 하지만 그것은 부동산이나 대기업 등을 살찌우는 방향성으로 향할 뿐, 사회 기층까지 돈이 순환되는 방향성으로 향하고 있지 않다. 그러므로 시장과 은행에 대한 통화주의가 아니라 시민에 대한 통화주의가 필요하다. 한국경제가 디플레이션을 막기 위해서 양적 완화를 통해서 기업과 은행, 건설자본 등에 돈을 풀고 있음에도 불구하고, 여전히 시장에 소비심리가 얼어붙고 돈이 거의 돌지 않는 것은 무엇 때문일까? 그것은 정확히 누구에게 돈을 풀어야 하는가 하는 문제와 직결된다. 현재 정부는 디플레이션을 막기 위해 토건사업이나 은행에 대한 양적 완화 등의 오래된 카드를 만지작거리는 상황이다. 그러나 돈이 진정으로 필요한 부분에 대한 이야기가 논의에서 늘 빠져 있다.

MMT 이론의 개요에 대해서 설명을 듣고 나면, 대부분의 사람들은 통화에 대한 양적인 확장이 당연히 초인플레이션으로 향할 것이라고 강하게 우려한다. 그러나 GDP의 척도에서는 더 많은 돈이 돌고 있다고 여겨지지만, 현실 통화는 순환하지 않는다는 점에서 돈이 끊임없이 더 많이 가진 사람에게 집중되고 있음을 확인할 수 있다. 이미 양적 완화라는 이름으로 통화의 양적인 확장은 계속되었지만 그럼에도 초인플레이션은 없었다. 일단 자본과 대기업에 은행의 부채신용 형태로 찍어낸 돈을 지급했음에도 사회 기층으로의 낙수효과(water fall effect)가 거의 없고, 부동산 지대이익이나 기업적립금으로 과도하게 모아져서 사실상 순환되지 않는다. 이것은 진정한 경기부양 조치라고 볼 수 없다. 통화 자체가 양적인 측면이나 순환적인 측면에서 동시에 작동하려면 어떻게 해야 할까? 오히려 돈을 찍어 시민들에게 직접 주는 것이 가장 확실한 방법이다. 이는 기본소득이 부유세와 같은 세금을 통한 제정 충당을 통해서 성립된다는 구도로부터 완벽히 벗어나게 하는 측면이 있다. 즉, 정부는 제정적자의 상황을 우려하여 세금과 지출을 일치시키는 것이 기존의 통념이었다면, 이제 과도한 제정적자를 오히려 의도적으로 유발하는 통화정책을 선제적으로 수행할 필요가 있다는 것이다.

일단 세금과 통화의 구분을 명확히 할 필요가 있다. 기본소득이나 그린뉴딜을 위한 공공기금을 마련하고자 기업들에게 징벌적이고 네거티브한 세금을 부과하자는 의견이 많다. 이 경우 최근의 자본은 초국가적인 성향이 있기 때문에 기업들이 상대적으로 더 세금이 싼 국가로 떠날 수 있다는 우려가 나온다. 하지만 정부가 직접 돈을 찍어내 버리는 포지티브 방식이라면 얘기가 달라진다. 즉, 통화와 세금이 전혀 다른 방향성을 가진 경제

영역이었다는 점에 주목할 필요가 있다. 만약 초인플레이션 위험을 조절하고 싶다면 후차적으로 세금을 걷으면 되지만, 이 또한 선제적인 통화정책을 통한 기본소득, 그린뉴딜, 기후금융 등에 대한 재정적인 지원 이후에 따라야 할 문제이다.

미 대선의 돌풍을 일으킨 앤드류 양의 경우도, 방식 상에서는 최신의 4차 산업혁명이라는 기술혁신의 방향성에 따라 암호화폐인 비트코인 등을 통한 기본소득을 주장하고 있지만, 오히려 기존의 부유세 등을 통한 재정충당을 모토로 한다. 그러나 부유세는 사실상 인플레이션 조절장치에 불과할 뿐이고 선제적인 통화정책을 통한 기본소득으로 향할 필요성이 있다는 점에서, MMT의 적극적이고 공세적인 측면이 대두된다.

화폐의 n분절의 기호론과 '가치화=의미화=자본화'

칼 마르크스 『자본론』의 논의는 상품에 내재된 가치론에 기반하여 전개된다. 즉 사회적 유용성으로서의 사용가치(utility value) 개념과 교환가능성으로서의 교환가치(exchange value)가 바로 상품에 내재한 '가치의 이중성'이라는 것이다. 그러나 이러한 상품의 가치론의 구도는 "의미화=가치화=자본화"의 구도를 그려내는 이론의 실험실이라고 할 수 있다. 인지자본주의 하에서는 "~은 ~이다"라고 의미화할 수 있는 것은 모두 자본화가 이루어진다. 그런 점에서 의미화는 자본화로 수렴된다. 마르크스는 『자본론』을 쓰기 전에 저술한 『정치경제학 비판 요강』에서 가치론의 외부에 있는 화폐에 대한 단상을 얘기한다. 그러나 오랫동안 그 색다른 사유방식의 접근 경로는 『자본론』에 짓눌려서 부각되지 못했다.

가치론은 자본주의를 구성하는 방법일 뿐이다. 즉 자본화가 바로 의미화이자 가치화이기 때문이다. 그리고 가치화와 의미화 영역의 밖에 화폐의 지도화(cartography)가 위치한다. 화폐는 가치화되어 자본의 영역에 빨려드는 하나의 경로만 있는 것이 아니라, 지도화를 통해서 다기능적으로 사물과 사물, 생명과 사물 등을 연결할 수 있는 이음새이자 매개체이기도 하다. 부채신용을 기반으로 화폐를 자본의 영역으로 끌어당기는 방향성이 의미화=자본화=가치화의 영역이라면, 공공금융을 통해서 화폐를 시민의 영역으로 향하게 하는 방향성은 지도화의 영역이다. 그런 점에서 마르크스의 『자본론』에서의 가치론의 방향성에서 의미화된 화폐와 『정치경제학 비판 요강』에서의 n분절로 지도화된 화폐론의 방향성은 완전히 상반된 영역에 있는 셈이다.

자본주의는 겉으로는 복잡하고 기능 분화된 사회 시스템이지만 동시에 획일적인 하나의 모델링에 따라 작동하는 사회이다. '가치화=의미화=자본화'가 획일화된 모델링의 정체이다. 즉 자본주의에서는 가치를 자본과 상품의 시각에서만 의미화하는 질서로 획일화되는 것이다. 그러나 사물, 생명, 기계, 자연의 고유성과 유일무이성의 측면에서 거래하는 방향성에서 다기능적이고 다의미적인 화폐가 매개체 역할을 한다. 화폐는 단순하지만 그 단순함에 이르기 위해서 무수한 다기능성과 다성음악적인 영역을 필요로 하는 지도화의 영역이자 여러 모델과 의미를 넘나드는 메타모델화(meta-modelization)의 영역에 있다. 즉 단순하지만 다양해질 수 있는 것이 통화주의 시스템이라는 것이다. 그런 점에서 돈을 자본과 시장에게 주는 것이 '의미화=가치화=자본화'의 방향성이라면, 돈을 시민에게 주는 것은 '지도화=메타모델화=다기능화'의 방향성이다. 이렇게 볼 때 『자본론』은 자본주의를 객관주의적인 관점에서 설명하려고 했다면, 『정치경제학비판

요강』은 혁명적 전략 속에서 자본주의에 접근하였다는 점에서 화폐론에서 큰 차이를 보이는 것이다. 여기서 혁명전략 속에서의 가치 생산은 돈을 찍어내어 시민에게 주는 것 자체일 수 있다는 점에서 MMT는 새롭게 부각된다.

통화주의는 성장주의인가?

통화주의는 화폐물신주의인가? 사실 화폐물신주의는 '가치화=의미화=자본화'의 연장선 속에서 화폐를 바라본 결과이다. 오히려 화폐가 양적이고 순환적인 측면에서 충분히 확보될 수 있다면, 자본의 의미화의 영역이 아니라 시민의 지도화의 영역으로 재전유될 수 있다. 이를테면 지역화폐 실험이 그 사례이다. 지역화폐는 로컬의 영역에서의 통화주의로서의 면모를 잘 드러낸다. 이를테면 우리나라 대표적인 공동체화폐인 한밭레츠 두루의 경우, 발권자인 시민 자신이 마이너스 두루를 발행함으로써 일단 돈을 찍어서 유통시키는 것을 기본으로 한다. 지역화폐가 미리 실행된 MMT인 것이다.

기후위기의 징후들이 경제위기의 모습으로 다가오는 현 상황에서, 기후 부정의와 부의 불평등을 타개하는 유력한 방법은 통화주의일 수밖에 없다. 돈이 기업과 자본에게 맡겨지는 것이 아니라 시민에게 지급되는 상황이 더 탈성장에 가까운 통화주의라고 할 수 있을 것이다. 그런 점에서 MMT와 같은 통화주의를 성장주의의 아류로 보는 것이 아니라, 기본소득, 그린뉴딜, 기후금융의 종잣돈을 마련할 수 있는 방법으로 보는 시각이 필요하다. 동시에 '화폐에 대한 시민적 전유와 공유재화'에 접근할 수 있는 가능성 또한 MMT가 개방한 지평임에 틀림없다.

MMT를 통한 기본소득, 그린뉴딜, 기후금융

우리 마을 옆에 커다란 패총이 여러 개 있는데, 그 무수한 조개껍데기가 모두 화폐인 상황이라고 상상해 보자. 양적으로 돈이 풍부한 상황과 더불어 순환의 차원에서도 돈이 잘 도는 상황 말이다. 저성장 수축사회는 더 적은 자본과 더 많은 화폐를 요구하는 사회일 것이다. 왜냐하면 돈이 하나의 모델에 집중되는 것보다 여러 모델에 분산되는 것이 회복탄력성(resilience)이 더 높을 것이기 때문이다. 그것도 시민들 한 명당 패총을 하나씩 주어 순환시키는 상황이 저성장 수축사회일 것이다. MMT가 미국에서 거론되지만, 기축통화라는 장점과 공공은행이 아니라 민간은행이 발권한다는 단점을 함께 갖고 있는 사회가 미국이라는 점도 특이하다. 공공금융의 형태를 띠는 한국의 경우, 오히려 MMT의 통화주의의 장점을 잘 살려내면서, 그린뉴딜, 기본소득, 기후금융 등을 더 잘 수행할 수 있다는 전망도 할 수 있다. 즉 공유재로서의 통화에 대한 시민의 통제권을 더욱 강화함으로써 은행과 사적 기업 등의 통제권을 약화시키고 공공적인 일을 도모할 종잣돈을 마련할 수 있는 것이다. 우리는 MMT와 마주하면서 '세금을 통한 기본소득' 구상을 넘어 '통화주의를 통한 기본소득' 구상으로 나아간다. 전환사회는 자본의 획일적 논리가 아닌 화폐의 다극적이고 다기능적이고 다차원적인 논리가 확산되는 사회일 수도 있다. 그런 점에서 전환사회는 위축되고 수축되고 금욕적인 자본의 수전노 형상이 아니라, 생명과 생명, 사물과 사물을 연결하는 사랑과 정동, 욕망의 매개체로서의 화폐가 더 활성화된 사회일 수도 있다. 메리 멜로는 『탈성장 개념어 사전』(2018, 그물코)의 '공공자금' 장에서 "공공자금을 공적 자원으로 창출하자는 제안은 국가 통화 예산이나 독립적인 통화 기관을 통해 민주적인 통제 아래 새로운 돈을 창출하는 것을 목표로 해야 한다(잭슨과 다이슨, 2013)"[1]면서 공공자금의 장점을 다음 몇 가지로 제시한다.

첫째, 공공자금은 부채 없이 발행되어 경제활동에 직접 쓰일 수 있다. 충분한 공급과 필요를 기반으로 한 경제 활동을 위해 자금이 순환될 것이다.

둘째, 공공자금은 국가나 지역은 물론이고 국제 차원에서 다양한 방법으로 발행될 수 있다. 이 자금은 의료, 돌봄 서비스, 저탄소 에너지 체계 등 핵심 공공 서비스를 지원하는 데 쓰일 수 있다.

셋째, 화폐를 기본소득이나 사회적 투자금, 공동체 기반 경제 개발 자금 등의 다양한 형태로 발행함으로써 경제가 유연해진다. 상업은행의 대출금이 공공이익을 위해 쓰일 경우에 새롭게 발행한 공공자금으로 충당될 수 있다.

넷째, 그럼에도 불구하고 과세는 여전히 필요하다. 이렇게 걷힌 세금은 천연자원의 효율적인 사용과 부의 재분배를 위해 쓰일 수 있다.[2]

---

1   자코모 달리사 외, 『탈성장 개념어 사전』(2018, 그물코), p. 319.
2   앞의 글 참조.

VII.
에너지전환과
위장한 핵발전

1. 세계 재생에너지 동향과 한국의 상황

세계 재생에너지 동향

에너지전환이란 석탄, 석유, 가스 등 화석연료 중심의 에너지원을 재생에너지로 대체하는 것을 말한다. 기후위기를 완화하기 위해서는 재생에너지로의 급격한 전환이 필요하다. 많은 국가들은 탄소중립의 '2050년 넷 제로[1]'를 선언하고, 목표를 달성하기 위해 화석연료 사용을 줄이고 재생에너지를 늘려가고 있다. IEA(국제에너지기구)에 따르면 2018년 세계 1차 에너지 공급(Total Energy Supply, TES) 중 13.5%를 재생에너지가 담당하였다. 재생에너지 공급량은 1990년부터 2018년까지 연평균 2%씩 성장하고 있다. 태양광과 풍력의 성장률이 특별히 높았는데, 같은 기간 동안 두 에너지의 연평균 성장률은 각각 36.5%, 23.0%였다.[2]

특히 전력 부문에서 재생에너지는 빠르게 그 비중을 높여가고 있다. IEA에 의하면 2018년 세계 재생에너지 발전 비중은 25.2%로 석탄 다음으로 높았다. 1990년부터 2018년까지 재생에너지 전력생산은 연평균 3.9%씩

---

1   넷 제로(0) : 탄소 배출량이 흡수량과 같거나 적어 순배출이 0인 상태.
2   조일현·이재석, 〈국제 신재생에너지 정책변화 및 시장분석(계속)〉(에너지경제연구원, 2020)

빠르게 증가하여 비중이 1990년 19.4%에서 2018년 25.2%로 증가하였다.[3]

지역별로는 지난 10년간 EU의 재생에너지 발전 증가가 두드러졌다. EU 지역 전체 발전량에서 재생에너지 비중은 2009년 19%에서 2019년 35%로 증가하였다. 덴마크(39%→77%), 독일(16%→42%), 영국(8%→38%) 등에서 재생에너지 발전 비중이 급격히 증가하였고, 미국(10.2%→17.4%), 중국(16.6%→26.4%)도 비교적 빠르게 증가하였다.[4]

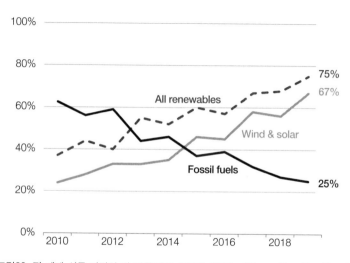

그림29. 전 세계 신규 발전원 별 비중(자료: BNEF, 2020a, "Power Transition Trends 2020", pp.7~8)

---

3 앞의 글.
4 앞의 글.

이렇게 전 세계적으로 재생에너지 비중은 급격히 늘어가고 있다. 다시 말해 재생에너지 공급 확대는 특정한 지역만의 사례가 아니라, 전 세계 에너지 시장에서 공통으로 진행되는 에너지 시장의 변화 양상이다. 신규 발전원 중 재생에너지는 2010년대 중반 이후 미주와 유럽, 그리고 2019년에는 중동, 아프리카 및 아시아의 많은 지역에서도 최대 발전원으로 떠올랐다. 이렇게 재생에너지 보급이 확대되면서 생산비용도 하락하고 있다. 유럽과 미국, 중국, 호주 등에서 재생에너지 발전 비용은 화석연료 발전 비용보다 낮은, 가장 값싼 신규 발전원이다.[5]

재생에너지에 대한 투자도 급격히 증가해 왔다. 프랑크푸르트 스쿨[6]에 따르면, 2010~2019년간에 수력을 제외한 재생에너지 설비 투자는 2010년 이전 10년간 투자 금액의 3~4배에 이르는 총 2700조 달러이다. 국가별로는 중국의 투자가 가장 많은 8200억 달러, 다음 미국이 3900억 달러, 일본이 2100억 달러로 나타났다. 유럽은 전체 7200억 달러를 투자하였고, 그중에서 독일이 가장 많은 1800억 달러, 영국이 1300억 달러를 투자하였다.[7]

재생에너지의 투자나 비중의 이러한 증가세에도 불구하고, 여전히 파리협정의, 산업화 이전 대비 2℃ 이하로 지구 온도 상승을 억제하겠다는 온실가스 배출 목표를 달성하기에는 부족한 상황이다. 현재의 목표대로라면 2030년까지 수력을 제외하고 약 826GW의 재생에너지 발전 설비가 보급될 것으로 전망되는데, 이는 지구 온도 2℃ 상승 이하 목표를 달성하는

5　앞의 글.

6　프랑크푸르트 스쿨은 독일 프랑크푸르트에 위치한 경영학과 관련된 비즈니스스쿨이며, 경영대학원과정이다.

7　조일현·이재석, 앞의 글.

데 추정되는 약 2,836GW와 비교하여 많이 부족한 상황이다.[8]

한국의 에너지전환 현황

한국은 더욱 갈 길이 멀다. 한국에서 재생에너지는 전체 최종 에너지 소비량의 약 5%를 차지하여 G20 국가 중 사우디아라비아, 러시아와 함께 최하위권에 속한다. 브라질, 캐나다를 비롯한 남미-유럽의 국가들은 20% 가까운, 또는 그 이상의 재생에너지 비중을 기록하고 있다. 2020년 1인당 재생에너지 설비용량(수력발전 제외)은 아이슬란드(2.1kWh/1인), 덴마크(1.7kWh/1인), 스웨덴(1.6kWh/1인), 독일(1.5kWh/1인) 등 유럽 국가들이 한국(0.4kWh/1인)의 4배 이상의 비중을 보여준다.[9] 재생에너지에 대한 투자도 한국은 150억 달러 수준으로, 앞서 언급한 여러 국가에 비해 미미한 수준이다. 한국정부가 이야기하는 2050년 탄소중립을 달성하기 위해서는 재생에너지 비중이 70~75%가 되어야 하는데 현재의 투자계획으로는 턱없이 부족한 상황이다.[10] 발전 비용도 한국은 화석연료(석탄)가 가장 싼 발전원이다.[11]

한국의 석탄화력발전 단가가 가장 저렴한 이유는 정부의 특혜 때문이라는 주장도 있다. 화력발전의 발전원가에 온실가스 배출 비용, 즉 탄소배출권 비용을 포함시키지 않았기 때문이라는 것이다.[12] 우리나라의 석탄화력

---

8   앞의 글.
9   REN21, 2021 세계 재생에너지 현황 보고서에서 발췌한 상세 자료, 2021.6.15.
10 〈한국은 안된다? 놉! 재생에너지전환에 대한 오해와 진실〉(차이나는 클라스 239회, JTBC, 2022.4.24)
11 조일현·이재석, 앞의 글.
12 탄소배출권에 대해서는 3부 5장 탄소경제 참조.

발전소는 온실가스 배출에 따른 비용 부담을 전혀 걱정하지 않는데, 정부가 탄소 배출권의 97%를 각 발전소에 무상할당 하고, 나머지 3% 유상할당 분도 한국전력이 비용을 전액 보전해 주기 때문이다. 또 정부는 1메가와트의 전력을 생산할 때 LNG 발전기는 389kg의 이산화탄소를, 석탄화력발전소는 889kg의 이산화탄소를 배출할 수 있도록 허용하고 있어서 석탄화력발전소가 더 많은 이산화탄소를 배출해도 더 적은 비용을 부담하게 했다. 이러한 왜곡을 바로잡으면 석탄화력발전소가 LNG 발전소보다 오히려 비용이 더 들어간다고 한다. 더불어민주당 양이원영 의원은 "같은 전기를 쓰는데 석탄화력발전소가 온실가스를 더 많이 배출할 수 있도록 하는 것은 특혜"라면서 "정당한 평가를 해 배출권 비용을 발전원가에 포함시켜 왜곡된 시장을 바로 잡으면 석탄화력발전소는 더 이상 싼 발전소가 아니"라고 말했다.[13]

이러한 상황에서 2017년 한국정부는 2030년까지 재생에너지 비중을 20%까지 늘리겠다는 '재생에너지 3020 이행계획'을 발표했다. 이 계획에서는 신규 설비투자 92조원, 정부예산 18조원을 투자할 것이라고 밝혔다.[14] 그러나 이 계획이 이행될지는 불투명하다. 새로 들어선 윤석열정부는 문재인정부의 탈원전 정책을 폐기하고 2030년까지 핵발전 비중을 30% 이상으로 확대하는 정책을 추진하겠다는 의지를 공식화했다.[15] 새 정부 에너지 정책 목표에 따르면 정부는 재생에너지가 그동안 지나치게 급격한 보급이 추진됐다고 보아, 제10차 전력수급기본계획에서 재생에너지 원별 적정 비

---

13 신동윤, 〈프로젝트 1.5℃ : 석탄화력발전소는 비싸다〉(뉴스타파, 2020.10.5)
14 〈재생에너지 3020 이행계획(안)〉(산업통상자원부, 2017.12)
15 〈윤 정부 "원전 비중 30% 이상 확대"…탈원전 정책 대체 공식화〉(한겨레신문, 2022.7.5)

266 | 기후 전환 사회

중을 마련할 예정이다. 사실상 재생에너지 보급 목표를 축소하겠다는 것이다.[16] 에너지환경정책 싱크탱크 넥스트 분석에 따르면 새 정부의 국정과제 안을 그대로 적용할 경우, 핵발전 비중은 23.9%에서 37%까지 올라가고, 재생에너지 발전 비중은 지난 정부에서 제시한 30%에 한참 못 미치는 17%에 그칠 것으로 전망됐다.[17] 이러한 소식이 전해지자 원자력과 석탄업계는 기대감을 보이고 있지만 재생에너지업계는 우려를 나타내고 있다.

2. 핵발전과 발전소 수출 문제

핵발전은 기후변화의 대안이 될 수 있는가?

기후변화의 심각성이 드러나면서 석탄, 석유와 같은 화석연료의 대안으로 핵발전을 옹호하는 목소리가 있다. 현재 한국 전체 발전량의 26% 정도(2019년 기준)를 핵발전이 차지하고 있다.[18] 기후변화의 대안으로 핵발전을 옹호하는 이들은 우선 핵발전은 온실가스를 배출하지 않는다고 이야기한다. 실제로 핵발전은 석유나 석탄처럼 화석연료를 태우는 것이 아니라 핵분열 과정에서 발생하는 열에너지를 이용하기 때문에 발전 과정에서 탄소가 발생하지 않는다. 2011년 출간된 〈2030 미래 에너지 보고서〉에서는 "전세계적으로 200개 이상의 신규 원자력 발전소 건설이 예정되어 있거나 검토 중에 있다."면서 "지구온난화에 대한 우려 때문에 원자력에너지가 미래

---

16 〈[새정부 에너지정책] 에너지업계 희비교차…원전 '기대감' 재생에너지 '우려'〉(에너지경제신문, 2022.7.5)
17 신동윤, 〈번지수 틀린 윤석열 정부 에너지 정책〉(뉴스타파, 2022.6.16)
18 〈에너지원별 발전량 현황〉(e-나라지표, 2020.6)

의 전력 수급에 중요한 부분을 차지할 가능성은 여전히 충분하다고 볼 수 있다."고 주장하였다.[19] 국제원자력기구에서는 CO2 배출량이 원자력의 경우 1kWh당 10g으로 석탄 991g, 석유 782g보다 현저하게 낮을 뿐 아니라, 태양광 54g이나 풍력 14g보다도 낮다고 홍보한다.

핵발전을 옹호하는 이들의 또 다른 주장은 '핵발전은 저렴하다'는 것이다. 핵발전 옹호론자들은 석탄, 석유, 가스, 재생에너지 등 모든 발전원과 비교할 때 핵발전이 가장 싸다고 주장한다. 실제로 한국전력공사에서 발표하는 자료에 의하면 핵발전소에서 구입하고 있는 전기가 가장 저렴하다. 이와 같은 이유로 《원자력신문》은 원자력발전을 기후변화를 막을 수 있는 "유일한 선택"이라고 주장하기도 한다.[20]

하지만 이런 주장에 대해서는 많은 반론이 있다. 일단 핵발전소가 발전 과정에서 이산화탄소를 배출하지 않는 것은 맞지만 전체 과정을 보면 이산화탄소를 적게 발생시키는 것이 아니라는 의견이 있다. 핵발전소에서 원자로를 가동시키려면 우라늄 광산에서 우라늄을 채굴하고, 그것을 제련하고, 핵분열성 우라늄을 농축하고, 원자로 안에서 태울 수 있도록 가공해야 하는데 이 모든 단계에서 방대한 자재와 에너지가 투입되고, 그만큼의 폐기물이 남기 때문이다. 또 원자로를 건설하는 과정이 폐기물을 보관하고 관리하기 위해서도 막대한 자재와 에너지가 필요하다.[21] 한국원자력환경공단의 핵연료 주기 자료만 보아도 원자력발전소를 가동시키기 위해 우라늄 광산을 포함해 무려 9개의 추가적인 시설이 필요하다는 것을 알 수 있다.

19 에릭 스피겔, 닐 맥아더, 랍 노턴, 『2030 미래 에너지 보고서』, 이스퀘어, 2011) pp. 30-31.
20 양재영, 〈CO2 배출하지 않는 원자력발전 "유일한 선택이다"〉(원자력신문, 2016)
21 김해창, 『원자력발전의 사회적 비용』, 미세움, 2018.

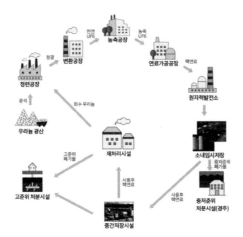

그림30. 고준위방폐물이란(한국원자력환경공단)

또 핵발전소에서 배출하는 방대한 양의 온배수로 인해 오히려 지구온난화에 악영향을 미친다는 의견도 있다. 핵발전소는 원자로를 냉각시키기 위해 바닷물을 사용하는데, 1초에 바닷물 70톤을 7도나 상승시킬 정도로 엄청나게 바닷물을 데운다. 이렇게 해수 온도가 상승하면, 탄산음료를 가열할 때 이산화탄소가 거품이 되어 나오는 것처럼 바닷물에 용해되어 있던 이산화탄소가 배출되어 지구온난화를 가속화하게 된다. 일본의 고이데 교수는 이런 면에서 핵발전소를 발전소라고 부르는 것 자체가 잘못됐다며 '바다 데우기 장치'라고 해야 한다고 비판했다.[22]

이런 여러 요소를 고려했을 때 핵발전소의 이산화탄소 배출량은 훨씬 높아지게 된다. 영국 서섹스 대학의 소바쿨 교수는 2008년 〈에너지 폴리

22 고이데 히로아키, 『원자력의 거짓말』, 녹색평론사, 2012.

시)에 기고한 「핵발전으로 인한 온실가스 배출량 평가 : 비판적 연구」 논문에 핵발전으로 인한 온실가스 배출량은 풍력발전(9~10g)과 수력(10g), 태양광(32g)보다 훨씬 높은 1kWh당 66g이라고 밝혔다.[23] 이러다 보니 국제에너지기구(IAEA)에서도 지금부터 2050년까지 핵발전소를 매년 32기씩 지어도 이산화탄소 감축은 6%밖에 되지 않을 거라고 전망했다. 반면 재생에너지는 21%의 감축효과가 있을 것으로 예측한다.[24]

결국 이렇게 핵발전소를 운영하기 위해서는 방대한 양의 이산화탄소가 배출되지만, 우리나라에서는 핵발전을 '친환경적 에너지', '깨끗한 에너지'라고 언론, 출판 매체를 동원해 끊임없이 선전하다 보니 일반 시민들이 원자력은 이산화탄소를 배출시키지 않는 깨끗한 에너지라고 믿는다는 것이다. 핵발전이 저렴하다는 것에 대해서도 반론이 거세다. 우선 핵발전소를 건설하는 데 엄청난 비용이 들어간다. 2022년 현재 건설 중인 신고리 5, 6호기의 경우 거의 10조원의 건설비용이 소요될 것으로 예상한다.

또 외부비용의 문제가 있다. 핵발전의 경우 수많은 외부비용이 존재한다. 가장 큰 것은 사고가 났을 때의 비용이다. 지금까지 세계적으로 세 차례 대교모 핵발전소 사고가 있었는데, 핵발전소는 한 번 사고가 날 경우 천문학적 비용이 지출된다. 1986년 구소련 체르노빌 핵발전소 사고의 경우 미국 대통령위원회가 추산한 손해비용은 약 23조원에 이르렀다. 일본 후쿠시마 핵발전소 사고의 경우 일본경제연구센터가 집계한 관련 피해 총액이 500조~700조에 이른다. 2020년 한국 1년 예산이 513조인 것을 감안

23 이영경, 〈온실가스 배출량, 단순비교 안 될 말〉(탈핵신문, 2020.7)
24 이지언, 〈핵발전이 기후변화의 대안이라고?〉(환경운동연합, 2017.11.2)

하면 상상하기 어려운 엄청난 피해액이라는 걸 알 수 있다.

핵발전의 또 다른 비용은 해체비용이다. 핵발전소는 수명이 다하면 해체를 해야 하는데 여기에 또 엄청난 비용이 들어간다. 현재 기준으로 핵발전소 1기당 약 8,100억원의 해체비용이 들어갈 것으로 예상하는데, 현재 가동 중인 24개 원전에 건설 중인 6개 원전까지 총 30개의 원전을 해체하는 비용은 24조원이 넘는다.[25] 그러다 보니 영국의 한 의원은 영국의 원자력발전소 해체비용만으로 태양광 발전을 설치해도 영국 전체에서 필요한 전력의 두 배 가까운 양을 공급할 수 있을 것이라고 주장하기도 했다.[26]

이 외에도 안전설비 비용, 고압송전선로 비용, 방사성 폐기물의 사후처리 비용, 폐기물 처리장으로 인해 미래에 국토를 이용할 수 없기 때문에 발생하는 비용, 지역주민과의 갈등 등 수많은 비용이 발생한다. 이런 숨은 비용들을 고려했을 때 핵발전이 석탄발전보다 36%나 비싸다는 연구도 존재한다.

석탄화력발전소와 핵발전소의 해외 수출 문제

지금까지 살펴본 것처럼 석탄화력발전소나 핵발전소는 빠른 시일 안에 재생에너지로 대체될 필요가 있다. 한국정부도 2034년까지 핵발전의 40%를 가동중단하고 석탄화력발전소 절반을 폐쇄하겠다는 계획을 발표했다.[27] 하지만 한국정부는 기후위기 등을 고려해 석탄화력발전소와 핵발전소를 줄이겠다면서, 해외 석탄화력발전소와 핵발전소 건설에 투자하고 참

---

25 〈고리 원전 1호기 해체 예상 비용 8,129억〉(동아일보, 2020.6.30)
26 토니 세바, 『에너지혁명 2030』, 교보문고, 2015.
27 〈2034년까지 원전 11기 폐쇄-석탄발전소 30기 가동 중단〉(동아일보, 2020.5.8)

여하는 이중적 태도를 보이고 있다. 공기업인 한전이 인도네시아와 베트남 석탄화력발전소에 투자를 진행하고 있고, 한수원은 아랍에미리트에 이어 체코와 폴란드 원전 건설을 수주 경쟁에 뛰어들었다. 이러한 행태는 국내외 환경단체의 많은 비판을 받고 있다. 이는 전 세계적인 기후위기를 심화시키는 데 기여할 뿐만 아니라, 해당 국가 국민에게 심각한 환경 피해를 끼치는 일이기 때문이다. 환경단체뿐 아니라 한전에 투자하고 있는 영국 성공회 재무위원회도 "한국전력이 한국에선 탈(脫)석탄에 동참하면서 해외에서는 신규 석탄발전 사업에 투자하는 비양심적인 태도를 취하고 있다."고 비판했고[28] 한전에 투자하는 다른 여러 투자회사도 "석탄화력발전소 투자를 철회하라"고 요청했다.[29]

기후위기는 세계적인 문제다. 한국에만 석탄화력발전소나 핵발전소를 짓지 않는다고 해결되는 문제가 아니다. 문재인정부는 탈석탄, 탈핵을 이야기하면서 민간기업도 아닌 공기업이 해외 석탄발전, 핵발전에 투자를 하는 매우 잘못된 행태를 보였다. 그러나 윤석열정부는 한 걸음 더 나아가 탈석탄, 탈원전 정책마저 폐기하면서 더 퇴행적인 에너지 정책을 보이고 있다. 따라서 국민들이 이 문제에 더욱 관심을 가지고 비판적인 목소리를 내야 한다.

---

28 〈"한전이 한국선 '탈석탄'하며, 해외 석탄발전에 참여하는 건 비양심적" 한전에 투자한 영국 성공회의 일침〉(조선비즈, 2020.8.8)
29 〈"한전·삼성물산, 석탄발전 투자 멈춰라"〉(경향신문, 2020.8.27)

3. 재생에너지에 대한 오해들

재생에너지에 대해 시민들이 갖고 있는 많은 오해들이 있다. 우선 한국은 국토 면적이 좁아서 재생에너지가 불가능하다는 것이다. 실제로 현재 전력의 70%를 태양광으로 충당하려면 국토 면적의 3.5%, 서울 면적의 5.5배 가까운 면적이 필요하다. 이것이 너무 큰 면적으로 생각되지만 전문가의 견해는 다르다. 우선 태양광 기술의 지속적 발전으로 같은 양의 전기를 생산하는데 들어가는 패널 크기가 점점 줄어들고 있다. 패널 효율이 1% 증가할 때마다 필요한 부지 면적은 4~5%가 줄어든다. 현재 태양광 기술은 급속도로 발전하고 있어서 이러한 효율성 제고가 매우 빠르게 진행될 것으로 예상한다. 또 건물 옥상이나 주차장 등 기존의 시설과 유휴 공간을 이용하면 추가적인 부지사용을 훨씬 줄이면서도 태양광 설치가 가능하다.

또 한국은 날씨가 불안정해서 재생에너지가 어렵다는 견해가 있다. 하지만 한국의 일사량은 재생에너지 강국인 독일에 비해서도 높다. 풍력발전의 경우도 한국은 바람이 충분하지 않다는 주장이 있는데 현재 풍력발전은 바람의 세기와 방향에 맞추어 전기를 생산하는 기술을 갖추고 있다. 그러므로 한국의 날씨가 재생에너지 보급에 걸림돌이라는 것은 상당한 부분이 오해이다.

재생에너지는 보관이 안 된다는 오해도 있다. 그러나 현재는 에너지 저장 시스템(ESS, Energy Storage System)에 의해 전기가 남을 때 저장하고 부족할 때 꺼내 쓰는 기술이 이미 개발되어있다.

재생에너지는 비싸다는 견해도 있다. 최근 한국자원경제학회가 발표한 보고서에 의하면 현재 한국의 재생에너지 발전단가는 육상풍력 144원, 태양광 100~138원, 석탄 127원, 원자력 68원으로 재생에너지가 더 비싸다. 그러나 앞서 살펴본 것처럼 세계적으로는 그렇지 않다. 세계적으로는 육상풍력 55원, 태양광 53원, 석탄 95원, 원자력 88원으로 재생에너지가 화석연료에 비해 훨씬 저렴하다. 국내와 세계 차원의 비용 산정에 차이가 발생한 것은 앞서 살펴본 것처럼 정부의 특혜와 외부비용의 누락 때문이다. 또 이러한 기울어진 운동장 때문에 재생에너지에 대한 지속적인 투자와 기술개발이 일어나지 않는 것도 재생에너지 발전단가가 높은 하나의 원인일 것이다.

마지막으로 재생에너지가 보급되면 기존의 발전이나 전력 관련 일자리가 줄어들 것이라는 우려가 있다. 그러나 재생에너지는 대규모 설비인 석탄화력발전소나 핵발전소에 비해 더 많은 일자리를 창출한다. 전 세계적으로는 재생에너지와 관련하여 이미 1200만개의 일자리가 가동되고 있다. 전 세계 자동차 산업 일자리가 약 5000만개인 것을 고려하면, 시작된 지 얼마 되지 않은 산업치고 굉장히 많은 일자리를 만들어내고 있다는 것을 알 수 있다. 만약 한국이 2050년까지 재생에너지 100%를 달성할 경우 늘어나는 일자리를 약 50만3,000개로 추정하는데 이는 한국 자동차 산업 전체와 관련된 직간접 일자리 49만 개보다 많은 숫자이다.[30]

이렇게 재생에너지에 대한 많은 오해들이 있지만 대개는 오해에 불과하다. 시민과 정부가 에너지전환과 재생에너지에 대한 올바른 관점과 이해를 갖고 투자와 육성에 적극적으로 나설 때 기후위기 극복의 단초를 마련할 수 있을 것이다.

---

30 앞의 〈한국은 안된다? 놉! 재생에너지전환에 대한 오해와 진실〉.

4부

기후위기의 전망

: 감속주의

I.

감속주의와 정동의
지도제작

감속주의는 제한, 감축, 유한성, 생태적 한계 등에 기반하여 탈성장으로 나아가자고 과감하게 제안하는 시민사회와 생태민주주의의 아젠다이다. 우리가 한 번도 겪지 않았던 과감한 탈성장이 필요한 시점이다. 기후위기에 대한 제대로 된 대응이 될라치면, 매년 IMF의 두배에 달하는 감축이 이루어져야 하며, 2050년까지 물질발자국은 현재의 1/10로 줄여나가서 1970년대 수준으로 맞추어야 할 것이다. 그렇다면 탈성장의 주체성은 누구인가? 정부인가? 시민인가? 개인인가? 우리는 하나의 일관된 방향성으로 향하는 색다른 좌표를 설립해야 할 것이다. 우리가 직면할 탈성장은 결핍, 부재, 결여, 부족의 상황은 아닐 것이기 때문이다. 허영과 부정의, 오만으로 가득찬 성장주의 세력은 이미 파시즘으로 진입해 있다. 우리는 생태민주주의와 공정, 정의를 통해서 관계가 주는 풍요를 통해서 의도적 게토화의 해법을 찾아야 할 것이다. 불평등과 차별, 부정의를 끊임없이 없애나가는 과정이 바로 탈성장인 이유이다.

때로는 자원을 순환시키거나, 혹은 아예 사용하지 않는 반소비주의 노선으로도 향할 필요도 있다. 그러나 자원이 주는 활력에 길들여져 왔던 성장주의 시대를 넘어서 활력 자체를 설립하고 생산할 필요가 있다. 이를테면 1920년대 영국의 상황은 탄소중립 2040년에 해당한다. 이 속에서는 무용, 축구, 살사댄스라는 작열하는 활력의 폭발이 있었다. 그러나 과거로의 퇴행이 탈성장의 모습이나 방향성이 아닐 것이다. 더 많은 돌봄, 살림, 모심, 보살핌, 섬김 등의 스튜어드 십이 이루어져야 할 것이기 때문이다. 정동(affect)의 해방, 욕망해방, 무의식해방을 통해서 우리는 질서 있는 퇴각의 상황, 의도적 진부화에 맞선 의도적 게토화의 상황을 맞이해야 한다. 포기하기에는 아직 이르다. 우리는 인류문명이 한 번도 겪지 않는 탈성장 전환이라는 색다른 임계점이자 변곡점에 도달할 것이다. 문화, 삶의 양식, 예술, 인문학, 사회학 등의 모든 부분에서 엄청난 변화가 예고되어 있다. 물론 성장주의가 이에 따르지 않고 될 대로 되라 식으로 자신의 마이웨이를 걸어갈 수도 있다. 그러나 그 결과는 엄청난 파국과 어려움에 대한 직면으로 나타날 수밖에 없는 것이 현실이다.

우리가 최근 겪었던 코로나 19사태 중에서 불교환경연대는 "잠시 멈춤" 슬로건을 말한 적이 있다. 멈춤이라는 것은 시야를 개방하고 주변을 알게 하는 힘이 있다. 우리는 삶의 예술적이고 미학적인 요소를 재발견, 재발명해야 할 시점이다. 성장주의의 성공주의, 승리주의, 자기계발, 속도, 효율성, 공리주의 등의 엄청난 가속이 보여주었던 바는 결국 우리의 삶을 완전히 초토화했던 바였다. 그런 점에서 감속은 주변, 곁, 가장자리를 들여다보게 하고, 여백과 느림의 시간을 개방하는 효과를 갖는다. 그것은 고립무원의 상태를 의미하는 것이 아니라, 인간이 해야 할 정동과 돌봄, 욕망의 명제와 현장을 찾아내고 그 속에서 삶의 의미와 가치, 사회적인 힘을 찾아가는 것이다. 그것이 돌봄모듈이라고 불리는 탈성장 전환사회의 기본 단위가 갖는 힘과 에너지, 활력일 수 있다. 우리는 천천히 그리고 더욱 섬세하게 탈성장 전환사회로 뚜벅뚜벅 나아가야 할 것이다.

감속주의는 탈성장과 같은 매우 중요한 아젠다를 구체화하는 기후행동의 방식이기는 하지만, 체제와 시스템의 전환을 요구하는 기후행동도 함께 제기되어야 한다는 점에 자유롭지 않다. 다시 말해서 개인적인 탈성장이 도덕주의/영성주의를 충족시킬 수 있을지 모르지만, 기후위기의 가속화에 따른 시간과 규모 문제에 봉착한 인류문명에게 미래 전망 없는 크리킨디 벌새와 같은 역할을 강제하는 것으로 머물 수 있다. 산불이 났다면 체계와 시스템을 작동시켜 산불을 꺼야지 개인적 만족을 위해서 혼자서 산불을 끄는데 머물러서는 안 된다. 그런 점에서 전환에 있어서의 감속주의의 한계는 결국 문명의 전환이 체제전환과 함께 하지 않으면 그 자체로 충분할 수 없다는 점을 드러내 보인다. 그러므로 감속주의 자체 하나로만 모든 것이 해결될 수 없으며, 가속주의와의 길항작용과 함께 다양한 경우의 수가 탄력성을 발휘해야만 전환의 가능성이 지상에 드러날 수 있을 것이다.

II.
탈성장과 생태민주주의*

* 이 장은 모심과 살림연구소(2021), '생명을 살리는 전환' 연구과제의 결과물인
〈협동조합의 전략의 전환 - 탈성장으로의 문명의 전환,
생태민주주의와 협동조합의 전략지도〉를 수정 보완한 것이다.

1. 성장 시기의 민주주의_성장의 블랙홀

만능열쇠, 성장이라는 블랙홀

성장이 대세인 시대에는 사회적으로 달콤한 성장의 떡고물이 가득했다. 벌이는 일마다 다 잘 되었으며, 공장, 학교, 시설, 기관 등의 현장에서는 사람이 귀했다. 그래서 차별, 착취, 빈곤 등의 사회적 문제는 대개 성장의 부수효과에 의해서 해결되었다. 자본의 초고속 성장은 1970~90년대 기간에 한국사회를 아시아의 네 마리 용 중 하나로 부를 정도로 만큼 발전시키는 강력한 힘이었다. 사회는 적대와 모순, 차별, 빈곤, 불평등, 사회부정의 등의 갖가지 문제를 내포하고 있었지만, 성장이 그 해결책이 될 것이라는 점에 대해 보수든 진보든 의심하지 않았다. 임금인상이나 분배와 복지, 원조, 자원투여 등을 가능케 할 만능열쇠가 바로 '성장'이라고 믿었다. 사회적 갈등의 핵심은 성장을 기정사실로 하고, 어떻게 분배할 것이, 어떻게 해야 성장을 더 잘할 수 있는 효율적인 사회구조를 만들 것인가 하는 문제였다. 성장은 의심될 수 없는 공리였으며, 우주 끝까지 뻗어나갈 듯한 자본의 기세이기도 했다.

그러한 성장이 가능한 이유는 외부, 즉 생명과 자연, 제3세계, 민중 등의 현존에 있었다. 자본은 외부의 영역을 탐험, 모험, 약탈, 착취, 횡단, 포획 등을 통해 내부로 끌어들여 성장의 원동력으로 삼았다. 이는 외부와 내부의 낙차효과를 강렬하게 만듦으로써 가능한 것이었다. 낙차효과는 특이점과 특이점 사이를 연결함으로써 낳게 되는 잉여, 부산물, 잔여물 등의 시너지효과이다. 마찬가지로 기호와 기호 사이에서도 이것이 가능하다. 문명의 외부는 정립되고 교육되고 계몽되어야 할 대상이었기 때문에, 끊임없이 문명의 외부라 판단되는 소수자, 광인, 동물, 민중, 어린이, 자연에 대한 훈육과 계몽, 구획화의 일방적인 통제가 이루어졌다. 동시에 역으로 문명의 외부는 자율성, 야성성, 실천성의 원천이라고 판단됨으로써, 민중운동이 발아할 수 있는 원천으로 간주되기도 하였다. 그런 점에서 내부로의 포획의 신화가 자본의 신화라면, 외부로의 탈주의 신화는 민중의 신화로 동전의 양면처럼 이분화 되었다. 그리고 자연과 생명이라는 외부는 철저히 약탈당하고 이용당할 대상에 불과했다. 근대철학의 주관과 객관의 이분법은 철저히 외부를 대상으로 삼는 도구적 이성의 토대가 되며, 이는 성장의 핵심 이념이 된다.

성장주의는 바로 성공주의, 승리주의, 경쟁사회, 속도사회의 다른 모습이기도 하다. 개인의 화려한 성공신화는 모두 자본주의의 성장을 원동력으로 한다. 근대자본주의는 에너지의 집중과 수렴을 통해 개인이라는 주체성을 구조화하는 데 성공했다. 개인이 등장한 배경에는, 에너지에 대한 사적인 독점이 가능해진 시스템이 숨은 전제로 늘 도사리고 있는 셈이다. 소수자, 민중, 생명 등은 외부에 있었지만, 이 외부로부터 벗어나 내부에 있는 권력의 중심으로 향하는 사람들에게는 자기관리, 자기계발, 자기통치를 통해 성공한 개인이라는 상과 이미지를 모방하거나 이를 향해 질주하는 것이 삶의 모티브였다. 이러한 움직임의 형태는 결국 성장의 블랙홀에 수렴되는 것이 통속적인 결말이다. 여기서 성공한 개인은 시민권을 행사할 수 있는 권리주의적 주체성으로 간주되었고, 나머지 민중들은 아직 얼굴을 갖지 못한 사람, 권리를 갖지 못한 사람, 열외자, 배제된 자, 추방된 자이기도 했다. 87년 민주화 시대의 목소리 역시 성장에 따른 분배에 초점을 맞추고 있었을 뿐만 아니라, 권리주의적 주체, 즉 개인의 목소리를 주인공으로 하여 민중이라는 청중에 이념이나 교리를 투사하는 작동 방식에 머물러 있었다. 이러한 역사적 특징은 민주주의 담론이 성장주의 자체를 문제 삼지 않고 이를 오히려 기반으로 했기 때문이다. 그런 점에서 진보와 자본주의적 진보는 전제조건에서 큰 차이가 없게 되는 상황이 벌어진다. 그렇기 때문에 그 당시 좌우파의 공리계의 공통지반은 단연코 성장주의라고 할 수 있다. 자연과 생명의 대리인이자 시중꾼으로서의 인간이라는 특이점이 등장하기까지는 아직 시간이 더 필요했으며, 단지 인간을 둘러싼 환경으로써의 공해와 오염, 산업재해, 먹거리 등이 환경운동의 주된 주제였을 뿐이었다.

몰적 단계 : 집중과 수렴, 자동성의 단계

프랑스철학자 들뢰즈와 가타리는 하나의 모델에 집중하고 수렴되는 몰(mole)적인 형태와 여러 모델을 횡단하며 이행하고 변이되는 분자적인(molecular) 형태를 구분한다. 화학에서 몰은 질량의 최소단위라면, 분자는 속성의 최소단위라 할 수 있다. 여기서 몰적인 것이 '의미와 일' 모델이라면, 분자적인 것은 '재미와 놀이' 모델이라고도 할 수 있다. 이를 파악하기 위해서는 다음과 같은 사례가 필요하다. 만약 당신이 아이들에게 한 시간 동안 코끼리 놀이를 하자고 제안한다면 아이들은 이 놀이에 한 시간 동안 집중하고 수렴되는 것을 강제 받을 것이고, 의미와 일로 간주될 것이다. 반면 아이들을 한 시간 동안 자율적으로 놀게 해 주면, 코끼리 놀이, 병원 놀이, 자전거 놀이 등으로 횡단하고 이행하고 변이될 것이다. 그런 점에서 몰적인 것이 자동성에 기반한다면, 분자적인 것은 자율성에 기반한다. 이렇듯 몰적인 것은 자동적이고 효율적이고 기능적인 것을 구성하는 의미화된 질서를 드러내기 때문에, 반드시 관료제 지층을 수반한다.

물론 분자적인 것과 몰적인 것은 서로 교섭하고 연합되지만, 성장주의 시대는 분자적인 것보다 몰적인 것을 사회적인 조직화의 모델로 삼는다는 점에 주목할 필요가 있다. 사회조직화 방식의 측면에서 볼 때 소수자집단, 생태주의자, 공동체 등의 배치에서 생성되는 욕망이 분자적인 것이라면, 계급이나 관료, 정치집단 등의 배치에서 유래되는 계급이익이나 집단의 이해, 소비자의 권리 등은 몰적인 것이라고 할 수 있다. 아래 지층에서 들끓는 분자적인 욕망이 몰적인 이익과 이해로 번역되고 해석되어 환원되는 것이 성장주의 시대의 회수와 재구조화의 작동방식이었다. 결국 분자적인 실천과 행동에 이르는 실천적인 행위의 원인은 이익이나 이해, 욕구 등으로 해석되고 번역되어 이를 초래한 것으로 간주된다. 즉 따분한 노동, 지루한 학습, 고단한 가사노동으로부터 탈주하기 위한 저항의 움직임은 철저히 임금, 복지, 소득 등으로 환원된다. 그런 점에서 빈곤, 불평등, 차별, 사회 부정의 같은 사회적 문제들이 해결되는 방식은 그 알량한 돈이었을 뿐이다. 오로지 사람들로 하여금 고도로 집중하게끔 만드는 의미와 일의 모델이라는 일반화된 시스템을 작동시키도록 강제하는 것이 바로 돈이기 때문이다.

그런 점에서 의미화의 논법은 몰적 질서의 기본 토대였다. 만약 누군가가 "~은 ~이다"라고 의미화하고 단정내릴 수 있는 권력을 갖고 있다면 그것은 몰적인 질서의 설립과 관련된다. 그리고 그러한 의미생산은 단연코 지식인, 전문가, 관료 등에 의해서만 가능하였다. 몰적 질서 설립을 주도하는 전문가들이야말로 대답을 갖고 있는 사람이라고 간주됨으로써 고정관념, 제도, 기능 등을 설립하는 자라고 할 수 있다. 그런 점에서 몰적인 질서에서는 '의미=권력'이라는 등식이 성립된다. 전문가들의 지식은 철저히 보편어법을 통해서 외부와 우발성을 차단하면서 소수의 기획에 집중된 무소불위의 진리 체계로서의 위상을 갖고 있다. 이처럼 전문가들의 대답을 수용하고 체득하는 학습과정과 도제 과정조차도 대부분 몰적인 질서, 즉 의미와 일 모델의 작동에 따르고 있다고 할 수 있다.

밑돌 빼서 윗돌 괴는 성장주의의 허상

80년대 대처리즘과 레이거노믹스는 성장주의가 신자유주의라는 시스템으로 이행하게 된 역사적 배경이 되었다. 이는 금융자본의 작동 방식, 즉 미래의 구매력을 끌어당기고 차압하는 행위를 기반으로 한다. 아직 도래하지 않는 미래의 이자와 구매력, 생산물 등이 자본 증대의 원천이 되는 것이다. 포디즘의 몰락은 대량생산, 대량소비의 양적인 질서의 종말이며, 동시에 분자적인 욕망의 폭발적인 양상이던 68년 혁명에 따른 패러다임의 전환과 긴밀히 관련된다. 또한 사이버네틱스의 발전은 국경을 넘나드는 금융자본이 자신감을 갖게 한 배경이 된다. 즉 모든 소통, 인지적 질서, 관계망, 배치 등이 계산 가능한 코드 내부로 구성될 수 있다는 자본의 자신감이 그것이다. 성장주의는 개발, 토건, 굴뚝산업 등에서 벗어나 가상적인 작동 방식도 갖게 된다. 더 이상 실물 성장이 성장을 주도할 수 없을 때, 스스로 증식하는 자본은 실물의 미래 가치까지 끌어다 쓰며 이를 가상적인 자본의 흐름을 뜻하는 숫자로 표현하기에 이른다. 인터넷, 네트워크, 사이버네틱스의 발전은 자본의 폭주, 탈주, 도주 등의 흐름을 코드화하고 탈코드화하는 판이 된다.

신자유주의 하에서 성장의 지표는 계속 증대되지만, 그것은 밑돌을 빼서 윗돌을 괴는 금융자본의 불안정성을 그대로 노출한다. 자본에게는 점차 개척하고 개발할 외부가 사라져가는 점은 분명했지만, 스스로 내부자 거래를 하면서 외부를 만드는 개혁과 혁신에 착수한다. 실물적인 토대가 허약함에도 불구하고 신용이 신용을 낳는 것을 무한반복하면서 거대한 자본의 구조물이 되는 금융자본의 직조방식이 현물적인 성장을 대신한다. 기술혁신은 가속화되지만 대부분 기존에 있던 토대라고 할 수 있는 공동체, 자연, 생명 등에 대한 약탈이 중심이 된다. 심지어 주권 체제도 외부를 소멸시키는 이러한 방향성 속에서 영향력이 축소되며, 자본주의는 점차 통합되는 방향으로 향한다. 이는 '세계화'라고 지칭되는 상황으로 나타났다. 즉, 주권의 외부를 소멸시킴으로써 갖게 되는 낙차효과—다국적 기업과 초국적인 금융자본이 움직일 영토를 획득하는 것—조차도 자본 증대의 원동력이 되는 것이다.

그런데 가장 큰 문제는, 자연과 생명, 제3세계, 공동체 등이 문명의 내부로 통합되어 갈 때 점차 성장의 동력을 상실하게 된다는 점이다. 성장이 외부를 개척하고 개발하고 약탈하는 작동 방식을 통해서 점차 자본을 증대시켜 나갔던 방향성과 달리, 외부라고 여겨져 왔던 자연, 생명, 제3세계가 대부분 내부로 통합되어 들어와 버리는 순간이 찾아오게 된다. 이때 자본의 입장은 이제 외부를 가상적으로 만들든지 아니면 내부를 약탈하는 방향성으로 향한다. 이러한 '통합된 세계자본주의'라고 불리는 색다른 상황은 문명 전반을 비슷비슷하게 만들고, 문화 향유, 미디어, 소비생활 등을 동질화한다. 그런 점에서 몰적인 통합, 적분, 동일성을 통해서 외부를 내부로 끌어들여 낙차효과를 통해 자본을 형성하던 시기는 점차 종결된다. 자연과 생명, 공동체 등은 생명공학이나 유전자공학, 나노기술, 전자직조기술 등에 의해서 외부라고 할 수 없도록 내부로 인입되어 버리기 때문이다. 성장주의는 자기 성장의 동력인 외부를 상실함으로써 성장할 수밖에 없다는 점에서 아이러니이다. 이제 외부는 야생 그대로 두는 것이 아니라, 보호되고 양육되어야 할 상황에 처한다. 외부로 간주된 야생동물의 경우에 이제 몸에서 털이 자라듯 그대로 놔두면 잘 사는 것이 아니라, 적극적으로 보호하고 돌보고 보전하는 행위를 해야만 유지될 수 있는 '내부의 외부'가 된다. 그런 점에서 성장의 동력이 사라진 상황에서도 지속되는 금융자본의 성장은 실물조차도 동반하지 않는 자본의 엄청난 자기증식과 투기, 도주 등으로 현현하게 된다.

제본스의 역설과 효율성의 허점

자본주의적 진보의 견인차 역할을 하는 것은 바로 기술혁신이다. 기술혁신은 에너지, 자원, 노동 등을 효율화함으로써 이익을 극대화할 수 있다는 공식으로 향한다. 성장주의는 기술혁신을 통해서 무한한 진보를 약속받은 것처럼 생각되는 경우가 많다. 슘페터의 기술의 변환과정에서 모종의 역할을 하는 '창조적 기업가'라는 개념도 이러한 기술혁신과 자본주의적 진보의 공식에 따르는 것이다. 기술혁신이 보여주는 성장의 그림은 효율성의 극대화가 결국 다시 성장의 원천이 된다는 점에 기반한다. 혁신과 효율성에 따라 자연과 생명에 대한 파괴가 줄어들 것이라고 여겨지면서 친환경, 효율, 에너지절약 등으로 불렸던 부분이 바로 다시 자본의 증대와 더 많은 성장의 원동력이 되는 것이다. 이를 '제본스의 역설'이라고 부른다. 결국 제본스의 역설에 따라 기술의 효율화를 통한 환경보전이라는 신화는 기각된다. 대부분의 기술은 혁신과 효율성을 통해 더 많은 성장을 하려는 방향성에 있기 때문에, 기술이 발전되어서 기후변화나 생물 종 대량 멸종을 막을 것이라는 기술낙관론의 논변을 무력화시키기 때문이다.

기술발전의 고도화는 더 이상 인간의 노동을 필요로 하지 않는 상황으로 향하고 있으며, 인간의 가치를 격하시키는 상황으로까지 나아간다. 다시 기계 파괴자, 즉 러다이트의 역사를 상기하지 않는다 하더라도, 기술의 고도화는 인간의 자존감과 노동의 가치 상실과 긴밀한 관련을 갖고 있다. 이를테면 근대 시기 동안 도제조합과 같은 전통에서 기술을 제어하려고 했던 이유에 대해서도 해명이 된다. 기술발전은 성장의 견인차로 불리지만, 인간 자체를 제거하는 방향으로 향하는 속성이 있다. 이에 따라 성장의 성격조차도 일자리 증대 없는 성장으로 향하게 된 것이다. 즉 효율성의 극대화는 극도로 위생적인 자본의 증대를 만듦으로써, 인간이라는 오류투성이의 존재조차도 필요로 하지 않는 국면까지 진행된다.

기술낙관론자들은 기후변화의 상황 또한 기술로 해결할 수 있다고 본다. 그들이 제시한 대표적인 대안이 바로 탄소고정술이다. 그런데 과연 이 기술이 기후변화 문제를 해결해 줄 수 있을까? 관건은 실험실에서의 탄소와 생태계에서의 탄소는 작동 상에서 큰 차이를 보인다는 점이다. 또한 실험실 밖에서 여러 요인들의 복잡하게 얽혀 있는 생태계로 탄소고정술이 적용될 때 심각한 위험을 초래할 수도 있다. 성장주의 시대 기술혁신은 본질과 이유는 모르지만 작동은 하는 가전제품 유형의 기술시스템을 구축한다. 전문가들은 그 이유를 안다고 할지 모르겠지만, 이것이 더 고도화되면 인공지능, 로봇, 딥러닝기술과 같이 작동 이유조차 아무도 모르고 작동하는 기술이 등장할 수 있다. 결국 기술의 발전이 고도화되면 결국 인간에 대한 뺄셈을 할 뿐만 아니라, 그것의 본질이나 이유조차도 알 수 없는 기술의 등장이 예고되는 것이다. 그런 점에서 환경위기, 생명위기에 대한 기술적인 대처는 인간의 자율성을 파괴하는 또 다른 위험 부담을 안게 되는 결과로 향할 수 있다. 동시에 다시 한번 제본스의 역설에 대해서 곰곰이 생각할 필요가 있다. 기술발전이 만들어낸 효율성의 여지는 바로 환경과 생명의 보존을 위한 여유분이 아니라, 성장을 향한 여지가 된다는 점을 말이다.

성장주의 시대의 정부와 국가형태

성장주의 시대의 국가형태는 '성장주도형 국가'라고 할 수 있다. 70~80년대 성장이 가속화되던 시점에서 국가는 어떻게 하면 성장이 더 잘 되도록 만들지가 관건이었다. 모든 제도와 시스템은 성장률의 증가를 위해서 총동원되었고, 이에 따라 정부 지원이 제도적, 실물적 방면에서 대대적으로 이루어졌다. 재벌이라는 한국의 특이한 기업형태와 정경유착의 낡은 고리는 사실상 성장주도형 국가의 한 단면을 보여준다. 정부정책의 평가 척도는 대부분 성장에 맞추어져 있었기 때문에, 여기에 제동을 거는 모든 것이 정부가 척결해야 할 대상이 되었다. 성장주의 시대의 몰적 형태의 집중과 수렴이 일반화된 모습을 반영한 것이 바로 독재와 파시즘 유형의 국가이다. 당시 성장의 가속화는 민주주의보다는 성장주도형 국가유형으로 집중과 통합, 적분에 따르는 몰적인 통치형태인 독재를 선호하는 상황이었다. 동시에 독재에 저항하는 사람조차도 거울과 같이 또 다른 몰적인 질서를 구축하고 있었다.

성장주의 시대에 관치라고 불리던 통치형태는 국가 중심성을 유지하면서 시장, 사회 등을 조직하는 방식이었다. 당시 '우리나라'라는 관념은 국가와 공동체의 성격이 융합된 상상적인 국가 유형을 드러낸다. 하지만 우리나라의 낭만적인 느낌에도 불구하고, 국가주도형 토건, 개발사업들이 대거 한국사회에 불도저와 같이 변화를 만들어냈고, 생명과 자연에 대한 전통적인 생각들이 사라지거나 고립되는 상황을 초래하였다. 예컨대 70년대에 농협이라는 협동조합도 관치의 형태로 만들어졌고, 이는 전통 농업이 화석연료와 화학물질 등에 기반한 농업 형태로 바뀌는 계기가 된다. 또 새마을운동의 경우에도 관주도 마을 만들기 사업의 한계를 여실히 보여준다. 지붕계량사업에 쓰였던 슬레이트 지붕이 1급 발암물질인 석면으로 만들어진 것도 그 당시에는 무감했고, 유기농업을 파괴한 대가로 살포되었던 농약과 비료가 토양침식을 유발하여 불모지화한 점도 무감했다. 이 사업들은 대부분 농촌을 도시의 전진기지로 만들거나 식민화하려는 기획 속에서 이루어진 관치의 사례이다.

또 성장주도형 국가의 특성은 '관리=관료형' 국가 유형으로도 나타난다. 국가의 제도와 시스템이 자동적인 기능 위주로 짜여 있기 때문에, 관리가 용이했고 기능연관에 따라 맞아떨어지는 관료시스템이었다. 그러나 21세기 성장주도형 국가에서 신자유주의 국가로 이행하면서 규제완화라는 색다른 통치방식에 따라, 관리형 국가시스템은 대대적으로 개편된다. 즉 시장이 성장을 주도하게 되면서, 국가주도형 성장 방식이 아닌 시장주도형

성장 방식으로 바뀌고 작고 강한 정부 형태의 통치형태로 이행하게 되는 것이다. 그러나 겉으로는 작은 정부, 규제완화, 자유시장 등을 말하고 있었지만, 실은 성장주의적인 형태의 국가유형으로부터 한 치도 벗어나지 않는다. 단지 국가의 몰적인 중심에서 시장의 몰적인 중심으로 이행했을 뿐이다. 그렇기 때문에 신자유주의가 주장하는 규제완화의 슬로건은 국가의 규제를 줄이는 것이 아니라, 시장의 몰적인 질서를 유지하기 위해서 국가의 규제를 더 많이 필요로 한다는 역설을 의미한다. 결국 이 당시 시장의 몰적인 유형의 조직화는 분자적인 욕망을 끊임없이 몰적인 소비로 환원하는 시장에게 막대한 자율성을 부여해 주는 신자유주의 시스템으로 나타났다. 분자적인 욕망이 등장하더라도 그것은 규제와 통제의 대상이 될 것이 아니라, 시장에서의 소비 과정으로 재구조화할 것으로 간주된다. 이로서 성장주의가 자본주의적인 욕망과 결합된 형태로 이행하게 된다. 신자유주의적인 성장주의가 기존 국가주도형 성장주의와 다른 점은 시장이 분자적인 욕망을 동원하기 시작했다는 점에 있다. 그리고 네트워크와 인터넷 등이 이러한 욕망 동원의 전자직조적인 그물망으로 작동하게 되었다.

환경 분담금 제로의 외부효과
성장주의의 토건주의, 개발주의, 굴뚝산업 등이 개발이익을 얻으면서 고려하지 않는 부분이 바로 생태복원비용이다. 자연과 생명을 철저히 외부로 간주하고 착취하고 개발하면서도 자신의 생산 활동이 만들어낸 쓰레기와 불순물, 공해, 오염물 등을 무단으로 방류하거나 투기하는 것이 성장주의의 본래 모습이다. 특히 신자유주의와 세계화 이후에도 제3세계에 공장을 옮겨 놓고 얻는 이득의 많은 부분이 바로 생태복원비용을 치르지 않음으로써 갈취하는 비용이다. 이러한 환경 분담금 제로로 인한 자연과 생명에 대한 무한한 갈취와 착취가 가능하게 되는 것을 외부효과라고 칭한다. 그러나 엄밀히 기후변화, 생물종 대량멸종, 해양생태계 오염 등의 항목을 엄밀히 점검해보면 사실상 개발이익보다 생태복원비용이 더 들 수밖에 없다는 점이 드러난다. 그런 점에서 바로 성장주의는 지구생태계에 대한 총비용을 계산하고 소수의 이익이 아닌 다수의 행복을 점검해 볼 때 더 마이너스라고 평가될 수 있다.

화석연료에 기반한 무한한 진보의 약속은 사실상 외부효과를 통해서 성장 기조를 연장하는 것을 숨은 전제로 갖고 있다. 자본주의적 진보는 결코 더 나은 삶과 지구생태계의 안녕과 번영을 약속하지 않는다. 물적인 이익과 이해를 위한 자원-부-에너지의 집중과 수렴 시스템은 생명과 자연을 외부로서 전제해야만 작동할 수 있다. 여기서 생태주의는 처음에는 자연주의를 배경으로 하여 시작되었다. 화석연료가 아닌 유기물순환, 약탈과 착취가 아닌 돌봄과 북돋움, 대지에 대한 부드러운 사용, 착취가 아닌 공생 등의 의미에서 출발한 것이 생태주의이다. 대지의 불모화는 제3세계 민중들의 저항을 만들어냈고, 생태주의의 문제제기를 촉발한다. 그러나 이러한 분자적인 욕망들의 문제제기는 국가의 강권과 자본의 도주를 그려낼 뿐이었다. 성장할수록 자연과 생명이 병들어 간다는 외부효과를 감춘 채 진행되어 온 성장주의는 바로 물적인 질서의 독재, 즉 국가독재인 성장주도형 국가시스템과 자본독재인 신자유주의 시스템이 딛고 올라선 토대라고 할 수 있다.

성장주의의 끝자락에 결사체로서의 협동조합이 발아하고 생성되기 시작하였다. 그것은 생태주의, 생명사상, 유기농업, 환경보전, 젠더적 불평등, 정동과 돌봄 등의 문제제기로부터 시작되었다. 특히 외부로 간주되었던 자연, 생명, 소수자, 어린이, 동물, 식물 등을 외부효과와 같이 오염시키고 파괴함으로써 성장의 원동력으로 삼던 것에 대한 강렬한 반발과 지속가능한 미래에 대한 열망으로부터 시작된다. 통합된 세계자본주의라는 문명의 등장으로 인해 자연과 생명, 소수자, 민중은 외부로부터 내부로 들어와 있는 상황이지만, 자본주의는 유독 그것을 인정하려 들지 않고 여전히 낯선 외부를 대하듯 대상화한다. 이러한 이율배반적 국면에서 협동조합은 마치 비자본주의적인 이상향, 다수의 협동이 만든 꿈, 자연과 생명을 위한 생명운동 등의 형태로 실체화된다. 이에 따라 성장주의의 끝자락에서 진정한 외부를 약탈하는 외부효과가 아니라 외부를 긍정하고 연대하는 외부효과, 즉 진정한 외부효과는 협동조합의 등장을 배태한 모태라고도 할 수 있겠다.

2. 저성장 시기의 민주주의_지속가능한 발전전략

성장의 한계, 한계체제의 등장

1972년 로마클럽의 〈성장의 한계〉라는 보고서 이후 지구와 자연의 유한성이 제도와 정책에서 논의되기 시작하였다. 당시 성장의 폭주기관차가 질주하는 상황에서 마치 간주곡과 같이 석유파동이 있었고, 이에 따라 '석유가 없어진다면 어떤 일이 벌어질 것인가'에 대한 대중적인 관심이 생겨났다. 더불어 환경오염과 기후변화, 생물종 멸종에 대한 경각심이 확산되기 시작했다. 자연과 생명, 제3세계 등이 외부로서 무한히 펼쳐져 있지 않으며 유한하다는 깨달음은, 이내 우주 진출이라는 허황한 꿈으로 향하게 만든 이유가 되기도 했다. 성장의 한계는 바로 지구의 한계, 생명의 한계, 자연의 한계이기도 하다. 우주까지 뻗어나갈 기세였던 자본의 걸림돌은 바로 자본주의 사회 그 자체였다. 유한성 테제는 모든 것에 끝, 폐지, 한계가 분명하다는 점에서 당시 풍미했던 실존주의적 맥락과도 일맥상통하는 것이다. 끝이 있다는 것, 즉 유한함에 대한 실존적 불안은 다시 말해 우리 자신이 자유롭다는 반증이며, 저성장, 탈성장 시대의 출발점이기도 하다.

70년대에 제레미 리프킨은 『엔트로피』라는 책을 발표하는데, 여기서 그는 열역학 1법칙과 같은 에너지보존법칙이 아닌, 질서에서 무질서로 이행하는 열역학 2법칙을 엔트로피의 법칙이라고 규정했다. 여기서 그는 인류가 지구에 발자취를 많이 남길수록 지구환경과 자원, 생명은 유한하기 때문에 무질서나 회복 불가능하거나 재생 불가능한 상태로 바뀌게 된다는 점을 지적하였다. 엔트로피 법칙에 따르면, 수렵채취 시기의 행복했던 시절이 끝나고 인구가 늘어나면서 농업사회라는 고된 노동집약적 사회로 이행한다. 동시에 농업사회의 끝자락에서 인간이 기계에 포위되어 삶을 상실한 산업사회로 이행한다. 이러한 이행은 목재자원의 부족을 타개하기 위한 석탄 사용, 곧이어 석유 사용 등과 같은 에너지전환과 긴밀한 관련을 맺는다. 그것은 진보가 아니라 더 이상 사용할 자원이 없기 때문에 에너지 전환 과정에서 전에 비해 비효율적인 에너지 자원을 찾게 되는 것이고, 무질서 즉 엔트로피가 증대한 이유 때문이라는 것이다. 물론 그의 제안은 엔트로피 법칙으로 세상의 모든 것을 설명하고자 하는 발상주의나 모델화라는 비판으로부터 자유롭지 못하다. 그러나 그가 던진 메시지는 자원, 에너지, 부를 만들었던 생명과 자연도 한계가 있는 것이라는 점을 분명히 알려준다.

자원, 부, 에너지, 화폐가 유한하다면 우리는 어떤 태도를 취해야 하는가? 어떤 성장주의자는 나눌 파이의 크기를 계속해서 키워야 한다고 말한다. 그러나 파이를 키울 수 있는 자원에 한계가 있다는 얘기를 다시 키워야 한다고 대답하는 것은 궤변에 불과하다. 어떤 성장주의자는 기술발전에 따라 우리가 아직 알지 못한 에너지원이 발견될 것이고, 환경위기와 기후변화도 극복될 것이라는 낙관적인 전망을 내놓는다. 그러나 그러한 낙관에도 불구하고 첨단 기술은 인간을 뺄셈하는 방향으로 향하고 있고, 더 나아가 인간 종은 더 이상 유지되기 어려우니 인공지능과 포스트휴먼으로 이행해야 한다는 관점이 낙관적인 전망 내부에서도 대두된다. 즉 기술이 인간에게 혜택을 주는 시대가 끝나고, 인간의 멸종까지도 말하는 무시무시한 시대가 도래한 것이다.

　결국 자원, 부, 에너지가 유한한 시대에는 기본소득이나 보편적 복지와 같은 실효성 있는 정책이 필요하다. 특히 최첨단 기술의 발전으로 인해 일자리가 급격히 줄어드는 것은 물론, 동시에 자본이나 기술이 인간을 포기하는 상황까지 이미 도래한 실정이다. 그래서 최근 기본소득 논쟁에서 신자유주의자들은 소비자들을 만들어내고 사회안전망, 복지, 사회 기반시설 같은 공공책임을 개인책임으로 바꿀 수 있다는 점에서 기본소득이 대안이 될 수 있다고 주장한다. 그래서 신자유주의자도 기본소득을 입법화하고 현실적인 제도로 만들려고 한다. 예컨대 북유럽에서 기본소득 논의가 국민투표까지 가고도 결국 채택되지 않은 것은, 사회안전망과 복지 등의 공공지출을 축소하고 기본소득을 통해 사회책임을 개인책임으로 전가하겠다는 신자유주의 속내가 드러났기 때문이다. 결국 유한한 자원, 부, 에너지의 상황에 직면한 저성장 시대에 공공정책은 후퇴해서는 안 되며, 다양한 정책 중 하나로 기본소득이 채택되어야 하는 것이지, 모든 것을 기본소득 하나로 환원하는 것은 더 큰 문제를 야기한다는 것이다. 물론 기본소득의 중요성과 가능성은 여전히 유효한 것도 사실이다. 그런 점에서 시장, 국가, 공동체의 협치가 매우 중요하다는 점도 분명하다. 기본소득은 저성장 시대의 현실적인 대안이 될 수 있기 때문이다. 현재 성공을 위해서 파이를 키우기 위해서 노력하는 사람들은 사실상 좌절과 포기, 멘탈 붕괴에 처해 있다. 저성장 시대는 지속가능성에 따라 일자리와 소득, 생활 형태 등이 재설계되어야 하는 상황인 것이다.

분자적인 단계 : 유한성, 특이성, 사건성의 단계

분자(molecular)는 속성을 갖는 최소단위이다. 물질을 구성하는 최소단위는 원자이지만, 원자는 어떤 물질의 속성을 갖추기 이전의 입자이기 때문이다. 원자의 배열과 배치에 따라 분자가 형성되고, 비로소 제각각 다른 속성이 자리 잡게 되는 것이다. 여기서 같은 원자라 하더라도 배열에 따라 전혀 다른 속성의 갖게 되는 이유는 원자의 배열과 배치, 즉 분자구조에 있다는 점이 드러난다. 분자적인 것은 영원불멸한 것이 아니라 유한하고 특이하고 사건적인 것이라고 할 수 있다. 예컨대 지구에서 가장 흔한 탄소 원자의 경우에는 분자 수준에서의 배열과 배치에 따라 흑연이 될 수도 있고 다이아몬드가 될 수도 있다. 그런가 하면 기후변화를 일으키는 이산화탄소도 탄소가 만들어낸 분자의 일종이라고 할 수 있다. 이러한 유한성, 특이성, 사건성을 특징으로 하는 것이 분자적인 차원이기 때문에, 고정된 것이 아니라 이행하며 횡단하고 변이할 가능성이 있는 물질 단위라고 할 수 있다. 분자 단위의 유연성은 열을 가하거나 물리적 충격을 가하거나 효소와 촉매제를 첨가하거나 함으로써 비교적 쉽게 속성을 변화시킬 수 있다는 점이 특징이다. 그렇다면 기후변화를 일으키는 자연생태계 내에서의 탄소분자와 실험실에서 만들어진 탄소분자는 같다고 할 수 있을까? 물론 본질 면에서는 같다고 할 수 있지만, 사실상 작동 면에서는 큰 차이를 보인다. 다양한 분자구조가 연결되고 서로 영향을 주는 자연생태계에서는 변이가 수시로 이루어지기 때문이다. 그런 점에서 실험실 모델을 적용한 탄소고정술이 기후변화를 해결할 수 있을 것이라는 환상은 기각된다. 그런데 탄소분자의 분자적인 속성은 문제해결의 단서를 갖고 있다. 이를테면 태양의 빛이 기후변화를 심화시키는 골칫거리가 아니라 오히려 해결책(태양광발전)이 될 수 있듯이 말이다.

탄소분자가 분자적인 것이라는 점에 주목할 때 여기서 '분자적인'이라는 수식어는 어떻게 작동할까 하는 질문이 가능하다. 우리 일상에서 분자적인 특징을 보이는 것은 바로 욕망, 정동, 사랑과 같은 것이다. 하나의 의미와 모델에 수렴되고 집중하는 것을 몰적인 것이라고 한다면, 여러 모델과 여러 의미를 횡단하고 이행하고 변이하는 것을 분자적인 것이라고 할 수 있다. 여기서 몰적인 것을 '의미와 일 모델'로, 분자적인 것을 '재미와 놀이 모델'로 부르기도 한다. 저성장 시대에서의 분자적인 속성을 띤 욕망의 의의는 공동체와 사회에게는 생명에너지와 활력을 제공해 줄 수 있다는 점에 있다. 욕망 없이 저성장 시대의 행복을 약속하기 어려우며, 의기소침, 집단적인 우울증, 무위, 전망상실과 같은 사회현상은 바로 욕망을 제거하거나 욕망이 소진된 상태에서 나타나기 쉽다. 흔히 성장의 동력이 극도로 낮아진 상황에서 한눈팔지 말고 더 열심히 일함으로써 성장할 수 있는 힘을 회복해야 한다고 생각하기 쉽다. 하지만 오히려 저성장 시대에는 욕망,

정동, 사랑 등을 통해서 활력과 생명에너지를 증폭한 상태의 심미적이고 예술적인 활동이 주축을 이루어야 한다. 흔히 과도한 욕망이 문제라고 한다. 여기서 진정으로 문제가 되는 것은 자본주의적 욕망이다. 자본주의적 욕망을 분자적인 욕망을 동원해서 몰적인 상품소비로 집중시키는 구조로 이루어져 있다. 모든 욕망이 결국 상품소비로 귀결되는 방식, 즉 탈영토화 이후에 반드시 재구조화가 따르는 형태라고 할 수 있다. 이에 대한 대안으로 들뢰즈와 가타리는 절대적 탈영토화라는 욕망의 탈주선을 구상하였다. 다시 말하면 몰적인 상품소비로 귀결되지 않는 욕망의 탈주선이 그것이다. 소비 향유로 향하지 않는 분자적인 욕망을 활성화하는 것이 저성장 시대에 대한 처방일 수 있는 셈이다.

이러한 분자적 욕망의 전면화는 사회 형태를 심원한 차원에서부터 바꾸어나갈 것이다. 특이성, 사건성, 유한성이 전면에 나설 때, 똑딱거리는 일상과 비루한 미디어 생활, 수동적인 문화향유 등의 통속적인 문명에 붙잡혔던 사람들이 드디어 예술창조, 주체성 생산, 분자혁명의 순간으로 향하게 될 것이기 때문이다. 결국 삶의 유일무이성을 발견하고 자신의 삶을 창안하여 스스로 색다른 생활세계(=둘레환경)를 구성하지 않고서는 살아갈 수 없는 환경이 조성되는 것이다. 이는 굉장히 심미적이고 윤리적인 지평의 개막을 의미한다. 자신의 한계와 끝을 응시한 사람들은 '실존주의를 넘어선 실존'을 구성할 것이다. 그리고 유한성, 한계, 끝 등의 실존을 깨달은 사람들이 마을, 협동조합, 공동체의 판을 까는 사람이 되어야 한다. 그런 점에서 성장주의 시대와 같이 전문가나 대답을 알고 있다는 방식의 통속적인 유형의 전문가주의는 기각되고, 저성장 시대에서 실존이 던지는 질문을 갖고 있는 사람들의 영구적인 아마추어리즘의 시대가 도래할 것이다. 저성장 시대의 사회상은 무차별성을 특징으로 하는 대중(mass)사회가 아닌 간(間)공동체성을 특징으로 하면서 해체적 재구성에 따라 형상화되는 다중(multitude)사회가 될 것이다. 이로써 분자적인 것에 따라 영구적으로 위치 조정을 할 수밖에 없는 초연결사회가 도래하면서 네트워크와 공동체에서의 분자적인 수준의 작은 변화가 메타-네트워크에 심원한 변화를 가하는 분자혁명이 격렬히 지속될 것이다. 저성장 시대의 영구적인 혁명은 분자혁명일 수밖에 없을 것이다.

성장과 발전의 차이

수시로 부수고 새로 세우고 삽질하던 성장주의 시대가 종결되면서, 자연과 생명, 공동체의 입장에 선 대안에 대한 논의는 비교적 활발하지만 이렇다 할 답안지가 있는 것은 아니다. 단지 오래된 인류의 경험과 지혜가 참조점이 될 것이다. 그중에서도 발전전략의 역사는 매우 선명하고 유효하다.

발전전략은 성장이 아닌 성숙의 경제로도 불려 왔다. 그리고 발전전략은 좌/우파를 막론하고 역사적인 뿌리가 있다. 먼저 우파 발전전략의 효시는 루즈벨트의 뉴딜정책이다. 뉴딜정책은 미국의 대공황 시기 동안 일자리와 소득, 사회재건 등을 위해 실효성 있는 공공정책과 제정지출, 일자리 만들기, 노동조합과의 협조주의, 제 할 일을 하는 국가를 만들어낸 인류사적인 사건이다. 그 사상적 토대의 제공자는 케인즈인데, 그는 자본주의를 내부상점 모델로 봄으로써 노동자가 곧 소비자라는 점을 발견해 낸다. 이에 따라 유효수요를 진작하기 위해서는 노동자의 소득이 높아져야 하고 일자리가 많아져야 한다는 제안을 하기에 이른다. 케인즈 이론에 따른 뉴딜정책으로 말미암아 미국사회는 다시 재건될 수 있었고, 이는 발전전략이 위기 상황에서 실효성 있고 유능한 해법일 수 있음을 입증해 주었다.

좌파 발전전략의 효시는 혁명가 레닌이 제시했다. 그는 초기에 자본주의단계인 민주주의 혁명을 거친 다음에야 사회주의 혁명이 가능하다는 성장주의적인 2단계 혁명론에 사로잡혀 있었다. 그런데 레닌은 불현듯 당시 러시아 내부의 소비에트라는 관계망이 고도로 성숙되어 있다는 점을 깨닫고 섬광과 같이 발전전략을 발견한다. 그리고 4월 테제에서 "모든 권력을 소비에트로!"라는 슬로건을 외쳐 소비에트 혁명으로 나아간다. 그런데 문제는 혁명을 성공시킨 다음 그의 행보가 오락가락한다는 점이다. 즉 발전전략을 버리고 NEP라는 성장주의로 다시 회귀하고 마는 것이다. 그 과정에서 진통과 갈등이 없었던 것은 아니다. 레닌을 향해 발전전략을 절대 포기하지 말라고 외쳤던 크론슈타트 수병들의 반란을 레닌은 무참하게 진압해 버렸다. 당시 레닌의 충복이자 행동대장이었던 트로츠키의 군대를 통해서 말이다. 그 이후 러시아혁명의 역사는 스탈린주의라는 성장주의에 기반한 국가사회주의를 향해 수렴되고 발전전략의 섬광과 같은 역사적 기억은 사라진다.

성장(growths)은 양적이고, 실물적이고, 외양적이다. 이는 우리나라에서 성장 시기에 있었던 새마을운동을 생각해 보면 분명해진다. 지붕개량사업, 각종 시설물 건축, 사회의 양적 척도에 의한 계량화와 통계수치 등에 따라 마을이 만들어졌던 것이 새마을운동이다. 반면 발전(development)은 질적이고, 관여적이고, 내포적이다. 2010년 이후 발아한 마을 만들기 운동이 그 사례라고 할 수 있다. 성미산마을 등의 마을운동은 정성적(↔정량적)이고 사람들과의 관계를 성숙시킴으로써 작동하는 발전의 모델에 따르는 것이었다. 이에 따라 외롭고 고독한 도시민의 생활 속에서 관계망을 복원하고 창안하려는 움직임이 곳곳에서 만들어졌으며, 협동조합, 사회적 기업, 마을기업 등이 마을의 판 위에 설립되어 관계의 성숙에 따른 경제의 일부가 되었다.

발전전략은 제3세계 원조와 개발의 이데올로기로 오해되기도 한다. C. 더글러스 러미드의 『경제성장이 안 되면 우리는 풍요롭지 못할 것인가?』 (2002, 녹색평론사)에 따르면 발전하다(develope)는 envelop(봉투로 싸매다)의 반대말로 '꽃망울이 터지듯 발아하다'라는 뜻이 된다. 그런데 발전한다는 것은 자동사로, 선진국이 제3세계에게 전달하는 '발전시키다'라는 타동사의 이데올로기와는 궤도를 달리한다는 것이다. 이는 마치 아이들이 스스로 자라는지 아니면 보호자나 선생에 의해 키워지는지의 질문과도 같은 것이라 할 수 있다. 이런 점에서 러미드는 선진국의 제3세계에 대한 이데올로기로 전락한 발전을 버리고 대항발전으로 향하자고 일갈한다. 물론 발전전략이 개발과 원조, 약탈의 이데올로기로 차용된 역사는 분명 존재하지만, 그것의 개념의 내용은 차이가 분명하다. 아무래도 선진국에 의해 주창된 발전 이데올로기는 성숙의 경제가 아닌 성장의 경제의 아류라고 할 수 있기 때문이다. 녹색에 가짜녹색이 있듯이 발전에도 가짜발전이 있는 셈이다.

발전전략은 자본주의적인 진보 노선, 즉 성장의 노선처럼 시간이 지나가면 새로운 혁신과 유행, 상품, 기술 등이 무한히 생산될 것이라는 망상으로부터 벗어나 유한성을 기반으로 논의를 시작한다. 여기서 성장 노선의 대표적인 사상가가 헤겔이라면, 발전 노선의 대표적인 사상가는 스피노자이다. 헤겔은 정-반-합의 모순이 역사발전의 원동력이라고 보는 변증법을 주장한다. 헤겔은 스피노자의 『에티카』에서의 '유한자의 무한으로의 이행'이라는 구절을 무척 탐을 내서, 신체변용을 거치지 않고도 관념의 자기운동에 따라 무한으로 진입하는 절대이성의 단계를 상상한다. 즉 골방의 철학자가 사유의 실험으로도 우주와 세계를 완성해낼 수 있는 셈이다. 물론 스피노자의 범신론을 흉내 낸 헤겔의 변신론은 근대의 국가주의 철학의 기반이 되는데, 이것이 바로 성장 이데올로기의 모태라고 할 있다. 왜냐하면 변신론은 무한한 성장의 가능성을 인간이 만든 국가에서 찾는 방법론이기 때문이다. 반면 스피노자는 다채로운 유한자들이 접촉, 신체변용, 접속 등을 통해서만 무한으로 진입할 수 있다고 생각한다. 헤겔의 관심이 국가와 자본의 성장을 향한다면 스피노자는 공동체의 발전 가능성을 응시하는데, 그 이유는 유한자의 신체변용과 사랑이라는 관계의 성숙과정, 연결접속의 무한성에 스피노자 사상이 기반하고 있기 때문이다. 이러한 생각이 다중(multitude)의 사유이자 공동체의 판과 구도에 대한 아이디어이다. 즉 공동체는 '유한자의 무한결속'에 따라 비로소 무한성에 진입할 수 있으며, 이는 성숙의 경제, 다시 말해 발전전략의 아이디어를 온전히 담고 있다. 이러한 스피노자는 발전전략을 응시한 미래진행형적 인물이라고 할 수 있겠다. 스피노자의 유한자의 무한결속이 담고 있는 의미는 무엇인가? 바로 공동체의 판과 구도가 성숙되면 발전의 경제가 작동한다는 점이 아닐까?

저성장 시대의 행복의 문제

저성장 시대를 살아가는 사람들의 행복 문제를 생각할 때, 소득이나 부의 분배, 일자리를 먼저 떠올리는 사람이 있다. 그러나 더 중요한 것은 바로 관계의 문제이다. 그중에서도 가장 가까이에 있는 사람과의 관계의 문제가 중요하다. 행복의 척도는 미래나 과거에 있지 않고 '지금-여기-가까이'에서의 삶의 문제에 달려 있다. 그러나 많은 사람이 과거에 사로잡혀 우울해지고, 미래를 불안해하는 데로 빠지기 쉽다. 그런 삶의 유형은 현재를 온전히 살고 있지 못한 것이다. 바로 지금-여기에서 가까이에 있는 사람들과 강한 상호작용과 공감대를 형성하는 것이 중요하다는 것을 사람들은 이미 모두 알고 있다. 그러나 가까울수록 간섭과 참견이 많을 것 같고, 서로를 뻔한 존재로 보기 일쑤인 것도 사실이다. 프랑스 철학자 질 들뢰즈와 펠릭스 가타리는 노마드라는 주체성을 『천개의 고원』(2002, 새물결)에서 언급한다. 노마드는 유목민인데, 유목민이라고 하면 전 세계를 이리저리 돌아다니는 떠돌이를 생각하기 쉽다. 물론 자신의 비루한 일상, 뻔한 반복을 멈추기 위해서 여행을 통해 도주선을 그려낼 수도 있다. 그러나 놀랍게도 들뢰즈와 가타리는 '국지적 절대성'이 바로 노마드의 핵심이라고 말한다. 국지적 절대성은 바로 지금-여기-가까이에 있는 사람들의 깊이와 잠재성을 발견함으로써 새로움을 추구하는 것을 의미한다. 친구와 이웃, 가족들의 새로운 면모를 재발견함으로써 늘 새롭게 관계망을 혁신하는 것이다. 문명의 똑딱거리는 일상에 사로잡혀 서로의 잠재성을 발견하지 못하는 데서 벗어나, 공동체에서 춤꾼도 되고 이야기꾼도 되고 가수도 되는 등 특이성을 발휘하는 것이 필요하다. 그런 점에서 저성장 시대의 행복의 척도는 공동체 재건에 달려 있다고 해도 과언이 아니다.

또한 저성장 시대의 행복의 또 하나의 척도는 바로 정동의 소외 상황을 극복하는 것이다. 정동은 바로 사랑이며 욕망이지만, 삶을 구성해내는 돌봄, 살림, 보살핌, 섬김, 모심 등과 같은 영역을 의미하기도 한다. 아무리 돈을 통해서 문제를 해결하려고 해도 자신의 삶과 주변을 돌보지 않는다면 우리는 행복해질 수 없다. 더구나 소득이 적어지는 상황이 도래하면 정동과 돌봄의 문제는 더욱더 중요해진다. 정동의 소외 양상은 공동체의 해체에 따른 개인주의 팽배와 감정생활, 무의식생활, 내면생활을 미디어에 맡김으로써 정동의 중요성을 망각하는 것, 젠더 불평등의 현실을 극복하지 못하는 상황 등에 영향을 받아 전면화하고 있다. 스피노자는 일시적이고 돌발적인 감정과 자기원인이 분명한 정동을 구분한다. 그 자기원인은 사랑의 자기원인이다. 저성장 시대에서는 가족, 공동체, 사회, 인간까지도 정동이라는 구성적 실천 없이는 미리 주어지지 않는다. 모두가 섬세한 노력과 실천, 활동력 등을 가지고 나서야 재건되고 구성되는 것이 공동체이고 가족이고 인간 자신이라는 의미이다. 그런 점에서 정동은 행복의 척도이며, 나와 우리 자신의 삶을 구성하는 원천이라고 할 수 있다.

이에 더해 저성장 시대 행복의 또 다른 척도는 범위한정기술과 관련되어 있다. 저성장 시대는 자신의 신체변용, 접촉, 접속 등이 가능한 제한된 생활세계, 둘레환경, 삶의 내재성, 영토 등을 구성해낼 필요가 있다. 첨단기술사회에서 정보의 바다에 빠져 길을 잃고 방황하기 십상이기 때문에, 자신의 삶의 영토를 분명히 하면서 정보값을 낮추고 범위를 제한할 필요가 있다. 동물들은 범위한정기술을 통해서 내부 영토를 형성하고 외부자연과 선택적으로 관계한다. 이를 통해서 생활하고 활동할 수 있는 부드러운 현실을 재구성한다. 칼 포퍼가 『열린 사회와 그 적들』(2006, 민음사)을 쓸 때만 하더라도 민주 사회의 기준은 토론과 반증에 대해서 열린 사회였다고 할 수 있다. 그러나 자신의 삶의 범위를 제한하지 않고 무조건 열려 있다고 해서 선(善)인 것만은 아니다. 오히려 자신의 삶과 신체변용, 욕망 등에 따라 재구성되어 일정한 범위 내로 닫힌 영토가 행복의 기반이라고 할 수 있다. 그런 점에서 저성장 시대는 공동체 재건이 매우 중요하다. 그렇다고 폐쇄사회, 분리주의, 고립주의라는 파시즘 사회로 향하는 극단주의 경향을 옹호하자는 얘기는 아니다. 적절한 수준에서 열리고 닫힐 수 있는 미시정치가 중요한 이유도 그것이다. 그런 점에서 저성장 시대의 개막은 행복의 척도를 바꾼 일대 사건이며, 이러한 이행과정에서 여러 가지 개인이나 집단의 우여곡절이 있을 수밖에 없다.

지속가능성과 미래세대

지속가능성(sustainability)은 아직 태어나지 않은 미래세대의 욕구를 사고하는 역행적 시간관을 드러내면서 자본주의적 진보주의의 선형적인 시간관과 대비된다. 생태학자 레스터 브라운은 '지속가능한 발전'(sustainable development)이라는 개념을 국제사회에 의제(agenda)로 제출하였다. 이에 대한 국제사회의 반응은 뜨거웠다. 급기야 지속가능한 발전이 UN 세계환경개발위원회의 보고서로 채택되기에 이른다. 그 위원회의 리더인 할렘 브룬틀란트의 이름을 따서 『브룬틀란트 보고서』라고 지칭된 문건에서 바로 지속가능한 발전 개념이 전면을 장식한다. 이에 따르면 "지속가능한 발전은 미래 세대가 니즈를 충족할 수 있는 능력을 훼손하지 않으면서 현재의 니즈에 맞추는 발전이다."[1](Brundtland, 1987, 41)라고 요약된다. 그러나 이에 대한 최근의 비판은 매섭고 따갑다. 지구환경이 버텨낼 수 있는 경제 규모가 지금의 1/10이어야 한다는 점이 드러나면서 지속가능한 발전전략

---

1   제프리삭스, 홍성완 역, 『지속가능한 발전의 시대』, 21세기북스, 2015, p. 28 재인용

조차도 무책임한 성장주의의 연장이라는 비판과 함께 좀 더 적극적인 탈성장에 따라 엄청난 규모의 감축과 감쇄가 이루어져야 한다는 주장이 설득력을 얻고 있는 시점이기 때문이다. 그 근거로 제시할 수 있는 것이, 현재 수준의 경제규모를 유지하고자 하는 기업일수록 오히려 '지속가능경영'을 전면에 내걸기도 한다는 점이다. 그 때문에 혹자는 지속가능한 발전개념이 심각하게 오염되어 있다고도 말한다. 그러나 발전전략 중 하나로 지구, 국가, 사회, 공동체, 기업, 협동조합, 시민사회 등을 아우르는 메타개념으로서의 지속가능한 발전의 위상을 깎아내릴 수는 없을 것이다. 즉 거대 계획, 거대 프로그램만으로 미세한 정책과 제도, 생활세계 등을 모두 책임지고 설명할 수 없다는 점은 분명하다.

지속가능한 발전 개념이 미래세대의 권리를 말하는 부분은 현존 문명처럼 미래의 구매력이나 미래 자원을 당겨쓰고 있는 상황에 대한 근본적인 비판일 수 있다. 이를테면 이자는 미래의 구매력을 보증하는 것이며, 미래를 끌어다 현재에 흥청망청 쓰는 부채사회를 설립하는 원동력이 된다. 사실 현존 자본주의 문명처럼 미래세대를 고려하지 않는 사회도 없을 것이다. 암울한 미래의 전망을 망각하기 위해서인지 그저 욜로(YOLO : You Only Live Once)족처럼 현재를 즐기는 것에 머물러 있다. 수많은 쓰레기들, 일회용품, 갈수록 많아지는 주류와 육류소비 등이 그것의 반증이다. 하물며 아직 태어나지 않은 미래세대에 대한 권리까지 생각하는 제도와 정책은 전무하다시피하다. 작은 단서는 독일헌법 부칙에 있다. 독일헌법 제20a조에는 「자연적 생활기반의 보호」라는 구절이 들어 있다. "국가는 미래세대에 대한 책임으로서 헌법질서의 범위 내에서 입법에 의거하거나 법률과 규범에 따른 행정과 판결을 통하여 자연적 생활기반을 보호한다"

는 내용이다.[2] 이는 헌법의 부칙을 통해서 자연권, 생명권, 미래세대의 권리 등을 한꺼번에 아우르며 정당한 권리로서 보장하고 있는 것으로 간주된다. 이처럼 지속가능한 발전은 미래세대의 권리 담론을 통해서 미래로부터 역행해 온 사람들의 목소리를 담아내고 있다. 자원-부-에너지가 유한하고, 지구가 유한하고, 생명과 자연이 유한하기 때문에 우리는 미래세대를 걱정하며, 엄청난 규모의 감축과 감쇄를 단행하는 데 사회적으로 합의해야 할 상황에 놓여 있다. 그렇게 된다면 지속가능한 발전의 본래 의미도 빛을 발할 것이다.

특히 도시의 지속가능성에 대한 논의는 활발하게 진행되고 있다. 전 세계 인구 2/3가 도시에 거주하는 상황에서 도시의 지속가능성에 대한 연구는 새로운 전기를 맞이하고 있다. 사실 도시의 농촌 수탈구조는 잘 알려져 왔지만, 도시의 역사와 기능, 역할 등에서 긍정적인 측면은 거의 주목되지 않았다. 최초의 근세 자유도시는 도제조합 연합체에 의해서 관장되었으며, 폴라니에 따르면 자유무역과 마을장터를 가로막는 일종의 장벽 역할을 했다. 이에 따라 도시 내의 시설물, 관공서, 병원, 학교, 가게 등이 복잡하게 경우의 수를 만들어내고 다양하게 교직하면서 시너지효과를 낸다. 이것이 도시의 회복탄력성(resilience)의 역사적인 원형이라고 할 수 있다. 통합된 세계자본주의문명은 이러한 도시의 복잡성을 점차 단순화하며, 회복탄력성을 조성하던 특이하고 복잡하고 다양한 경우의 수를 내쫓는 방향으로 향하고 있다. 이에 따라 비슷비슷한 도시생활이 만들어지고, 도시가 위기에 단번에 무너질 수 있는 단조롭고 취약한 구조물이 되고 있다는 점

---

2 http://cafe.naver.com/hiig.cafe?iframe_url=/ArticleRead.nhn%3Farticleid=109&

이 드러난다.

따라서 도시농업, 로컬푸드, 프리마켓, 협동조합, 마을공동체운동, 사회적 경제 등은 도시의 회복탄력성을 재건할 특이점으로 작동할 과제를 안고 있다. 더불어 '도시의 지속가능성'의 가능성은 공공 기반시설 확충과도 관련된다. 현재의 기후변화와 생명위기 상황이 계속된다면 2100년에는 물, 가스, 전기 등 공공 기반시설을 이용하는 사람이 전 세계 인구 중 10%에 불과할 것이라는 보고가 있다. 이는 도시의 지속가능성 특히 제3세계 도시의 지속가능성과 관련되어 있다. 이에 대한 면밀한 연구와 조사, 참여관찰, 기록지, 생태역학조사 등이 요구되는 시점이다.

결국 저성장 시대의 지속가능성 논의는 재생 불가능하고 유한한 자원의 보존과 미래세대의 권리로 요약될 수 있다. 그러나 지속가능한 발전이 미시적인 삶에까지 이르지 못하고 거대 계획, 거대 프로그램에 머물고 있는 현 시점에서, 저성장 시대의 지속가능성과 관련된 제도와 관계망의 변화 양상에 대한 사회역학적인 연구와 생활세계에 대한 면밀한 검토가 필요하다.

협치의 전면화 : 국가, 시장, 사회의 교직

과거 성장주의 시절에는 국가의 무능과 부패, 관료주의 등을 비판하는 것이 저항운동의 중심이었다면, 이제 '국가가 거기에 없었다'는 절규와 아우성 속에서 이른바 '생명위기 시대'를 맞이하고 있다. 성장주의 시대처럼 관리형 국가의 형태로 '그대로 놔두면 저절로 잘 되던 시대'는 끝났다. 공동체, 시민사회, 협동조합, 일자리, 기업 등도 촉매하고 돌보고 서로가 협력해야 겨우 버티거나 현상 유지가 가능한 시대가 된 것이다. 이러한 상황에서 정부와 지자체의 각급 기관들의 행정 및 정치 유형이 민관협치 (governance) 형태로 바뀌고 있다. 현 시점에서 더 이상 협치 없이는 국제사회, 국가, 시민사회, 기업, 공동체 등은 작동하기 어려운 상황이다. 국제사회의 경우에도 국제기구와 각 국가, 기업, NGO 등의 협치를 통해서 중요한 사안을 결정하고 집행하고 있다. 협치는 관치와 달리 국가주도형도 아니고, 통치와 달리 통제하고 관리하기 위함도 아니다. 오늘날의 협치는 구성적이고 재건적인 임무를 띠고 있다. 신자유주의가 휩쓸고 간 이후 국제사회와 주권국가 등은 상당한 부분이 와해되고 해체되어 있는 상황이다. 더욱이 국제사회가 직면한 기후변화와 저성장 시대의 개막, 생명위기 시대의 개막은 협치를 통하지 않고서는 제대로 대응할 수 없다는 점이 명백해졌다. 생명위기 시대의 협치는 각 주체들이 머리를 맞대고 함께 협력해서 공동체와 시장, 국가, 국제사회 등을 굴러가게 한다는 데 의의가 있다. 이런 점에서 협치의 전면화는 결국 막대한 위기가 바로 인류의 코앞에 와 있다는 점을 반증하는 것이기도 하다.

이러한 협치 모델을 설명하기 위해서 니클라스 루만의 시스템 형태의 협치를 먼저 생각해 볼 수 있다. 루만의 『체계이론입문』(2014, 새물결)에 따르면, 시스템은 두 가지 유형으로 분류된다. 먼저 적극적 피드백을 통해서 '차이를 낳는 차이'를 조성한 시스템이 있다. 그것은 협치를 이룬 다양성이 다시 한번 색다른 차이를 발생시킴으로써 위기에 강한 협치가 될 수 있다는 점을 적시하는 것이기도 하다. 1차적인 차이는 다양성의 생태계를 조성함으로써 2차적 차이인 색다른 대안으로서의 특이점을 만드는 토양 역할을 한다. 이런 점에서 협치는 다양성과 차이의 생태계로서 작동해야 한다. 다른 한편에 소극적 피드백 시스템도 있다. 소극적 피드백은 차이를 감소시키기 때문에 중앙이나 센터에서 조종할 수 있는 가능성이 높아진다. 이것은 관료주의, 즉 관치 유형이라고 할 수 있다. 물론 루만 이론을 적용한 시스템에 의한 협치는 그 일을 해낼 사람을 어떻게 만들어내는지에 대해서는 침묵한다. 다시 말해 '주체성 생산'에 대해 언급하지 않는다. 협치를 그저 시스템의 부수효과나 기능연관으로만 처리한다는 비판을 받는 이유이다. 그럼에도 불구하고 루만의 시스템이론은 협치의 판을 짤 때 참조할 여지를 풍부하게 내장한다.

협치 모델을 설명한 경제학이론으로는 칼 폴라니의 『거대한 전환』(길, 2009)에서 언급된 국가, 시장, 사회의 삼원 구도가 있다. 여기서 국가는 '모아서 나누는 것' 즉 세금을 걷어 복지로 나누는 재분배의 역할을 담당한다. 또한 시장은 '상품을 사고파는 것' 즉 교환의 역할을 담당한다. 또한 사회는 '선물을 주고받는 것' 즉 대칭적이고 급부적인 호혜적 관계망을 구축한다. 협치의 세 주체는 국가, 시장, 사회(=간(間)공동체)라고 할 수 있다. 결국 국가나 시장이나 사회나 모두 제 역할을 해야 한다. 공공영역이 받쳐주고 시장영역이 지원하고 사회영역이 나서야 하는 것이다. 저성장 시대, 생명위기 시대에 대응하는 과제는 어느 하나 빠져서는 감당해 낼 수 없는 것이 위기의 성격이다. 예컨대 기후변화 상황에 맞서기 위해서 시장이 탄소시장으로, 국가가 탄소세로, 사회가 탄소순환으로, 도시가 탄소중립으로 대응하지 않고서는 아무것도 감당할 수 없다. 그런 점에서 폴라니의 삼원 구도는 협치의 판을 짤 때 아이디어를 주며, 지속가능성한 사회 재건을 위한 협치의 가능성을 보여준다. 협치에서는 정부도, 시민도, 시장도, 누구도 컨트롤 타워라고 자임할 수 없다. 또한 국가만능주의나 시장만능주의는 엄중하게 경계되어야 할 사고방식이다. 재건과 구성적 협치를 기본구도로 하지 않고서는 생명위기 시대이자 저성장 시대인 현재의 위기국면을 헤쳐 나갈 수 없기 때문이다.

3. 제로성장 시기의 민주주의 : 내발적 발전전략

제로성장 시대의 제로회계

현재 협동조합에서는 수입과 지출이 딱 맞아떨어지는 제로회계가 낯설지만은 않다. 일단 영업이익과 조합원에 대한 배당, 활동가의 임금 등을 고려해 볼 때 결코 손해가 아니라는 판단이 서기 때문이다. 그러나 성장주의를 기반으로 등장했던 기업의 입장에서는 제로회계는 일종의 비상사태라고 할 수 있다. 제로성장의 시대일수록 바로 협동조합과 같은 공동체기업 형태가 선호될 수밖에 없는 이유도 여기에 있다. 사실 이미 제로성장 시대가 도래했다는 증거들이 곳곳에서 나타나고 있다. 중소기업이나 자영업의 경우 기업 활동 과정을 나누어 먹기 형태로 사업주나 노동자가 태도를 취하는 상황이 그것이며, 현상유지만 해도 된다는 자영업자의 태도가 그것이다. 결국 제로성장 시기에는 수입과 지출이 제로 상태인 제로회계가 일반화될 것이라는 점에는 이견이 없을 것이다. 그것은 노동자가 일을 게을리 해서도 아니고, 사업주가 경영을 잘못해서도 아니다. 단지 자원-부-에너지의 순환이 제로성장에 맞추어져 있기 때문이다. 이러한 경향에 따라 최근 자영업자들은 자신이 할 수 있는 최대치의 노력을 해도 결국 유지밖에 안 된다는 점에 자괴감을 갖기도 한다. 그러나 우리가 주목할 점은 이제 제로성장의 시대에는 타자생산이 아닌 자기생산이 원칙이 될 수밖에 없다는 점이다.

제로회계인 상황에서는 바로 그 일을 하는 바로 그 사람을 자기생산했다는 점이 매우 중요하다. 자기생산은 활동의 목표와 동기가 바로 그 일을 하는 자기를 생산하는데 있다는 것이다. 반면 자본주의적 생산의 기본적인 구도는 타자생산이다. 증식, 증대, 확장, 착취 등 외부를 정립하고 낯선 것들을 포섭해 들여 와 잉여의 차원을 만들어내는 것이 타자생산이다. 자신을 위한 것이 아니고 다른 사람들을 위해 서비스와 노동, 상품, 화폐 등을 제공함으로써 소득을 얻는다는 설정이 바로 타자생산의 기본구도이다. 그런데 제로성장의 시대는 타자생산을 하더라도 그 일을 해낸 바로 자신을 자기생산하는 것이 목표이자 결과이자 동기가 되는 시대다. 동시에 기존에 군더더기, 잔여이미지, 찌꺼기 등으로 비하되었던 잉여(redundancy, 중복)가 잉여(surplus, 극자)가 되는 상황이 도래한다. 즉 일을 열심히 하는 것이 아니라, 여유와 여가, 여백을 어떻게 구성할 것인가에 따라 부가적인 가치를 얻을 수 있는 상황이 되는 것이다. 그런 점에서 일중독은 제로성장의 시대에서는 사실상 별로 도움이 되지 않는다. 결국 모든 사회시스템이나 제도, 정책, 미디어, 서비스상품 등은 바로 그 일을 해낼 그 자신을 자기생산하는 방향으로 맞추어져야 한다. 그것은 점점 사회속의 관계망들을 변형시켜 나갈 것이다.

성장주의자들은 자본주의적 진보가 무한할 것이라고 생각했다. 그러나 자본주의적 진보의 선형적인 확장은 지구, 생명, 자연의 유한성의 지점에 멈춰 서게 된다. 자기계발, 성공학, 처세술, 심리학 등으로 무장했던 성공주의/승리주의 계열의 담론들은 제로성장 시대에는 개인의 태도와 마음, 관계방식 등에 대한 코칭 형태로 이행하게 될 것이다. 그럼에도 불구하고 시시콜콜한 잔여물조차도 돈이 되지 않기 때문에 그리 힘을 발휘하지 못할 것이다. 자본주의적인 진보가 무한하지 않다면, 어떤 것 속에서 무한함이 깃들어 있을까? 그것은 순환의 무한성이라고 할 수 있다. 생명순환, 유기물순환, 자원순환, 정동순환이 바로 그 실례이다. 결국 사회는 고대 사물영혼론과 같이 자연과 생명, 사물, 기계 등이 순환과 재생을 통해 살아 움직이는 바에 대해서 주목하게 될 것이다. 진보사회의 흐름과 차이, 다양성과 더불어 순환사회의 원환과 반복, 중복, 재진입, 함입 등은 늘 비교되었지만 서로 분리된 것으로 간주되어 왔다. 그런 점에서 들뢰즈의 『차이와 반복』(2004, 민음사)에서 언급된 '차이 나는 반복'으로서의 흐름과 순환의 결합 양상이 제로성장 시대의 삶, 사회, 공동체의 화음과 리듬, 율동이라고 할 수 있겠다.

원자의 단계 : 순환과 재생, 되살림

원자(Atom)는 물질의 최소단위로 간주되어 왔으며, 순환을 통해서 사라지지 않는 가장 작은 물질로 사유되었다. 예컨대 원자순환설에 따라 지금 내 안경테의 원자가 예전에 공룡의 뾰족한 코의 원자였다고 상상할 수도 있다. 원자를 불변의 최소단위로 사유한 것이 서구 형이상학의 원천이 된다. 즉 우리의 신체, 생명, 사물 등을 구성하는 기본단위가 같은 것처럼 모든 것에 보편어법이 관철된다는 생각이 그것이다. 즉 원자순환설은 일부 원자론자들만의 생각이 아니라, 서구철학의 뿌리 깊은 지지기반이었다고 할 수 있다. 다시 말해 생명의 순환, 자연의 순환, 사물의 순환을 통해서 우리는 사멸하는 것이 아니라, 세계를 구성하는 불변항으로 늘 존재하는 셈이다. 물론 서구 형이상학은 중세를 거치면서 기독교적 전통으로 이행하여 선형적인 종말론과 내세론 등으로 바뀐 것도 사실이다. 오히려 동양의 불교 사상 등에서 원자순환설과 유사한 윤회사상에서 순환의 사상이 심도 있게 전개된다. 그럼에도 불구하고 세계를 보편적인 것으로 보았던 서구 사상의 철학적 기반에는 불변항으로서의 원자론이 숨어 있었다는 점을 다시 한번 곱씹을 필요가 있다.

원자순환설에 주목하는 이유는 제로성장 시대가 되어 투입과 산출, 수입과 지출 등이 제로가 되는 상황을 설명하는 도구로써 원자의 순환가설이 유용하기 때문이다. 유한한 자원을 아바나다(아껴쓰고 바꿔쓰고 나눠쓰고 다시쓰는)하는 것을 먼저 생각해 볼 수 있다. 자원의 순환, 재생, 되살림 등이 그것이다. 자원이 한번 소모되고 폐기되어야 할 쓰레기로 간주되는 것이 아니라, 그것을 재생하고 되살려 새로운 자원으로 순환하는 것이 제로성장 사회의 귀중한 작동원리라고 할 수 있다. 이를테면 자연생태계에서는 쓰레기라고 할 수 있는 것이 하나도 없다. 모두 순환되고 재생된다. 흙탕물이 모인 웅덩이가 더럽다고 생각해도, 자세히 들여다보면 식물, 동물, 이끼, 미생물이 천지이며 생명의 도가니라는 것을 확인할 수 있다. 자연에서는 배설물은 버려야 할 비위생적인 쓰레기가 아니라, 자연을 살찌울 유기물순환의 재료가 된다. 그런 점에서 배설물과 벌레, 미생물, 위생 등에 대한 선입견을 심어 주었던 성장주의 문명의 그늘을 벗어나 배설물과 쓰레기를 순환과 재생의 원천으로 간주하는 태도도 필요하다. 즉 순환사회의 기본구도는 유기물순환으로부터 출발하며, 유기농업, 유기축산, 되살림, 자원재생 등으로 나타난다는 점을 알 수 있다. 물론 쓰레기 중에는 순환되지 않고 재생되지 않는 것도 있다. 대표적인 것이 핵 쓰레기다. 핵 쓰레기는 플루토늄의 경우 반감기가 2억 5천만년에 달한다.

인류는 2만년 동안 순환사회를 살아왔으며, 자연과 돌, 바위, 사물, 그릇,

집 등이 살아 움직이고 영혼이 있다고 생각했다. 흙에서 살다 흙으로 돌아간다는 말로 그 순환사회의 작동 방식이 설명된다. 생(生)과 사(死)가 순환한다고 해서 무의미와 무위, 전망상실에 빠진 삶이 결코 아니었다. 순환사회의 사람들은 봄-여름-가을-겨울이라는 계절의 순환, 아침-점심-저녁이라는 하루의 순환, 들과 자연, 바다 등에서 이루어지는 생명의 순환에 경외감을 갖고, 생명을 살리고 자연을 돌보는 것을 업으로 삼던 시중꾼과 같은 삶을 살았다. 특히 순환의 절기마다 공동체의 축제와 리듬, 춤, 노래가 들어가 있기 때문에 이들의 절기살이 삶은 활력 있고 생명력이 넘쳤다. 이러한 순환의 과정에 순응하던 사람들에게 삶과 죽음은 순환의 일부였기 때문에, 스스로를 불사(不死)의 존재와 같이 느꼈다. 이를테면 공동체의 정동의 순환이 죽음을 책임졌고, 자연의 순환의 생명의 리듬과 관혼상제의 과정이 일치했기 때문이다. 순환사회에서는 부와 자원, 에너지를 독점한다는 것은 거의 불가능했다. 계급사회였던 관계로 수탈과 착취도 있었지만, 그럼에도 불구하고 자기생산에 필요한 자원과 에너지까지도 지배 권력이 잉여로 축적할 수는 없었기 때문이다. 그렇다면 이러한 순환사회의 오래된 지혜를 작금의 제로성장 시대에 어떻게 재건하여 장점을 살려낼 수 있을까?

순환경제의 등장

문재인정부에서 발간한 〈2015 전국 폐기물 발생 및 처리현황〉에 따르면, 한국의 자원재생 현황은 84%에 육박한다고 보고되고 있다. 더불어 서울시의 자원재활용 비율은 66%로 세계 도시 중 2위에 육박하고 있다. 그러나 자원 재생, 순환, 되살림 등은 공공영역에서 책임지는 것이 아니라,

시장의 흐름에 따라 움직이기 때문에, 2018년 4월에 있었던 페트병, 비닐류 등 재활용품 수거거부 대란의 상황에 취약할 수밖에 없는 것도 사실이다. 뿐만 아니라 자원재생 산업 종사자들에게 폐지, 유리병, 고철류 등을 제외하고는 소득에 기여할 수 없는 영역이 많다는 점도 문제가 될 수 있다. 한국정부는 2003년부터 '생산자책임재활용제도(EPR)'를 도입하여 생산을 한 기업이 재활용도 책임지도록 제도화하였다. 이러한 제도가 자원 재활용과 순환경제에 일정하게 기여했던 점은 분명하지만, 공공 영역을 뺀 채로 민간에게 책임을 떠넘기는 방식이라는 비판으로부터 자유롭지는 않은 상황이다. 자원의 재활용, 순환, 재생, 되살림 등에 대한 제도 생산이 담보상태로 머물러 있는 것은 다가올 순환사회를 어떻게 정책적으로 전망할 것인가를 묻지 않았기 때문이다. 제로성장과 제로회계 상황에 이미 도달한 기업이나 시민, 공동체 등이 있지만, 이것을 순환과 재생으로 풀어내는 다양한 사회제도와 프로그램 등은 미비한 상황이다. 여전히 타자생산 중심의 시장의 흐름에 따라 순환과 재생을 디자인하고 있다는 점도 그러하고, 자기생산 중심의 협동의 경제를 순환사회를 작동시킬 판과 구도, 골간으로 간주하지 않고 그저 시장과 사회의 틈새, 공백, 이음새 정도로만 보고 있다는 점이 드러난다. 제로성장의 시대는 바로 거대한 전환의 서막이라고 할 수 있다.

순환사회의 가장 큰 토대가 바로 소농이다. 소농은 유기물순환에 기반한 농업을 통해서 재생과 순환에 따르는 가장 핵심적인 주체성을 담당하기 때문이다. 현재 다국적 농업기업의 무차별 공세에 따라 GMO 농산물이 마트나 유통업계를 장악하고 있지만, 소농들의 유기농업과 유기축산이 생활협동조합에 결집하여 꿈틀거리며 발전해 나가는 것을 가로막지는 못한다. 순환사회로의 진입을 위해서는 퇴직자, 은퇴자, 청년, 중장년층에 대한 귀농귀촌의 움직임을 도도한 흐름으로 만들어내야 한다. 이를 위해서 먼저 농민 기본소득을 비롯한 공공영역의 보장 노력이 중요한 상황이다. 다시 말해 영농기업 등에 몰아주기 식의 농업정책이 아니라, 소농 육성책에 대한 전반적인 제고가 요구되는 상황이다. 특히 소농은 현재 빚내서 농사를 짓고 다시 빚내는 방식으로 이미 후불제 기본소득 유형의 금융질서로 이행해 있다. 하지만 빚의 형태는 소농의 자존감, 존립 근거, 지지대를 허물어뜨리는 방식이다. 순환사회로의 이행을 기정사실화하기 위해서는, 금융이나 시장질서에 따라 소득을 보전해주는 방식이 아니라 농민에게 일정한 기본소득을 줌으로써 순환사회의 핵심적인 토대가 농업에 달려 있음을 선언해야 한다. 결국 4차 산업혁명에 대처하는 일자리 문제의 핵심도 소농의 육성에 달려 있다. 현재 소농은 전 세계 농지의 1/4를 차지하고 있지만, 전 세계 인구의 70%를 먹여 살리고 있다. 앞으로 예견되고 있는 식량위기 상황에 대한 해법 역시 소농의 육성에 달려 있다고 해도 과언이 아닌 것이다.

성장주의 시대에는 집약적이고 독점적인 에너지 자원이 필요했다. 그리고 에너지 사용은 곧 권력을 의미하기도 했다. 사실상 개인주의가 성립될 수 있었던 이유도 에너지에 대한 독점적인 사용이 보장되었기 때문이었다. 현재의 도시의 생활을 하는 개인은 과거에 말 20필과 종 20명을 거느린 권력자와 같은 에너지를 이용하고 있는 상황이다. 순환사회에서는 태양과 바람 등 재생에너지 이용을 통해서 더 분산되고 민주적인 에너지 이용으로 이행하게 될 것이다. 현재의 개인주의와 각자도생을 가능하게 하는 에너지의 독점적인 사용 여지는 점차 사라져 갈 것이며, 오히려 공동체를 통해서 에너지를 절약하며 살 수밖에 없는 사회 형태로 이행해 갈 것이다.

1인 가구의 확산으로 도시민들의 삶이 더 팍팍해지는 이유는 관계의 단절 때문이기도 하지만, 개인을 성립 가능하게 했던 에너지 독점이 더 이상 불가능해지고 있는 상황에도 이유가 있다. 그러므로 순환사회의 도래는 공동체, 마을, 협동조합 등의 구성과 재건에 달려 있다고 해도 과언이 아니다. 돈 되는 것이 없고 겨우 자기 생산으로 만족해야 하는 상황에서 길길이 돈을 벌겠다고 나서는 것은 분위기 파악을 못했거나, 에너지에 대한 독점적인 사용을 유지하고자 하는 이기적인 바람에 따른 것이다. 순환사회의 도래는 재생에너지 이용과 생활화, 에너지절약과 긴밀히 관련될 것이다. 더불어 개인이 독점적으로 에너지를 사용하던 생활방식이 아니라, 가족과 공동체 등이 개인의 에너지 과잉 사용을 끊임없이 견제하는 방식이 자리 잡게 될 것이다. 그런 점에서 순환사회는 재생에너지와 공동체가 함께해야 성립될 수 있다.

내발적 발전전략의 대두

1976년 일본의 사회학자 츠루미 가즈코(鶴見和子)는 성장주의, 개발주의, 토건주의에 반대하기 위해서 내발적 발전(endogenous development)을 주창한다. 내발적 발전은 기존의 토건주의적인 마을 만들기의 방식이 아니라, 자원-부-에너지의 흐름을 정동, 돌봄, 사랑의 흐름에 실어 보내 제로회계 상태에서도 살아남을 수 있도록 하는 방식이다. 기존 프로젝트 유형의 마을 공모사업을 했던 사람들 경우에 기획하고 행위하는 개인이 일정하게 소득을 남기는 것도 가능한 상황이었지만, 최근의 마을 만들기 사업이 대부분 공동체를 자기 생산하는 것에서 자원이 모두 소모되도록 만드는 제로회계에 따라 설계되고 있는 것도 내발적 발전에 따르는 것이라고도 할 수 있다. 자원-부-에너지의 흐름을 공동체의 돌봄과 정동의 흐름에 실어 보낸다는 것은 결국 소수자, 아이, 동물, 장애인 등의 특이점을 향해 흐름을 관통시켜 완전히 소모한다는 의미이다. 그런 점에서 '내발적'의 의미는 질적이고 내포적이고 관여적인 발전의 의미로도 이해될 수 있다. 그렇다면 "그 무수한 활동을 통해 무엇이 생산된 것인가?"라는 근대적인 생산적 관점의 질문이 나올 수 있다. 그에 대해 '우리 자신이 자기생산되었다'고 대답될 수 있다. 이러한 자기생산 개념을 창안한 사람은 칠레의 인지생물학자인 마투라나와 바렐라이다. 이 두 사람은 생명의 활동이 재귀적으로 반복되며, 자기생산이 목적과 동기라고 주장한다. 즉, 외부의 낯선 타자를 생산하는 것이 아니라, 스스로를 생산하는 것에 대부분의 자원과 물질, 에너지를 사용하는 것이다. 그런 점에서 순환사회는 자기생산에 따르는 내발적 발전전략이 가시화된 상황을 연출한다.

또한 내발적 발전전략은 지역에서 순환되는 자원-부-에너지의 흐름이 외부로부터의 유입이나 외부로의 유출 없이 내부에서 순환한다는 점에서 지역순환경제와 공명한다. 농촌은 생명순환에 따라 자급자족이 가능하지만, '도시에도 이 전략이 해당하는가'라는 질문이 가능하다. 예를 들어 누군가 집근처 미장원에 가서 만원을 썼다. 미장원 사장은 다시 이웃의 철물점에 가서 만원을 쓰고, 철물점 주인은 다시 안경점에서 만원을 쓰는 방식의 순환경제를 생각해 볼 수 있다. 여기서 만원은 그저 만원이 아니라 순환의 시너지에 따라 승수효과(multiplier effect)를 갖게 된다. 이러한 골목상권의 경우 한정된 자원-부-에너지가 순환하면서 미시적인 모듈단위로 지역순환경제를 형성하였다고 할 수 있다. 그러나 지금의 도시생활을 들여다

보면 이러한 지역순환경제가 완전히 파괴되었음을 금방 알 수 있다. 이른 바 3M(마트, 멀티플렉스, 몰)으로 자원과 부, 화폐가 집중되고 수렴되면서 골 목상권에서 순환해야 할 자원이 대부분 유통 대기업에게 유출되어 버리는 것이 현실이다. 이에 따라 도시의 회복탄력성과 지속가능성에는 적신호가 들어와 있다. 순환사회 모델은 바로 이러한 도시를 재건하는 사회적 경제 와 생활협동조합을 중심으로 한 색다른 움직임으로부터 출발할 것이다.

이러한 지역순환경제의 모델이 또 다른 폐쇄경제 유형이 아닌가 하는 질 문이 나올 수 있다. 그 점에서 마을, 공동체, 협동조합에게 '문턱이 있는 유 토피아'라는 혐의를 두는 경우도 있다. 그러나 일정한 경계가 있다는 것은 자원-부-에너지가 외부로 유출될 수 없도록 하는 중요한 역할을 한다. 그러 므로 경계를 차별과 동일시할 수 없으며, 순환과 재생의 시너지를 만들기 위해서는 들락날락거리는 것이 자유롭게 가능하지만 내부 역동성이 미치 는 범위를 갖는 최소한의 경계를 만드는 것이 필요하다. 이것을 마투라나 와 바렐라는 '작업적 폐쇄성'이라는 부른다. 작업적 폐쇄성은 내부 역동성 이 미치는 한계가 바로 외부에서 선택적으로 자원이 유입되거나 유출되는 경계이자 얇은 막이라는 것이다. 결국 공동체 내부의 사랑과 정동이라는 내부 역동성이 전개되어야 외부의 낯선 이에 대한 환대도 가능해진다.

지역순환경제를 통한 내발적 발전전략의 적용은 곳곳에서 이루어지고 있다. 특히 마을이나 공동체 단위에서 되도록 자신의 매장이나 기업의 제 품을 사줌으로써 연대소비, 결사소비 등을 하는 것을 예로 들 수 있다. 또 대형 마트 대신 가까운 생활협동조합을 이용하는 소비자의 윤리적 소비 도 여기서 논의될 수 있다. 그중에서도 특히 지역순환경제에서 특이한 지 점은 지역화폐 실험이라고 할 수 있다. 지역화폐는 외부로 자원-부가 유출되지 않도록 네트워크 잠금 작용을 하는 가장 강력한 매개체라고 할 수 있다. 지역화폐는 순환의 시너지와 승수효과를 직접 정량화하였다고 평가할 수 있다. 또 최근에는 가상화폐 방식을 차용함으로써, 순환의 시너지를 네트워크로 이식하고 있는 점도 특이하다. 사실 기존 마을, 공동체, 협동조합 등이 판과 구도가 네트워크의 판과 구도와 교직함으로써 그 낙차효과에 따라 시너지를 추구하는 방식은 내발적 발전의 업그레이드 버전이라고 할 수 있다. 왜냐하면 공동체에 접속하는 사람들이 점차 1인 가구로서 개인주의에 따라 살고 있는 경우가 늘어가기 때문에, 네트워크가 이를 매개하고 공동체와 교섭함으로써 시너지효과를 낼 수 있는 여지가 늘었다고 평가되기 때문이다. 이는 간(間)공동체 방식의 접속이 아닌 '따로 또 같이' 방식의 접속에 대한 적절한 대응일 수 있다.

탄소순환경제

그렇다면 순환사회는 기후변화라는 막대한 위기에 어떻게 대응할 수 있을까? 바로 탄소순환의 전략적 대응이 그 대답이 될 수 있다. 물론 탄소순환은 자연주의와 같은 것은 아니다. 자연주의는 생명이 자라고 몸에 털이 자라듯이 내버려두면 저절로 문제가 치유될 것이라는 철학이다. 그러나 자연주의적 사상은 생태주의와 거리가 있다. 현재의 막대한 기후변화의 상황은 그대로 내버려 두어서 해결될 것이 아니라, 거대 계획, 거대 프로그램, 제도 생산을 요구한다. 그런 점에서 환경관리주의와 같은 제도주의의 양적이고 계측적인 접근 방식이 선호된다. 그러나 탄소순환은 현재부터 지속되어야 할 원칙이면서 복원점 이후부터는 전면화해야 할 전략이다. 일단 탄소순환사회로의 진입이 전반적으로 이루어졌을 때라야 치유가능성에 청신호가 켜질 수 있기 때문이다. 공동체는 탄소순환사회로의 이행의 마중물이 되어야 한다. 가장 직접적으로 먼저 이행함으로써 오래된 미래가 될 필요가 있는 것이다. 그렇다고 제도적 노력을 포기하자는 것은 아니다. 탄소로 쌓아올려진 이 완고한 문명을 변화시키기 위해서는 탄소순환사회만이 유일무이한 전망이 될 수 있다는 점을 분명히 해야 한다. 이를 통해서 도시와 농촌 사이의 교직에도 큰 변화가 있을 것이다. 도시는 점차 농촌의 탄소순환에 종속되거나 포섭되는 방향으로 나아가야 한다. 도시농업과 텃밭, 도농직거래, 지렁이상자, 주말농장, 퇴직자의 귀농귀촌, 생활협동조합의 생활화 등을 통해서 도시의 미래가 바로 탄소순환임을 자각하도록 만드는 실천이 필요하다.

탄소순환은 바로 생명순환이다. 생명의 생애주기에 맞춘 삶의 방식은 탄소순환사회의 방식이라고 할 수 있다. 일중독, 저녁이 없는 삶, 밤이 없는 삶 등이 생명의 리듬에 맞지 않는다는 점은 명백하다. 순환사회의 도래에도 불구하고, 여전히 제로회계의 진실에 수긍하지 못하고 일중독으로 향하는 것은 문제가 있다. 물론 일을 아무리 열심히 해도 자기생산에 머무를 수밖에 엄혹한 현실에 대해서 인정해야 할 시점이 다가오고 있다. 생명순환의 리듬에 맞춘 사회적 삶이 바로 절기살이가 얼마나 필요한지를 잘 보여주는 대목이기도 하다. 기후변화의 엄혹한 위기가 찾아온 이유 중 하나가 절기살이에 맞지 않는 음식물, 삶의 방식, 생활방식, 죽음에 대한 인식 등에 이유가 있는 것도 하나의 사실이다. 동시에 생명순환은 바로 재진입, 함입, 반복, 중복의 삶이기도 하다. 자본주의 문명이 아주 색다른 것을 유행으로 만들기 때문에, 이러한 반복에 대해서 평가절하하면서 늘 새로운 것을 찬양한다. 그러나 반복, 중복, 함입에 따르는 삶의 방식은 바로 생명살림의 방식이다. 제철채소와 제철과일을 먹는 것, 어제 했던 청소를 오늘 다시 하는 것, 어제 했던 이웃과의 만남을 반복하는 것 등 반복을 설립하는 것 자체가 순환사회의 핵심적인 과제이다. '내가 원하는 게 뭐냐?'라는 욕망의 질문은 바로 반복을 만들어내는 원천이기에 들뢰즈와 가타리는 욕망하는 기계(=반복)라는 개념을 제시하기도 했다. 결국 반복의 설립은 욕망, 사랑, 정동이 해내는 것이며, 이에 따라 생명은 반복되고 순환된다.

제레미 리프킨이 생명, 사물, 우주가 질서에서 무질서로 향한다는 엔트로피 법칙을 주장할 때, 사람들은 재생 불가능한 자원과 회복 불가능한 에너지를 생각하며 비관과 전망상실에 사로잡히기도 했다. 그러나 생명은 순환하고 재생되면서 네겐트로피(Negentropy, 낮은 엔트로피 상태)를 형성한다. 즉, 엔트로피 법칙에 따라 모든 것이 재생 불가능하게 되는 것이 아니라 한편에서는 재생 가능한 것으로 순환하는 것이 존재한다는 얘기이다. 다시 말해 우리가 열효율이 극도로 낮은 전기에너지를 쓰는 것이 아니라, 화목난로에서 목재를 태울 때 그 나무가 몇 년간 머금은 탄소량과 열을 발생시키면서 내뿜는 탄소량은 일치하므로 자연스럽게 탄소순환이 이루어지는 것이다. 세간에 엔트로피 법칙이 성립하기 위한 폐쇄계는 네겐트로피의 순환과 재생의 폐쇄계와 차이를 갖는다. 엔트로피는 재생불가능하고 무질서로 향하기 위해서 폐쇄계를 설정했지만, 생명순환, 즉 탄소순환의 폐쇄계는 순환과 재생의 시너지와 승수효과를 보여준다. 그런 점에서 지구라는 생명권은 우리를 가두고 있는 교도소가 아니라, 우리의 생명을 살려내는 편안한 집일 수 있다.

제3섹터의 역할과 정동의 경제

협동조합과 사회적 경제, 즉 제3섹터의 역할은 활력, 생명력, 돌봄, 정동의 순환의 역할을 담당한다는 점에서도 고찰할 필요가 있다. 여기서 정동(affect)은 돌봄, 모심, 살림, 보살핌, 섬김 등을 총괄하는 개념으로서 자기원인이 있다는 점에서 돌발적이고 일시적인 감정(emotion)과 구분된다. 정동의 순환은 사실상 공동체의 살림살이와 긴밀한 관련을 갖는다. 자본주의는 살림과 경제를 분리시킴으로써, 정동을 통해서 스스로가 자기생산되는 것이 우선이 아니라 마치 경제적인 이유가 우선이며 그 때문에 지금 소득이 없으면 가난하게 보이게 만드는 착시효과를 만들어낸다. 공동체에서의 정동의 순환은 앞서 말했듯이 자원-부-에너지를 소수자-되기에 모두 사용하고 제로상태가 되는 과정을 보여준다. 정동은 축적되지도, 자취를 남기지, 성장하지도 않는다. 전통적인 가족공동체에서 아이들을 양육하고 빈털터리가 되는 부모의 모습에서 정동의 순환을 발견하는 것도 어렵지 않다. 정동의 소외 상태에 처한 현대 도시민들은 고독하고 외롭고 지치고 소진되어 있다. 그것은 공동체, 마을, 협동조합 등에서 돌보고 돌봄을 받는 등의 정동이 갖는 순환의 리듬과 화음을 일상에 배치시키지 못할 때 나타나는 현상이다. 결국 정동의 순환을 위해 공동체의 문을 두드리는 것이 하나의 해법일 수 있다.

공동체의 정동순환은 증여와 호혜의 경제로도 해석되어 왔다. 다시 말해 증여는 선물을 주고받는 것으로 정동이 보이지 않는데 비해 선물은 실물적으로 손에 잡힌다는 점에서 경제적 가치를 부여하기 용이했다. 선물은 물건 주위에 뿌옇게 구름이 낀 것처럼 구체적이면서도 추상적이다. 그러나 경제의 범위는 구체적인 것이 오가는 것에 해당하기 때문에 선물이 오가는 증여부터 경제활동이라고 간주한다. 여기서 상품은 사랑, 정동, 인격, 정성으로부터 분리되어 있어서 물신주의를 유발하지만, 선물은 사랑, 정동, 인격, 정성과 결합되어 있어서 살아 있는 물건으로 간주된다. 모스의 『증여론』(2002, 한길사)에서의 포틀래치[3]는 관혼상제에서 선물의 증여가 과시적인 축제와 같이 벌어진다고 묘사하고 있다. 모포 수 백 장과 동판, 술, 음식 등의 축제는 사실상 공동체에게 재분배하는 선물의 향연이었다. 물론 자본주의 하에서도 미국의 블랙프라이데이 같은 상품 축제가 간혹 있지만, 이는 물신주의를 조장할 뿐 물건이 살아 움직이는 향연으로서의 포틀래치와는 궤를 달리 한다. 문제는 사회적 경제의 작동에 있어, 증여와 호혜의 경제가 모호하다는 점이다. 아낌없이 주는 자연에서와 같은 순수증여가 아니며, 자본주의처럼 상품을 사고파는 계산적인 것도 아닌 것이 바로 호혜와 증여의 영역이다. 이에 따라 사회적 경제가 '호혜와 증여'와 더불어 '수익구조와 회계담론'이라는 블랙홀에 사로잡혀서 이러지도 저러지도 못한다고 표현되기도 한다. 더욱이 자원봉사와 기부처럼 순수증여의 영역이 아니라는 점도 지적된다. 제3섹터의 커뮤니티 기반의 정동의 순환 모델에서는 교환과 증여, 순수증여 간의 팽팽한 긴장관계가 존재하는데, 그것이 바로 내부 역동성의 비밀이다. 제3섹터는 이러한 내부 역동성과 각 영역 간의 낙차효과를 순환사회의 다이내믹한 율동과 리듬, 화음으로 만들 필요가 있다.

또한 제3섹터에서 정동의 순환은 활동을 구성하는 원천이 된다. 주로

---

3   potlatch, 북아메리카 북서해안 인디언의 족장이나 여유 있는 사람이 다른 사람(부족원)에게 선물을 주는 풍습.

살림, 보살핌, 돌봄, 섬김, 모심의 과정이기에 눈에 보이지 않고 사회에서 잉여취급을 받는다 할지라도 '좋아서 하는 일'이라는 보람이 있고, 이것은 공동체 내부의 배치에 의해 만들어지고 순환된다. 이처럼 활동의 목표와 과정, 동기는 다름 아닌 자기생산이다. 문제는 제3섹터의 유지와 지속의 논리에 따라 노동이 매개될 수밖에 없다는 점이다. 이러한 노동과 활동의 이중성의 판이 깔리면, 의식하지 못하는 가운데 활동은 긴장감 상실과 책임회피로 흐르고, 노동은 열정노동과 '열정페이'로 흐르게 되는 경향이 있다. 더욱이 공동체가 재미와 놀이로 시작했던 것이 의미가 생기면서 책임감을 가지고 해야 하는 일이 되는 상황이 도처에 등장한다.

이러한 상황에서 제3섹터의 경우 활동과 노동의 경계를 분명히 하면서 전략적 지도제작을 할 필요가 있다. 유한성을 자각한 실존과 삶의 영역에서 출발하는 것이 활동이기 때문에 사실상 활동의 판 위에 노동을 배치해야 한다는 점은 분명하다. 그런 점에서 모든 활동과 노동은 정동의 순환에 따른 자기생산의 구도 위에 배치되어야 한다. 그렇지 않으면 자본주의적 노동이라는 타자생산의 영역이 잠식해 들어오고, 결국 회계담론이 모든 것을 빨아들일 것이기 때문이다. 결론적으로 정동의 순환에 입각한 자기생산의 구도는 활동에 기반하지만, 작은 선물과도 같은 소득이나 보상을 게을리 하지 않는 과정을 병행해 나갈 필요가 있다. 이를 통해 노동의 타자생산의 매너리즘과 자동주의를 극복하면서도, 활동의 자기생산의 과정을 잉여로 간주하는 문화로부터 분리될 필요가 있다.

협치의 확산 : 네트워크까지 확장
순환사회를 구성하는 과정에서 협치는 지역사회, 마을, 공동체, 기업, 네트워크 등의 미시적인 단위까지도 포괄하는 방향에서 이루어져야 할 것이다. 특히 순환사회 모델에서 중요한 협치의 전환점이 바로 네트워크를 포괄하도록 협치가 도전해야 한다는 점이다. 이는 개인주의를 포괄하기 위한 조치로써 네트워크, 플랫폼, 커뮤니티, SNS, 파워블로거 등의 단위까지의 협치의 확장을 의미한다. 협치는 민주제, 공화제, 관료제, 자치제 등의 혼합정일 뿐만 아니라, 다양한 사회영역의 특이점을 포괄하여 정동, 욕망, 사랑의 순환과 재생의 과정으로 만들 필요가 있다. 이러한 점에서 협치는 정동의 순환이 이루어지는 물질적/비물질적 관계망에 대한 동시적 고려를 통해서 그 사이의 교직과 낙차효과를 만들어낼 필요가 있다. 사실 한국 사회는 이에 대한 매우 훌륭한 사례가 있다. 바로 지난 2007년 태안 기름 유출 사건 때 네트워크의 특이점들이 움직였던 경험 말이다. 당시에 환경관리주의 맥락으로 간주되었던 막대한 환경오염의 사건에서 네트워크와 수많은 관계망을 역동적으로 대응한 사건이다. 특히 네트워크가 어떻게 현실에서 영향력을 발휘할 수 있느냐의 실례를 잘 보여주었다. 네트워크의 성립은 사실 포스트포디즘과 금융자본주의를 축으로 한 신자유주의 사회의 골간이었다. 또한 그것은 사실상 작은 분자단위의 변화에도 민감하게 반응하기 위한 지배질서의 변화양상이기도 하였다. 이렇듯 지배질서에 의한 포섭 항 중 하나였던 네트워크가 순환사회로의 변화에 따라 민관협치와 자치행정이 더욱 미세해져야 한다는 과제를 부응할 수 있는 특이점이자 파트너가 될 가능성은 매우 농후하다.

가타리는 심리치료에 있어 제도요법이라는 이론을 정립하는데, 이는 협치의 방법론을 정립할 수 있는 귀중한 전거가 된다. 그는 제도라는 발명품을 만드는 과정에서 선행되어야 할 것이 관계망이라는 점을 분명히 한다.

특히 협치 문제에 있어서 특이한 관계망이 등장하면 이미 제도화된 것으로 간주하는 태도가 순환사회를 위한 협치 시대에 반드시 요구된다. 기존에는 관계망의 상향 과정에 따라 제도화와 입법화라고 표현되는 지난한 관료행정의 절차적 민주주의가 정치의 일련의 과정으로 여겨져 왔다. 그러나 네트워크를 협치의 파트너로 삼아야 하는 순환사회는 바로 초연결사회의 성립에 따라 입법화 과정과 제도화 과정의 지난한 탁상행정, 입법과정, 칸막이 행정 등을 곧바로 소멸시킨다. 네트워크와의 협치는 정동의 순환을 협치에 개입시킴으로써 순환사회의 기반이 된다. 제도는 네트워크 내에서 정동의 발생과 생성, 전개, 즉 순환과정과 다르지 않게 된다. 이런 점에서 '제도=관계망'이라는 가타리의 제도요법은 바로 관계망에서 정동이 순환되는 과정 자체가 제도의 발명 과정과 일치해야 한다는 점을 알려준다. 이를 잘 보여주는 것이 지난 정부 시기 청와대신문고의 대통령청원 제도에 시민들이 붐을 이루는 상황이다.

순환사회에서 정동의 순환이 제도 생산과 일치하는 협치의 도래는 결국 '도표적 가상'의 작동이 제도 내로 들어오는 것을 의미한다. 앞서 말했듯이 공동체는 자원-부-에너지의 흐름을 소수자를 향한 돌봄과 사랑의 흐름으로 완전히 소모하는데, 그 과정에서 아주 미세한 가상성을 요구하게 된다. 그 가상성은 소수자 되기 과정에서 나타나는 다채로운 기호작용이거나 스토리, 보이지 않는 것일 수 있다. 즉, 생활밀착형 제도를 만들어낼 수 있는 도표적 가상이 발생되는 것이다. 가타리에 따르면 도표적 가상은 기계와 기계, 반복과 반복, 제도와 제도, 기호와 기호 사이에서 이를 부드럽게 연결하는 방식에서 발생한다. 결국 관계망 속에 잠재되어 있는 도표적 가상성은 '사랑할수록 더 달라지는 것' 다시 말해 사랑과 정동이 미세한 차이와 다양성을 풍부하게 만드는 과정을 의미한다. 순환사회의 도래와 더불어 개인과 개인, 집단과 집단의 연결방식이 관료적이고 기능적인 것이 아니라, 정동이 순환할 수 있는 잠재적인 형태를 띨수록 다양한 기호, 제도 등의 생산과 창조가 풍부하게 가능하게 될 것이다. 순환사회의 협치는 네트워크, 공동체, 지역사회 등의 관계망에서 미세한 영역을 더 풍요하고 다양하게 만들어나가야 한다는 과제를 갖고 있다. 이러한 과제는 바로 정동의 순환과 제도의 생산이 일치하는 협치를 의미하게 될 것이다.

4. 탈성장 시기의 민주주의 : 질서 있는 감축전략

외부, 우발성, 사건성의 소멸

탈성장의 징후는 도처에서 드러난다. 탈성장은 '질서 있는 감축'이라는 문명전환의 노력을 통해 나타나기도 하지만, 그 이전에 현존 문명이 처해 있는 '외부로부터의 우발성이 최소화된 상황'에서도 기인한다. 시민들의 삶과 생활양식에 "아파트 가격이 올랐다"거나 "벤처열풍으로 대박이 났다"거나 하는 등의 획기적인 사건이 없고 뉴스가 없는 상황이 도래했음을 직감한다. 자본이 외부·생명, 자연, 제3세계와 같이 약탈하고, 탐험하고, 모험하고, 착취할 영역이 없어질 때 어디로 눈을 돌릴까? 예를 들어 해외 수출길이 막힌다면? 가장 일차적인 자본의 반응은 내부에 있는 공동체로 눈을 돌리는 것이다. 골목상권에 대한 대기업 진출, 임대료 수익을 높이는 젠트리피케이션(gentrification), 공동체의 집단지성과 생태적 지혜에 대한 약탈, 제3세계에 대한 분리차별 등의 질적 착취 양상을 '코드의 잉여가치'라고 부른다. 같은 맥락에서 갑질을 통해 이익을 취하는 '권력의 잉여가치', 정동과 사랑, 욕망의 시너지효과를 탐색하는 '흐름의 잉여가치', 인간을 퇴출시킨 채 로봇이 로봇을 생산하는 방향으로 향하는 '기계적 잉여가치'가 나타날 수 있다. 외부의 소멸 상황은 사회문화적인 변화도 초래하는데, 혁명이 문화상품이 되어 팔리는 현상, 여가의 디즈니랜드화, 야생 버라이어티를 통해 외부가 실존한다는 환상을 심어주는 미디어, 우주개발과 과학열풍, 사회의 심리학화, 1인 가구의 확산과 관계에 대한 소비와 향유, 유튜브 등에서의 먹방과 푸드포르노 등이 나타난다.

프랑스 철학자 질 들뢰즈와 심리치료사 펠릭스 가타리는 공 『천개의 고원』(2002, 새물결)에서 '동물 되기'라는 개념을 제시한다. 두 사람에게 외부는 야성성과 자율성과 같은 말이다. 그래서 문명의 외부로 탈주선을 그려내는 절대적 탈영토화나 유목하는 노마드는 생명과 자연이라는 영토와의 접속을 향한 문명의 탈주로를 의미한다. 그러나 외부의 소멸로 인해 성장의 동력을 상실한 탈성장 시대의 도래는 들뢰즈와 가타리의 동물 되기라는 개념을 심각하게 무력화시키는 경향이 있다. 문명의 내부는 자기계발, 심리치료, 정신분석, 미디어, 사회조사 등으로 부드럽고 달콤하지만, 그 외부는 한 해 600만 명이 기아와 영양실조로 사망하는 제3세계의 상황이 있다. 여기에 더해 2100년경에는 가스, 수도, 전기 등 라이프라인의 혜택을 입을 사람이 전 세계 인구의 10%도 채 안 될 것이라는 전망이 등장한다. 역사적으로 인류는 생명과 자연, 제3세계 등의 외부를 공포와 두려움으로 간주하여 철저히 내부로 포섭하거나 배제하는 등의 과정을 거쳐 급기야 외부를 소멸시키는 상황을 연출하게 되었다. 이를테면 나노기술, 유전자기술, 사이버네틱스, 인공지능 등은 생명과 자연을 더 이상 외부로 놓아두지 않고 철저히 문명 내부로 포섭한다. 과연 '외부=야성성=자율성'의 공식이 오늘날 성립될 수 있을까? 들뢰즈와 가타리가 주장한 정동과 욕망의 자율주의 노선을 어떻게 다시 오늘날 적용될 수 있을까?

외부소멸테제를 처음으로 제시한 사람은 『리바이어던』(2009, 동서문화사)으로 잘 알려진 토마스 홉스이다. 홉스는 그의 책 『물체론』(1655, De Corpore)에서, 진공과 여백은 불가능하며 외부는 소멸되어 있다는 가설을 주장하였다. 그 당시 과학자와 철학자들의 반응은 싸늘했다. "어떻게 외부가 소멸할 수 있는가?", "어떻게 여백, 여가, 여유가 없는 신체가 가능한가?", "진공이 없다는 것은 과학적으로 입증될 수 있는가?"라고 말이다. 그러나 최근의 통합된 세계자본주의 상황에 이르러서야 외부가 소멸될 수 있다는 점을 발견하게 된다. 세계 어디를 가나 똑같은 도시의 모습은 이 문명의 외부가 없음을 명백하게 보여주며, 여가가 주어지는 것이 아니라 여가를 만들어내야 하는 사회적 신체의 상황 등을 볼 때 홉스의 가설이 완전한 환상이자 망상인 것만은 아님을 알 수 있다. 그 이후 21세기 들어 외부소멸테제를 다시 말한 사람은 이탈리아 자율주의자 안토니오 네그리이다. 네그리는 『제국』(2001, 이학사)에서 가타리의 통합된 세계자본주의 개념을 차용하여 외부소멸테제를 주장한다. 여기서 네그리는 1세계 내에 3세계(=내부식민지)가 존재하며, 3세계 내에 1세계(=내부제국주의)가 존재하는 구도로 양극화의 상황을 통해 외부소멸테제를 적용해 보았다. 이런 점에서 제국이라는 네트워크형 지배질서 내에서는 외부로서의 식민지나 제3세계가 존재하지 않는 상황이라는 것이다. 외부소멸테제가 적용되는 상황은 일상 주위에서 쉽게 볼 수 있다.

예를 들어 여기 한 퇴직자가 있다. 그는 얼마간의 돈을 가지고 있지만, 자영업이나 개인 사업은 모두 수익이 보장되지 않는 상황이다. 부동산이나 주식도 이제 큰 이윤을 남기지 못한다. 그래서 이제 그는 한정된 돈을 손에 쥐고 있어야 하고, 그것을 투자할 외부가 없다. 그 순간 그는 외부소멸테제의 이미지 중 하나인 쪼그라들고 초라해진 자신을 발견하게 된다. 여기서 자본은 반생산으로 향하며 사회적 기능과 역할을 상실한다. 마찬가지로 수출길이 막혀 있거나, 투자처가 더 이상 존재하지 않거나, 해외로 도주할 데가 없는 자본의 각각의 모습들은 외부소멸테제의 몇 가지 사례를 제공해 준다. 외부로부터 우발적인 사건이 생기지 않는 상황이 바로 탈성장 시대이다. 우발적으로 가게에 손님이 찾아오지 않고, 우발적이고 충동적인 구매도 없다. 갑자기 투자 천사가 등장하지도 않는다. 행운이 없으며, 요행이 없으며, 돈 되는 것도 없다. 이러한 외부소멸단계는 자율성을 완벽히 마비시킬까? 앞으로 살펴볼 펠릭스 가타리의 욕망의 자율주의는 이러한 상황을 극복할 하나의 아이디어와 영감, 단서를 제공해준다.

양자의 단계 : 경우의 수의 설립전략

양자(quantum)는 물질과 에너지의 중간상태의, 가장 작은 입자단위라고도 일컬어진다. 양자역학에 위하면, 양자는 확률론적 경우의 수에 따라 움직인다. 양자 단위에서는 관찰조차도 개입이 된다. 내가 "본다"는 행위를 하는 것은 양자에게 광자를 쏘는 것이고, 결국 양자 단위의 변화를 유발한다는 것이다. 이런 점에서 '슈뢰딩거의 고양이'라는 가설이 적용되는 결과를 낳는다. 슈뢰딩거의 역설은 상자 속 고양이가 죽었는지 확인할 수도, 확인 안 할 수도 없는 역설적 상황을 연출한다. 양자역학의 확률론은 중력이나 자본주의적 경제 질서의 함수론과 궤도를 달리한다. 이를테면 100+10이 110이 되는 것은 함수론에서는 받아들여지지만, 110이 다시

100+10이 되려면 확률론으로 표현될 수밖에 없다. 확률론은 경우의 수, 주사위 던지기, 제비뽑기를 통해 드러나는 수학의 영역이다. 여기서는 "한 사람의 죽음이 하나의 세계의 소멸과도 같다"고 했던 들뢰즈의 비실재론, 혹은 구성주의가 적용된다. 객관적 진리가 실재하는 것이 아니라, 각각이 진리라고 느끼는 것이 모두 다 다를 수 있기 때문이다. 이런 점에서 자본주의는 양자역학을 내쫓는 방향으로 움직여 왔다. 왜냐하면 양적 척도에 의한 계산 가능성을 허물어뜨리는 경향에 의해 자본주의 존립 자체를 뒤흔들기 때문이다. 그러나 인공지능에서의 딥 러닝(Deep Learning)의 경우 다시 확률론이 재등장하며, 포스트휴먼 담론의 영향권 하에서 자본주의는 다시 확률론을 받아들일지 저울질하고 있다.

통합된 세계자본주의 문명은 동질발생적인 특징을 갖고 있다. 비슷비슷한 시설물, 백화점, 편의점, 마트, 호텔, 모텔, 게스트하우스 등을 세계 곳곳에 이식한다. 결국 세계 어디나 똑같은 문화생활과 미디어, 소비 향유, 인터넷 등이 존재한다. 동질적이라는 점은 점점 선택할 경우의 수가 줄어든다는 것과 같다. 예를 들어 만약 갑자기 기후변화 상황이 악화되어 식량위기가 도래한다면, 다양한 문화적 기반 위에 구축된 문명의 경우 다양한 대응방식을 구사할 특이점들이 있다면, 어느 한쪽이 무너지더라도 다른 한쪽이 버팀으로써 회복탄력성에 따라 살아남을 수 있을 것이다. 하지만 비슷비슷한 형태의 문명은 다양성과 회복탄력성을 갖지 못하고 일거에 무너질 것이다. 자본주의 문명 자체가 우발성, 외부, 사건성에 따라 설계되어 있지만, 사실상 성장을 통해 외부를 정립하고 동질화하는 방향으로 향해 있었다는 점이 드러나는 대목이다. 외부의 소멸 국면은 문명의 동질적인 발생이 극단으로 이르렀을 때 우발성의 여지를 극도로 줄이기 때문에 역설적으로 성장의 동력이 급격히 상실되고 의고주의, 근본주의, 분리주의로 향하게 된다. 이러한 상황에서 신자유주의가 오히려 진보적이라는 평가를 받을 정도로 과격한 극우분리주의가 융성하게 된다. 문명이 선택할 경우의 수는 외부로부터 주어지지 않는다. 그렇다면 어떻게 경우의 수를 만들 것인가?

공동체에서는 내부 관계망 속에 정동, 사랑, 돌봄, 욕망 등이 작동한다. 정동과 욕망이 반복을 설립할 때 그것을 특이점(singularity)이라고 지칭한다. 이러한 욕망과 정동의 반복 지점은 구조로부터 기원한 것이 아니기 때문에 특이하며 유일무이하다. 물리학에서 특이점은 에너지가 물질이 되는 지점이다. 다시 말해 욕망이 반복되어 현실이 되는 지점이라고도 할 수 있다. 특이점은 외부로부터의 우발성을 대체할 내부의 반복을 설립시켜 선택 가능하게 되는 경우의 수가 된다. 이러한 논리구조에 대해서 반발할 수도 있다. 그렇다면 생각해 보자. 여기 거리에 나앉은 가상의 노숙인이 있다. 노숙인은 맨몸뚱이 이외에 다른 선택의 여지가 없으며, 역이나 광장이나 거리에서 잘 수 있는 선택지도 극도로 줄어들어 있다. 그런 선택의 경우의 수 축소는 더 더욱이 노숙인을 위축시킬 것이다.

그러나 노숙인이 선택할 경우의 수를 제공하기 위해서 활동가와 시민단체, 봉사단체의 사랑과 정동의 반복은 밥차를 만들어내고, 노숙인 잡지를 만들어내고, 샤워시설, 쉼터, 사회적 기업, 제도 창안을 통한 임대아파트에 들어갈 권리 등을 만들어내었다. 여기서 노숙인은 외부에서 온 어떤 천사와 같은 자선사업가로부터 거금을 받지도 못했고, 로또가 당첨되는 우발적인 행운을 거머쥐지도 못했다. 그럼에도 불구하고 그를 둘러싼 사랑, 욕망, 정동의 반복이 특이점을 만들어 선택의 경우의 수를 늘린다. 그렇게 되면 노숙인의 자율성은 확대될 것이다. 이것이 가타리가 제시한 외부소멸테제에 맞선 욕망의 자율주의의 전모이다. 결국 '경우의 수의 경우의 수'를 만들고, '모델링의 메타모델링'을 만드는 것이 특이점 설립인 셈이다.

우발적 소비의 종말과 내부자 거래의 확장

우발적 소비는 가게나 시설물, 은행 등 다양한 자본주의 영업 활동의 기반이 되어 왔다. 그러나 우발적인 소비가 사라진 상황은 어두운 디스토피아만을 의미하지는 않는다. 결국 외부가 아닌 내부를 통한 점진적인 범위의 확산을 추구하는 방향성이 필요하다. 생활협동조합이나 사회적 경제는 우발성에 기반한 여지를 최소화하고, 스스로 판을 짜고 호혜와 증여의 선물을 주고받음으로써 관계를 성숙시키는 노력을 해야 한다. 즉 관계망의 프랙털 유형 확산과 점진적인 전염효과를 통해 내부의 외부를 만드는 방향으로 향해야 하는 것이다. 물론 외부로부터의 자원-에너지-부의 유입이 극소화되었던 인류의 경험에는 나치 집권하 유태인들의 집단거주지인 게토라는 역사적인 사건이 있다. 당시 게토는 나치에 의해 고립되어 외부로부터 어떤 물자도 유입될 수 없는 상황에 놓여 있었으나 공동체 구성원끼리 소시지 하나 담배 한 개비 등의 자원을 서로 주고받으면서 스스로 버틸 수 있는 여지를 극대화했다. 좀 더 연구가 되어야 할 부분이지만, 내부자 거래가 극도로 이루어질 때 어떤 현상이 벌어질지 아직 역사적 사료와 현장 연구는 적은 상황이다. 내부자 거래는 자원이 한정되어 있을 때, 내부에서의 경우의 수를 확대하는 방향성 즉 사랑, 정동, 욕망의 특이점을 늘려나가는 방향성을 갖는다. 이를 통해 외부로부터의 경우의 수를 기다리거나 헛된 희망으로 소일하는 것이 아니라, 지금-여기-가까이의 삶과 일상의 재건에 나서는 것도 가능하다. 이를 통해 새로운 욕망의 특이점을 창안해내고 반복을 통해 강건해짐으로써, 선택할 수 있는 경우의 수를 늘려나갈 수 있다. 20~30년 전에는 아이디어가 막대한 부를 가져다준다는 벤처붐이 있었지만, 지금은 아이디어가 특이점을 설립함으로써 소득의 다양한 선택지 중 하나가 될 수 있다는 차원으로 이행해 있다.

발전전략이 남긴 역사적 교훈은 관계의 성숙을 통해서 시너지효과를 찾아야 한다는 점이다. 그러나 발전전략조차도 외부의 소멸 국면까지는 예상하지 못한 전략이다. 외부로부터의 소비자들의 자발적인 구매와 우발적인 소비의 부재는 외부 의존도를 극도로 약해지게 만들 것이다. 협동조합의 결사체와 사업체의 이중성 속에서 결사체, 즉 어소시에이션(association)의 비중이 커질 것이라고 전망하는 것도 가능하다. 그러나 결사체 방식의 조직화로는 탈성장 시대의 외부 소멸에는 무기력할 수가 있다. 왜냐하면 의식적인 의지와 결사로 특이점을 만들어내는 것이 아니라, 정동과 욕망이 일상이라는 배치 속에서 특이점을 만들어내기 때문이다. 그런 점에서 근대적 책임주체 유형의 조직화 방식이 아닌 탈구조주의에서의 주체성 유형의 조직화 방식이 전면화해야 한다. 그것은 활력, 생명에너지, 심미적이고 예술적인 활동, 비물질적인 활동, 정동, 욕망 등이 구성해낼 일상과 삶의 내재성에 기반한 매우 유연하고 느슨한 조직들의 연합일 가능성이 있다. 외부의존도가 낮기 때문에, 전문가 유형의 현란한 의미모델이 아닌 아마추어리즘의 영구적인 혁명이 이루어질 것이다. 하는 일들은 대부분 실패할 것이지만, 그것의 진행과정에서 그 일을 해낼 사람들을 만들어내는 주체성 생산이 이루어져 특이점이 설립되는 것에 긍정성을 부여하게 될 것이다. 그런 점에서 제3섹터는 간(間)공동체적인 사회구성의 매개자이자 촉진자로 나서게 될 것이다.

　내부자 거래의 유형에 대한 징후는 곳곳에서 진행되고 있다. 최근에 자본은 블록체인(Block chain) 같은 플랫폼의 조합주의 유형의 조직체를 만들어내고 있다. 그것은 일종의 메타네트워크이며, 메타네트워크만이 살아남을 수 있다는 점을 자본 역시 직시하는 것이다. 제3섹터의 하나의 몸체는 다양한 기계부품을 기능적으로 작동시키는 방식이 아니라, 다양한 특이점을 작동시키고 그 특이점 각각이 모듈로서 완결되는 방식으로 이행해야 한다. 물론 플랫폼과 같이 메타네트워크를 형성하기 위한 '협동조합 간 협동'이나 '협동조합을 만드는 협동조합'의 방향성은 아무리 강조해도 지나치지 않는다. 그러나 그 방향성은 똑같은 조직들이 이름만 달리하는 형태가 아니라, 다양한 선택의 경우의 수를 구성할 수 있도록 사랑, 정동, 욕망의 반복의 설립을 다채롭고 풍부하게 만드는 것에 달려 있다. 즉 "우리는 사랑할수록 달라져야 한다"는 명제 따라 사랑과 연대, 협동이 더 다채로운 특이점들의 설립으로 작동하여야 할 것이다. 이를 들뢰즈와 가타리는 상수에 얽매이지 않는 변수, 즉 절대적 변주로서의 리토르넬로(ritornello)라고 설명한다. 즉 사보텍 인디언의 휘파람 언어처럼 "삐삐삐"라고 하든 "삐리리"라고 하든 적이 왔다는 신호로 감응되는 절대적 변주의 과정이고, 북미인디언처럼 밤에 문을 두드리며 "저는 어둠입니다"라고 하든 "저는 바람입니다"라고 하든 그 사람이 누군지 알게 되는 절대적 변주의 과정이 그것이다. 여기서 우리는 절대적 변주의 과정 속에서 몸은 하나지만, 다양한 얼굴과 리듬, 화음, 특이점 등을 갖는 메타네트워크로서의 제3섹터를 상상할 수 있다.

초극 미세사회에서의 특이성 생산의 전면화

이제 문명이 선택할 경우의 수를 늘리기 위해서 사랑과 돌봄, 정동의 흐름이 만드는 특이점에 주목해야 한다. 그리고 이는 문명이 선택할 경우의 수에 대한 덧셈으로 나타난다. 이것은 신체와 사회의 표면 위로 드러나는 잠재성의 흐름과 관련된 초미세전략이라고 할 수 있다. 여기서 나비처럼 날아다니는 청년과 율동에 춤을 추는 아이, 판을 부드럽게 만드는 소수자들을 상상하는 것이 어렵지 않다. 문제는 "어떻게 이러한 잠재성의 흐름을 욕망과 정동의 반복으로 설립해 낼 것인가" 하는 점이다. 여기서 사회적 경제의 사회적 역할이 있다. 아직 무정형이고, 구체적인 반복으로 드러나지 않았으며, 어수선하여 윤곽이 드러나지 않는 것에 지도를 그려내고 패턴화의 반복을 설립하는 것에서 바로 사회적 경제의 예술적이고 심미적이고 실천적인 역할이 요구된다. 이것을 한마디로 '특이성 생산'의 과제라고 펠릭스 가타리는 요약한다. 그는 개념화는 성공했지만 특이성 생산이 이루어지는 과정을 '모델화=의미화=표상화=자본화'하는 것이 아니라, 이것에 대한 여러 개의 지도 그리기를 통해서 설명력을 높이는 방향으로 향한다. 물론 "~은 ~이다"라고 본질을 적시할 수 없는 특이성 생산 같은 개념의 구도는 설명력을 높임으로써 점차 곁과 가장자리, 주변을 그러나가며 접근할 수밖에 없다. 그런 점에서 베이트슨에 의해서 '영토화'가 아닌 '지도화'라고 언급되었던 개념은 '지도제작(cartography)의 방법론'으로 가타리에게 재전유되었다.

통합된 세계자본주의는 모든 것을 빨아들이는 블랙홀이 되어 결국 단조로운 상품소비로 외양만 바꾸고 현란한 이미지를 부여하여 팔아낸다는 점에서 동질 발생적이다. 반면 특이성 생산은 상품소비라는 귀결점을 반드시 갖지 않으며, 미지의 영토를 향해 여행하듯 절대적 변주로 향한다. 동질 발생적인 문명은 생명위기 시대를 대비하기에는 매우 취약한 구조임을 드러내고 있다. 결국 문명 자체가 선택할 경우의 수조차 변변히 없는 상황이 초래된 것은 동질 발생으로 귀결되는 문명 전체의 작동방식을 제고해야 할 상황임을 의미한다. 외부의 소멸 국면에서 사회적 경제는 특이성 생산, 즉 경우의 수로서의 특이점 설립의 가능성 실현에 나서야 한다. 이를 통해 차이와 다양성의 판과 구도를 만들어낼 수 있는 '차이를 낳는 차이'를 설립해야 하는 것이다. 물론 "차이와 다양성의 생태계의 조성이 2차적 차이를 낳는다"는 전망이 있다. 그러나 생태계 조성은 말이 쉽지 특이성 생산이 수천 개가 이루어지는 메타네트워크를 구성해야 한다는 것을 의미하는 지난한 과제이다. 물론 생태계가 만들어질 때까지 시간과 진화의 과정을 진득하게 기다린다면 충분히 가능할 수도 있지만, 안타깝게도 우리에게는 그리 시간적 여유가 많지 않다.

초극 미세사회에서 특이성 생산은 정보, 지식, 인간, 사물, 생명의 생태계를 통해서 일차적인 판과 구도를 깔면서 기대해 볼 수도 있다. 특이성 생산은 고도로 자유로우면서도 고도로 조직된 도표(=diagram)를 통해서 이루어지며, 이는 와해되고 해체된 개인들의 고정관념들(=기표)이 아무리 모여도 형성될 수 없다. 여기서 도표의 네 가지 정의를 살펴본다면, ① 냄새, 색채, 음향, 몸짓, 표정, 맛 등의 비기표적 기호계 ② 생태계의 윤곽과 결, 가장자리를 그려내는 지도제작법 ③ 고도로 자유로우면서도 고도로 조직된 기호작용 ④ 돌발흔적과도 같이 출현하는 것으로 요약할 수 있다. 그런 점에서 발전전략은 "~은 ~이다"라는, 의미화하고 기획하는 전문가들의 논리가 아니라, 특이성 생산을 가능케 할 도표에 따라 작동된다. 다시 말해 관계의 성숙을 통해 생태적 다양성을 이루기 위해서는, 고도로 자유로우면서도 고도로 조직된 활동이, 냄새, 음향, 색채, 몸짓의 향연이, 서로의 관계가 만든 생각, 행위, 언어 등의 지도를 그려내면서 관계망을 성숙시켜내는 공감대화가, 돌발적으로 출현하는 것을 사랑하며 그것의 전개를 따라가는 관계망이 필요한 셈이다.

물론 특이성 생산이 이루지기 위해서는 외부로부터의 자원 유입이 최소한도로 이루어져야 한다는 주장이 도처에서 제기되고 있는 것도 사실이다. 활동가들 사이에서의 번아웃과 소진된 인간, 멘탈 붕괴 등과 같은 상황은 외부로부터의 자원 유입이나 기회의 상실 등이 초래한 외부소멸이 얼마나 막중한 문제인가를 드러낸다. 결국 특이성 생산을 통한 경우의 수의 설립은 수많은 실패와 시행착오라는 '경우의 수의 경우의 수'를 동반하지 않고서는 도달할 수 없는 실험과 실천이 될 것이라는 점이 예상되는 대목이다.

정동, 사랑, 욕망의 특이점을 통한 영구적인 재배치

현존 문명의 특징은 이민자, 소수자, 생명 등을 정동이 관통할 특이점으로 여기지 않는다는 점에 있다. 사실상 소수자라는 하나의 특이점이 등장하면 그것에 대한 접근과 태도를 결정할 다양한 방법이 동원되고 표면에 흐르는 다양성과 차이가 더 미세해진다. 사랑할수록 미세한 다름이 발생하는 것이다. 이는 공통성(common)이 아닌 화음(chord)이라고 할 수 있다. 두 울림통과 편자가 서로에게 공명할 때 같은 음일 수 없기 때문에 그 사이에서 무수한 편위음과 변주음, 화음이 발생한다. 이것을 소음이나 잉여로 간주해 왔던 것이 주류 문명이고, 다름을 무시하고 일방적으로 같음을 전제로 한 공통음의 평면으로 만들어 버렸다. 결국 현존 문명은 소수자가 공동체에서 갖는 촉매자, 효모, 감초와 같은 특이점으로서의 역할의 비밀을 배제해 버리고, '최대 다수의 최대 행복'이라는 논리로 소수자의 희생을 전제로 한 공리주의를 주춧돌로 삼는다. 이러한 논리의 귀결은 전도된 이미지로서의 '소수 1%에 의한 다수 99% 지배'를 용인하고 공모하게 만드는 것으로, 더 나아가 미시파시즘으로 이행하는 것으로 나타난다. 이러한 공리주의적인 문명은 특이성 생산이라는 경우의 수의 덧셈이 아니라, 경우의 수의 뺄셈으로 나타나는 문명의 극단적인 행태로 드러날 것이다. 유럽과 북미, 각국에서 대두하고 있는 극우파시즘의 분리주의, 폐쇄경제, 고립주의 등의 경향은 성장주의 패러다임을 버리지 않겠다는 반동적인 발호이며, 동시에 공리주의의 논리구조에 따랐던 문명의 극단화된 모습에 일부이다.

결국 소수자에 대한 사랑이 만드는 특이점은, 특이성 생산의 비밀 중 하나를 잘 보여준다. 성장주의와 같이 성공주의, 승리주의, 처세술, 자기계발이 아니라, 낮은 곳을 향해 자신의 자취와 이름을 남기지 않는 지각 불가능한 영역을 향해 사랑을 투과시키고 반복시키는 것이 그것이다. 이러한 정동과 사랑의 양상을 들뢰즈와 가타리는 '소수자 되기'라고 개념화한다. 소수자 되기는 정동의 양상들인 살림, 돌봄, 보살핌, 섬김, 모심 등으로 개념화할 수도 있지만, 미세한 차이를 드러내면서 무수히 많은 작은 특이점들을 설립한다는 점에서 화음의 절대적 변주 과정으로 그려볼 수도 있다. 소수자 되기는 자신의 배치를 끊임없이 재배치하는 미시정치로 드러날 것이다. 어떤 하나의 반복의 설립이 만든 배치로 완결될 수 없는 반복의 배치와 재배치의 영구적인 과정일 것이기 때문이다. 그런 점에서 정동은 소수자의 몸짓, 표정, 색채, 음향, 맛 등에 감응하여 무언의 춤으로 표현하는 공동체의 흐름과도 같을 것이다. 이를테면 공동체에서 소수자들은 구성원들을 춤꾼으로 만들고, 이야기꾼으로 만들고, 가수로 만드는 등 특이점 설립의 원천이라고 할 수 있다. 공동체 사람들은 소수자라는 특이점을 사랑하기 때문에 그 편차와 낙차 속에서 만들어지는 놀이와 흥, 율동, 리듬, 화음 속에서 2차적 특이점을 설립한다. 결국 고도로 자유로우면서 고도로 조직된 도표로서 작동하는 공동체 활동의 비밀이 바로 소수자 되기이다.

탈성장 시대의 사회적 경제와 협동조합은 욕망과 정동의 반복을 통한 특이점 설립과 배치의 재배치와 관련된 미시정치가들의 연합을 의미할 것이다. 발전전략이 거대 계획, 거대 프로그램 등으로 얇게 스케치했던 부분을 채우는 것이 바로 생활정치, 미시정치 영역이다. 사회적 경제가 더 촘촘하고 미세해지고 유연해진다는 점에서 네트워크를 훨씬 넘어선 비기표적 기호작용에 대한 감응판이 될 것이다. 이를 통해 각각의 특이점 간의 교직과 교차, 연결과정에서의 다양한 가상성과 잠재성이 동원될 것이며, 과거-현재-미래의 시간적 특이점뿐만 아니라, 무차별사회, 간(間)공동체적 사회, 국제질서, 지역단위, 로컬의 모듈단위, 1인 가구라는 공간적 특이점까지도 포괄하는 다양한 경우의 수가 등장할 수 있는 메타네트워크를 형성해야 한다는 필요성이 대두된다. 무엇보다도 이 모든 경우의 수가 정동과 욕망의 반복을 통해 특이점 설립으로 나아가도록 촉매하고 고무하고 양육하는 것이 미시정치가들의 실험이자 실천이다. 수많은 값진 실패와 시행착오가 탈성장 시대에 기다리고 있을 것이다.

생태적 다양성과 추첨제 민주주의의 확산

생태적 다양성에 입각한 미시정치와 거시정치에서 참고할 만한 역사적 사례가 바로 고대 그리스 아테네의 추첨제 민주주의이다. 고대 그리스 아테네에서는 대표와 관료를 제비뽑기와 같은 추첨을 통해서 선발하였다. 이는 모든 사람들에게 진리가 내재해 있다는 점에 대한 긍정을 의미한다. 이를 통해 대표와 관료를 대의제 민주주의에서의 권력자로 본 것이 아니라, 공동체의 배치와 관계망의 시중꾼으로 규정하게 된다. 물론 반발이 없었던 것은 아니다. 진리가 전문가들의 논증과 추론능력의 결과물일 뿐이라고 보고, 고대 이집트의 파라오의 철인정치를 흠모했던 플라톤과 같은 반동적인 사상가가 나타났기 때문이다. 현존 아카데미는 플라톤의 후예들이며, 바로 그런 점에서 탈성장 시대는 대학의 기능 상실과 긴밀히 연관된다. 고대 그리스 아테네에서는 도자기 조각에 공동체에서 내쫓을 만한 인물을 적어서 비밀투표를 하는 도편추방제도를 운영하였다. 여기에 적힌 인물은 나쁜 일을 한 사람이거나 악명 높은 사람인 경우도 있지만, 심지어 덕망이 높고 인기가 많은 사람도 있었다. 그 이유는 이들이 사실상 독재자나 참주가 될 가능성이 높았기 때문이었다. 물론 고대 그리스 아테네는 혼합정 유형의 정치를 구사했다. 위기 시에는 독재를 선택하기도 했고, 어떤 때는 귀족정을 의도적으로 선택하기도 했다. 그러나 그것은 철저히 추첨제 민주주의의 판 위에서만 가능했다.

여기서 우리는 탈성장의 시대의 정부 형태나 각 공동체 단위에서 추첨제 민주주의를 도입하여 경우의 수를 만들어나갈 필요가 있다는 점을 발견할 수 있다. 물론 대표나 관료가 된 사람에게만 권력과 책임을 할당하여 로또 복권과 같이 느끼게 하자는 얘기가 아니다. 철저히 공동체와 제3

섹터의 배치와 관계망이 책임과 구성-권력을 갖는 상황에서, 그 배치의 맥락과 탈맥락을 읽을 수 있는 주체성을 양성하는 과정으로서의 미시정치를 기획하는 것이다. 소수의 엘리트와 전문가에게 미시정치를 맡길 수는 없다. 욕망과 정동의 흐름이 차라리 잘 해낼 수 있다는 점에서 배치와 관계망이 책임을 지는 미시정치의 유효성을 말할 수 있다. 추첨제민주주의 실험은 직접민주주의의 제도화 과정에서 참여자치예산위원이나 주민자치위원들의 선발 등 한국사회 곳곳에서 이루어지고 있지만, 이것이 제3섹터에서 실험되는 경우는 흔치 않다. 특히 탈성장 시대는 작은 모듈 단위의 공동체를 기반으로 한 추첨제민주주의 실험을 시행할 중요한 전기를 맞이할 수 있다. 왜냐하면 생명위기 상황에서 누구도 책임지지 않는 미시정치의 공백이 우려되기 때문이다. 그 단적인 사례가 바로 후쿠시마 핵 위기 상황에서 일본의 정치권이 보여준 행태이다.

얼마 전 한국에서 숙의민주주의의 한 형태인 탈핵 공론조사가 시행되었다. 그러나 추첨제민주주의와 같이 모든 사람에게 진리가 전제되어 있다는 급진적이고 직접적인 민주주의의 형태가 아니라, 전문가를 다시 등장시켜 숙려와 숙의 과정만 대행한 것은 그것의 한계라고 할 수 있다.

근대는 '사회의 실험실화'를 급격히 진행해 왔다. 그 이유는 플라톤주의가 내걸고 있는 이상적이고 원형에 가까우며 완결된 진리의 공간이 바로 실험실일 수밖에 없기 때문이다. 이에 따라 학교, 감옥, 공장, 병원, 정신병원, 시설 등은 사회의 실험실화의 과정에 따라 디자인되었다. 이를 미셸 푸코는 통제사회, 즉 판옵티콘 모델로 설명한다. 그러나 한국사회는 황우석 사건 등으로 대표되는 실험실에서 벌어진 일련의 사태로 폐쇄환경에서 실험윤리, 생명윤리, 동물윤리, 연구윤리 등이 도미노처럼 무너지는 유사

파시즘의 역사적 경험을 하게 된다. 이에 따라 '실험실의 사회화'라는 과정이 거대한 맥락을 형성하게 되었다. 동물실험실윤리위원회와 생명윤리위원회 등이 구성되었고, 연구윤리에 대한 시민사회의 철저한 개입이 이루어졌다. 이는 전문가주의의 배경이 된 사회의 실험실화에 반대하는, 실험실의 사회화라는 그 역의 과정을 의미한다. 결국 탈핵 공론조사의 방향성은 '사회의 실험실화'와 '실험실의 사회화' 과정이 교차하는 매우 긴장감 높은 과정일 수밖에 없지만, 직접민주주의에 따라 '실험실의 사회화'의 경향에 손을 들었어야 하는 상황이었던 것이다. 탈성장 시대에 전문가들의 본질을 적시하면, 정의(definition)할 수 있기 때문에 진리를 알고 있다는 실재론이 아닌, 다양한 의견과 수많은 진리모델이 가능하다는 구성주의가 전면화할 것이다. 이것이 추첨제민주주의가 조성하는 생태 다양성의 메타모델화이다.

위기에 강한 협치 : 자연의 우발성을 협치 안으로

탈성장 시대에 환경재난과 생태계위기 등의 우발성을 내부의 경우의 수로 만들어 특이점을 설립하는 협치가 새롭게 등장할 것이다. 이에 대한 스케치는 안토니오 네그리의 『공통체-자본과 국가 너머의 세상』(2014, 사월의 책)에 단상으로 제시되어 있다. 이는 생명과 자연의 경우의 수까지 특이점으로 설립한다는 점에서 거대한 협치, 위기에 강한 협치를 의미할 수도 있다. 일련의 과정은 모든 경우의 수를 포섭해 오면서 외부를 상실한 현존 문명의 방향성과도 충돌하지 않으며, 더불어 특이점을 설립하여 경우의 수를 늘리는 방향과도 충돌하지 않는다. 위기에 강한 협치의 기본구도는 자연과 생명, 인간, 사물, 기계 등 모든 경우의 수를 고려하면서 인간의 대리인을 통해 이의 최대치를 상상하고 사유하게 만든다는 점에서 "상상력에게 권력을!"이라는 68년 혁명이 제출했던 슬로건의 현현으로도 보인다. 이제 문명이 선택할 경우의 수의 설립에 중요한 것은 상상력, 예술적인 감수성, 정동, 욕망과 같은 비물질적인 것이 된다. 이 시기 협치는 기획 단위이자 실행 단위로도 확대될 것이다. 그 자체가 생명민회의 한 섹터가 될 것이기 때문이다.

탈성장 시대는 바로 기후변화와 생물종 대량멸종의 시대와 함께 진행될 것이라는 암울한 징후가 곳곳에서 나타난다. 생명위기 상황에서는 중앙의 대응센터의 역할만이 아니라 현장에서의 즉흥 행동 등이 매우 중요하게 된다. 센터와 현장이 반응속도에서 큰 차이가 있기 때문이다. 직관력, 관찰력, 영감, 느낌, 감각 등은 일상에서는 비합리적이라고 간주되지만 생명위기 현장에서 동원되는 행동방식으로, 기능주의, 전문가주의, 자동주의를 주축으로 한 관료제 지층의 대응방식과는 매우 다르다. 이 점에서 생명민회의 구성과 생태민주주의의 작동은 매우 중요하다. 생명민회에서 기대할 수 있는 모습을 우리는 세월호 유가족에게서 볼 수 있었다. 보통 생명위기의 현장 풍경이라고 하면 무참한 상황과 대비되어 대피소에서 무기력하게 누워 있는 주민들의 형상을 상상하기 쉬운데, 세월호 유가족은 용감하고 강건한 행동 유형의 모든 것을 보여 주었다 해도 과언이 아니다. 이는 생명위기 상황에서 생명민회와 생태민주주의가 어때야 하는지를 보여주는 역사적인 행동양식이라고 할 수 있다. 탈성장 시대와 함께 시작된 생명위기 상황에서 세월호 유가족의 실천은 한국사회에 커다란 획을 긋는 사건이라고 할 수 있다. 이들은 한국사회에서 생명민회가 상상했던 영구적인 혁명을 만들어낸 것이다. 이제 생명민회를 개념화하지 않더라도 도처에 생명민회가 내재하게 된 시대가 되었다.

탈성장 시대이자 생명위기 시대에 우리는 주저앉을 수 없으며, 전망상실과 우울, 소진, 번아웃, 불안 등에 고립될 수도 없다. 우리는 사랑과 욕망, 정동의 힘에 기반하여 그것의 반복이 만들어내는 특이점의 능력에 따라 우리가 선택할 수 있는 경우의 수를 늘려가야 할 것이다. 현대사회가 초연결사회이기 때문에 국지적인 한 영역에서 만들어낸 특이성 생산의 지혜와 경험은 금방 다른 영역과 지역으로 전달될 것이다. 하나의 특이점이 눈덩이 효과를 갖는다는 분자혁명의 구도도 참고해 볼 수 있지만, 수많은 특이점들의 경험과 노하우, 지혜, 파급효과가 복잡계를 이루면서 '경우의 수의 경우의 수'가 되는 것을 상상해 볼 수 있다.

우리는 탈성장 시대에 놀라운 차이를 만들어내는 차이와 다양성의 생태계에 희망을 건다. 사회적 경제의 미래는 우리가 사랑과 정동, 욕망에 따라 재건하고 구성해낼 미래진행형적인 과제들이다. 우리는 미래를 향해 미지의 여행을 떠났으며, 늘 미래이고 과정이고 진행형이다. 그래서 우리는 여전히 상상하고 꿈꾸고 실천하는 것인지도 모른다.

III.
정동정치*

* 이 장은 생태적지혜연구소 2020온라인토론회
〈녹색의 정치_녹색정치의 재건과 정동의 재구성〉 발표문을 수정 보완한 것이다.

녹색정치의 미래는 정동정치에 달려 있다

2020년 총선 이후, 녹색당, 정의당 등 소수정당은 더욱 위축되고 모색과 전망의 시간을 갖고 있다. 그간 녹색정치의 일정표는 기후위기와 생태계 위기 등으로 굉장히 빠르게 움직였지만, 시민들이 체감하도록 몸에서 느껴지는 속도, 온도, 밀도, 강도 등 정동(affect)에 맞추지 못하였다. 정동정치는 곧 몸의 정치이기 때문에 제한, 유한성, 한계를 명확히 갖는데도 가속주의적인 일정표가 정동의 느린 속도를 추월했다. 먼저 판단하기 전에 느끼고 감응하는 시간이 필요한 것이다. 그리고 선거법 개정 등의 제반 여건은 더욱 소수정당들에게 불리하게 돌아가는 형국이었다. 결국 녹색정치가 혁신과 전망의 새로운 국면에 놓여 있는 현 상황에서 이제 정동의 정치를 말하려고 한다.

그런데 현재 정동(情動)이란 개념이 녹색정치에 전면에 등장할 만큼 일상어도 아니고, 일반인들이 쉽게 접근하기 어렵다는 이유 등으로 아직은 수면 아래에 놓여 있다. 정동에 관한 강의가 열릴 때 "꼼짝 안 할 때 생각이 많은가? 움직일 때 생각이 많은가?"라는 질문을 던져본다. 그때마다 대부분의 사람들은 '꼼짝 안 할 때'를 지목한다. 여기서 '꼼짝 안 할 때의 마음'을 감정(emotion)이라고 한다면 '움직일 때의 마음'은 정동(affect)이라고 할 수 있다. 16세기 네덜란드의 철학자 스피노자는 정동에는 슬픔, 기쁨, 욕망이 있다고 말한다. 여기서 부가적으로 감정노동은 외면적으로 친절하지만 감정소모가 있다면, 정동노동은 사랑할수록 사랑의 능력이 증폭된다고도 구분되는데, 이는 감정의 유한성과 정동의 무한성에 대한 비교로도 나타난다.

우리 마음의 완고함은 근대적인 표상주의에 따라 사물, 생명, 자연을 가시적인 표상, 관념, 견해로 판단하는 능력으로 나타나기 일쑤다. 이에 따라 감정, 감성, 정서 등은 수동적으로 표상이 촉발하는 바에 머문다. 그러나 정동은 그러한 완고한 마음이 아니라, 비표상적인 흐름이며, 이행하고 횡단하고 변이될 때의 마음이다. 여기서 감정과 정서(affectio)는 능력 개념이라면, 정동(affectus)은 힘과 에너지 개념이라고 할 수 있는데, 감정과 정서 등이 수동적인 표상에 머무는 반면, 정동은 표상과 표상을 넘나드는 강도와 속도와 같은 힘의 움직임이기 때문이다. 그래서 비표상적 흐름이다. 예컨대 아이가 울면 나도 역시 슬픔이 촉발된다. 그런데 아이의 눈높이에 맞추고 사탕을 주는 등의 정동을 발휘하면 아이가 방긋방긋 웃는다. 그러면 나에게도 기쁨이 생겨난다. 이렇듯 정동정치는 사물과 생명의 곁과 가장자리, 주변에서 서식하는 정동의 강렬도에 따라 배치하고 재배치하는 미시정치이다. 그래서 돌봄, 모심, 살림, 보살핌, 섬김 등과 정동이 동의어처럼 취급되는 것이다

정동정치(affective politics)가 일종의 미시정치이자, 생활정치이며, 소수자정치인 이유는 정동(affect)이 갖고 있는 강도, 속도, 온도, 밀도 등 이행의 구성요소는 우리가 살림, 돌봄, 모심, 보살핌 등을 하는 과정에서 끊임없이 발생하기 때문이다. 근대의 책임주체(subject)의 권리, 의무, 책임, 믿음의 양상은 결국 "이것은 컵"이라고, 표상의 자기동일성(identity)을 규정

할 수 있는 선험적인 능력을 가진 주인공(主人公)을 등장시키는 것이었다. 그러나 우리는 컵에서 바로 냅킨으로 표상을 횡단하며, 냅킨과 컵의 배치를 가지런히 놓는 등의 재배치하면서 정동을 가한다. 사실상 표상과 표상, 의미와 의미, 기능과 기능을 연결하는 이음새로서의 정동이 역할을 기존에는 자동적인 것으로 간주했기 때문에 녹색정치의 주제로 등장하기란 참 어려웠다. 정동의 생성과 등장을 '원래 그랬던 것 아니었어?'라고 생각하면 오산이다. 그것은 하나의 강렬함이 만든 혁명적인 순간을 그려내는 것일 수도 있다

합리주의적인 정치양상은 의미와 가치를 상위에 두고, 기능과 작동을 하위에 두는 양면적인 형태로도 나타난다. 그렇기 때문에 의미와 기능 사이를 연결시키는 벨트로서의 '조직 내 정치' 양상에서 다의미적이고 다기능적인 정동정치는 전제조건과 같이 여겨지고는 했다. 이제까지 녹색정치의 기본적인 작동방식이 '엄밀한 기능'과 '확실한 의미'를 따지는 합리주의 양상이라면, 사실상 판 자체를 구성하는 정동정치는 수면 위로 드러나지 않을 것이다. 여기서 정동정치의 이중분절을 말하려고 한다. 나서는 자와 판짜는 자가 그것이다. 물론 나서기와 판짜기가 선행되어 있지만, 일단 개념을 파악하기 쉽게 하기 위해서 '자'라는 개념어를 달았다.

정동정치는 '나서는 자'보다 '판 짜는 자'에 더 주목한다. '나서는 자'는 돌발흔적처럼 나와 너 사이의 정동의 강렬도에 따라 '우리 중 어느 누군가'인 사이주체성 형태로 홀연히 등장한다. 사이주체성의 의미 양상은 '사건으로서의 의미'라는 점에서 책임주체에게서 보이는 '권리(=권력)로서의 의미'와는 구분될 것이다. 돌연 개념적 인물, 이야기 구조를 가진 인물, 나서서 발언하는 인물 등이 등장하게 되는 기반이 공동체적인 관계망과 배치

이다. 그러나 '나서는 자'의 의미화의 영역 이외에 또 다른 영역에 있는 '판 짜는 자'의 정동의 지도화 영역이라고 할 수 있다. 판 짜는 자에 수면 위로 등장하지 않지만 열심히 움직이고 주변을 살피고 배경에서 준비동작을 하고 있다. 그리고 모든 경우의 수를 타진하면서 사랑, 욕망, 정동, 돌봄, 살림 등을 발휘하며 열심히 정동의 지도를 그린다. 이에 따라 '나서는 자'보다 더욱 다양한 경우의 수의 잠재력에 주목하며, 매번 판과 구도를 바꾸어가면서 민감하게 정동의 지도를 그릴 수밖에 없는 사람이 '판짜는 자'이다. 정동정치는 모두가 판짜는 자가 되는 상태에 이르는 공동체적인 배치의 상황에서 웅성거림, 밀도, 속도, 온도, 강도에 감응하는 정동의 미시정치를 타진한다. 가시적으로 드러난 사람들조차도 이러한 관계망이라는 판의 강렬도 자체가 홀연히 출현시키는 특이점(singularity)이라고 할 수 있다. 즉 녹색정치에서 모두가 판짜는 자가 되는 상태가 바로 고도로 성숙된 정동정치라고 할 수 있다.

판짜는 자는 '고도로 자유로우면서도 고도로 조직된' 작동양상을 보이며, 모든 일관된 흐름을 만들어내는 집합적 배치를 의미한다. 결국 그것은 우주이자 세계 자체를 만들어내는 판짜기이다. 갑자기 '나서는 자'가 엄밀하고 뚜렷하고 확실한 발언을 한다. 그러면 배치가 갖고 있는 배경음과 화음은 이 특이점에 수렴되고 수축된다. 그리고 발언이 끝나면 다시 강렬도를 가진 웅성거림의 배경음과 화음으로 확산되고 분산된다. 이러한 수축과 팽창의 지속은 녹색정치의 탄력성(resilience)이자 유연성이다. 그리고 이러한 수축과 팽창을 통해서 탄력성과 유연성, 민감성을 가지고자 하는 것이 정동정치의 생태적 지혜이자 암묵지이며 노하우이다. 하지만 '나서는 자'의 엄밀성, 확실성, 합리성, 계획, 시나리오 등이 정동하는 몸, 집단적 배치로부터 벗어나 몸의 고유한 속도, 온도, 밀도, 강도 등에 입각한 정동 정치를 배신할 수도 있다.

우리 몸은 무엇이 잘못되고 있는지 잘 안다. 녹색정치는 주변, 곁, 가장자리에 있는 몸의 정치, 정동의 정치를 개방한다. 우리의 소수자 감수성은 그저 권리(=권력)의 감광판에만 있는 것이 아니라, 우리 자신의 소수성(minority)에도 있다. 우리 안의 소수성은 사실상 정동 실존의 차원이다. 자기 내부에 명확하고 엄밀한 구분이나 경계를 지을 수 없는 비표상적인 흐름이 있다는 것은 우리 안의 광기, 바보스러움, 생명, 식물, 미생물 등의 실존을 의미하는 것이기 때문이다.

그리고 주변, 곁, 가장자리에서 서식하는 정동에 주목하면서, 그것이 알려주는 일관된 방향성과 진실의 강렬도에 따라 행동하게 된다. 모두가 '판짜는 자'이기 때문에 선수이고, 모두가 처음 겪게 되는 정동의 사건을 직면하기 때문에 아마추어인 판이 녹색정치의 판일 수 있다. 몸 살림과 마음 살림 등을 통해 정동에 따라 움직이는 법을 체득하려 할 때, 이미 우리 몸이 정동의 판짜기를 직감적으로, 무의식적으로 수행하여 왔음을 깨닫는다. 그러나 정동에 있어서도 자생성, 자연치유력, 자가면역, 독립성 등의 자연주의의 신화는 더 이상 불가능하다. 정동에도 미시정치가 필요하다. 녹색정치는 "자연주의가 더 이상 생태주의가 아니"라는 현 상황에서의 정동의 미시정치를 적극적이고 자율적으로 구성해내야 할 것이다. 다시 말해 정동은 미리 주어진 전제조건이 아니며, 끊임없는 구성적 실천을 필요로 한다.

정동경제의 개방과 생태적 지혜의 방어

녹색정치에서 상당히 혼란과 혼동이 일어나는 것이 바로 정동경제(affective economy)의 등장 부분이다. 정동자본주의 혹은 플랫폼자본주의의 등장이 사람들로 하여금 묘한 착시효과를 불러일으키기 때문이다. 플랫폼자본주의, 정동자본주의의 등장으로 일컬어지는 정동경제 양상에서 플랫폼은 공동체와 외양적으로 유사해 보이지만, 결국 정동의 추출과 채굴을 목표로 한 자본주의의 변형체이다. 플랫폼에서 웃고 울고 즐기고 기뻐하다 보면 그것의 정동효과가 바로 플랫폼 자체나 개인의 수익으로 수렴된다는 것은 잘 알려져 있다. 문제는 녹색정치가 공동체와 플랫폼 간의 경계를 분명히 하지 못하는 상황이 벌어진다는 점이다. 플랫폼은 공동체적 관계망과 배치에서 생성되는 정동 자체의 추출과 채굴을 목표로 한다. 이 때 정동의 강렬도는 녹색정치의 활력과 에너지가 아니라, 자본화(=적분)의 먹잇감이 되어 버린다. 여기서 플랫폼은 정동을 부추기고 활성화하면서도 대상화하고 이용하며 빨아들이는 '코드의 잉여가치' 영역에 따라 작동한다. 코드의 잉여가치는 권력의 잉여가치이자 적분, 응고, 수렴, 채굴, 추출을 통한 공동체에 대한 질적 착취 양상이다. 반면 공동체에서의 정동은 활력과 생명에너지로서, 공동체 자체를 탄력적으로 만들고 유연하게 만들고 활성화하는 원천이다.

플랫폼의 이익은 개인이 가져가지만, 사실상 적분, 집중, 수렴을 통해서 유지되는 구조를 갖는다. 반면 공동체에서는 커먼즈(Commons)가 어느 누구의 것이라고 할 수 없으며, 공동의 규약과 규칙을 만들고, 미분, 분산, 민주주의를 통해서 거대한 무의식의 행렬을 그려낸다. 문제는 공동체와 플랫폼의 경계가 모호하여 미분과 적분, 분산과 수렴, 민주주의와 집중 사이의 경계 지점이 묘하다는 점이다. 특히 사회적 경제의 영역에서는 더욱 이러한 경계는 모호해지는 경향이 있다. 왜냐하면 '욕망의 자본화와 자본의 욕망화'라는 두 영역의 교차지점에 사회적 경제가 위치하기 때문이다. 이는 욕망가치, 정동의 강렬한 가치, 생명가치, 꿈 가치, 돌봄 가치 등이 중요해진 작금의 상황에서 플랫폼과 공동체 간의 영역의 동근원적이라는 점과 관련된다.

정동정치에서 권력이 형성되도록 하는 적분, 집중, 수렴, 수행하는 개인의 시야에서는 공동체는 플랫폼으로 간주되는 경향이 있다. 반면 공동체는 이러한 '나서는 자'로서의 개인의 적분(積分, integral)을 다시 미분(微分, differential)으로 바꾸는 '판짜는 자'의 정동정치의 힘과 에너지의 작동을 전제로 한다. 이에 따라 적분과 미분, 수축과 팽창, 집중과 민주주의 사이에서의 긴장관계는 "끊임없이 조직을 혁신하라"는 요구와 "배치를 영구적으로 재배치하라"는 목소리 등으로 나타나는 미시정치를 필요로 한다. 플랫폼은 커먼즈의 약탈, 채굴, 추출을 원하는 미시적인 그물망이다. 결국 커먼즈 방어, 즉 공동체의 판과 생태민주주의를 방어하기 위한 영구혁명(=영구개량)의 판이 녹색정치에서 개방된 것이다.

생태민주주의와 정동의 정치

생태민주주의는 보이지 않는 것, 즉 정동의 미시정치로부터 시작된다. 이는 미세한 균열, 사이, 틈새, 간격이라는 가시적이고 실체가 확실한 것 이외, 즉 그 외부의 영역에서 작동한다. 여기서 생태민주주의는 관계의 문제이며, 연결의 문제이다. 이는 사물, 생명, 자연, 기계의 곁과 가장자리에서 서식하는 것이라도 할 수 있지만, 사실상 실체화되고 고정된 것의 둘레만이 아니라 거대한 연결망의 보이지 않는 영역에서의 강렬도로도 실존한다. 관계는 이항대립이나 "~이냐, ~이냐"라는 이접(disjunction)적 자기조직화에 의해 뾰족하고 날카로워질 수도 있지만, 사실은 그 이전에 배경음이나 둘레환경의 강렬도의 파고처럼 생명에너지와 힘의 역동이라고 할 수 있다. 이러한 반복의 힘이 갖는 동역학적인 정동의 흐름과 강렬도는 무엇이 진정한 문제인지를 몸으로 느끼게 한다. 공동체에 어울리지 않는 속도, 온도, 밀도, 강도 등은 관계망 자체를 파열시켜 정동이 흐를 수 있는 여지를 주지 못하고 결국 관계의 어그러짐과 찢어짐으로 나타나는데, 이는 정동의 흐름, 활력과 생명에너지의 흐름 자체가 실종된 구조물로부터 유래한다. 생태민주주의는 이러한 정동이 자연스럽게 흐르게 하는 판과 구도라고 할 수 있는 보이지 않는 관계망 자체의 복원과 재건의 입장에 선 정동정치이다. 책임과 의무, 권리의 감광판 역할을 하던 주체는, 판이 어떤 방식으로 짜였고, 어떤 방식으로 작동하는지를 제대로 잘 알지 못한다. 그저 자신의 화려한 언변과 섬세한 계획과 아이디어, 사람들의 사로잡는 카리스마가 그것을 자신만이 해낼 수 있다고 생각하게 한다. 그 속에서 정동으로서의 생명에너지와 활력이 어떻게 흐르고 있었는지 파악할 수 있는 감수성이 사라진다. 오늘날 생태민주주의의 과제는 정동정치의 복원과 재건에 달려 있다. 관계 속에 흐르는 욕망, 정동, 생명의 약동과 역동이 숨 쉬고, 웃고, 울고, 기뻐하는 모든 영역에서 정동정치, 몸의 정치, 공동체정치가 숨어 있는 것이다.

생태민주주의에서는 아래로부터의 에너지와 활력이 생명정치와 녹색정치에 하나의 지표로서 작용했던 바이기도 하다. 여기서 생태민주주의의 정치는 일종의 '구성적 협치', '아래로부터의 협치', '위기에 강한 협치'로서의 민회 유형의 협치를 구성해낸다. 이러한 생태민주주의의 강건함의 원천은 착하기만 한 것이 아니라 다소 악동 같고, 이기적이면서도 이타적이고, 서로 견제하면서도 협동하는 등의 요철, 굴곡, 주름이 있는 입체적인 인물의 정동, 에너지, 활력에 기반을 둔다. 그래서 협치는 완성형이 아닌 과정형이자 진행형이다. 이를테면 영성적인 의미에서 동기와 결과가 일치하는 완성형으로서의 착함의 상태에 머무는 것이 아니라, 민회의 입체적인 인물을 등장시켜 서로 협동하면서도 견제하여 배치가 실존함을 끊임없이 각인시키는 과정이 생태민주주의의 과정형이자 진행형이다.

결국 구성적 협치의 입체적인 인물이 보여주는 바는, 협동과 살림이 바로 동기로부터 결과까지 선형적으로 이어져 미리 결론이 난 완성형이 아니라, 정동의 미시정치를 통해서 끊임없이 나아가야 할 과정형이자 진행형이라는 사실이다. 그렇기 때문에 생태민주주의에서는 '나서는 자'의 완성형으로서의 의미화보다 '판짜는 자'의 과정형으로서의 지도화가 더 중요하다. 그 과정에서 다채로운 정동, 활력, 에너지가 다중적이고 다의미적이고 다기능적인 입체적인 판을 짤 것이기 때문이다.

따라서 생태민주주의는 시민성과 공동체성, 권리주의와 자율주의, 제도와 관계망 사이의 긴장관계 속에서 적분과 미분, 수렴과 분산, 집중과 민주주의 사이의 정동의 정치를 작동시키는 여백과 느림을 필요로 한다. 수많은 이야기 구조가 설립되어야 하며, 수많은 잡담, 소음, 잉여, 잡음, 배경음과 언표, 개념, 상상력, 꿈 등이 교차해야 하는 것이다. 다극적인 몸체를 가진 녹색정치로서는 어느 한쪽으로 기울어진 운동장처럼 양성피드백을 일으킬 가능성도 높다. 결국 "관계망과 배치의 판에서 어떻게 활력과 생명에너지를 생성시킬 것인가?"라는 화두를 가진 미시정치는 녹색정치의 색다른 과제라고 할 수 있으며, 어떻게 하면 파시즘의 미시정치가 아닌 소수자의 미시정치, 우리 안의 소수성으로서의 욕망, 정동, 사랑, 돌봄의 미시정치가 이루어질 것인가가 관건인 것이다. 녹색정치가 생태민주주의를 파격적으로 채택한다면, 그것은 플랫폼과 공동체적인 관계망의 양 갈래 선택지 속에서 공동체적인 관계망이 갖고 있는 몸의 정치, 정동의 정치의 판을 설립하겠다는 역사적인 선언이 될 것이다. 그런 점에서 정동정치의 생태민주주의에 입각한 녹색정치의 복원과 재건의 씨앗이라고 할 수 있다.

판짜는 자의 재등장, 곁에서 재건으로

정동을 부추기고 양육하고 도모하는 녹색 스튜어드십(stewardship)은 어떤 형태일까? 사실 소농에게 있어 생명과 자연은 돌봄과 살림을 향한 거대한 문제설정을 갖고 있는 정동의 판이라고 할 수 있다. 이를테면 약탈하고 채굴하고 더 요구하고 표면을 현상적으로 취하는 등의 테크네(Techne)의 방식이 아닌 도모하고 양육하고 살림하면서 심층의 잠재성과 깊이를 보호하는 등의 포이에시스(poiesis)의 방식이 정동의 살림꾼의 본 모습이다. 사물, 생명, 자연, 기계 등의 깊이와 잠재성을 고무시키기 위해 정동의 살림꾼은 1차적으로 차이와 다양성의 생태계를 조성하여 이 속에서 강렬한 상호작용을 통해 2차적 차이를 발생시킨다. 즉 전문가주의가 보여주는 것처럼 하나의 모델을 제시함으로써 그 모델링의 기능을 복잡하게 만드는 것에 주안점을 두는 것이 아니라, 소농의 살림꾼들이 보여주는 것처럼 여러 모델을 넘나드는 단순하면서도 다기능적인 정동을 통해서 다양한 메타모델화를 수행하는 것이 그것이다. 하나의 모델을 복잡하게 만드는 시나리오, 계획, 설계, 모델링 등에 입각한 기성정치 방식에 사로잡히는 것이 아니라, 비교적 단순한 것으로 구성된 다양한 특이점들을 설립하도록 정동정치를 수행하는 것이 '다양성 정치', '차이의 미시정치'의 비밀인 것이다.

비교적 곁, 가장자리, 주변으로 간주되었던 정동을 재건과 구성, 혁신의 원동력으로 만드는 것은 어떻게 가능할까? 집단적 리더십을 형성하고 이를 통해서 거대한 실험과 실천, 행동방식을 개발하는 재창안/재발견의 과정이 그 해답이 될 것이다. 누군가가 완성형으로서의 계획이나 시나리오를 제시할 수 없으며, 정동, 사랑, 욕망, 살림, 돌봄이 가진 거대하고 일관된 흐름에 따라 그 방향성과 과정을 따라갈 수밖에 없다. 정동은 흐름이자 횡단이다. 집단의 밀집도를 거리조절하면서 동시에 미분과 적분, 수축과 팽창, 수렴과 분산, 집중과 민주주의 간의 거대한 긴장관계를 밀고 당기면서 그 사이에 놓인 비스듬한 횡단선(transversal line)을 조성하는 한 편의 예술작품이 정동정치인 셈이다. 정동정치는 녹색정치를 하나의 보이지 않는 윤리와 미학의 예술작품의 경지로 만들 것이다. 그리고 그 한 편의 예술작품에는 '나서는 자'이면서 '판 짜는 자'로서의 이중분절의 묘한 긴장관계에 놓인 참여자들의 장이 조성될 것이다. 녹색정치는 나서는 자와 판짜는 자라는, 수축과 팽창 사이를 끊임없이 조율하는 정동정치의 판으로 향해야 한다. 그 거대한 실험은 어떤 완성형으로서의 원리가 있는 것이 아니라, 과정형이자 진행형으로서의 실험과 실천만이 있다는 점을 의미한다. 녹색정치는 정동의 흐름 위에서 영구개량(=영구혁명)의 혁신의 과정에 놓여 있는 셈이다.

떡갈나무 혁명 : 녹색특이점과 정동강렬도

생명과 생태 사이, 개체주의와 연결망주의 사이의 긴장관계는 늘 녹색정치 내에서 실존하고 있었다. 그러나 사실 이 둘 모두가 필요하다. 녹색특이점은 "~이냐 ~이냐"라는 이접적 자기조직화에 따라 날카롭고 뾰족하고 통쾌한 움직임을 보일 수 있지만, 권리(=권력)의 감광판으로 견고하고 완고해질 가능성도 있다. 연결망주의는 정동의 강렬도에 따라 웅성거릴 수 있지만, 관계의 윤곽, 틈새, 간극 속에서 보이지 않는 영역을 더욱 비가시화함으로써 주변화될 수도 있다. 녹색특이점과 정동강렬도는 함께 움직이는 융합적인 영역이자, 공진화(共進化, coevolution)의 영역이다. 다시 말해 '나서는 자'와 '판 짜는 자'는 두 개의 집게를 가진 가재와도 같아서 정동의 미시정치는 둘 다를 슬기롭고 지혜롭게 운영하는 데 달려 있다.

녹색정치는 이제 완숙기를 향한 사춘기를 겪고 있다. 녹색당과 정의당, 소수정당뿐만 아니라, 심지어 더불어민주당과 같은 기성정당 사이에서도 녹색정치와 생태민주주의의 씨앗이 저변에서 꿈틀대고 있다. 이는 생태민주주의가 어떤 모델이나 형태를 분명히 갖는 것이 아니라, 저변에서 움직이는 내재적 민주주의이자 구성적 협치라는 점을 의미한다. 물론 민회보다 의회를, 민주주의보다 권력(power)을, 자율주의보다 권리주의를, 관계망보다 제도를 강조하는 흐름이 녹색정치를 정동정치로부터 멀어지게 했던 요인이 된 것도 사실이다. 그러나 우리는 우리 몸과 관계망의 정동, 즉 생명에너지이자 활력만이 생태민주주의를 아래로부터 구성하고 재건할 수 있는 무한한 잠재력의 보고라는 점을 신뢰한다. 그것은 이제까지의 특이점 하나하나를 만들어 왔던 녹색정치의 미시사가 분명 거짓말을 하지 않기 때문일 것이다. 우리는 이제 달려갔던 행군에서 느림과 여백, 숨결의 발걸음으로 우리의 속도를 조절하고 모색하고 있다. 느림의 시간은 생명의 시간이다. 그러나 우리를 더욱 가속시키게 했던 바는 현재 진행중인 기후와 생태계 위기 국면의 절박함과 다급함이다. 그 엄청난 입자가속기 속에서 우리는 생명의 화음과 리듬의 몸의 정치, 정동정치를 잠시 잊었던 것일지도 모른다. 그러나 정동정치는 우리의 생명력과 활력에 대한 신뢰이자, 녹색정치의 판과 구도에 대한 믿음이다. 우리는 이렇게 정동정치라는 몸과 관계망, 배치가 갖고 있는 생명에너지와 활력의 미시정치를 통해 녹색정치를 다시 구성하고 재건할 것이다. 즉 정동정치는 가속주의와 감속주의를 함께 구사하는 속도와 강도조절의 정치이자, 몸과 관계의 정치라고 할 수 있다. 그것은 "우리의 몸으로 무엇을 할 수 있는지, 우리는 아직까지 모른다"고 했던 스피노자의 아포리즘을 연상시킨다.

IV.
문명의 전환의
의의, 한계*

* 모심과 살림연구소, 〈탄소중독적 문명과 먹거리의 위기〉 발표문 중
일부 내용을 수정 보완한 것이다.

기술주의적 해법으로 등장하고 있는 재생에너지, 수소용광로, 전기자동차 등으로의 녹색전환 프로그램은 막대한 전환비용에 대해 침묵하고 있으며, 그것이 실지로 탄소중립에 기여하는지도 의구심이 든다. 그런 시점에서 오히려 문명의 전환과 같이 생활양식의 변화와 농업으로의 전환을 통해서 간단하면서도 직접적으로 이룰 수 있는 전환프로그램이 대두되고 있다. 노동자의 소득, 일자리 등에 초점을 두면서 점진주의적 방식에서 이루어지는 그린뉴딜의 정의로운 전환의 프로그램도 오히려 '문명의 전환과 같이 농(農)가치로의 직접적인 전환이 더 요구되지 않는가?' 하는 질문을 받을 수밖에 없다.

　문명의 전환은 탄소중독적인 문명에서 탄소순환사회로의 이행, 화석연료가 아닌 바람과 태양의 나라로의 이행, 자동차문명의 속도와 효율성이 아닌 느림과 여백으로의 이행, 육식문명의 생명의 도구화가 아닌 생명살림으로의 이행, 아파트문명의 나 혼자만의 삶이 아닌 더불어 삶, 공동체로의 이행, 소비문명의 소비향유가 아닌 관계 중심으로의 이행 등을 망라한다. 문명의 전환은 생활양식의 급격한 탈성장으로의 전회를 기반으로 하기 때문에, 그 전환 속도가 매우 빠르며, 부수적인 전환비용이 들지 않는다.

　그러나 이러한 문명의 전환의 방식은 결국 탄소배출 책임을 모두의 책임으로 보는 시각을 강화하기 때문에, 사실상 탄소배출의 대부분을 차지하는 대기업과 석탄화력발전소 등에게 면죄부를 주는 것으로 비화될 여지가 있다. 또 시민들 모두의 책임이라는 형태로 죄책감을 심어주어 기후행동에 나서서 대기업과 석탄화력발전소, 관계 당국에게 문제제기할 기회를 갖지 못하게 할 소지도 있다. 결국 문명의 전환은 생활양식의 변화를 촉발하는 주체성 생산의 계기와 함께 유죄화라는, 주체성 생산을 약화할 계기 둘 다를 갖는다고 할 수 있다. 그러나 문명의 전환의 논의를 따라가면서 탈성장 전환사회의 삶의 양식을 구성하고 생산할 수 있는 여지가 없는 것은 아니다.

육식과 메탄가스 방출

2009년 민간연구기관인 월드워치연구소는 「기후변화와 축산업」이라는 보고서에서 '축산업이 365억 6,400만 톤의 온실가스를 배출해서 지구온난화의 51%를 차지한다.'고 발표했다. 이것이 과도한 분석이라는 논평도 많았지만, 육식이 얼마나 위험한지를 알리는 계기가 됐다. 식물 보호에 관한 정부 간 국제기관인 IPPC(the International Plant Protection Conventionk, 국제식물보호협약)의 2007년 보고서에서 축산업이 생성하는 온실가스 비율이 13.5%라고 추정하였는데, 이는 식물 생태계 보전이라는 측면에서만 다루었기 때문에 실제보다 낮은 수치를 보고한 것이라고 유추해 볼 수 있다. 사실 공장식 축산업은 식물 생태계뿐만 아니라, 해양생태계와 지역사회, 인간의 몸까지 연결되어 있는 강력한 지구온난화 요인이라고 할 수 있다. 이에 앞서 2006년 11월 29일 유엔 산하 국제식량기구 FAO(Food and Agriculture Organization of the United Nations)는 「축산업의 긴 그림자」라는 보고서에서서 전체 온실가스 중 육식이 생산하는 비중이 14~22%라고 보고하였다. 이 보고서에서는 육식에 이용되는 소의 방귀와 트림을 통해서 메탄가스가 발생하고 이것이 지구온난화를 유발한다고 지적한다. 메탄가스는 이산화탄소보다 20배나 더 독한 온실가스다. 대안으로 언급되는 동물복지 축산은 무항생제 축산, 유기 축산, 친환경 축산, 동물복지 축산을 포괄한다. 물론 동물복지 축산의 육류를 "조금씩, 가끔, 제 값 주고, 제대로 알고" 먹는다 하더라도 탄소소비와 이에 따른 지구온난화로부터 자유로운 것은 아니다. 그러나 이러한 개인적인 노력이 모여서 적어도 과도한 육류 소비를 막고, 육류에 대한 시각전환을 할 수 있는 여지는 있다. 다른 대안으로 채식이 있다. 채식 방법은 완전채식인 비건(Vegan)과 달걀 먹는 채식인 오보(Ovo), 우유 먹는 채식인 락토(Lacto), 우유달걀 함께 먹는 채식인 락토오보(Lacto-Ovo), 생선까지 먹는 채식인 페스코(Pesco) 등이 있다. 최근 등장한, 기회가 닿으면 먹지만 사 먹지는 않는 플렉시테리안(Flexitarian) 채식과 동물복지 축산의 철학의 교집합 영역에 대해서도 일반 시민들의 관심이 뜨겁다. 이런 사례가 육식을 줄여서 탄소배출을 줄여나가는 생활양식에서의 전환을 이루려는 시민들의 노력이라고 할 수 있다.

식료품과 푸드 마일리지

환경전문가 피맨델은 "최근 미국에서의 농업이 식품 1kcal를 생산하는데 화석연료 3kcal를 소비해야 한다고 보고하고 있다. 이는 농산물이 광합성으로 섭취하는 태양에너지 전체 에너지 양의 40%를 더 요구하는 것이다."[1]라고 발표하면서, 유기농과 관행농의 근본적인 에너지 사용량의 차이

---

1   정우양, 임기표, 『기후변화와 UN의 아젠다21』(2011, 전남대출판부) p. 232 재인용

를 말한다. 피멘델의 계산법에 따르면 한 끼 당 평균 2,700kcal를 섭취하는 성인 남성이 소모하는 화석연료 양은 8,100kcal이며, 육식은 아주 적게 잡아도 9명, 많게 잡으면 22명이 먹을 음식을 혼자서 독점한다는 점에서 한 끼 당 최소 27,00×9kcal의 화석연료를 필요로 한다.

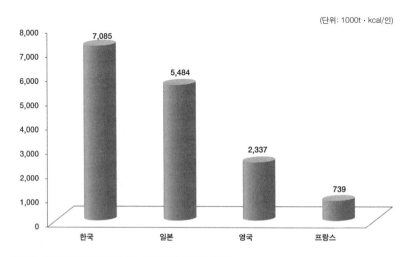

(단위: 1000t · kcal/인)

국가별 1인당 푸드마일리지(자료: 국립환경과학원, 2010)

밥상의 탄소량을 측정하는 또 다른 방법은 이동에 드는 화석연료량을 측정하는 푸드 마일리지(Food Mileage)라는 척도가 있다. 푸드 마일리지는 1994년 환경운동가 팀 랭이 창안한 개념인데, 먹거리의 운송, 유통, 수송에 드는 거리를 환산한 것이다. 푸드 마일리지가 쌓일수록 지구는 뜨거워지고 온난화로 인한 치명적인 문제가 발생된다. 음식의 중량(t)과 이동거리(km)를 곱해서 푸드 마일리지(t · km)가 계산된다. 푸드 마일리지가 높다는 것은 이동과 수송, 운송에 드는 화석연료량이 많다는 것이고, 결국 탄

소소비량이 많다는 말과 같다.[2]

한국의 경우에는 세계적으로 푸드 마일리지가 극도로 높은 먹거리가 유통되고 있는 나라 중 하나다. 위의 〈국립환경원〉의 도표를 보면 사태의 심각성을 알 수 있다. 반면에 먹거리가 생산자에서 소비자로 도달하는 거리가 짧을수록 탄소배출량이나 화석연료 소모량이 줄어들므로 푸드 마일리지 제로 상태를 상상해볼 수도 있다. 생산자와 소비자 사이의 거리가 가까울수록 푸드 마일리지는 제로에 가까워진다.

자동차의 탄소중독효과

자동차가 내뿜는 온실가스는 전체 온실가스 배출량 중 14% 정도라고 보고되고 있다.[3] 온실가스를 조금이라도 줄이려고 한다면, 자동차가 아니라 자전거, 대중교통 이용 등을 선택해야 할 시점이다. 더불어 자동차와 수송 등에서 발생되는 미세먼지의 문제는 최근 매우 심각한 상황으로 치달아가고 있다. 특히 기후변화의 상황이 심각해지면서 대기정체가 일상화되고 있는 상황에서 경유자동차로 이루어진 화물트럭 등은 시급히 해결해야 할 문제다. 2017년 서울시에서 추진한 공공기관 자동차 2부제와 교통요금 무료정책은 미세먼지가 심각했던 현실에서는 무척 무기력했다. 엄청난 인재 앞에서 인간의 힘이 무기력하다는 것이 이상했다. 이제 강력한 자동차 2부제 의무화, 기차 중심의 수송정책, 화력발전소 폐쇄, 노후 경유자동차에 대

---

2   《내일신문》 2011.11.21. 〈밥아! 어디서 어떻게 왔니?〉 "호주산 소고기는 배로 6,023km, 칠레산 포도는20,430km를 이동해서 우리나라에 도착한 후 트럭에 실려 대형할인마트로 옮겨지고, 사람들은 자동차를 끌고 마트에 가서 구입한 후 다시 식탁에 오르기까지는 엄청난 에너지를 사용한다."
3   〈자동차가 전체 온실가스의 14% 배출〉《연합뉴스》, 2002.7.10)

한 폐기 의무화정책, 전기자동차와 수소자동차에 대한 전폭적인 지원 등과 같이 정부와 지자체가 할 수 있는 것은 다 해야 할 상황이다.

강력한 대중교통정책을 통해서 녹색교통의 근간을 마련하는 등의 제도와 관계망 사이의 협치가 중요하게 부각된다. 여기서 자동차문명 즉, 속도문명과 그 대안으로 언급된 버스, 지하철, 기차 등을 통한 대중교통, 자전거 이용, 도보 이동, 전기자동차와 재생에너지의 앙상블 등이 필요한 시점이다. 문제는 속도를 사적으로 점유할 여지를 근본적으로 바꿈과 동시에 "빨리빨리"로 대표되는 성장주의 사회의 속도문명에 대한 제고가 요구된다는 점이다. 다시 말해 근본적으로는 느림과 여백의 문명으로의 전환이 요구되는 시점이다.

일회용품과 미래 없는 현재

일회용품은 편리를 가장하고 우리 일상 깊이 침투해 있다. 분리수거가 안 된 상태에서 매립용 쓰레기가 되면, 다 썩기까지 걸리는 기간이 종이는 2~5개월, 알루미늄캔은 500년+, 우유팩은 5년, 스티로폼은 500년+, 플라스틱 병은 100년+, 플라스틱 용기는 50~80년, 나무젓가락은 20년, 알루미늄은 80~100년, 폐비닐은 최소 50년+이 걸린다. 또한 이들이 쓰레기로 매립되면 매립지에 강력한 환경호르몬과 화학물질을 누적적으로 내뿜기 때문에 인근에서 농사를 지을 수 없을뿐더러, 물을 오염시키고, 사람이 살 수 없는 환경을 만들어 버린다. 여기서 끝이 아니라, 버린 만큼의 자원을 다시 생산하는 데 드는 비용과 그에 소모되는 화석연료를 계산한다면 천문학적인 비용과 기회비용이 함께 고갈된다는 점을 알 수 있다.

2014년 환경부에서 발간한 〈전국 폐기물 발생 및 처리현황〉 보고서에 따르면, 우리나라의 자원재생 현황은 84%에 육박한다. 그러나 그 통계수치마저 조작가능성이 제기되고 있다. 아파트 다음으로 자원 되살림과 재생에 기여하는 대표적인 계층은 폐지나 고철 등을 줍는 사람들, 즉 노인과 도시빈민이다. 이들이야말로 자원 재활용의 최선두에 선 사람들이다. 그래서 혹자는 빈곤층 대신 친환경주민이라고 규정하자고도 말한다. 그러나 2015년 즈음에는 국제유가 하락과 철 가격과 폐지 가격 하락 등이 겹치고 보조금 지원마저도 끊기면서 자원 되살림이나 재생에 적신호가 켜졌다. 그래서 폐지, 고철, 헌 옷, 플라스틱 등의 가격현실화가 시급히 이루어져야 한다는 목소리가 높아지기도 했다. 또 최근까지 비닐류와 페트병, 스티로폼, 폐지 등 폐자원을 중국에 수출하여 재활용이 이루어졌다. 그런데 2018년 봄에 중국정부가 폐자원 수입을 거부하면서 원자재 가격이 급속히 하락해, 국제사회나 정부, 지자체, 아파트, 당사자, 수거업체 등에 일대 혼란이 벌어진 사건이 발생했다. 결국 자원재생 영역을 민간이나 시장 논리에 맡기는 것이 아니라, 공공영역 차원에서 해결하려는 노력이 필요하다. 동시에 2014년 정부가 산정했던 자원재생 현황으로 제시한 재활용율 84%라는 수치 역시도 통계수치 놀음이나 타국에게 떠넘기 식이었다는 비난이 폭주했다는 점을 기억해야 한다.

　일회용품은 공산품의 대량생산·대량소비 체제 속에서 편의를 진작한다는 목적으로 만들어졌다. 그러나 오히려 일회용품은 상품 질서를 왜곡시킨 주범이다. 이전까지의 상품에 일말이라도 남아 있던 지속가능성을 완벽히 탈색시켰기 때문이다. 일회용품은 더 이상 지속될 수 없으며, 미래 세대에게 전달될 수 없는, 현재의 바로 그 순간과 찰나의 편리함과 편의에만 복무한다. 일회용품을 쓰는 현재는 바로 축제와 환희의 순간이며, 미래세대는 그것을 누릴 자격이 전혀 없어지는 것이다. 이러한 일회용품의 찰나성은 도시사회에서 욜로(YOLO)족처럼 그저 현재만을 즐기며 살아가는 통속적인 삶을 구성한다. 현재의 순간은 편리하고 간편하지만, 이러한 편리함이 미래세대에게는 오히려 부담과 짐으로 작용한다. 이처럼 일회용품은 철저히 자연생태계와 공동체를 고려하지 않으며, 미래세대를 고려하지 않은 소비생활이다.

마트와 소비주의문명

마트는 편리하고 위생적이지만, 거기서 파는 물건들은 대부분 반생태적이다. 푸드 마일리지가 높은 해외 브랜드 제품이거나 GMO(유전자조작) 농산물이거나, 곡류를 과다 소비하는 주류이거나, 전체 옥수수양의 1/4을 사료로 소비하면서 메탄가스를 방출하며 생산한 육류이거나, 과도하게 전기를 소비하면서 자동적으로 움직이지만 매뉴얼이 너무 복잡한 전자제품이거나, 에너지 효율이 낮은 냉난방기, 재빨리 요리해서 순식간에 먹어치워야 하는 간편식, 한 번 쓰고 버리기 때문에 내구성이 의심되는 일회용품, 재생 불가능한 포장지로 포장되고 반생태적인 팜유로 튀겨낸 과자, 지구온난화와 오존층 파괴를 유발하는 스프레이, 이미 여러 기기를 갖고 있지만 늘 새 기종을 권유받는 스마트폰과 등이 그것이다.

특히 마트에서 판매되는 식품이나 과자 등이 겉으로는 맛있게 보이고 침이 고이지만 높은 푸드 마일리지로 온실가스를 대량으로 배출시킨 결과물이라는 것은 문제의 단지 일부일 뿐이다. 더 큰 문제는 이러한 식품의 대부분이 아직 안전성에 의문이 제기되고 있는 유전자조작농산물(GMO)라는 점이다. 우리나라는 전 세계에서 세 번째로 유전자조작농산물이 많이 수입되는 나라이다. 이에 따라 마트 물건의 낮은 가격 단가를 맞추기 위해서 유전자조작 농산물을 무분별하게 수입해서 아무런 위해성에 대한 경고나 표시 없이 소비자에게 판매하고 있다. 심지어 우리나라에서는 'Non-GMO'라는 자율 표기조차도 법적으로 금지되고 있다.

마트는 당일주문-당일배송 시스템을 갖추고 있어서 온라인에서 클릭 한 번으로 야채나 가공식품 등이 각 가정에 직접 배달이 되면서 소비생활에 심대한 변화를 가져왔다. 이때 문제가 되는 것은, 인터넷쇼핑몰을 이용하는 소비생활이 소비만능주의나 소비중독적인 성향을 갖게 만든다는 점이다. 되도록 필요한 상품 수를 줄이는 것이 탄소소비를 줄이는 첩경이다. 그런데 꼼꼼히 따져보고 목록을 적어서 시장에 가던 아날로그 방식의 소비가 사라지자, 브랜드와 취향, 정보, 이미지-영상, 외관 등에 혹해서 구매하는 '충동구매'가 만연하고 있다. 또한 묶음 판매나 할인행사, 1+1행사 등을 통해서 별로 필요하지도 않아도 (충동)구매하게 만들며, 영상-이미지나 광고문구, 기호 등의 달콤한 유혹에 따라 장바구니를 채웠다 비웠다 하게 만든다. 한국은 택배(및 주문배달) 배송량이 전 세계 1위를 기록하고 있다. 엄청난 소비중독이 사상 초유의 배송 물량을 만들어내고 있다. 소비중독은 게임중독보다 중독성이 강력해서 한번 빠져들면 클릭을 하지 않고는 못 배긴다. 냉장고를 가득 채우는 대량구매 습성은 성장주의와 개발주의의 흔적이다. 대안적인 소비를 위한 장바구니 메모장을 사용해 보는 것도, 구매중독을 끊는 하나의 방법이다.

문명의 전환은 생활양식의 전환이다

문명의 전환은 탈성장 전환사회로 향하는 생활양식의 혁명으로 향하는 한 방향성이다. 얼마 전까지 문명의 전환이 모든 탄소감축을 대표한다고 생각하는 활동가도 많았다. 그러나 탄소배출에서 책임을 져야 할 기업과 정부의 변화 없이 개인의 노력에 기대서 기후위기에 대응하기는 어렵다는 것이 분명한 사실이다. 그런 점에서 문명의 전환은 감속주의 방법의 하위 카테고리 중 하나로 자리 잡고 있다. 다시 말해 기후위기라는 거대한 문제 설정의 다양한 메타모델화의 일부에 불과한 것이다. 여기서 다양한 전환의 프로그램이 가능하며, 이러한 전환 프로그램들이 서로 상충하거나 대립하는 것이 아니라, 공진화하면서 시너지를 발휘한다는 점을 알 수 있다. 다시 말해 전환비용이 많이 들어가는 녹색전환과 비용이 거의 들지 않는 문명전환은 서로 길항작용을 일으키면서 상호보완적인 입장에 서야 하는 것이다.

전환에는 수동적인 전환과 능동적인 전환이 있다. 제도주의 시각에서는 성장주의의 맹목적인 흐름이 수정되거나 전환될 가능성이 없기 때문에, 주로 수동적인 전환의 방향에서 제도를 설계해야 한다. 그러나 마을과 커뮤니티, 사회적 경제에서 활동하는 활동가들의 경우에는 능동적인 전환을 통해서 풀뿌리에서부터 생활양식의 변화를 이루어낼 가능성을 숙고하고 실천하고 있다. 또 전환에는 자리바꿈(Transition)으로서의 전환과 체제전환(Transfor- mation)으로서의 전환이 있다. 대부분의 제도나 시스템은 자리바꿈을 강조하는 데 비해 대안 세력은 체제전환을 강조한다.

문명전환은 체제전환과 다른 궤도를 갖고 있는 것은 사실이다. 전환 과정에서 사회구조와 시스템을 바꾸는 체제전환도 필요하다는 사실을 인정하는 사람들이 대부분이다. 그렇기 때문에 문명전환과 체제전환의 길항작용도 함께 논의될 수 있다. 결국 하나의 모델이 모든 것을 단숨에 해결하는 시대는 지나갔고, 다양한 모델이 교차적이고 횡단적으로 적용되고 응용되어야 하는 시대인 것이다. 그런 점에서 문명전환은 하나의 모델이 자 하나의 경우의 수로서만 사유될 필요성이 있다. 이를 통해서 탈성장 전 환사회의 비전과 전략의 일부를 획득하고 조망할 수 있을 것이다.

표1. 기후전선체의 내부배치와 세력 역학관계

세력	배치의 형태	주체성 생산	제도에 대한 태도	기후전선체에 서의 역할	이행기의 전략 구사
임박한 위기파	고른 분포 (좌/우 망라)	취약	관심 없음	판 제공	전략 없음
모두의 책임파 (=문명전환파)	사회적 경제, 풀뿌리	취약성과 가능 성 모두 가짐	관심 없음	후방	생활에서의 전략
기후정의파	제도개혁가	가능성 가짐	관심 많음	전위부대	전략 있음
체제전환파	노동운동과 변혁세력	취약	관심 많음	전위부대	전략 있지만 세부전략과 이야기구조 빈곤

여기서 기후전선체의 구성을 살펴보면서, 문명전환을 주장하는 '모두 의 책임파'와 체제와 시스템의 전환을 주장하는 '체제 전환파' 이외에도 여 러 세력들이, 비록 실체화되어 나타나지 않았다 하더라도 경향성을 가지 며 교직하면서 세력 간 합종연횡을 하고 있음을 확인할 수 있다. 각 세력 의 분포와 내용에서 알 수 있듯이 각각의 특색과 지향성의 차이는 분명 기 후위기에 대한 전선체를 풍부하게 만드는 원천이 될 것임을 짐작할 수 있 다. 그런 점에서 문명전환과 체제전환의 길항작용 역시 다양한 경우의 수 의 집단적 배치의 일부일 뿐이지, 전부는 아니라는 점을 확인할 수 있다.

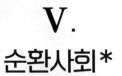

V.
순환사회*

* 모심과 살림연구소, 〈탄소중독적 문명과 먹거리의 위기〉 발표문 중
일부를 수정보완한 것이다.

1. 세 가지 순환 : 산소순환, 질소순환, 산소순환

　탄소순환, 산소순환, 질소순환의 세 가지 순환계는 각 순환계가 다른 순환계의 촉매제가 되기도 하고, 부산물이 되기도 하고, 발생 원인이 되기도 한다. 질소순환이 산소순환의 촉매제가 되고, 산소순환이 탄소순환의 부산물을 남기며, 탄소순환이 산소순환의 발생 원인이 된다. 여기서 프랑스 정신분석학자 자크 라캉이 언급했던 '보르메오의 매듭'이 연상된다. 보르메오 매듭은 하나의 고리가 끊기면 다른 고리가 함께 없어져 버리는 매듭이다. 그리고 이러한 삼원 다이어그램의 중간좌표(a)에 생명이 있다. 순환 과정이 만나는 교차점, 보르메오 매듭의 고리가 겹치는 부분에서 생명이

〈보르메오 매듭〉

창발된다.

산소순환계로부터 가장 직접적인 영향을 받는 부분이 바로 물의 순환이다. 물의 순환은 식물의 광합성에 기반하고 있기 때문이다. 하지만 1947년 유엔의 〈세계인권선언〉에는 물 문제가 언급되지 않았으며, 이에 따라 물의 상품화와 물 민간기업이 생기는 것을 방기하는 결과를 낳았다.[1] 물 문제가 얼마나 심각한가를 알 수 있는 통계는 이미 많은 보고서에서 언급되었다. 10억 명의 제3세계 민중들이 물 부족으로 고통 받으며, 20억 명 이상이 위생시설이 없이 살아간다는 내용이 보고되고 있다. 즉 미국인의 하루 평균 물 사용량이 600리터인 반면 아프리카인은 단지 20~30리터에 불과하다.[2] 이러한 물 부족과 사용량 편중의 심각성은 물 정의, 물 민주주의, 물 권리 등을 박탈당한 사람들이 물 기업에서 물을 사다가 먹어야 하는 현실로 나타난다.

질소순환계의 이상 징후는 토양 및 하천, 해양오염을 초래한다. 질소순환에 이상을 일으키는 원인은 여러 가지다. 대표적인 것이 화학비료와 공장식 축산업이다. 화학적으로 생산된 무기질 질소비료와 가축의 똥오줌은 영양을 과다하게 유출하여 유기물에 의한 토양의 자생적인 질소순환 과정을 파괴하고, 해양이나 하천에 부영양 물질로 흘러 들어가 생태계를 교란시킨다. 특히 바다에는 질산염(N_3O) 형태로 질소가 녹아들어가 있어서 염분 농도를 구성하는데, 이는 생명이 성립될 수 있는 삼투압에도 영향을 준다. 즉 너무 질소성분이 많아지면 해양 생물들의 피부세포가 와해되

---

1 존 벨라미 포스터, 『생태논의의 최전선』, 필맥, 2009, p. 238 참조.
2 로이크 쇼보, 『지속가능한 발전』, 현실문화연구, 2011, p. 39 참조.

어 버리는 것이다. 과도한 무기영양소인 질소비료의 사용은 토양을 침식시키고 생명이 살 수 없는 상태로 만들어서 점점 더 많은 질소비료를 사용해야 하는 악순환으로 이끈다. 이러한 이유로 인해 특히 농경지에서 이산화질소가 많이 발생하는데, 이산화질소는 온실가스 중 6%를 차지하고 있다.[3]

탄소순환계 교란에서 탄소와 결합된 수소를 연소시켜 에너지를 발생시키는 탄소수소경제가 온실가스 발생의 대부분을 차지한다. 탄화수소경제의 현주소는 석탄채굴현황에서 알 수 있다. 〈국제 에너지 기구(International Energy Agency)〉의 보고에 따르면, 1995년~2005년간에 전 세계 석탄사용량은 35%나 증가했으며, 아시아에서는 70% 넘게 증가했다.[4] 이는 온실가스 배출뿐만 아니라, 중국과 한국 등에서의 미세먼지 발생을 현격히 증가시키는 원인이 된다. 그럼에도 불구하고, 한국의 보수정부는 화력발전소 건설을 늘려 나가는 방향으로 에너지 정책을 폄으로써, 미세먼지와 기후변화 문제를 해결할 생각이 없다는 속내를 그대로 내보였다. 석탄을 사용하는 화력발전소가 선호된 이유는, 석탄 가격이 싸고 인류가 120년 정도 사용할 수 있을 정도로 매장량도 여전히 풍부하기 때문이다. 그러나 화력발전소는 기후변화의 원인이 되고 미세먼지 등을 유발하는 가장 중요한 원인이라는 점에 주목해야 한다. 탄화수소경제를 유지하려 하면 할수록 지구환경 파괴와 지속 불가능성이 대두될 수밖에 없는 상황과 대면해야 한다.

---

3 Ibid, p. 271.
4 베른하르트 피터, 『기후변화의 먹이사슬』, 이후, 2011, p. 47.

2. 탄소순환전략

삼림에 대한 거대 계획과 나무심기

나무의 탄소흡수량에 기대어 넷 제로에 달성한 나라가 코스타리카이다. 코스타리카는 탄소배출만큼 나무를 심고 관리하여 넷 제로에 사실상 도달했다. 한국의 삼림청 등에서도 나무의 탄소흡수 역할에 주목하면서, 삼림 관리에 정부의 재원을 투하하고 있다. 문제는 나무를 베어서 관리하는 방식이고, 나무에서 나오는 소득을 땅 소유주에게 주는 방식이라는 점이다. 원래 나무를 베는 것은 나무가 너무 빽빽하면 탄소흡수량이 줄고, 동시에 나무가 오래 자라면 탄소흡수량이 준다는 이유를 들어서이다. 그러나 실제로는 간벌이 아니라 남벌이 이루어져서 원래의 목적과 부합되지 않는다. 동시에 나무가 오래 자라도 나이테를 조사해 보면 여전히 탄소흡수량을 일정하게 유지한다는 점이 드러난다. 결국 삼림청에서 수행하는 나무 베기는 어떤 관점에서도 정당성이 보이지 않는 나무 판매 사업에 불과하다는 점이 드러난다. 삼림이 주는 공기청정, 탄소흡수, 생태계 조성, 경관 가치 등의 부수적인 생태 가치 관점도 찾아볼 수 없다. 그저 돈 되는 나무를 팔아 수익을 내려는 땅 주인의 관점에서 수행되는 사업에 불과하다. 결국 삼림에 대한 제대로 된 거대 계획과 숲 생태계 조성을 위한 제도적인 노력이 필요한 시점이다.

유기농업과 유기축산

탄소순환, 질소순환, 산소순환에 입각한 먹거리 생산으로 유기농업과 유기축산이 가장 제일 먼저 떠오른다. 그러나 현재의 유기농업은 유기축산과 같은 소농 방식의 동물복지형 축산과 결합된 것이 아니라, 공장식 축산업에서 나오는 똥과 오줌을 받아 이루어지고 있다. 공장식 축산업에서 대량으로 발생하는 똥과 오줌은 골칫덩어리이지만, 이것이 없다면 현재의 유기농업은 유지되기 어렵다는 것도 사실이다. 결국 값싼 옥수수사료와 공장식 축산, 그리고 그 부산물인 똥과 오줌의 고리를 끊지 못한 채, 그 고리의 매듭으로서 유기농업이 위치한다는 것은 유기농업의 자율성과 독립성에 의문을 던질 수밖에 없게 한다. 따라서 유기농업과 유기축산이 결합된 농업이 되기 위해서는 제도적이고 시스템적인 관련 법령의 변화가 필요하다. 농업의 대안적인 모델, 식량위기 상황에 적합한 최적의 모델이 바로 유기농업이라는 점에 주목해야 한다. 2020년대 스리랑카는 기후위기에 대한 대응으로 화석연료에 기반한 농약과 비료에 의존한 농업의 고리를 끊은 조치를 수행하는 데, 농업생산량의 엄청난 감소와 초유의 기아사태가 벌어졌다. 이것이 시사하는 바는 기후위기에 대응하여 탄소배출을 적게 하는 농업으로의 전환에서 유기농업에 대한 대비가 없이는 식량위기라는 부작용이 나타날 수 있다는 점이다. 유기농업을 통한 농업의 전환은 이제 겨우 초입에 들어섰다고 할 수 있다.

태양과 바람, 그리고 에너지절약

적정기술과 녹색기술을 이용한 순환경제모델로서 태양과 바람에 입각한 재생에너지가 있다. 그러나 이러한 녹색기술은 전환비용이 들 뿐만 아니라, 에너지의 과도한 사용에 대한 제약이 없이는 에너지 증가량을 보완하는 현재의 한국의 상황으로부터 벗어나지 못하게 된다. 재생에너지 비중이 7%에 불과한 한국의 상황은 그저 에너지믹스에 있어서 재생에너지를 보완재로만 간주했던 영향이 크다. 그렇기 때문에 에너지절약이라는 색다른 생활양식이 대두될 수밖에 없다. 에너지절약은 그저 구닥다리 방법이 아니라, 재생에너지보다 보다 훨씬 효과적인 전략이다. 에너지절약을 통해서 대기전력을 줄이기 위해서 첨단상품을 사는 것은 상당히 무망하다. 왜냐하면 물질발자국 자체의 탄소소비량이 엄청나다는 점 때문이다. 동시에 한번 늘린 에너지량을 감축하지 못한다는 속설은 실제 현실에 대한 설명력을 갖추고 있는 상황이다. 봄과 가을에 25% 정도의 유휴 전력량을 유지하고 있는 현재의 전력시스템에 대한 제도적인 문제제기와 함께 생활양식에서 전기 중심의 삶에서 벗어나는 새로운 순환경제의 모델이 요구된다. 그런 점에서 태양과 바람만큼이나 에너지절약이 중요한 것이다.

도시농업, 마을텃밭, 로컬마켓 등의 활성화

먹거리 순환에 있어서 도시농업의 중요성은 이루 말할 수 없이 크다. 먹거리의 이동과 수송에 드는 탄소배출량이 막대한 상황에서 지역에서 생산된 먹거리를 지역에서 소비할 수 있는(地産地消) 유력한 방법이 도시농업이다. 동시에 식량위기에 대한 먹거리 탄력성과 관련해서도 도시농업의 중요성은 아무리 강조해도 지나치지 않다. 도시농업은 도시가 탄소중립으로 향할 수 있는 가능성뿐 아니라, 지역에 대한 약탈경제를 멈추게 할 방안이며, 동시에 경관적이고 심미적인 가치를 갖는 생태도시로의 전환을 위한 출발점이다. 동시에 마을텃밭과 같이 커뮤니티 기반의 공동텃밭은 농업에 이야기 구조를 갖게 해주고, 토지를 커먼즈로 간주하는 관점을 갖게 만들면서 부동산 이득과 같은 단기투기성 자본의 사유가 들어올 여지를 차단한다. 동시에 도시농업과 마을텃밭에서 생산된 농산물을 로컬마

켓에서 거래함으로써 지역의 농업과 먹거리를 연결하는 마이크로 경제를 만들어낼 수 있다. 이러한 도시농업과 결합된 지역순환경제 모델은 순환사회의 농(農) 가치를 회복하는 데 큰 도움이 되는 의미 있는 실천이다.

탄소순환의 내발적 발전전략에 대한 단상

1976년 일본의 사회학자 츠루미 가즈코(鶴見和子)가 창안한 내발적 발전(endogenous development)은 한국의 사회적 경제와 협동운동, 시민사회에 큰 영향을 주었다. 그러나 탄소순환의 판짜기 속에서 내발적 발전전략은 새로운 전략적인 지도제작을 수행해야 할 시기를 맞이하였다. 오히려 현재 마을공동체와 사회적 경제 분야에서 유독 기후위기에 대한 선도성과 혁신성을 찾아볼 수 없는 이유는 바로 내발적 발전전략을 업그레이드하면서 기후위기에 대응하지 못하는 전략적 한계에서 기인하는 측면이 강하다. 어떤 방식으로 커뮤니티 맵핑을 통해서 내발적 발전전략에 탄소순환의 요소를 집어넣을 것인가에 대한 활동가들의 전략적 사유가 필요하다. 재생에너지와 기후화폐, 사회적 경제의 각 거점, 마을주민의 생활양식의 모델링과 소비와 관련된 가이드라인 등에 대한 전반적인 순환의 지도 제작이 요구되는 시점인 것이다. 내발적 발전전략에 대한 업그레이드 시도는 여러 번 있었지만, 기후위기에 대응하는 최적화된 모델로 만들기 위한 노력은 이제 시작점에 있다. 각 지역과 커뮤니티의 특성에 맞게 탄소순환의 지도제작과 되먹임, 순환의 고리를 만들어야 한다. 그러한 과제에 응답할 때라야 사회적 경제와 마을공동체가 기후위기와 탈성장 전환사회에 대한 전략적인 모델링이 가능할 것이다.

5부

전망과 결론

.

I.
감속주의와 가속주의의
길항작용

우리는 기후위기를 그저 정보와 지식으로 대하는 것이 아니라, 지혜와 정동으로 대하는 방안으로 가속주의와 감속주의 두 가지 갈래의 메타모델화 과정을 살펴보았다. 기후위기라는 거대한 문제설정 앞에서 대답으로서의 하나의 모델을 결합하는 것이 아니라, 다양한 문제설정으로서의 여러 모델을 제시하면서 각 모델 사이에서 회복탄력성을 갖고자 하는 전략적 지도제작의 방법이라고 할 수 있다. 우리가 직면한 거대한 위기 상황은 신념, 의지, 결단으로만 해결할 수 없다. 현실에 유능하고 원칙에 충실한 과정적이고 진행적인 전략적 지도제작이 필요하다. 말로만, 선언으로만 하는 기후위기 대응은 아무 쓸데가 없다는 것도 분명하다. 승패는 거대 계획, 거대 프로그램, 제도와 시스템 문제를 깊게 고민하고 체계적으로 설립하면서 실행할 녹색정치와 대안세력의 실천에 달려 있다. 기후정치는 이제 시작단계에 있으며, 전환의 프로그램과 이야기 구조를 설립하면서 미래를 향해 나아가야 한다.

앞서 살펴보았듯이 가속주의는 그린뉴딜, 기후금융, 기본소득, 탄소경제, 에너지전환, 녹색기술 같은 영역이다. 가속주의는 화폐, 기술, 생태민주주의의 가속주의라고도 할 수 있다. 그러나 이러한 전환의 가속화를 성장주의로 해석하는 현재의 시스템에는 큰 문제가 있다. 오히려 전환을 가속하라는 것은 엄청난 감속을 초래하는 것이기 때문이다. 감속주의는 탈성장, 더불어 가난, 문명전환, 순환사회, 협동과 살림의 경제, 적정기술 등을 망라한다. 감속하면서 가속하라는 이율배반적인 명제는 우리로 하여금 이러지도 저러지도 못하고 쩔쩔 매게 하지는 않을 것이다. 일종의 투트랙 전략으로서 "전환은 빠르게, 일상은 느리게"라는 슬로건에 따라 우리의 생활양식과 제도와 시스템에 대한 영구개량(=영구혁명)을 가하는 것이기 때문이다.

또한 우리에게 기후 전환 사회는 약속이나 신념이 아니라, 미래진행형적인 과정이기 때문이다. 우리는 서로 어깨를 걸고 외치고 달려갈 것이다. 노래할 것이다. 그리고 제도와 시스템에 대해서 그리고 문명 전반과 체제 전반에 대한 심원한 변혁을 가할 아래로부터의 운동을 조직할 것이다. 그것이 기후전환사회의 과거, 현재, 미래이다.

Ⅱ.
구성적 인간론
: 팬데믹과 생태적 마음*

* 『작은 것이 아름답다』(녹색연합, 2022.5)에 수록된 글을 수정보완한 것이다.

1. 팬데믹 상황에서의 생태적 마음의 작동양상

팬데믹 상황이 되자, 많은 사람들이 고립되고 외로워졌다. 그만큼 우리의 생태적 마음은 연결되기를, 관계 맺기를, 교감하기를 원한다는 증거이기도 하다. 생태적 마음은 다이내믹 시스템으로서의 에코시스템(ecosystem)이 갖고 있는 깊이의 마음, 넓이의 마음, 높이의 마음으로부터 유래하지만, 각각의 마음으로 보면 잔동사니처럼 조각나 있다. 깊이의 마음은 우리 심연 속에 밑바닥감정으로 떨어질 때 되 튀어 오르는 주체성 생산이 가능하다는 낙관과 신념을 기반으로 한다. 우리는 최악의 상황에서 우리 자신의 내면 깊숙이 있는 생명의 역동성에 따라 출구전략을 구사한다. 넓이의 마음은 사물에서 유래된 마음, 기계에서 유래된 마음, 자연에서 유래된 마음이 혼재하는 그야말로 얇고 잔동사니와 같은 마음이다. 넓이의 마음은 우리의 마음이 여백이 많아서 각각의 사물, 기계, 자연, 인간, 생명의 자리를 내어줄 만큼 여유롭다는 것을 의미한다. 높이의 마음은 우리가 어떤 의미와 가치를 높게 설정할 때 살 만한 의미를 갖게 됨을 뜻하며, 우리는 늘 새로운 높이를 통해 미래를 향해 달려간다. 이 모든 생태적 마음이 순간 정지화면 속에 머무는 것과 같은 느낌이 들었던 것이 팬데믹 상황이었다. 여기서는 팬데믹의 각각의 키워드를 통해서 우리의 생태적 마음이 어떻게 발휘되었는지를 살펴볼 것이다.

2. 사회의 기능정지와 재건의 움직임

(1) 사회적 거리두기 : 코로나 상황에서의 사회적 거리두기는 사회생태계에 심각한 와해와 해체를 야기했다. 그러나 이는 사교적이고 경관적인, 미리 주어진 무차별 사회의 위기였지, 끊임없이 구성되고 생성되고 재건되는 간(間)공동체, 간(間)네트워크 사회의 위기는 아니었다. 여기서 무차별사회는 관계도 없는 사람의 소식과 정보를 접하고, 관계도 없는 사람과 거래를 하고, 관계도 없는 사람과 벽을 맞대고 사는 자본주의의 사회상을 의미한다. 다시 말해 접촉경계면은 사라졌지만, 사회를 재건하고 구성하려는 수많은 실험과 시도가 있어 왔다. 이러한 간(間)공동체사회는 낯선 기후난민과 제3세계 민중에 대한 '환대'와 친밀한 로컬에서의 마을 사람들의 '우애' 사이에서 거리조절을 하면서 끊임없이 관계없음의 무차별사회, 즉 자본주의로부터의 탈주로를 개방하고 있었다. 이러한 거리조절의 판이 개방되자 우리는 2~3인으로 강건하게 구성된 소규모 집단을 통해 관계가 주는 깊이와 잠재성에 대해서 더 천착하게 만들었다.

(2) 자가격리 : 또한 팬데믹 상황에서의 자가격리의 일상화는 우리가 사회와 자연, 생명과 보이지 않게 연결되어 있으며, 다시 분리와 격리 이후의 재연결작업의 중요다는 것을 깨닫게 해주었다. 이러한 비상사태의 일상화는 오히려 생명의 막과 생태계의 경계 같은 범위한정기술을 통해서 가까이-지금-여기-당장을 복원해 냈다. 사실상 근접거리의 국지성 속에서

가장 유효한 삶의 양식이 돌봄과 살림이라는 사실도 깨닫게 해주었다. 우리는 극소수의 가족, 형제, 이웃, 친구와 함께 '강한 상호작용'을 통해 세계를 재창조해냈다. 가장 가까이에 있는 사람들 속에서 우주, 세계, 사회, 성, 자연, 생명 등을 재발견할 있었다. 그 과정에서 기존의 통속적인, 미리 주어진 전제조건으로서 가까이에 있는 사람들을 대하는 것이 아니라 재건하고 구성해내야 할 우리 안의 자연과 생명에 대해서 깨닫는 계기로서 대하게 되었다. 가장 가까이에 있는 사람, 사물, 자연, 생명의 깊이와 잠재성을 재발견하는 계기를 갖는다는 점은 우리 존재를 풍요롭고 다채롭게 만드는 원천이기도 했다.

(3) 마스크 : 마스크가 사람들의 얼굴을 덮자 사람들의 정체성(Identity)과 얼굴에 대한 고정관념은 파괴되었다. 우리는 여러 가면을 횡단하는 사람, 내면의 진실한 가면이 별도로 있지 않은 사람이 되었고, 자연과 생명의 얼굴, 즉 머리로 자신의 얼굴성을 사유하기 시작했다. 자연과 생명의 연결망에서 얼굴은 정체성이 아닌 특이성(singularity)일 뿐이다. 공동체의 판이 깔리고 강렬도가 뜨거워지면 가수가 아닌데도 노래를 부르는 사람이 생기고, 아나운서가 아닌데도 사회를 보는 사람, 댄서가 아닌데도 춤을 추는 사람이 생긴다. 여기서 가수, 댄서, 아나운서는 정체성이라면, 이것들이 아닌데도 행동한 사람은 특이성이라고 할 수 있다. 팬데믹 상황에서 마치 당나귀 귀에 속삭이고, 새들이 지저귀고, 꽃들이 흔들거리듯 대화가 오갔다. 웅성거림, 소음, 잡담이라고 간주되던 주변부와 곁의 사유가 재건되었다. 정체성을 분명히 하던 직분, 역할, 기능으로서의 주체(subject)나 고정관념으로 가득 찬 자아(ego)로서의 방식이 아니라, 특이성이 표현될 때의

몸짓, 색채, 음향, 이미지, 맛 등이 우선시되는 대화방식이 작동했다. 표정을 읽지 못한다는 난감함과 접촉경계면에서의 교감의 단절을 뛰어넘는 익명성, 특이성, 유한성 등의 실존 양상이 마스크가 되어 우리의 얼굴을 가렸지만, 우리는 새로운 특이성의 지평으로 향했던 것이다.

3. 돌봄과 살림의 정동(affect)

(1) 돌봄 : 팬데믹 상황에서는 시민들이 앞장서서 자기돌봄을 전제로 한 서로돌봄으로 이행했다. 팬데믹 상황에서는 위생과 섭생, 스케줄 관리, 손소독 등의 일상적인 자기돌봄의 행위양식이 펼쳐진다. 그것은 생태시민성[1]의 형성과정과 일치하는데, 일단 이는 의존과 동일시 중심의 근접거리 '사랑노동'이 아닌 관계 자체에서의 거리조절의 과정이 끊임없이 이루어진 '돌봄노동'(=우애노동)으로의 이행이며, 원거리 존재에 대한 '연대노동'으로의 이행이기도 했다. 역설적이게도 자기돌봄의 시민성을 전제로 K-방역이 이루어진 과정에서 동시에 우리는 서로돌봄의 방법론을 잘 이해하게 되었다. 무조건적인 희생과 젠더불평등, 밀착된 동일시 관계는 최소화되었고, 관계 자체가 끊임없이 거리조절, 힘 조절, 초점조절에 따라 미학화되고 윤리화되어야 한다는 사실을 깨달았다. 즉 관계 자체가 갖고 있는 전통적 차원의 접촉경계면 이외에도 보이지 않는 것의 윤리와 미학과도 같은 숨은 전제로 서로 조심하고 신중하고 주의하는 모습이 일상화되었던

---

1 생태시민성은 거리조절의 시민성, 양육자로서의 시민성, 참여적 시민성, 판 까는 자의 시민성 등을 일컫는 것으로 권리주의에 포획된 기존 시민성 논의를 뛰어넘는 생명과 자연과 어우러지는 색다른 시민성 논의로 향한다.

것이다. 다시 말해 자기돌봄을 희생시킨 서로돌봄은 환상이거나 종교적 맹신일 뿐이라는 사실을 깨달았다. 이 과정에서 강건한 돌봄 모듈, 교차성 돌봄, 돌봄의 사회화와 가치화 등의 중요성이 떠올랐다. 이 모든 일련의 과정에서 사람들은 관의 새로운 측면에 대해서 알아가는 '사회적 학습의 과정'을 거쳤던 것이다.

(2) 플랫폼 : 팬데믹 상황은 접촉경계면을 최소화하고 비대면 소비 형태의 플랫폼자본주의를 정착시켰다. 그것은 OTT, 배달플랫폼, 유튜브, 넷플릭스 구글, 페이스북, 줌과 같은 플랫폼 등이 삶의 양식에 깊숙이 침투해 들어오는 계기가 된다. 플랫폼노동자는 필수노동자로서의 지위를 가지면서 먹거리, 생활필수품, 의약품 등을 유통시켰다. 동시에 플랫폼 내에서 정동(affect)[2]을 발휘하고 웃고, 울고, 즐기고, 향유하면 그 이득은 모두 플랫폼이 가져가는 정동자본주의(=플랫폼자본주의)[3] 양상으로 성장주의 세력은 범위를 확장시켰다. 그러나 정동은 우리의 관계가 초래하는 생명력과 활력이다. 우리의 관계의 판 자체를 자본주의가 장악하게 된 배경은 팬데믹이라고 할 수 있지만, 생태계, 네트워크, 공동체라는 관계의 판 자체는 오히려 공유자산이자 커먼즈(commons, 공유지)라는 점이 더욱 분명해졌고, 그것이 사유화되거나 자본에 전유되어서는 안 된다는 점도 깨달았다.

---

2 정동(affect)은 힘이자 에너지, 활력으로서 스피노자는 기쁨, 슬픔, 욕망을 일컫는다. 정동은 움직일 때의 마음이라면, 감정과 정서는 꼼짝 안 할 때의 마음이다. 포크와 나이프를 보고 날카롭고 불안하게 생각하는 것은 감정과 정서라면 그것을 나란히 배열, 정렬, 배치, 정동해서 '맛있다'로 이행하는 것은 정동이다. 즉, 정서변환양식이 정동이다.
3 성장주의 세력이 산업자본주의, 금융자본주의, 인지자본주의, 정동자본주의라는 네 가지 지층을 중층화하면서 성장의 마지막 파티를 열겠다고 나선 것이 팬데믹 상황의 현실이었다.

여기서 커먼즈는 우리가 공유하는 공유재, 공통재, 공유자산인 물, 불, 흙, 바람과 같은 것이기도 하지만, 관계망이나 지식, 지혜와 같은 비물질적인 것도 커먼즈에 속한다. 우리는 이 시기 동안 커먼즈의 방어가 얼마나 중요한 시기가 되었는지를 부지불식간에 알게 되었던 것이다.

(3) 살림 : 팬데믹 상황으로 인해 경제의 기능정지 속에서 폐색(閉塞)되고 협착(狹窄)된 상황으로 내몰릴 것이라고 판단한 사람도 있었지만, 사회를 지속가능하게 만들었던 것은 살림과 돌봄이라는 용기 있는 행위양식이었다. 자연과 생명, 미래세대에 대한 양육자로서의 인간형이 이 시기 동안 크게 부각되었다. 경제의 기능정지를 능가하는 살림의 역동적인 대응은 우리 안에 있는 생태적 마음이 다이내믹 시스템으로서의 생태계를 가능케 하는 작동양상이라는 점을 드러냈다. 자원이 있어야 활력이 생기는 성장주의 방식이 아닌 활력(=살림)이 자원(=경제)보다 앞서 작동하는 탈성장 전환사회의 전모도 드러났다. 물론 살림꾼, 가정주부, 돌봄자 등의 엄청난 활력 소진이 있었지만, 우리에게 새로운 과제와 가능성을 동시에 던져 주었다. 어떻게 탈성장 전환사회에서 활력이 발생될 수 있는지, 어떻게 기능정지된 경제에 대한 견인차 역할을 할 수 있는지, 어떻게 사회를 구성하는 원리로 살림과 돌봄이 전면에 나설 수 있는지 등이 그것이다.

(4) 재난지원금 : 경제가 작동하지 않자, 임금을 통한 소득보전이 어렵게 되었고, 브이(V) 자 경제유형의 불평등구조는 가속화되었다. 수많은 돈이 풀렸지만, 가장 유효한 방법은 직접 시민들에게 돈을 주는 기본소득뿐이라는 점도 드러났다. 소득보전 문제가 화두가 되고 결국 재난지원금으로

현실적인 맥락이 형성되었다. 팬데믹 이전까지는 기본소득은 식자층의 이상이자 꿈, 이념이었지만, 이제 현실적인 정책이 되었으며, 현실에서 가동 중인 제도가 되었다. 그것은 노동과 소득, 자본과 소득의 고리를 끊는 것이라고 볼 수도 있다. 기본소득은 물, 공기, 땅, 바람이 우리 자신을 키워줬던 커먼즈였듯이 공공영역 역시도 그러한 역할을 해야 함을 적시한다.

4. 팬데믹 시대의 생태적 마음

우리를 키워준 것은 절반은 바람이고 절반은 햇빛이었다는 얘기도 있다. 팬데믹은 우리 자신이 얼마나 세상과 깊게 연루되어 있고, 연결되어 있는지를 잘 보여주었다. 우리 자신은 사회, 자연, 생명, 미생물 등과 연결되어 살아가고 있다. 지구촌 어느 한구석, 생태계 어느 한 고리가 고장 나면 그것 역시 우리 자신의 문제로 다가온다. 그럼에도 불구하고 우리는 그저 사태를 반영하는 감광판만은 아니다. 우리의 마음속에도 생태적 연결망이 갖고 있는 다이내믹한 요소가 모두 들어 있기 때문이다. 그래서 우리 마음은 역동적이고 활기차게 이행하고 횡단하고 변이된다. 우리는 '그 일을 해낼 사람'이 될 수 있으며, 만들어낼 수 있으며, 정동과 활력의 판을 짤 능력이 있으며, 용기와 의지를 갖고 생명위기 시대를 헤쳐 나갈 주체성 생산을 할 수 있는 생태적 마음, 역동적인 연결망의 마음, 마음을 응시하는 마음이 있다. 우리는 어떤 고난과 어려움 속에서도 우애와 낙관을 잃지 않으며, 뚜벅뚜벅 앞으로 나아갈 것이다.

Ⅲ.
기후행동을 위하여

기후위기가 심각해지면서 기후행동이 요청되고 있다. 기후행동에는 국가나 지지체 수준에서 진행할 일들과 개인이 실천할 일이 있다. 이 장에서는 국가와 지자체 수준에서의 기후행동인 글로벌 목표와 기후비상사태 선언, 개인적 실천인 멸종저항을 중심으로 한 기후행동에 대해 알아보려 한다.

글로벌 목표

글로벌 목표(Global Goal)는 2015년 유엔총회에서 수립한 17개의 지속가능한 개발 목표를 말한다. 이 목표는 세계적인 빈곤의 종식, 기아의 종식, 웰빙, 교육, 성평등, 물, 에너지, 인프라와 일자리, 산업화, 불평등 감소, 안전하고 지속가능한 도시, 지속가능한 소비 및 생산, 지속가능한 해양, 삼림, 정의, 평화, 글로벌 파트너십으로 구성된다. 이 글로벌 목표의 열세 번째가 기후행동이다: "기후행동 : 기후 변화와 그 영향에 대처하기 위해 긴급 조치를 취하십시오."

국제적으로 요청되는 기후행동에는 다섯 가지 세부 목표가 있다.

13.1 기후 관련 재해에 대한 회복력 및 적응력 강화

13.2 기후변화 조치를 정책 및 계획에 통합

13.3 기후변화에 대처할 수 있는 지식과 역량 구축

13.4 기후변화에 관한 UN 기본 협약 이행

13.5 계획 및 관리 능력을 높이기 위한 메커니즘 촉진[1]

UN은 기후변화에 대응하기 위해 위와 같은 다섯 가지 목표를 제시하고 있다. 국가나 지자체 차원에서 모든 정책은 위와 같은 기후행동에 부합해야 한다. 하지만 다음에서 보는 것처럼 한국의 상황은 아직 갈 길이 멀다.

기후비상사태 선언

2016년 12월 4일, 인구 16만 명의 작은 호주 도시 다레반은 세계최초로 기후비상사태(Climate Emergency)를 선언한 도시가 되었다. 기후비상사태를 선언한다는 것은 어떤 의미일까? 호주 에너지 재단(Australian Energy Foundation)에서는 기후비상사태 선언의 의미를 다음과 같이 정리하였다.

1. 기후비상사태를 선언한다는 것은 인간 활동으로 인해 세계 기후에 파국적 변화가 오고, 그것이 기후의 안정성을 잃게 해 지구의 모든 생명을 위협할 수 있다는 것을 인식한다는 것을 의미합니다.

2. 기후비상사태에 응답한다는 것은 기후변화를 해결하기 위한 특별한 접근법을 모색하는 것을 의미합니다. 이 접근법은 안전한 기후를 복원할 수 있는 정도의 규모와 속도로 동원되고 실행되어야 하며, 전환하는 동안의 손실과 피해는 최소화되어야 합니다.

1   https://www.globalgoals.org/goals/13-climate-action/

3. 안전한 기후를 복원하기 위해선 모든 영역에서 탄소 배출 제로로의 빠른 전환이 필요합니다. 뿐만 아니라 현재 대기 중의 초과 온실가스에 대한 감축이 필요합니다. 점진적인 개선은 충분하지 않습니다. 제로 배출 경제 및 그 이상으로 전환하는 데 필요한 기술적 해결책은 과학 및 연구에 의해 이미 확인되었습니다. 지금 필요한 것은 적절한 정치적 행동과 해결책의 신속한 이행입니다.

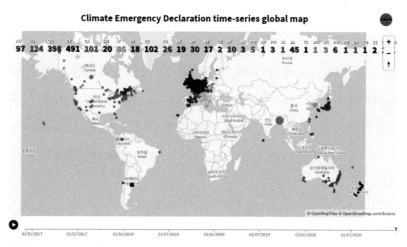

출처: https://www.cedamia.org/global-ced-maps

정리하면 기후비상사태를 선언한다는 것은 현재 기후변화 수준이 전 지구 생명에 위협이 되는 재앙적 수준이라는 것을 깊이 인식하고, 이를 안전한 수준으로 되돌리기 위한 모든 행동을 즉각적으로 시작하는 것을 의미

한다.[2]

첫 기후비상사태가 선언된 지 4년 후인 2020년 12월 기후비상사태는 전 세계 33개국 1,854개 지역에서 선포되었다. 전 세계 인구의 12.7%에 해당하는 9억5천만 명이 넘는 사람들이 기후비상사태가 선포된 지역에 살고 있다. 대부분의 유럽 국가들과 북미 지역들, 호주와 뉴질랜드, 그리고 일본 등 동북아 지역이 기후비상사태 선언에 참여하고 있다. 불과 4년 만에 엄청난 성과를 이루어낸 것이다. 이 결과로 기후비상사태는 옥스퍼드 영어사전이 뽑은 2019년의 단어에 선정되기도 했다.[3]

한국의 경우도 기후비상사태 선언에 동참하고 있다. 한국에서는 '기후위기 비상선언'이라는 이름으로 선포되고 있는데, 2020년 6월 5일 전국 228개 지방자치단체 중 226개 지방자치단체가 '기후위기 비상선언'을 선포했다. 그리고 정부와 국회에 대해 기후위기 비상상황을 선포하고 2050년 탄소중립을 선언할 것을 요구했다.[4] 이후 9월 24일 국회에서 '기후위기 비상대응 촉구 결의안'이 통과되어, 한국은 세계에서 열여섯 번째로 국가 차원에서 기후위기 비상사태를 선포한 국가가 되었다.[5]

이 결의안에서 중요한 점은 우선 한국이 기후변화에 책임이 있다는 것을 인정한 것이다. 즉 한국이 연간 약 7억 톤의 이산화탄소를 배출하는 세계 배출량 7위, 누적 배출량(1751~2018) 17위의 기후변화 책임당사국이라는 인식하에 "2050년 탄소 순배출 제로"를 실행하겠다고 밝힌다. 그리고

2   〈Climate Emergency - Developing Your Action Plan Guide〉(Australian Energy Foundation)
3   〈Four years of climate emergency declarations〉(edamia.org, 2020.12.5.)
4   〈전국 226개 지방자치단체 "정부, 2050년 탄소중립 선언해야"〉(한겨레신문, 2020.6.5.)
5   〈국회 '기후위기 비상선언' 첫 결의안 채택〉(한겨레신문, 2020.9.24.)

① 우선 현 상황이 "기후위기 비상상황"임을 선언하고, ② 국회 내에 "기후위기대응특별위원회"를 설치하고, ③ 탄소다배출 구조를 가진 중앙집중형 에너지체계를 재생에너지 기반의 지역분산형 에너지체계로 전환하는 정책을 적극 지지하고, ④ 탄소순배출제로로 가기 위한 사회·경제전환 과정에서 책임과 이익이 정의의 원칙에 따라 공정하게 사회 전체에 분배될 수 있는 "정의로운 전환" 원칙을 준수하고, ⑤ 기후위기 대응이 국가 범위를 뛰어넘는 전 지구적으로 추진되어야 하는 과제임을 인지하고, 국제적으로 탄소배출을 줄이기 위하여 정부와 적극 협력한다는 다섯 가지 세부 계획을 발표했다.[6]

지자체와 국회의 기후위기 비상선언에 이어 10월 28일에는 정부에서 2050년까지 탄소중립을 이루겠다고 선언했다. 이로써 한국은 탄소중립을 선언한 70여 개 국가 중 하나가 되었다. 정부는 앞으로 그린뉴딜에 8조원을 투자하고, 석탄발전을 재생에너지로 대체하겠다고 밝혔다.[7] 이렇게 한국은 지자체와 국회, 정부가 모두 기후위기 비상선언을 선포하고, 2050년까지 탄소중립을 실현하겠다는 약속을 하게 되었다.

한국이 국가적으로 기후비상사태를 선언하고 2050년 탄소중립을 약속한 것은 매우 고무적인 일이지만 아직 갈 길은 멀다. 우선 한국의 2050년 탄소중립 계획이 구체성이 떨어진다는 비판이 있다. 다른 국가들의 탄소중립 계획은 대부분 2030년, 2040년 등 10년 단위로 세부 목표와 계획이 제시된 반면 한국의 계획은 2050년 탄소중립과 연계된 단기계획이나 세부

6   김성환 등, 〈기후위기 비상선언 결의안〉(의안번호1312, 2020.7.2.)
7   〈문 대통령 "2050년 탄소중립 선언…석탄발전, 재생에너지로 대체"〉(한겨레신문, 2020.10.28.)

계획이 거의 없다. 그래서 기후위기 비상행동은 "30년 뒤의 목표만이 아니라 현재의 행동이 중요하다. 오늘 가야 할 길을 걷지 않고서 내일 목표지점에 도달할 수는 없다."며 2030년 탄소 감축 계획을 수립할 것을 정부에 촉구했다.[8]

두 번째 비판은 한국의 계획이 지나치게 기술중심적이라는 것이다. 탄소중립을 위해서는 근본적인 사회 시스템의 변화가 필요한데 정부의 계획은 기존 탄소 감축 기술을 확대하고 혁신기술을 도입하겠다는 계획과 순환경제를 구축해 원재료의 재사용과 재활용을 극대화하겠다는 기술중심적 해법이 대부분이다. 온실가스 배출을 줄이기 위해 탄소세를 도입하거나, 에너지 과잉 소비를 억제하기 위해 전기요금이나 경유세를 인상하는 등의 사회적 해법은 보이지 않는다. 이것은 많은 에너지를 소비하면서 엄청난 양의 온실가스를 배출해 왔던 기존의 경제구조는 그대로 둔 채 온실가스를 줄여보겠다는 이야기인데, '좌회전 깜박이 등을 켜고 우회전을 하는' 방식으로는 탄소중립을 이루기 어려울 것이라고 많은 이들은 이야기한다.[9]

세 번째 비판은 정부의 말과 행동이 다르다는 것이다. 2050년 탄소중립을 선언했지만 한국에서 현재 7기의 석탄화력발전소가 건설 중에 있다. 석탄화력발전소의 수명이 30년 이상인 것을 생각하면 이 발전소들은 2050년 이후에도 가동이 된다는 이야기인데, 탄소중립과는 앞뒤가 안 맞는 것이다. 또 공기업인 한국전력은 인도네시아와 베트남 등 해외 석탄화력발

---

8 〈'탄소중립'은 변화를 요구... "구체적 정책과 입법 필요"〉(한겨레신문, 2020.10.28.)
9 〈정부, 2050 탄소중립 로드맵 발표... "경유세, 전기요금 등 방안 불명확"〉(경향신문, 2020.12.7.)

전소에 투자를 하고 있다. 탄소중립을 한다는 국가의 공기업이 다른 나라 석탄화력발전소에 투자한다는 것은 어불성설이다. 뿐만 아니라 부산, 제주에는 신공항 건설 계획이 있고, 수도권에 새로운 신도시 건설도 추진 중이다. 기후변화를 막기 위해선 기존의 시설을 최대한 활용하고, 대규모 건설 사업은 지양해야 하는데 전혀 그렇지 못한 상황이다. 그러다 보니 국제환경협력단체인 '기후투명성(Climate Transparency)'으로부터 한국의 기후변화 대응은 주요 20개국(G20) 평균에 미치지 못한다는 평가를 받기도 했다.[10]

결론적으로 지자체나 국회, 정부의 기후위기 비상선언이 단지 선언에 그치지 않기 위해선 위와 같이 모순적인 개발 사업들이 중단되어야 한다. 그리고 2050년 탄소중립이라는 장기적인 목표뿐 아니라 5년, 10년 단위로 온실가스를 대폭 감축하는 구체적이고 도전적인 계획을 세워서 실행해 나가야 한다. 마지막으로 이를 위해 단지 기술적인 해법뿐 아니라 사회 시스템을 저탄소 사회로 변화시킬 수 있는 정책적 해법이 필요하다. 그렇지 않으면 2050년 탄소중립은 실현되지 않을 가능성이 크다.

기후행동을 위하여

앞서 살펴본 UN의 글로벌 목표에서는 지속가능한 개발을 위해 개인이 해야 할 일도 제시하고 있다. 그것은 환경단체에 기부, 재사용과 재활용, 음식물 퇴비화, 친환경 제품 구매, 대중교통 이용, 채식, 종이 아끼기, 동물

---

10 박정연, 〈기후위기 비상선언 다음, 지방정부가 해야 할 일〉(프레시안, 2020.7.14.)

입양, 탄소 배출 줄이기 등이다.[11] 그러나 과연 이러한 개인적 차원의 윤리적 실천으로 충분할까?

2019년 4월 22일 런던 자연사박물관은 시위대로 가득 찼다. 이들은 박물관을 점거하고 거대한 흰긴수염고래 골격 아래 누워 시위를 벌였다. 시위대는 영국 정부가 기후변화에 대해 신속히 대응할 것, 2025년까지 탄소 배출 제로를 달성할 것, 이를 감독할 시민의회를 구성할 것 등을 정부에 요구했다. 이 시위를 주도한 것은 멸종저항(또는 멸종반란)이라는 단체이다.[12]

기후변화가 심각해지면서 기후변화에 대응하는 시민들의 행동도 늘어나고 있다. 멸종저항은 대표적인 기후운동 단체 중 하나다. 멸종저항은 2주 이상 런던의 주요 도로를 점거하고 시위를 벌였다. 이 과정에서 1000명이 넘는 시위대가 체포되었다. 영국의 올림픽 금메달리스트가 멸종저항 시위에 참여해 체포되었는가 하면, 유명 배우 엠마 톰슨이 지지의사를 표명하기도 했다.[13] 이들은 스스로를 '비폭력 시민 불복종 환경 운동가(non-violent civil disobedience activist movement)'로 칭하고 있다. 이들의 상징은 모래시계가 원 안에 있는 것인데, 이는 멸종위기 종을 구할 시간이 점차 줄어들고 있는 것을 뜻한다.

멸종저항이 이렇게 도로나 건물을 점거하는 이유는 무엇일까? 에너지를 아끼거나 대중교통을 이용하는 등의 개인적 실천이나 캠페인으로는 더 이상 기후변화를 막기 어렵다고 생각하기 때문이다. 이들은 기후변화를 막

---

11 https://www.globalgoals.org/goals/13-climate-action/
12 〈[포토] "기후변화에 대응하라" 런던 자연사박물관 점거한 시위대〉(한겨레신문, 2019.4.23.)
13 〈'멸종 저항'과 '전환 저항', 어느 길을 택할 것인가?〉(프레시안, 2019.4.29.)

기 위한 정부의 정책 변화를 요구한다. 그래서 멸종저항은 체포될 각오로 기후위기 시위를 할 사람을 모집해서 주요 도로나 건물을 점거하고, 경찰에 체포될 때까지 앉아 있거나 누워 있는 시위를 한다. 대부분의 시위대는 도로교통 방해 등의 혐의로 체포된다. 시위 참가자 중 일부는 본인들의 신체 일부분을 접착제로 기차와 건물에 붙이기도 하고, 어떤 시위 참가자들은 국제공항으로 행진하거나 쇠사슬로 본인들을 기물들과 묶기도 한다.

멸종저항은 기후위기를 해결하기 위해 다음과 같은 방법론이 필요하다고 주장한다. 우선 비폭력이다. 그리고 이러한 비폭력 저항은 어느 정도의 사회적 혼란을 야기할 수밖에 없다. 그리고 그 과정에서 희생을 피할 수 없다.

멸종저항의 첫 번째 목표는 한 국가 인구의 3.5%에 해당하는 사람들을 모이게 하는 것이다. 다음으로 이 시민들은 그 국가의 중심부(예를 들면 수도)에 집결해야 한다. 그리고 사람들의 주목을 끌기 위해 법을 어겨야 한다. 시위 과정에서 끝까지 비폭력의 원칙을 고수해야 하며, 최소 1주일 이상 시위를 이어가야 한다. 또 가장 중요한 것은 시위가 지속성을 갖기 위해 즐겁고 재미있어야 한다.[14]

2018년 시작된 멸종저항 운동은 짧은 시간에 전 세계 수십 개 도시로 확대되었다. 멸종저항에 따르면 2018년 이후 영국 이외에서도 400여 명의 단체 구성원들이 시위 중 체포된 것으로 보고 있다.[15] 2019년 10월 7일은 2주간의 멸종저항 시위가 전 세계적으로 시작된 날이다. 이 기간에 뉴욕

---

14 https://www.youtube.com/watch?v=Ht6ZsFppBwk
15 〈기후변화: '비상사태' 시위 나선 '멸종저항'〉(BBC News Korea, 2019.10.8.)

의 시위 참가자들은 시내 교통을 차단했고, 독일의 시위자들은 메르켈 총리 집무실 근처에 본인들의 신체를 쇠사슬로 묶었다. 파리에서는 시위대가 쇼핑센터를 점거했다. 이날 하루 동안 전 세계에서 수백 명이 체포되었다.[16] 한국에서도 2020년 11월 19일 멸종반란 회원들이 국회 철문에 쇠사슬로 몸을 묶은 채 "우리는 살고 싶다"고 외치다 연행되었다. 이들은 인터뷰에서 "기후위기가 진짜 위기상황이라면 코로나19 대응하듯이 해야 해요. 하지만 그렇지 않고 있어서 극단의 조치를, 처방을 하라고 요구하는 거예요."라고 이야기한다.[17]

청소년들도 기후위기에 대응하는 운동에 적극 나서고 있다. 청소년들의 운동은 2018년 그레타 툰베리라는 스웨덴 소녀의 등교거부 운동으로 인해 전 세계적으로 확산되었다. 당시 15세의 그레타 툰베리는 스웨덴 선거가 시작되기 전 3주 동안 학교를 가지 않고 스웨덴 국회의사당 앞에서 1인 시위를 하며 정치인들이 기후변화를 막는 법안을 만들 것을 요구했다. 그 이후로 툰베리는 매주 금요일 1인 시위를 이어갔다. 툰베리의 1인 시위는 '미래를 위한 금요일'이라는 이름의 운동으로 발전했다.[18] 미래를 위한 금요일이 전 세계 청소년들의 동시다발 행동을 촉구했던 2019년 3월 15일에는 세계 100개국에서 1500건 이상의 등교거부 시위가 벌어진 것으로 알려졌다. 현재 '미래를 위한 금요일'에는 세계 7500개 도시에서 1400만 명 이상이 함께하고 있다. 이들은 지구평균기온 상승을 1.5℃ 미만으로 유지할

16 〈환경단체 멸종저항 "체포도 두렵지 않다" 전 세계 시위〉(경향신문, 2019.10.8.)
17 〈[영상] "멸종 보단 연행"…그들은 왜 국회 철문에 몸을 묶었나〉(한겨레신문, 2020.12.6.)
18 〈그레타 툰베리: 기후 변화를 놓고 세계 정상들과 한 판 붙은 10대〉(BBC News Korea, 2019.9.28.)

조치를 즉각 취할 것, 정의롭고 공정한 전환을 할 것, 현재 사용가능한 과학적 지식을 최대한 사용할 것을 요구하고 있다.[19]

이 외에도 안전한 대기중 이산화탄소 농도인 350ppm을 유지하기 위해 화석연료 사용 중단과 재생에너지로의 전환을 요구하는 단체인 350.org 등 수많은 기후행동 단체들이 있다. 이러한 단체들의 연결망인 클라이밋 액션 네트워크(Climate Action Network, CAN)에는 세계 130개국 1800개 이상의 단체들이 가입해 있다고 한다.[20] 이제 기후행동은 세계적인 보편성을 띤 운동이 되었다고 볼 수 있다.

에너지를 아끼고, 쓰레기를 덜 버리는 등의 개인적인 실천도 중요하다. 하지만 현재의 기후위기는 분명 개인적 실천만으로는 극복할 수 없다. 그래서 멸종저항이나 미래를 위한 금요일처럼 걱정하는 사람들의 목소리를 다른 시민들에게 전달하고 정부와 기업이 변화할 수 있도록 압박할 필요가 있다. 멸종저항의 장기간 시위 끝에 2019년 5월 1일 영국 정부는 세계 최초로 기후비상사태를 선포했다. 2030년까지 온실가스 배출량을 반으로 줄이겠다는 영국 정부의 계획은 멸종저항의 요구와 거리가 크지만, 그래도 커다란 성과라고 할 수 있다. 영국 정부의 기후비상사태 선언은 이후 많은 국가들의 기후비상사태 선언으로 이어졌다.[21]

청소년들의 기후위기 대응 활동은 특히 중요하다. 일부 사람들은 청소년들의 활동에 대해 "어리다"거나 "공부할 나이"라는 반응을 보이기도 한다. 하지만 미래를 위한 금요일 활동가들은 되묻는다. "우리 정부가 최고

19 〈"기후변화 막자" 전세계 학생 등교거부 시위…100여개국서 동참〉(연합뉴스, 2019.3.15.)
20 https://climatenetwork.org/
21 〈영국, 세계 최초로 '기후변화 비상사태' 선포〉(머니투데이, 2019.5.2.)

의 과학자들의 말을 듣지 않는데 왜 우리가 교육에 시간과 노력을 투자해야 합니까? 위대한 행동을 위한 때가 지금인데, 나중에 위대한 일을 할 수 있도록 공부해야 하는 이유는 무엇입니까?'[22] 실제로 산업화 세대인 기성세대는 자신의 이익을 유지하기 위해 청소년, 어린이들의 미래를 희생시키고 있다. 기성세대는 30, 40년 뒤 기후위기가 가져올 재난을 치르기 전에 대부분 세상을 떠날 것이다. 이들이 현재 자신의 조그만 안위를 위해, 앞으로 청소년, 어린이들이 살아갈 세상을 망가뜨리는 것이 과연 옳은 일일까? 기성세대들은 기후위기 대응을 촉구하는 청소년들의 요구를 최대한 수용하려 노력해야 한다.

한국에도 기후위기에 대응하는 운동단체들이 있다. 대표적으로 '기후위기 비상행동'이라는 단체가 열심히 활동하고 있다. 또 미래를 위한 금요일 한국 지부이기도 한 '청소년 기후행동'이라는 단체도 있다. 이들을 비롯한 많은 환경단체들의 헌신적인 활동과 노력이 한국정부가 기후위기 비상선언을 선포하고, 그린뉴딜을 추진하는 중요한 계기가 되었다.

기후위기의 심각성을 느낀다면 개인적인 실천을 넘어, 시민, 기업, 정부를 향해 목소리를 내는 일에 관심을 가져 보면 어떨까? 그리고 집회나 시위에 함께 하지 못하더라도 기후위기를 막기 위해 행동하는 단체를 지지하고 후원하는 일은 현재 기후위기를 극복하기 위한 가장 중요한 일 중 하나일 것이다.

---

22 미래를 위한 금요일 홈페이지, https://fridaysforfuture.org/

기후 전환 사회

등록 1994.7.1 제1-1071
1쇄 발행 2022년 11월 20일

지은이　권희중 신승철
펴낸이　박길수
편집장　소경희
편　집　조영준
관　리　위현정
디자인　이주향
펴낸곳　도서출판 모시는사람들
　　　　03147 서울시 종로구 삼일대로 457(경운동 수운회관) 1207호
전　화　02-735-7173, 02-737-7173 / 팩스 02-730-7173
홈페이지　http://www.mosinsaram.com/

인　쇄　피오디북(031-955-8100)
배　본　문화유통북스(031-937-6100)

값은 뒤표지에 있습니다.
ISBN　979-11-6629-144-9　03300